U0593436

《厦门大学法律评论》编委会

编委会主任：徐崇利

编委会成员：陈 鹏　　陈喜峰　　韩秀丽　　胡萧力

　　　　　　姜孝贤　　李 刚　　刘志云　　刘学敏

　　　　　　吕英杰　　魏磊杰　　阳建勋

学 术 编 辑：张 璐

XIAMEN UNIVERSITY
LAW REVIEW

郭春镇 / 主编

厦门大学法律评论

总第三十四辑

2022年第一卷

厦门大学出版社 国家一级出版社
XIAMEN UNIVERSITY PRESS 全国百佳图书出版单位

图书在版编目（CIP）数据

厦门大学法律评论.第三十四辑 / 郭春镇主编. --
厦门：厦门大学出版社，2022.11
ISBN 978-7-5615-8858-1

Ⅰ．①厦… Ⅱ．①郭… Ⅲ．①法学－研究－文集
Ⅳ．①D90－53

中国版本图书馆CIP数据核字(2022)第216011号

出 版 人	郑文礼
责任编辑	李　宁　郑晓曦

出版发行 厦门大学出版社

社　　　址	厦门市软件园二期望海路39号
邮政编码	361008
总　　　机	0592-2181111　0592-2181406(传真)
营销中心	0592-2184458　0592-2181365
网　　　址	http://www.xmupress.com
邮　　　箱	xmup@xmupress.com
印　　　刷	厦门市竞成印刷有限公司

开本	787 mm×1 092 mm　1/16
印张	15
插页	2
字数	356 千字
版次	2022 年 11 月第 1 版
印次	2022 年 11 月第 1 次印刷
定价	68.00 元

本书如有印装质量问题请直接寄承印厂调换

厦门大学出版社
微信二维码

厦门大学出版社
微博二维码

编辑者言

　　编辑者将怀着对作者和作品的温情与敬意,持守对法治及其理论的虔诚与审慎,以《厦门大学法律评论》(以下简称《评论》)参与中国的学术建设、社会进步。

　　一、编辑者为此所提供的形异而神一的理论平台包括:学术专论、学术评论(包括学术批评、立法评论、案例评析等)、学术译作、学术随笔、法律教育评论、司法官来稿(视稿源情况可以分为"检察官来稿""执法官来稿""代理人来稿"等)。

　　在必要且可能时,编辑者将就某一特定主题以专题研讨的形式展示作者之智识于读者。

　　二、稿件篇幅不限。编辑者希望作者可以借此从容铺陈,而读者则从条分缕析中得享阅读之乐。所刊稿件若确因版面所限,编辑者将商请作者删减。

　　三、编辑者在收到稿件后两个月内就刊用与否回复作者。

　　四、《评论》已被列为《高等学校文科学术文摘》之文摘源出版物,所有在《评论》上发表的文章均可能被《高等学校文科学术文摘》转载或摘编。

　　《评论》已加入"中国期刊全文数据库"(CJFD)、北京万方数据股份有限公司"万方数据库"(WANFANG DATA)、"中国法律知识资源总库"以及 DOI 系统。所有在《评论》上发表的文章均被同步编入如上数据库。编辑者就此敬请作者于惠赐作品时慎重考虑。

　　五、稿件一经采用,即由出版者支付稿酬(其中包括 CJFD 的作者著作权使用费),并提供样书两册。

　　六、稿件请用 Word 文档形式发送电子邮件至:lawrev@xmu.edu.cn。

　　七、编辑部电话:0592-2181280。

　　来稿请注明作者姓名、出生年份、性别、籍贯、所在机构、学位、职称、通信方式,并请附上中英文标题、摘要和关键词。作者的以上信息,仅当文章录用并刊发时一并载明,以便读者与作者联系。

《厦门大学法律评论》编辑部

DOI 简介

DOI(Digital Object Identifier),即文献数字对象识别号,为美国出版商协会(The Association of American Publishers,AAP)于 1994 年建立,1997 年成为数字资源命名的一项标准。DOI 能让学术文章永久寻址,实现文献永续存在。

《厦门大学法律评论》从 2013 年起,通过台湾元照出版公司提供的平台,正式加入 DOI 系统,所有在本刊刊发的文章将正式获得全球唯一且永续的"身份证号"。

DOI 之特色可以简要地从如下几个方面进行介绍:

• 唯一且永续存在的标识符:DOI 的意义在于,替数字文献加上固定的寻址,避免文献搜寻结果为"该资源已经被移除或无效",解决大量网络信息链接失效的问题,提高引文的正确性。

• 文献跨入国际 DOI 学术圈:透过国际 DOI 系统进行解析,跨越单一平台或数据库的局限走入国际,提升论文的能见度与学术影响力。

• 提高作品的引用率:对学术期刊及其文章而言,DOI 可永久成功链接的特性,让服务质量提升;对搜寻服务来说,在学术文献中加入 DOI,会提高检索结果的正确性,导引读者取得全文,提高文献被引用的机会。

• DOI 的呈现方式:在文献标题处以脚注形式加上,具体如 DOI:10.3966/1025593120130202213001。

目　录

Contents

《厦门大学法律评论》总第三十四辑　2022年第一卷
《从三公曹尚书到都官尚书：尚书刑部成立的早期因素》
第 1 页～第 22 页

从三公曹尚书到都官尚书：
尚书刑部成立的早期因素[*]

张　雨[**]

摘要：关于尚书刑部成立的早期因素，即都官尚书缘何产生，唐人在《唐六典》中建立起的尚书刑部生成史线索"三公曹尚书—都官尚书—刑部尚书"，影响深远，但问题不少。这一看法受晋初模仿西汉重新设立了"掌刑断"的三公尚书影响很大。实际上，随着西晋末省三公尚书，出现的是"以吏部尚书兼领刑狱"的新制。以南朝司法政务分工机制而论，是删定郎典定律令，三公郎主刑断，比部郎掌律令，三者与掌选举的吏部郎皆属吏部尚书。唐人还将都官郎中的渊源追溯至汉代司隶校尉下属的都官从事。汉代都官从事最初与"中都官"（区别于地方都官系统）联系紧密，但此后两者关系渐远。至曹魏，新置与军事相关的都官郎曹，职掌明显区别于都官从事，不应认为两者有直接因袭关系。都官郎曹出现后，便与掌盗贼的二千石郎曹关系密切。直至后者在东晋消失后，才形成都官郎曹兼掌军事、刑狱（侧重刑讯罪囚）的职能，并为南朝所继承。至于都官尚书，初现于赫连夏，后见于南朝宋，因此是南朝因袭北方少数民族政权制度实践的产物（却未被沈约《宋书》所提及）。但这一新因素既没有取代南朝吏部尚书兼领司法的定制，也未改变魏晋以来呈现着零散态势的司法政务运行机制。探讨都官尚书向刑部尚书的转变，还需从北朝后期制度发展中寻找新线索。

关键词：尚书郎曹；都官尚书；刑部尚书

---

　*　文章 DOI:10.53106/615471682022100034001。
　本文受到中国政法大学青年教师学术创新团队支持计划(19CXTD10，新制度史与古文书学创新团队)的资助。本文根据本刊匿名审稿专家富有建设性的意见进行了修订，谨此致谢。
　**　张雨，中国政法大学法律古籍整理研究所副教授，历史学博士，经济学博士后，研究方向：隋唐史、法制史。电子信箱:ruczhangyu@126.com。

Transformation from Sangongcao-Shangshu to Duguan-Shangshu：Early Factors Associated with the Establishment of the Xingbu of Shangshusheng

Zhang Yu

Abstract：About the early factors of the establishment of Xingbu-Shangshu，namely the cause of formation of Duguan-Shangshu，People in the Tang Dynasty established clues of generative history in Tang Liu Dian that from Sangongcao-Shansghu to Duguan-Shansghu to Xingbu-Shangshu. The influence of this view is profound and lasting，but there still exist many problems. This view was greatly influenced by the re establishment of Sangong-Shansghu responsible for adjudication in the early Jin Dynasty，which imitated the Western Han Dynasty. In fact，with the disappearance of Sangong-Shansghu in the late Western Jin Dynasty，a new system emerged in which the Libu-Shangshu concurrently managed prison. In terms of the judicial division mechanism of the Southern Dynasty，Shandinglang-Cao was responsible for revising laws and decrees，Sangonglang-Cao was responsible for adjudication，and Bibulang-Cao was responsible for the custody of the laws. These three institutions and Libulang-Cao who was responsible for selection and appointment of officials were subordinate to Libu-Shansghu. People in the Tang Dynasty also traced the origin of Duguanlang back to Duguan-Congshi in the Han Dynasty，who was a subordinate of Sili-Xiaowei. In the Han Dynasty，Duguan-Congshi was initially closely related to "Zhong Duguan"，which was in the capital and different from the local Duguan institution system. However，since then，the relationship between Duguan-Congshi and Zhong Duguan has been gradually far away. The new organization set up by the Wei Dynasty of the Three Kingdoms and closely related to the military affairs was Duguanlang-Cao，whose duty was obviously different from those of Duguan-Congshi，should not be considered to have a direct hereditary relationship. After the appearance of Duguanlang-Cao，it had a close relationship with the Erqianshilang-Cao，who was responsible for stopping thieves. Until the disappearance of the Erqianshilang-Cao in the Eastern Jin Dynasty，the function of Duguanlang-Cao in charge of military affairs and prisoner management or interrogation was formed，which was inherited by the Southern Dynasty. Duguan-Shangshu first existed in the Xia of the Sixteen Kingdoms period，and then appeared in the Liu Song Dynasty，it was the absorption of the political practice of the northern minority regime by the Southern Dynasties. But this is not recorded in the Song Shu written by Shen Yue. As a new institution，Duguan-Shangshu neither replaced the situation that Libu-Shangshu concurrently managed judicature in Southern Dynasties，nor changed the judical mechanism which in a scattered state since We-Jin period. We need to find a new clue of the transformation from Duguan-Shangshu to Xingbu-Shangshu in the institutional development of late Northern Dynasties.

Key Words：Shangshulang-Cao；Duguan-Shangshu；Xingbu-Shangshu

隋文帝改都官尚书为刑部尚书,是中古时期司法政务运行机制演变的重要节点。这次改制根源在于中国古代简纸更替所带来的国家形态、权力结构和政务信息传递模式等方面发生的变革。[①] 同时,改制的背后既体现了北魏、北齐以来,司法政务运行的集并化趋势,又包含有西魏大统十二年(546)的尚书省改革和北周六官体制的直接影响。[②] 当然,上述两方面因素,只是隋唐司法政务运行机制形成的近期因素。

想要全面理解隋唐尚书刑部及刑部四司体制产生的背景,还需要探讨刑部成立的早期因素。为了回应唐玄宗"听政之暇,错综古今。法以周官,作为唐典。览其本末,千载一朝"的要求[③],《唐六典》的编纂者较早注意到上述问题,并作出了回答。该书叙刑部尚书渊源曰:

> 周之秋官卿也。汉成帝始置三公曹,主断狱事。后汉以三公曹掌天下岁尽集课事,又以二千石曹主中都官水火、盗贼、辞讼、罪法事。晋初,依汉置三公尚书,掌刑狱;太康中(280—289),省三公尚书,以吏部尚书兼领刑狱。宋始置都官尚书,掌京师非违得失事,兼掌刑狱。齐、梁、陈、后魏、北齐皆置都官尚书。后周依《周官》,置大司寇卿一人。隋初曰都官尚书,开皇三年(583)改为刑部,皇朝因之。[④]

唐人大致为我们勾勒出"三公曹尚书(汉晋)—都官尚书(宋、齐、梁、陈、后魏、北齐、隋)—刑部尚书(隋唐)"的尚书刑部生成史的线索。但稍加探究即可知,无论是西汉的三公曹尚书,还是西晋的三公尚书,存在时间均甚短,对后世司法政务运行机制的影响较小。因而主"盗贼、辞讼、罪法事"的二千石曹尚书和"兼领刑狱"的吏部尚书才应是研究关注的重点。

更进一步地,由于汉魏之际尚书组织处理政务的分工体系(分曹)中心由尚书曹转变为郎曹,促成了新的尚书统郎机制的出现。因此,在探究尚书刑部成立的早期因素时,必须在将尚书曹和尚书郎曹区分为两个层面的基础上作出如下说明:(1)从出现于3世纪前期的都官郎曹到出现于5世纪初的都官尚书之间,发生了哪些变化?(2)都官尚书与西汉掌断狱的三公曹尚书(包括西晋掌刑断的三公尚书),东汉掌盗贼、辞讼、罪法的二千石曹尚书(孙吴贼曹尚书)之间的因袭关系如何?(3)主法制三公、比部曹郎、主军事刑狱的都官曹郎(一度被桓玄改称贼曹),以及"所掌各如其名"的删定(定科)曹郎、二千石曹郎,它们职能如何产生?在当时的司法政务申报与裁决机制中,分别发挥着什么样的作用?

---

① 参见[日]富谷至:《木简竹简述说的古代中国——书写材料的文化史》,刘恒武译,人民出版社2007年版,第138页;张荣强:《简纸更替与中国古代基层统治重心的上移》,载《中国社会科学》2019年第9期。

② 参见张雨:《尚书刑部成立的西魏、北周因素》,载《国学学刊》2020年第3期;《尚书刑部成立的魏齐因素》(未刊稿)。

③ 唐会昌六年(846),尚书省集议东都太庙废立,太常博士顾德章奏议引玄宗《定〈开元六典〉敕》,参见(后晋)沈昫等撰:《旧唐书》卷二六《礼仪志六》,中华书局1975年版,第988页,转引自刘后滨:《〈唐六典〉的性质与制度描述方式》,载《中国社会科学报》2020年4月13日第6版。

④ (唐)李林甫等:《唐六典》卷六《尚书刑部》,陈仲夫点校,中华书局1992年版,第179页。本文所引古籍文献,首次完整注释,后仅标注卷名及页码。

然而,唐人在系统撰写八史(尤其是《晋书·职官志》《隋书·百官志》)①和编纂《唐六典》《通典》时,所构建起的中古官制史的宏大叙事架构中,"断狱""刑狱""都官""中都官不法事""京师非违得失事"等制度的特殊概念却被赋予以制度的一般属性,从而建立起上述制度史的发展线索,对后世影响深远②,但问题不少。

史书记载的尚书郎曹设置情况,出现在魏青龙二年(234)之前③,但已非其最初的面貌,且改制之后,郎曹独立性大大增强,自成系统,突破了东汉一尚书曹有六郎、分工以尚书为中心的机制。新的、稳定的尚书曹与郎曹之间的统属关系一直到南朝宋末年(顺帝昇明元年,477)才被《宋书·百官志》记载下来。④

但是对于尚书郎曹的职掌,《宋志》却只是简单地提到:"以三公、比部主法制,度支主算……都官主军事、刑狱。其余曹所掌,各如其名。"⑤应该说,把刘宋"主法制"的三公、比部和"掌军事刑狱"的都官等,视作隋唐尚书刑部之源是没有问题的。但是,究竟何谓"主法制""掌军事刑狱",目前研究并不充分。

因此,在重述从三公尚书到都官尚书的演变时,本文既试图突破唐人成说,又想跨越史志文本与制度实态之间的"鸿沟",去思考"法制""刑狱"背后的制度内容。以下分而述之。

一、主法制、掌刑断的三公郎曹

汉承秦制,少府遣吏在殿内主发书,故称尚书,置令、仆射、丞及尚书设置人数不符。西汉武帝以后,尚书成为沟通内外朝的一个桥梁,职权也不仅限于传递文书。故至成帝建始四年(前29),尚书机构进一步扩大:尚书丞由二人增至四人,并在原有四人尚书大体分工的基础上,加一员,分置五曹,尚书各一人,各主其事(文书)。⑥ 其中便有"三公曹,主断狱事"。不过,尚书三公曹很快便被废置。至西汉末年,尚书曹又由五曹减为常侍曹、二千石曹、民曹、客曹四曹。其职掌,除了常侍曹由"主丞相、御史(大夫)事"变为"主公卿事"以适应三公制的出现,二千石曹、民曹和客曹的职掌并没有什么明显变化。

东汉光武帝时,尚书进一步分化为六曹,即从二千石曹中重新分出三公曹("典三公文

① 参见瞿林东:《论唐初史家群体及其正史撰述》,载《瞿林东文集》第 7 卷《唐代史学论稿(增订本)》,北京师范大学出版社 2017 年版,第 244～260 页。

② 张春海指出,《通典》《文献通考》等书,近现代学者陈顾远、陈灵海等均承《唐六典》之说。参见张春海:《从三公曹到刑部:论隋唐刑部的形成》,载《南京大学法律评论》2016 年春季卷,法律出版社 2016 年版,第 97～119 页。

③ 《宋书》卷三九《百官志上》:"魏世有殿中、吏部、驾部、金部、虞曹、比部、南主客、祠部、度支、库部、农部、水部、仪曹、三公、仓部、民曹、二千石、中兵、外兵、别兵、都兵、考功、定科,凡二十三郎。青龙二年有军事,尚书令陈矫奏置都官、骑兵二曹郎,合为二十五曹。"参见(梁)沈约:《宋书》,中华书局 2018 年版,第 1341 页。

④ 参见张雨:《唐宋间"子司"词义转换与中古行政体制转型》,载《中华文史论丛》,上海古籍出版社 2019 年第 3 辑,第 170～176 页。

⑤ 《宋书》卷三九《百官志上》,第 1341 页。

⑥ 参见祝总斌:《两汉魏晋南北朝宰相制度研究》,中国社会科学出版社 1998 年版,第 85～88 页。

书"),客曹分为南、北主客曹。此后不久,随着常侍曹改名为吏曹("典选举斋祀"),尚书机构分曹标准也从文书的外部属性(上书者身份)转换为内生属性(政务信息分类):三公曹"典天下岁尽集课事"(据蔡质《汉仪》,吏曹初从属于三公曹,对应三公府东曹,灵帝后始独立为曹),而"掌中都官水火、盗贼、辞讼、罪眚"的二千石曹仍主掌断狱事(其职掌对应于三公府"主辞讼"的辞曹、"主盗贼事"的贼曹、"主罪法事"的决曹)。①

与尚书郎曹变动不居的情况类似,魏晋之时,尚书曹的设置情况也比较多变,史志诸书所载亦非全貌:

> 魏世有吏部、左民、客曹、五兵、度支五曹尚书。晋初有吏部、三公、客曹、驾部、屯田、度支六曹尚书。武帝咸宁二年(276),省驾部尚书,四年又置。太康中,有吏部、殿中、五兵、田曹、度支、左民六尚书。惠帝世,又有右民尚书。尚书止于六曹,不知此时省何曹也。②

若从尚书机构分工重心转移来看,东汉"典天下岁尽集课事"的三公曹尚书消失后,曹魏以降,相应文书一般由尚书考功郎(功论郎)负责。故《唐六典》叙考功郎中来历则曰:"《汉官仪》:'曹郎(按:应是三公曹尚书)二人,掌天下岁尽集课',魏尚书郎曹有考功郎中一人。宋、齐并置功论郎中,梁有秩论侍郎,并考功郎中之任也。"③

但与此同时,魏晋南北朝尚书机构依然沿置三公郎曹。其职掌如何,略引晋以后史书的零散记载以说明之。

《晋书·礼志》载:"汉仪,太史每岁上其年历,先立春、立夏、大暑、立秋、立冬常读五时令,皇帝所服,各随五时之色。帝升御坐,尚书令以下就席位,尚书三公郎以令置案上,奉以

---

① 参见张雨:《两汉尚书分曹再探——以尚书三公曹为中心》,载《南都学坛》2013年第2期;王冠:《西汉三公曹"主断狱事"探微》,载《中国古代法律文献研究》第12辑,社会科学文献出版社2018年版,第227~243页。按,三公府亦有法曹"主邮驿科程事",与隋唐府州法曹(司法)参军事所掌不同。公府法曹之名当自"科、程"而来。诸程品皆从"禾",引申为法,如《诗经·小旻》:"匪先民是程。"参见姜亮夫:《楚辞通故》第2辑,载《姜亮夫全集》第2册,云南人民出版社2002年版,第416页。

② 《宋书》卷三九《百官志上》,第1339页。《晋书》卷二四《职官志》:"及魏改选部为吏部,主选部事,又有左民、客曹、五兵、度支,凡五曹尚书,二仆射、一令为八座。及晋置吏部、三公、客曹、驾部、屯田、度支六曹,而无五兵。咸宁二年,省驾部尚书。四年,省一仆射,置驾部尚书。太康中,有吏部、殿中及五兵、田曹、度支、左民为六曹尚书,又无驾部、三公、客曹。惠帝世又有右民尚书,止于六曹,不知此时省何曹也。"参见(唐)房玄龄等:《晋书》,中华书局1974年版,第732页。《晋书·职官志》所载虽较《宋书·百官系》为详,但诸如"凡五曹尚书,二仆射、一令为八座""省一仆射""又无驾部、三公、客曹"之语,显系在《宋书·百官志》基础上总结而来,非别有史源者。

③ 《唐六典》卷二《尚书吏部》,第41页。"梁有秩论侍郎"一句,校勘记称:"秩"字,南宋本作"扶",据正德本改,第59页。此字不可据明本改。"功""扶"互讹例虽未见,但"工""扌"与"力""夫(失)"皆字形相近,如《司马光奏议》卷一九校勘记,"亦恐力所不支",绍兴本"力"即作"失"。参见(宋)司马光:《司马光奏议》,王根林点校,山西人民出版社1986年版,第215页。所以手民误"功论"为"扶论"的可能性比较大。推测唐人原指梁称"侍郎"不同于宋齐称"郎中",后世遂连曹名亦改之。

入，就席伏读讫，赐酒一卮。魏氏常行其礼。"①虽然《晋书·礼志》称尚书三公郎读时令之仪是汉仪，但如前所述，明确的郎曹分置，出现于曹魏，所以上述文本应是唐人据己意增损史文的结果。所谓的"汉仪"，应该是魏以后制，《宋书》的记载可为证明。②

魏晋之时，尚书三公郎中掌读时令，大概与东汉尚书三公曹的职能有关。三公曹尚书及所属尚书郎需要对全国的集课文书作出初步整理，因此必然要熟悉当时的律令规定。再者，汉代三公曹是尚书首曹，因此正在形成中的律、令体系③，其文本也会集中保存在三公尚书曹。最后，汉人有"三公典调和阴阳"的思想，所以东汉颁布时令④，应有三公曹尚书所属的尚书郎参与其中。这样，曹魏初置郎曹，负责读时令的尚书郎便被称为三公郎，同时作为郎曹之名。但三公郎曹已非首曹，排位靠后。

如前所述，掌读五时令，是魏晋尚书三公郎的礼仪性职务。那么，尚书三公郎曹究竟如何参与国家日常政务的处理，仍需进一步探究。晋朝三公郎掌断狱，见于《石尠墓志》（刻于永嘉二年，308）：

> 晋故尚书征虏将军幽州刺史城阳简侯乐陵厌次都乡清明里石尠，字处约，侍中太尉昌安元公第二子也。明识清远，有伦理刑断。少受赐官大中大夫关中侯，除南阳王文学、太子洗马、尚书三公侍郎，情断大狱卅余条，于时内外，莫不归当。迁南阳王友、廷尉正、中书侍郎。时正直内省，值杨骏作逆，诏引尠式干殿，在事正色，使诛伐不滥。⑤

石尠（246—307）官至九卿（三品），而墓志所重为其所任三公侍郎⑥、吏部郎（六品），故

① 《晋书》卷一九《礼志上》，第587～588页。这一记载与汉制读月令仪不同，《续汉书·礼仪志上》载："礼威仪，每月朔旦，太史上其月历，有司、侍郎、尚书见读其令，奉行其政。"参见（宋）范晔：《后汉书》志第四，中华书局1965年版，第3101页。清代学者认为汉制初为按月读时令，"寖久递减"，《宋书·礼志》乃改为"汉制，太史每岁上其年历"。然而其所引《宋书·礼志》有误（见下注），若非其所据《宋书》之误，则应是受《晋书·礼志》影响。参见（清）王先谦：《续汉志集解》卷四，载《续修四库全书》第273册，上海古籍出版社2002年版，第515页下栏。

② "太史每岁上其年历。……赐酒一卮。官有其注。傅咸曰：'立秋一日，白路光于紫庭，白旗陈于玉阶。'然则其日旗、路皆白也。晋成帝咸和五年六月丁未，有司奏读秋令。"《宋书》卷一五《礼志二》，中华书局2018年版，第416～418页。可见，与《晋书·礼志》不同，《宋书·礼志》并无"汉仪"二字。武后长安四年（704），司礼少卿崔融上表称："谨按读时令，自魏晋已来，创有此礼。每岁立春、立夏、大暑、立秋、立冬，常读五时令。"参见（宋）王溥：《唐会要》卷二六《读时令》，上海古籍出版社2006年版，第571～572页。崔融以读五时令始创于魏晋以后，但至唐后期，杜佑已受《晋书》影响，以三公郎中读五时令之仪为东汉制度。参见（唐）杜佑：《通典》卷七〇《礼三〇·读时令》，王文锦等点校，中华书局1988年版，第1922页。

③ 参见范忠信：《律令关系、礼刑关系与律令制法律体系演进——中华法系特征的法律渊源角度考察》，载《法律科学（西北政法大学学报）》2014年第4期。

④ 《后汉书》："建武四年（28），光武征霸与车驾会寿春，拜尚书令。……每春下宽大之诏，奉四时之令，皆霸所建也。"参见《后汉书》卷二六《侯霸传》，第902页。

⑤ 拓片参见北京图书馆金石组编：《北京图书馆藏中国历代石刻拓本汇编》第2册，中州古籍出版社1989年版，第73页。录文引自赵超：《汉魏南北朝墓志汇编》，天津古籍出版社2008年版，第15～17页。

⑥ 《续汉志集解》引蔡质《汉仪》曰："尚书郎初从三署诣台试，初上台称守尚书郎，中岁满称尚书郎，三年称侍郎。"参见《后汉书》志二六《百官志三》，第3598页。西晋应仍延续尚书郎任满三岁称"侍郎"之制。

标为"尚书",以重内官。① 从"杨骏（注：实应为杨骏）作逆"可知，石尠任职三公郎曹在晋武帝之世。而从其始任官"南阳王文学"，及后任官"南阳王友"②，可将其任三公侍郎的时间确定为咸宁、太康年间。

在石尠之前任职三公郎曹的还有刘颂。《晋书·刘颂传》载其任司马昭相府掾时，因蜀地饥荒，"表求振贷，不待报而行，由是除名。武帝践阼，拜尚书三公郎，典科律，申冤讼"③。武帝即位之初，任命刘颂为三公郎时，特意强调由其"典科律，申冤讼"。史文的背后，可能隐含着魏晋之际三公郎职掌的变化。

变化的原因就在于，与曹魏相比，晋初依汉制置三公尚书。且其所模仿者，并非东汉"典三公文书""典天下岁尽集课事"的三公曹尚书，而是西汉昙花一现的"主断狱事"的三公曹尚书。同样是刘颂，在诛杨骏之变中，身为淮南相的他，被惠帝任命"为三公尚书，屯卫殿中"。不久，在贾后借口楚王司马玮矫诏专杀大臣，将其下廷尉处斩时，他又担任监刑尚书。④ 在三公尚书任上，除了上述临时性职务，刘颂也曾"上疏论律令事，为时论所美"。并且他还在元康九年（299）上启时，自称"臣今备掌刑断"，便是其证。⑤

西晋三公尚书虽废置不常⑥，但其"掌刑断"的职能应无变化。故惠帝在决意除掉杨骏的当晚，让刘颂屯卫殿中，却任命其为三公尚书，而非殿中尚书，可能意在复置三公尚书，以应对即将到来的狱案繁多的局面。当然，这是后话。那么，究竟晋初新置三公尚书，对三公郎曹有何影响？

影响首先体现在三公郎曹位次显著提前。《晋书·职官志》载：

> 及晋受命，武帝罢农部、定课（科），置直事、殿中、祠部、仪曹、吏部、三公、比部、金部、仓部、度支、都官、二千石、左民、右民、虞曹、屯田、起部、水部、左右主客、驾部、车部、

---

① 参见《通典》卷三七《秩品二》，第1003～1004页，转引自张雨：《南北朝三公府在政务运行中的作用与汉唐间政治体制的转型》，载《中国史研究》（韩国）2013年第84辑，第73页。本文向他刊投稿时，匿名专家认为不应排除《石尠墓志》中"尚书"是赠官的可能。但墓志仅载天子遣使护丧，未及赠官一事。晋制"州刺史领兵者"虽为四品官，但石尠生前已获授三品之廷尉卿和征虏将军，似不应以同为三品的尚书为赠官。

② 司马柬徙为南阳王、秦王。参见《晋书》卷三《武帝纪》"咸宁三年（277）八月癸亥"条、"太康十年（289）十一月甲申"条，第587～588页。

③ 《晋书》卷四六《刘颂传》，第1293页。

④ 参见（宋）司马光：《资治通鉴》卷八二"元康元年（291）三月辛卯"条、"元康元年（291）六月乙丑"条，中华书局1976年版，第2604、2611页；《晋书》卷四六《刘颂传》，中华书局1974年版，第1308页。

⑤ 《晋书》卷三〇《刑法志》，第935页；《晋书》卷四六《刘颂传》，第1308页；《资治通鉴》卷八二"元康九年（299）八月"条，第2630～2631页。另见《晋书》卷四一《高光传》："元康中，拜尚书，典三公曹。时（注：永宁元年，301）赵王伦篡逆，光于其际，守道全贞"，第1198页。

⑥ 魏晋时尚书曹废置，前引《宋书·百官志》《晋书·职官志》已详。《唐六典》"太康中，省三公尚书"的记载应是编修者在《宋书·百官志》《晋书·百官志》基础上形成的叙事文本，并不准确。从刘颂、高光任三公尚书的时间，以及下文对《华谭集·尚书二曹论》（吏部尚书、三公尚书）时间的讨论来看，《宋书·百官志》所谓太康中六尚书之制，亦是一时权制，或行于武帝末至惠帝初。晋惠帝诛杨骏时复置三公尚书，大概到增设右民尚书之时，所省之曹才是三公尚书。此后，未见复置。王素也注意到了《宋书·百官志》《晋书·百官志》的失考，并认为太康以后，并置左右仆射，以屯田为田曹旋又为左民，仅省去客曹尚书，其他不变。见王素：《三省制略论》，齐鲁书社1986年版，第12～13页。

库部、左右中兵、左右外兵、别兵、都兵、骑兵、左右士、北主客、南主客,为三十四曹郎。

后又置运曹,凡三十五曹,置郎二十三人,更相统摄。①

可见,三公郎曹顺序由曹魏时第 14 位提升至第 6 位②,位于吏部郎曹之下。虽然尚无确证,但郎曹次第的变化,或许与当时尚书台政务的重心或郎曹职务的繁简有关。

晋初所废郎曹中,尚书农部郎曹的罢废,应与魏晋之际典农部(屯田官典农中郎将、都尉所领)废为郡县有关。③ 而魏之定科郎曹,掌"典定科令",即南朝所置删定郎曹④,恰好对应西晋之初"典科律"的三公郎曹。考虑到前文所述汉晋之际尚书机构的发展,可推知,晋初三公郎曹"典科律,申冤讼"的职掌并不是直接从曹魏继承而来,而是源于西晋将定科郎曹之职并入三公郎曹的做法。⑤ 职掌的增加,是造成三公郎曹位次提前的原因(也可能是反因为果,即位次提前,必须使它为增加职能而兼并他曹)。

虽然吏部、三公郎曹位次相邻,但由于当时并置吏部、三公尚书,所以可以肯定的是,吏部、三公郎曹必然分属于本曹尚书。之所以吏部和三公曹(包括尚书曹及郎曹)被调整在一起,很可能与东汉吏曹尚书一度从属于三公曹尚书的渊源有关。但随着东汉中后期选官政

---

① 《晋书》卷二四《职官志》,中华书局 1974 年版,第 1293 页。

② 尚书郎曹次第变化,是魏晋之际尚书体制的一次系统调整,但史书未载其原因。以西晋三十四曹与曹魏二十三曹作比较,即知其中存在着某些郎曹是被故意调整在一起的可能性:西晋置直事居第一,殿中降为第二,祠部由第八升为第三,仪曹由第十三升为第四,这是第一组;吏部由第二降为第五,三公由第十四升为第六,比部由第六降为第七,这是第二组;金部由第四降为第八,仓部由第十五升为第九,度支由第九降为第十,这是第三组;都官位置变化不详,二千石由第十七升为第十二,次于都官后,这是第四组;兼置左右民,由民曹的第十六升为第十三、十四,虞曹由第五降为第十五,新置车部、起部居第十六、十七,水部由第十二降为第十八,这是第五组;新置左右主客,居第十九、二十,这是第六组;驾部由第三降为第二十一,新置车部居第二十二,库部由第十降为第二十三,这是第七组;中兵、外兵分置左右,与别兵、都兵、骑兵,居第二十四至三十,这是第八组;新置左右士,居第三十一、三十二,这是第九组;新置北主客居第三十三,南主客由第七降为第三十四,这是第十组。上述分组,虽然只是从郎曹次第变化臆测的结果,但是从尚书机构的发展来看,这些分组并非毫无意义,而是与当时正在形成中的"仆射、尚书,分领诸曹"(《宋书》卷三九《百官志上》,第 1340 页)密切相关。王素参照东汉尚书职掌与宋八座、二十曹及其统属关系,尝试对两晋尚书统郎情况作出分析,亦可参看。见王素:《三省制略论》,齐鲁书社 1986 年版,第 14~16 页。

③ 参见唐长孺:《西晋田制试释》,载《魏晋南北朝史论丛》(初版 1955 年),河北教育出版社 2000 年版,第 35~41 页;[日]西嶋定生:《中国经济史研究》,冯佐哲等译,农业出版社 1984 年版,第 227~243 页。

④ 贾充在曹魏时,"拜尚书郎,典定科令,兼度支考课"。《晋书》卷四〇《贾充传》,第 1165 页。裴楷自相国掾,迁尚书郎。咸熙元年(264)七月,"贾充改定律令,以楷为定科郎。事毕,诏楷于御前执读,平议当否"。《晋书》卷三五《裴楷传》,第 1047 页;《资治通鉴》卷七八,第 2487 页。参见王素:《三省制略论》,齐鲁书社 1986 年版,第 10 页。南朝删定郎之职,"……齐时旧郎济阳蔡法度,家传律学,云齐武时,删定郎王植之,集注张、杜旧律,合为一书……其文殆灭,法度能言之。于是以为兼尚书删定郎,使损益植之旧本,以为《梁律》"。参见(唐)魏征主编:《隋书》卷二五《刑法志》,中华书局 2019 年版,第 773 页。

⑤ 王素注意到,西晋之初,除"罢农部、定课(科)"之外,所省郎曹还有考功。但他主张史籍既不载考功之废,故西晋郎曹之中的车部必然是考功之误。对此,笔者在前揭《唐宋间"子司"词义转换与中古行政体制转型》文中,已予以辨析,认为车部非考功之讹,而对应魏末公府所置车曹。参见王素:《三省制略论》,齐鲁书社 1986 年版,第 169 页。在此,或可进一步推测,考功郎曹的废止,可能也与三公郎曹的职掌变化有关,即随着晋初复置三公尚书,东汉三公曹尚书所掌"集课"之职,亦由三公郎曹所兼,故导致考功郎被省。

务重要性的提升，从曹魏起，吏部尚书成为尚书首曹。西晋虽然重建三公尚书，却未改变吏部作为首曹的体制。这引发了当时对于两曹重要性的争论。《华谭集·尚书二曹论》曰：

> 刘道真问薛令长在吴何作①，答曰："为吏部尚书。"问曰："吴待吏部，何如余曹？"答曰："并通高选，吏部特一时之俊。"刘曰："晋魏以来俱尔。独谓汉氏重贼曹为是，吴晋重吏部为非。"薛君曰："八座秩同班等，其选并清，宜同一揆。若人才或多或少②，选例难精。如不得已，吏部职掌人物，人物难明，谓吴晋为得。而君何是古而非今？"刘难曰："今吏部非为能刊虚名，举沈朴者，故录以成人，位处三署，听曹探乡，论而用之耳，无烦乎聪明。贼曹职典刑狱，刑狱难精，是以欲重之。"③答曰："今之贼曹，不能听声观色以别真伪，县不能断谳之尚书也。夫在狱者率小人，在朝者率君子。小人易检，君子难精。俱不得已，吏部宜重，贼曹宜轻也。"④

刘宝（道真）、薛兼（令长）皆受知于张华，这是两人对话的背景之一，但对话时间不详，约

---

① 此句《北堂书钞》作："刘道真弘阳开举，才识高妙，一代名俊。昔与梁相薛令长往见之，问曰：'薛君在吴何官？'"可见，《通典》所引为删减后的文本。按，薛令长，名兼，"清素有器宇，少与同郡纪瞻、广陵闵鸿、吴郡顾荣、会稽贺循齐名，号为'五俊'。初入洛，司空张华见而奇之，曰：'皆南金也。'察河南孝廉，辟公府，除比阳相，莅任有能名。历太子洗马、散骑常侍、怀令。司空、东海王越引为参军，转祭酒，赐爵安阳享侯"。《晋书》卷六八《薛兼传》，第1832页。薛兼未尝仕吴，所谓"薛君""为吏部尚书"之语，指其父薛莹，参见（西晋）陈寿：《三国志》卷五三《吴书·薛（莹）传》，中华书局1982年版，第1254～1256页。"尚书二曹论"发生时，薛兼所任官为国相（有梁相、比阳相之别），但具体时间不详，或以为在晋惠帝世，参见顾江龙：《晋武帝"罢五等之制"解》，载《魏晋南北朝隋唐史资料》第35辑，上海古籍出版社2017年版，第64页。这是受同为"五俊"的纪瞻于惠帝时入洛，且历任公国相的影响，也符合张华任司空的时间（元康六年，296）和他对五人的称誉。按，称张华为司空，系传追书，参见刘雅莉、曹旭：《张华年谱汇考》，载范子烨编：《中古作家年谱汇考辑要》卷1，世界图书出版公司2014年版，第582页。故不可据以认为薛兼入洛时张华已为司空。另外"五俊"也非同时入洛（如顾荣与陆机兄弟太康十年同入洛，纪瞻元康七年始举秀才入洛）。参见刘运好：《二陆年谱汇考》，载范子烨编：《中古作家年谱汇考辑要》卷2，世界图书出版公司2014年版，第47～48、81～82页。薛兼之洛，源于其父吴平即仕晋，且应在薛莹太康三年（282）去世之前。由此可知，他任职国相的时间应该在太康年间，不会晚至惠帝世。

② "其选并清"以下，《北堂书钞》作："选望宜同。百揆以先，廊庙不足。偏有所重，盖人才或多或少"，语义稍胜。

③ "举沈朴者"至"而用之耳"，《北堂书钞》作："举沈朴，部盘石而名未齿也。故录已成之人，位处三曹署，所采乡誉而用之者也。""故录以成人"以下，同前书又作："故录成人耳。然人有精粗，而事有难易，在于朝野之牵君子难精择，吏部实为宜重者也。"《通典》文句显有缺略。

④ 《通典》卷二三《尚书下》，第643～644页。"掌人物""位处三曹""吏部宜重""刊虚名举沈朴""一时之俊"条，参见（唐）虞世南：《北堂书钞》卷六〇《吏部尚书》，载《续修四库全书》第1212册，上海古籍出版社2002年版，第282页下栏、第283页上栏、第284页上栏。

在武帝太康中后期。刘宝时任吏部郎。① 当时虽有诸曹尚书"并通高选，吏部特一时之俊"的说法（或制度实践），但在官品上，诸尚书皆三品官，并无不同。吏部尚书班位高于诸曹尚书的制度规定，直到南北朝后期才出现。② 这是刘、薛二人争论的制度背景。

刘宝"独谓汉氏重贼曹为是"中的贼曹，当指二千石曹尚书。③ 而称当世"贼曹职典刑狱"中的贼曹，却应当指西晋三公尚书。④ 如前所述，自成帝初分尚书为五曹始，二千石曹从未作为尚书首曹，且次于常侍曹（后来的吏曹）。那么晋、吴士人口中"汉氏重贼曹"（薛兼并没有反对这一说法）的现象反映了什么？笔者以为，此说正可参照蔡质《汉仪》所载吏曹"属三公曹"的记载去理解。虽然吏部尚书已经独立成曹，且位于二千石曹尚书之前，但由于其之前长期从属于三公曹的历史，反而使得直到三国时，人们还保留着汉代二千石曹尚书势重于吏曹尚书的印象。

随着西晋末三公尚书的停省，尚书机构又有了新的变化。这个变化，用《唐六典》的说法是："省三公尚书，以吏部尚书兼领刑狱。"也即以吏部尚书兼领负责刑狱（用晋人的话说是

---

① 刘道真，名宝，高平人，永康二年(301)正月葬于今山东邹县郭里乡。《晋书》无传，事迹散见于史。《刘宝墓志》及其疏证，参见罗新、叶炜：《新出魏晋南北朝墓志疏证》(修订本)，中华书局 2016 年版，第 7～9 页；杜志强：《西晋名士刘宝生平发微》，载《中国典籍与文化》2015 年第 2 期。据此，刘宝尝为徒，为司马骏所赎，后用为从事中郎，时间不早于咸宁二年(276)。后入朝，历中书郎、河内太守、御史中丞、太子中庶子、吏部郎诸官。太康六年(285)，刘宝受张华推荐，并接替后者担任安北将军、领护乌丸校尉、都督幽并诸军事。参见刘雅莉、曹旭：《张华年谱汇考》，载范子烨编《中古作家年谱汇考辑要》卷 1，世界图书出版公司 2014 年版，第 596～597、600 页。太康十年(289)，陆机初入洛，便请教张华"所宜诣，刘道真是其一。陆既往，刘尚在哀制中"(《世说新语·简傲》)。可见，刘宝此前已经返回洛阳服丧。永康元年(300)，刘宝或与张华等人俱死于赵王伦政变时。故刘宝与薛兼的讨论，应该在其赴幽州任职之前，即在吏部郎任上(太康六年前)。从刘宝对吏部尚书的评价来看，他认为"吴晋重吏部为非"的看法，应源于九品官人法造成的选官权力分散。参见[日]宫崎市定：《九品官人法研究：科举前史》，韩昇、刘建英译，中华书局 2008 年版，第 96～110 页。

② 参见《通典》卷三七《秩品二》、卷三八《秩品三》，第 1003、1007、1009～1010、1037～1038 页。

③ 《通典》叙东汉尚书分曹，于二千石曹下注曰："掌中都官水火、盗贼、辞讼、罪法，亦谓之贼曹。"参见《通典》卷二二《历代尚书》，第 601～602 页。吴亦置贼曹尚书，"入守贼曹尚书，迁尚书仆射""赤乌三年(240)，徙选曹尚书"。参见《三国志》卷五三《吴书·薛综传》，第 1253 页。考虑到东汉尚书机构的发展，笔者认为，东吴贼曹尚书也应当是沿二千石曹尚书而来。这也说明魏晋时尚书二千石郎曹大概仅保留东汉二千石曹尚书所掌之盗贼事，其他文书划归别曹处理。西晋置三公尚书时，或许即以之领二千石郎曹，故其得兼贼曹之名。

④ 张春海认为刘、薛所说的"贼曹"即都官曹，并引证桓玄改都官郎为贼曹说明，见张春海：《从三公曹到刑部：论隋唐刑部的形成》，载《南京大学法律评论》2016 年春季卷，法律出版社 2016 年版，第 106 页。关于尚书都官郎曹的职能变化，详见下节。此处需指出的是，"尚书二曹论"中所指应为尚书曹，而非郎曹。这从薛兼所任职及其所言"并通高选，吏部特一时之俊"(尚书郎为六品官，不可称之高选)、"县不能断谳之尚书也"即知。这也是《通典》引《华谭集》来说明汉代尚书二千石曹"重于诸曹"的原因。

"申冤讼")的郎曹。① 这些郎曹包括《宋书·百官志》所载"主法制"的三公、比部郎曹。② 从南朝吏部尚书统吏部、删定、三公、比部四郎曹来看,三公、比部属吏部尚书,应该是对晋制的沿袭(唐人"以吏部尚书兼领刑狱"的说法也可能出于其对晋宋制度的比较)。

陈朝"常以三月,侍中、吏部尚书、尚书、三公郎、部都令史、三公录冤局、令史、御史中丞、侍御史、兰台令史,亲行京师诸狱及冶署,理察囚徒冤枉"③。如果不了解汉晋之际吏部尚书与三公尚书(郎曹)的这一层渊源,恐怕很难全面理解为何由掌选举的吏部尚书参与建康狱的录囚事务。

二、从都官郎曹到都官尚书: 中古前期分散化的司法政务运行体制

魏晋南北朝尚书都官郎曹职掌的变化,学者已有所论述。① 这也是基于《宋书·百官志》对曹魏都官郎曹出现的背景("有军事")和刘宋都官曹"主军事、刑狱"职掌的记载自然而然得出的结论。不过,对于魏晋都官曹职掌,仍存在精细讨论的空间。此外,南北朝时期都官尚书一经产生便稳定下来,是隋唐尚书刑部成立的直接渊源。但对于都官尚书的渊源,学界多据《宋书》等史志政书将其视为南朝新制,忽视其系南朝仿自十六国制度的可能。谨就上述问题分述如下。

(一)从主军事到兼理刑狱的都官郎曹

《唐六典》载:

都官者,本因汉置司隶校尉,其属官有都官从事一人,掌中都官不法事,因以名官。都官者,义取掌中都官。中都官者,京师官也。至魏明帝青龙二年,尚书陈矫奏置都官郎曹郎中。晋、宋、齐都官郎中二人,后魏、北齐一人,梁、陈为侍郎,并掌京师非违得失

① 随着删定郎在元嘉十八年(441)的恢复,西晋时以"典科律,申冤讼"为主要职掌的三公郎曹,大概仅剩下"申冤讼"一项主要职责了。北齐三公郎曹掌"断罪",应沿自南朝旧制。参见《隋书》卷二七《百官志中》,第839页。

② 有关魏晋南朝三公郎曹职掌的变化,已见前述。那么,与之同"主法制"的比部曹,具体所掌为何?天监元年(502),梁武帝下诏删定《梁律》,诏书提到:"定以为《梁律》。留尚书比部,悉使备文,若班下州郡,止撮机要。"参见《隋书》卷二五《刑法志》,第773页。可见,比部之职侧重在保管颁行律令。

③ 《隋书》卷二五《刑法志》,第779页。

④ 参见张春海:《从三公曹到刑部:论隋唐刑部的形成》,载《南京大学法律评论》2016年春季卷,法律出版社2016年版,第105～108页。该文主张都官事务在曹魏时以军事为主,到西晋已逐渐转为司法。但此主张的前提(都官曹在西晋已是贼曹)是有问题的,前节已辨析。此后,张春海又撰文从长时段视角对"都官"含义进行了梳理,试图以此为线索,展示"观念的力量"与制度变迁的互动关系。见张春海:《"天下观"的移转与秦隋间"都官"的变迁》,载《史林》2018年第4期。该文视野宏大,但其对魏晋南北朝都官职掌的论述,仍是在前文基础上展开。

事,非今都官之任。

> 宋始置都官尚书,掌京师非违得失事,兼掌刑狱。齐、梁、陈、后魏、北齐皆置都官尚书。①

唐人虽然正确地指出魏晋南北朝都官郎曹"非今都官之任",但将"掌京师非违得失事"视为隋唐之前通制的看法,很可能是错误的,因为前者仅是北齐都官郎中之掌。② 故知"掌京师非违得失事,兼掌刑狱"的表述,也只能是唐人混合南朝宋和北齐都官郎曹职掌的一种书写。除此之外,"晋、宋、齐都官郎中二人"的记载,恐别无史料依据(或系一时之制),与西晋尚书台"凡三十五曹,置郎二十三人,更相统摄"③不符。

在"掌京师非违得失事"的基础上,《唐六典》又将都官郎中的渊源与司隶校尉下属"掌中都官不法事"的都官从事联系了起来。将都官郎曹与都官从事之名联系起来④,有其合理性,但是若将其职掌也直接联系起来,恐难成立。

所谓的"都官从事一人",是东汉司隶校尉所隶"从事史十二人"之一。《续汉书·百官志》载:

> 司隶校尉一人,比二千石。⑤ ……掌察举百官以下,及京师近郡犯法者。⑥

> 都官从事,主察举百官犯法者。⑦ 功曹从事,主州选署及众事。别驾从事,校尉行部则奉引,录众事。簿曹从事,主财谷簿书。其有军事,则置兵曹从事,主兵事。其余部郡国从事,每郡国各一人,主督促文书,察举非法,皆州自辟除,故通为百石云。

从事史之下,置假佐若干:

> 门功曹书佐主选用。……簿曹书佐主簿书。其余都官书佐及每郡国,各有典郡书

---

① 《唐六典》卷六《尚书刑部》,第179、192页。

② 参见《隋书》卷二七《百官志中》,第839页。杜佑也有类似的错误,叙刑部郎中渊源曰:"汉尚书有三公曹,后汉有二千石曹,魏有都官曹,皆掌刑罚、狱讼之事。"《通典》卷二三《尚书下》,第645页。

③ 《晋书》卷二四《职官志》,第732页。

④ 睡虎地秦简中多次出现"都官"一词,且常与"县"并称,如《内史杂》:"县各告都官在其县者,写官之用律。"参见睡虎地秦墓竹简整理小组编:《睡虎地秦墓竹简》释文注释部分,文物出版社1990年版,第61页。这引发了学者对秦汉时期"都官"性质的持续解读。相关研究综述,参见[日]工藤元男:《睡虎地秦简所见秦代国家与社会》,广濑熏雄、曹峰译,上海古籍出版社2018年版,第51~55页;邹水杰:《秦代都官制度研究》,载陈松长、郑水术、王伟等:《秦代官制考论》,中西书局2018年版,第138~143页。简言之,在汉代,"都"主要指中央(包括诸侯国都),并可延伸为中央官府之意。故"都官"既指中央京师诸官府(主要是经营性或事务性机构),也指上述官府向地方派出的机构。诸侯国亦有"群卿大夫都官如汉朝"。参见(汉)班固:《汉书》卷一九上《百官公卿表上》,中华书局1962年版,第741页。东汉以后,地方所在的都官大多被并入地方行政系统,盐铁等机构亦逐渐不被称为都官。此外,在汉代,"都"还有主管、总管之意,《汉书·百官表》中的都水、都船、都内等官名中的"都"均是如此。参见裘锡圭:《啬夫初探》,载裘锡圭:《古代文史研究新探》,江苏古籍出版社1992年版,第437页,转引自张春海:《"天下观"的移转与秦隋间"都官"的变迁》,载《史林》2018年第4期。

⑤ 李贤注引蔡质《汉仪》曰:"职在典京师,外部诸郡,无所不纠。"

⑥ 《续汉志》虽然将此句系于武帝初置司隶校尉,持节之后,元帝去节之前,但其所述职掌,应是东汉之制,可与蔡质《汉仪》所载相参照。

⑦ 李贤注引蔡质《汉仪》曰:"都官主雒阳百官朝会,与三府掾同。"

佐一人，各主一郡文书，以郡吏补，岁满一更。司隶所部郡七。①

"都官从事史"中的"都官"之名，袭自西汉司隶校尉初所从之"中都官徒千二百人"。司隶校尉所统兵，原系中都官刑徒。故颜师古曰："以掌徒隶而巡察，故云司隶。"后罢兵去节而专监察，所治为京师及附近七郡。成帝中省。② 东汉虽然仍有"中都官徒"③，但光武帝时重新设立的司隶校尉及都官从事所掌，除去"京师"这一地理范围外，其实已与"中都官"关系不大。④ 因此，尽管当时仍以"中都官"、"中都官从事"（"都官吏"）指代司隶校尉和都官从事及书佐⑤，但"都官"的含义在逐渐向"百官"转换。

魏晋时期，"都官"的含义延续了上述转化，且已超出"中都官"或"京师"的范围。在曹魏设置都官郎曹后不久，景初中（237—239），明帝命散骑常侍刘劭作都官考课，遂成《都官考课》七十二条及《说略》一篇。⑥ 考课法本来只是考察官吏，但刘劭却将选举法（州郡考士和察举辟召）包含在内。最终此法因过于烦琐，遭到杜恕、傅嘏等多数官员的反对而未能实施。⑦ 虽然《都官考课》的内容已不存，但从"时又大议考课之制，以考内外众官。（散骑黄门侍郎杜）恕以为……所存非所务，所务非世要"，及刘劭奏疏（"百官考课，王政之大较"）来看⑧，都官考课即百官（众官）考课，且并非都官郎曹之职，而由考功郎曹所掌，范围上至公卿、内职大臣，下及郡守等亲民长吏。⑨

当然，尚书都官郎曹的命名，是不是在"百官"含义上使用"都官"一词，还有待进一步探讨，甚至不能排除魏晋人使用"中都官"的旧概念来给尚书都官郎曹命名（如将其与二千石郎

---

① 《续汉书·百官志四》，载《后汉书》志二七，第3614页。

② 参见《汉书》卷一九上《百官公卿表上》，第737页。

③ 《后汉书》卷四《和帝纪》"永元三年（91）正月甲子""永元六年（94）七月丁巳"条，第171、179页。

④ 虽然《汉仪》称司隶校尉"职在典京师，外部诸郡"，"都官主雒阳百官朝会"，但并非照录律令原文，原文应如《续汉志》所载，为司隶校尉"掌察举百官以下，及京师近郡犯法者"，都官"主察举百官犯法者"。可见，"京师近郡犯法者"对应的是"司隶所部郡七"的部郡国从事和典郡书佐，而非都官从事及都官书佐。故可知，东汉"百官以下……犯法者"并不限定为京师官或"雒阳百官"，而是百官在京师犯法者。这与汉成帝时，司隶校尉涓勋所言其"以督察公卿以下为职"（《汉书》卷八四《翟方进传》，第3413页）是一致的。

⑤ 参见《后汉书》卷七七《酷吏列传·阳球传》、卷三四《梁统传》附《梁冀传》、卷六八《符融传》，第2500、1184、2232页。张春海指出"督察公卿"即"都官"（督察官员），"督"与"都"相通。值此之故，行使督察公卿权力的司隶校尉及其下属都官从事被分别称为"中都官"与"都官"。但在东汉中期以前还是综合名词的"中都官"与"都官"，此后词义逐渐狭窄化、专门化，变成司隶校尉及都官从事的简称（专有名词）。参见张春海：《"天下观"的移转与秦隋间"都官"的变迁》，载《史林》2018年第4期。

⑥ 参见《三国志》卷二一《魏书·刘劭传》，第619页。

⑦ 参见唐长孺：《九品中正制度试释》，载《魏晋南北朝史论丛》，商务印书馆2010年版，第93～94页。

⑧ 参见《三国志》卷一六《魏书·杜畿传》附《杜恕传》、卷二一《魏书·刘劭传》，第500、619页。

⑨ 参见《三国志》卷一六《魏书·杜恕传》载其上疏，第500～501页；《通典》卷一五《考绩》，第367页。

曹排列在一起）。① 但至少可以明确，《唐六典》在"掌中都官不法事"或"京师非违得失事"前提下，将东汉都官从事（后世都部从事的前身）视为晋以后都官郎曹渊源的看法是不准确的。②

如前文所述，魏尚书令陈矫奏置都官、骑兵二郎曹的背景是军事原因。史载，青龙二年（234）三月，汉献帝去世。四月，诸葛亮自斜谷出屯渭南，司马懿率军拒战。五月，孙权亦出兵向合肥新城。魏明帝东征，孙权遂退。八月，诸葛亮卒，蜀军亦退。③

值得注意的是，当吴围合肥时，发生了魏都督扬州的征东将军满宠"表请中军兵"一事。如何应对，明帝付诸朝议。刘劭提出"可先遣步兵五千，精骑三千，军前发，扬声进道，震曜形势。骑到合肥，疏其行队，多其旌鼓，曜兵城下，引出贼后，拟其归路，要其粮道。贼闻大军来，骑断其后，必震怖遁走，不战自破贼矣"的建议，得到了明帝许可，并产生"兵比至合肥，贼果退还"的效果。④ 由此可见骑兵在此役中的作用。这应是尚书台新设骑兵郎曹的背景。

满宠所提到的"中军"，亦称为"中外军"，因屯守宫城内外而得名，是直属皇帝的禁卫军，故也被视为天子六军。魏晋时由都督中外诸军事统领，以别于在外各都督所领的军队。⑤青龙二年（234）之前，尚书台设中兵、外兵郎曹，所掌即与中外军有关事务。别兵、都兵郎曹所掌不详⑥，但应属中外军之外的军事系统，故在骑兵郎曹设置后。它们共同构成五兵尚书的下属机构。

新出现的都官郎曹所掌不详。但毫无疑问，它并不受统于五兵尚书。这从侧面反映出，虽然与"有军事（务）"关系密切，但都官职掌并不同于五兵诸曹。唐人将都官郎曹的职掌表述为"佐督军事"⑦，《宋书》则载作"主军事刑狱"。故有学者将上述"佐""督"的含义解读为

① 本文在向他刊投稿时，匿名专家指出，若以魏晋时发展出的"都官"新语义"百官"来解释西晋掌军事的都官郎之名，不免龃龉。相反，从晋尚书郎曹中都官和二千石排列在一起来看，这其实和蔡质《汉仪》二千石曹"掌中都官水火、盗贼、辞讼、罪眚"的说法一致，佐证了魏晋都官郎之"都官"二字本意应当是"中都官"。因而认为笔者对《唐六典》所述都官从事、都官郎制度流变的反驳，尚难成为定论。其说有合理之处，故酌情予以吸收。不过需要说明的是，本文梳理"都官"含义的演变，重在说明《唐六典》所载制度沿革叙述的不准确。

② 随着汉晋之间，京师所在地区管理由司隶体制向司州体制过渡，都官从事改名为都部从事。都部从事，见《晋书》卷二五《舆服志》，第 758 页。晋太兴二年（319），石勒称赵王后，置署都部从事各一部一州，秩二千石，职准丞相司直。参见《晋书》卷一〇五《石勒载记下》，第 2737 页。

③ 参见《三国志》卷三《魏书·明帝纪》，第 103～104 页。

④ 参见《三国志》卷二一《魏书·刘劭传》，第 619 页。

⑤ 参见祝总斌《都督中外诸军事及其性质、作用》，载祝总斌：《材不材斋史学丛稿》，中华书局 2009版，第 117～132 页。

⑥ 李文澜认为魏别兵掌胡骑、越骑等，都兵掌都城内之兵，参见胡守为、杨廷福主编：《中国历史大辞典·魏晋南北朝史卷》"别兵郎""都兵郎"条，上海辞书出版社 2000 年版，第 360、566 页。这一解释应源自《辞源》"别兵""都兵"条，引据资料为《宋书·百官志上》、《通典》卷二二、《隋书·百官志中》、《历代职官表》卷一二。但上述四书均无相应记载。实际上，越骑属于五校营，为魏中军一部，故不应由尚书别兵郎曹所掌。参见张金龙：《魏晋南北朝禁卫武官制度研究》，中华书局 2004 年版，第 127～133、241～242 页。

⑦ 参见《通典》卷二三《尚书下》，第 645 页。

曹魏都官辅佐皇帝对军法案件进行监督与复核。①

　　唐人"佐督军事"的表述,应来源于《晋书》所载八王之乱中的"尚书郎旦出督战"一事:太安二年(303),太尉、都督中外诸军事、长沙王司马乂与成都王司马颖战于洛阳,"颖军转盛,尚书郎旦出督战,夜还理事。(尚书郎嵇)含言于乂曰:'昔魏武每有军事,增置掾属。青龙二年,尚书令陈矫以有军务,亦奏增郎。今奸逆四逼,王路拥塞,倒悬之急,不复过此。但居曹理事,尚须增郎,况今都官、中、骑三曹昼出督战,夜还理事,一人两役,内外废乏。含谓今有十万人,都督各有主帅,推毂授绥,委付大将,不宜复令台僚杂与其间。'乂从之,乃增郎及令史。"②由于战事紧张,所以需要尚书郎外出督战,这虽然是临时性事务,但恰好由都官、中兵、骑兵三曹尚书郎"昼出督战,夜还理事",应该不是偶然,正说明都官郎曹职掌确实与军事直接相关。虽然都官战时所督之兵,以及其"居曹理事"的日常政务内容,仍有待于资料的进一步丰富,但据南朝宋末江淹所撰都官符而言(此后,陈文帝征讨周迪、陈宝应,用来指挥公事的尚书符,亦是都官符)③,都官郎曹恐怕并非仅限于对军法案件的监督、复核。

　　再看一例,《晋书·舆服志》所载"中朝大驾卤簿"仪仗中,鸾旗车后有"护驾尚书郎三人,都官郎中道,驾部在左,中兵在右,并骑。又有护驾尚书一人,骑,督摄前后无常"。在标志卤簿结束的豹尾车之前有"尚书令在左,尚书仆射在右,又尚书郎六人,分次左右,并驾",跟随在御药车之后。而在豹尾车之后仍有一系列车马队伍,其中金钺车两边有"左右护驾尚书郎并令史,并骑,各一人"。④ 大驾仪仗凡需尚书郎十一人,然而只有在作为皇帝所乘金根车"先辂"之一的鸾旗车后⑤,明确点出尚书郎之名,其中又恰好有都官、中兵。由此亦见魏晋

---

① 参见张春海:《"天下观"的移转与秦隋间"都官"的变迁》,载《史林》2018 年第 4 期。该文还认为魏晋时期,尚书省中长期不存在专门负责司法的机构,故可将掌军事的都官顺势转化为兼掌司法的机构。从而当南朝宋置都官尚书后,将其主要职掌设定为司法。由于尚书省系统中自汉代以来司法的三公曹仍存,继续主管地方提交的疑难案件的监督与考核,故都官所掌的司法事务便大致承袭了前代都官从事的职权范围,以京畿地区为主,与三公曹形成了一定的分工关系。

② 《晋书》卷八九《嵇含传》,第 2302 页。司马乂官职,据同书卷四《惠帝纪》"太安元年(302)十二月丁卯"条,第 100 页。

③ 宋昇明元年(477)十二月,荆州刺史沈攸之起兵讨萧道成。江淹为尚书驾部郎,受命撰《尚书符》。参见(南朝梁)江淹著、丁福林等校注:《江文通集校注》卷七,上海古籍出版社 2017 年版,第 1167～1170 页(以下称集本);《宋书》卷七四《沈攸之传》,第 2114～2116 页(以下称传本)。集本题本注:"起都官军局符兰台",故知其为都官符。江淹都官符虽然提及当时的军事部署,不过是益彰声势而已,其实际作用是针对荆州军民宣布朝廷宽大政策及购募之科——传本作:"符到之日,幸加三省。其锋陈营壁之主,驱逼寇手之人,若有投命军门,一无所问。或能因罪立绩,终不尔欺,斩裾射玦,唯功是与。能斩送攸之首,封三千户县公,赐布绢各五千匹。"集本略同,作"符至之日……购募之科,具列如上"。《陈书》载,天嘉中(560～566),陆琼以文学转任殿中郎,受陈文帝赏识。"及讨周迪、陈宝应等,都官符及诸大手笔,并中敕付琼。"参见《陈书》卷三〇《陆琼传》,第 447 页。这里的都官符,作用应与江淹所撰无别。

④ 《晋书》卷二五《舆服志》,第 758～760 页。按《宋书·礼志》亦载元嘉二十五年(448)大搜校猎之仪,其中有"尚书仆射、都官尚书、五兵尚书、左右丞、都官诸曹郎、都令史、都官诸曹令史干、兰台治书侍御史令史、诸曹令史干,督摄纠司,校猎非违"的记载,参见《宋书》卷一四《礼志》,第 399 页。都官尚书及都官诸曹郎,与五兵尚书等并列,大概也与"都官主军事刑狱"之职有关。

⑤ 参见《晋书》卷二五《舆服志》,第 755 页,转引自张金龙:《魏晋南北朝禁卫武官制度研究》,中华书局 2004 年版,第 263～264 页。

时都官郎曹与军事的关系非常密切,而与检校"中都官不法""京师非违得失"等事无关。因此,西晋都官、二千石郎曹位次相邻的这一事实,虽然与后来北齐尚书省郎曹次第相同,但前者为郎曹的独立顺序,后者为尚书统郎的顺序,两者内部逻辑并不相同①,因此不宜在后者都官郎曹"掌畿内非违得失事"、二千石郎曹"掌畿外得失等事"的基础上进行逆向比附。②

基于以上讨论,可以对魏晋以来都官郎曹"主军事"的职掌有一个初步的认知。虽然对于该职掌的内容仍无从进一步解读,但可以看到,直至西晋末年,兼掌刑狱仍然不是都官郎曹的职掌。如前所述,西晋都官郎曹位置已确定和二千石郎曹前后相连,并且两者也已与五兵诸郎曹的位置相去甚远(与之相对的是,曹魏青龙二年之前,二千石郎曹与五兵诸郎曹的位次前后相连)③,但这一位置变化,似乎并未导致都官郎曹、二千石郎曹职掌发生变化。

都官郎曹职掌发生变化的标志出现于东晋末。晋安帝元兴二年(403)十二月,桓玄称帝,改元永始,"自以水德,壬辰,腊于祖。改尚书都官郎为贼曹"④。至桓玄败,刘裕入建康⑤,都官郎曹名应复旧。

汉晋以来,贼曹便是二千石曹尚书或三公尚书的别称。魏以后,盗贼也一直是二千石郎曹的职掌。那么,为何东晋末桓玄要将都官郎改称贼曹郎呢?首先,这一变化与西晋末三公尚书的废止,以及二千石郎曹自东晋康帝、穆帝以后亦被停省有关。⑥ 其次,因军事原因增置的都官郎曹,在和平时期恐怕难免事务疏简,因而隐含着机构合并的可能。这与五兵诸郎曹在东晋之后的减省是一致的。⑦ 最后,桓玄将都官郎改名,应意味着在此前的机构合并中,贼曹(二千石郎曹)之事,已归并入与军事相关的都官郎曹,这既与中国传统思想中刑出

---

① 参见张雨:《唐宋间"子司"词义转换与中古行政体制转型》,载《中华文史论丛》,上海古籍出版社2019年第3辑,第174~179页。在尚书郎曹职掌不断调整的基础上,尚书统郎机制的调整原则,逐渐朝与郎曹职能相近或相关的方向转变。

② 《隋书》卷二七《百官志中》,第839页。

③ 参见张雨:《唐宋间"子司"词义转换与中古行政体制转型》表1"魏晋南北朝尚书郎曹变动表",载《中华文史论丛》,上海古籍出版社2019年第3辑,第171~173页。另如前述,随着汉魏之际二千石曹尚书的消失,其职掌中仅有"盗贼"一事仍由二千石郎曹所主。故青龙二年(234)之前,二千石郎曹与中兵等四郎曹位次相连,或与二千石郎曹因职务所系而掌握一定军事力量有关。青龙二年(234)新设都官、骑兵郎曹,其位次不详,笔者在前表中,之所以据西晋时都官与二千石郎曹相邻,而骑兵位于五兵诸郎曹之末的位次酌定两者在曹魏二十五郎曹中的位次(即以都官、二千石、中兵、外兵、别兵、都兵、骑兵为序),也是考虑到了都官掌军事这一因素。

④ 《晋书》卷九九《桓玄传》,第2596页;《资治通鉴》卷一一三"元兴二年十二月庚寅朔"条,第3555页。壬辰,为十二月三日。"汉兴八年……高帝令天下立灵星祠。……旧说,星谓天田星也。一曰,龙左角为天田官,主谷。祀用壬辰位祠之。壬为水,辰为龙,就其类也。"参见《后汉书》志九《祭祀志下》,第3204页;冯时:《中国古代物质文化史·天文历法》,开明出版社2013年版,第94~96页。

⑤ 参见《资治通鉴》卷一一三,"元兴三年(404)三月庚申"条,第3565页。

⑥ 参见前揭"魏晋南北朝尚书郎曹变动表"。

⑦ 《宋书》卷三九《百官志上》:"五兵尚书领中兵、外兵二曹。昔有骑兵、别兵、都兵,故谓之五兵也。"第1340页。参见前揭"魏晋南北朝尚书郎曹变动表"。

于兵的认知一致，又符合桓楚以水德为运的现实需要。①

总之，《宋志》所载"都官主军事、刑狱"的职掌是在东晋之后逐渐形成的。宋孝武帝大明元年(457)，谢庄"为都官尚书，奏改定刑狱，曰：'……臣近兼讯，见重囚八人，旋观其初，死有余罪，详察其理，实并无辜。恐此等不少，诚可怵惕也。旧官长竟囚毕，郡遣督邮案验，仍就施刑。督邮贱吏，非能异于官长，有案验之名，而无研究之实。愚谓此制宜革。自今入重之囚，县考正毕，以事言郡，并送囚身，委二千石亲临核辩，必收声吞哗，然后就戮。若二千石不能决，乃度廷尉。神州统外，移之刺史；刺史有疑，亦归台狱。'"②谢庄身为都官尚书而奏改刑狱，正是都官郎曹兼掌刑狱而重在"讯囚"的证明，也是中古前期形成的三公、都官、比部诸郎曹分掌司法政务运行体制的体现。

(二)都官尚书出现的北朝渊源

都官郎曹的出现及其职能演变，为都官尚书的产生提供了可能性。但都官尚书出现的背景如何，详情无从得知。不过，仔细探究都官尚书的始置时间，还是能促使我们去思考，魏晋南北朝分裂的政治、纷扰的朝局，究竟为制度的实践和发展提供了怎样的试验场？

据《宋书·武帝纪》，刘裕即位的三个月后，永初元年(420)九月"壬申，置都官尚书"。故《百官志》复曰："宋高祖初，又增都官尚书。"③这是后来的史志和政书，毫无例外地都明确记载都官尚书初置于宋武帝朝的原因。④

然而事实是否如此？据《晋书》记载，赫连勃勃趁着刘裕北伐灭后秦姚泓的机会，占领长安后，即大飨将士，并以谋臣王买德"往日之言，一周而果效，可谓算无遗策矣。虽宗庙社稷之灵，亦卿谋献之力也"为由，任命其为都官尚书，加冠军将军，封河阳侯。王买德本是姚兴镇北参军，归附赫连勃勃后，任军师中郎将，并在攻取长安之役中，担任勃勃之子赫连璜(都督前锋诸军事、领抚军大将军)的抚军右长史，率军南断青泥(峣关，在今陕西蓝田)，遂败晋军于青泥北。⑤

赫连勃勃占领长安及任命王买德为都官尚书的时间，据《晋书·安帝纪》和《资治通鉴》，可知为东晋义熙十四年(夏昌武元年，北魏明元帝泰常三年，418)十一月。⑥ 也就是说在南

---

① 狱曹、贼曹、仓部曹(仓曹)，皆为水官。参见(清)孙星衍校：《黄帝龙首经》卷上《占人君欲拜署五官法》，载《续修四库全书》第1054册，上海古籍出版社2002年版，第262页上栏。《黄帝龙首经》之名，最早见于晋葛洪《抱朴子内篇》。

② 《宋书》卷八五《谢庄传》，第2384~2385页。按，隋平陈之时，后主命将率军拒守，其中有忠武将军、都官尚书孔范，这也与"都官主军事、刑狱"有关。参见《陈书》卷三一《萧摩诃传》、卷六《后主纪》，第412、117页。

③ 《宋书》卷三《武帝纪下》、卷三九《百官志上》，第60、1339页。

④ 参见前引《唐六典》，及(清)纪昀等《历代职官表》卷一三《刑部》，上海古籍出版社1989年版，第250页。

⑤ 参见《晋书》卷一三〇《赫连勃勃载记》、卷一〇《安帝纪》"义熙十四年(418)十一月"条，第3205~3209、267页。

⑥ 参见《资治通鉴》卷一一八"义熙十四年(418)十一月"条，第3721页。

朝宋新置都官尚书的两年前，北方十六国之一的匈奴夏就出现了都官尚书。① 王买德若非首任都官尚书，那么很有可能早在义熙三年（夏龙升元年，407），赫连勃勃称天王、大单于，署置百官时②，就已存都官尚书。

毫无疑问，当都官尚书第一次登上历史舞台时，正是刘裕因为北伐与少数民族政权密切接触的时期。他应该能及时了解到赫连勃勃任命王买德为都官尚书的信息。因此，一个合理的推测是，刘裕所置都官尚书，其实是南朝因袭北方少数民族政权制度实践的产物。但因未被宋国史及沈约《宋书》所提及③，后世遂踵前说而成不刊之论。

值得注意的是，都官尚书并非南朝、隋唐因袭北方制度的个案。隋朝尚书省民部尚书（民部郎）、兵部尚书最早也都出现于北方少数民族政权。《晋书》载："太元十七年（392），（西秦高祖乞伏乾归）赦其境内殊死以下，署其长子炽盘领尚书令，左长史边芮为尚书左仆射，右长史秘宜为右仆射，翟瑥为吏部尚书，翟勍为主客尚书，杜宣为兵部尚书，王松寿为民部尚书，樊谦为三公尚书，方弘、曲景为侍中，自余拜授一如魏武、晋文故事。"④而《魏书》亦载封懿"仕（后燕）慕容宝，位至中书令、民部尚书。宝败，归阙"⑤，又载程骏祖父程肇，任后凉"吕光民部尚书"⑥。这是在讨论隋唐尚书省制度渊源时必须注意的一个问题。

随着北魏的兴起，其渐次削平诸国，统一北方，南北方尚书制度实践中的不同因素开始集结于北魏，使北魏所置尚书省在一开始就表现出独特性来。正如严耕望所论："北魏崛起

---

① 参见缪荃孙《夏百官表》"戊午昌武元年（即义熙十四年）"条，载《二十五史补编》第3册，岳麓书社1994年版，第4078页。《二十五史三编》收录的孙彰《宋书考论》、郝懿行《晋宋书故》等书都未考及此事。俞鹿年注意到赫连夏都官尚书的情况，但未言及时间早晚。见俞鹿年：《北魏职官制度考》，社会科学文献出版社2008年版，第69页。就笔者目前所见，仅石冬梅曾注意到王买德为都官尚书早于南朝宋一事，见石冬梅：《北魏太和新官制并未模仿南朝》，载《天府新论》2007年第3期；《论西魏尚书省的改革》，载《许昌学院学报》2008年第1期。

② 《晋书》卷一三〇《赫连勃勃载记》，第3202页。

③ 《宋书》纪传及《百官志》等八志，是沈约在何承天等人所修宋国史的基础上修成。参见苏晋仁：《论沈约〈宋书〉八志》，白化文等编：《周绍良先生欣开九秩庆寿文集》，中华书局1997年版，第31~33页。

④ 《晋书》卷一二五《乞伏乾归载记》，第3118页。按，晋咸康八年（342），石虎以右仆射张离领五兵尚书，专总兵要。同前书卷一〇六《石季龙（虎）载记》，第2773页；《资治通鉴》卷九七，"咸康八年十二月壬子"条后，第3052页。可见，后赵尚沿晋置五兵尚书，兵部尚书或为西秦所置。后秦弘始九年（晋义熙三年，407），乞伏乾归入朝姚兴于长安，兴忌其终为西州之患，留其为主客尚书。参见《晋书》卷一二五《乞伏乾归载记》，第3121页。可见，后秦亦有主客尚书，但不知是始置于建初元年（晋太元十一年，386）姚苌即皇帝位后（时有尚书令、左仆射、尚书郎等，参见《晋书》卷一一六《姚苌载记》，第2967页），还是姚兴仿西秦而置。

⑤ 《魏书》卷三二《封懿传》，中华书局2017年版，第846页。又，晋隆安四年（400），南燕慕容德即帝位，改元建平，"遣其度支尚书封恺、中书侍郎封逞观省风俗"。参见《晋书》卷一二七《慕容德载记》，第3168页。《魏故使持节平东将军冀州刺史勃海定公封使君（魔奴）墓志序》载"懿懿，燕左民尚书德阳乡侯，魏都坐大官章安子"，与《魏书》不同，参见赵超：《汉魏南北朝墓志汇编》，天津古籍出版社2008年版，第125页。

⑥ 《魏书》卷六〇《程骏传》，第1467页。又，北魏皇兴二年（468）《张略墓志》载其凉任"尚书郎、民部"。见罗新、叶炜：《新出魏晋南北朝墓志疏证》（修订本），中华书局2016年版，第49页。"民部"即指民部郎，应为张略仕北凉时所任官。

朔漠,汉化以渐,新旧竞替,制杂胡华,敷汉名于旧制,因事宜而立官,尚书制度又其特也。"①
然而史籍湮灭,致使北魏尚书制度渺然莫晓。严氏搜详旧史,撰成雄文,材料巨富,殆无遗
漏,使得我们对北魏尚书制度终于可以有一个全景式的了解。② 据此,本节拟重点讨论北魏
都官尚书的渊源问题。

据严耕望统计,孝文帝改制前史籍中所见的北魏尚书分部,有殿中尚书、太官(宰官)尚
书、南部尚书、北部尚书、西部尚书、吏部(选部)尚书、右民尚书、仪曹尚书、祠部(神部)尚书、
礼部尚书、乐部尚书、主客尚书、驾部尚书、库部尚书、都牧(牧曹)尚书、虞曹尚书、右士尚书、
都官尚书、太仓尚书、金部尚书。③

其中,殿中尚书因典殿内禁卫兵马,宿卫左右,是最为重要的职守④,故可以拥立君主。
在北魏前期几次皇权过渡阶段,均有殿中尚书的身影。这与西晋置殿中尚书次于吏部,以及
南朝殿中郎为礼乐所出,且用文学之士的情况,迥然不同。⑤

北魏前期尚书部曹增损不常,而殿中尚书分部任职,规模最大,他部职掌之余皆归殿中,
如有殿中右曹尚书、殿中侍御尚书、殿中都官尚书等。非但员额不限一人,而且分数曹职任。

---

① 严耕望:《北魏尚书制度》(初刊 1977 年),载《严耕望史学论文选集》,中华书局 2006 年版,第 339
页。该文是在氏著《北魏尚书制度考》(初刊 1948 年,载《严耕望史学论文集》,上海古籍出版社 2009 年版,
第 85~201 页)基础上综述增补而成。

② 参见[日]窪添慶文:《北魏前期の尚書省について》,刊《史學雑誌》第 87 编第 7 号(1978),中译文
《关于北魏前期的尚书省》,刘俊文主编:《日本中青年学者论中国史·六朝隋唐卷》,宋金文译,上海古籍出
版社 1995 年版,第 27~55 页(亦见窪添慶文:《魏晋南北朝官僚制研究》,赵立新等译,复旦大学出版社
2017 年版,第 31~56 页);陈琳国:《北魏前期中央官制述略》,载《中华文史论丛》,上海古籍出版社 1985 年
第 2 辑,第 169~187 页;严耀中:《北魏前期政治制度》,吉林教育出版社 1990 年版,第 53~56 页;陈仲安、
王素:《汉唐职官制度研究》(增订本),中西书局 2018 年版,第 75~91 页。上述著作也都在严耕望之后对北
魏尚书制度有所推进。

③ 参见严耕望:《北魏尚书制度考》,载《严耕望史学论文集》,上海古籍出版社 2009 年版,第 107~
143 页。北魏有都曹尚书一职,常由殿中尚书迁转,地位较诸部尚书为高。严氏将其列于尚书都省下,又据
《魏书·抱嶷传》"累迁为中常侍、安西将军、中曹侍御、尚书。……自总纳言……奏议……抗直。高祖、文
明太后嘉之,以为殿中侍御尚书领中曹如故,以统宿卫,俄加散骑常侍。……太和十二年,迁都曹,加侍中
祭酒尚书领中曹侍御",认为还有中曹侍御尚书,并指出"加侍中祭酒尚书领中曹侍御"应看作"加侍中祭
酒,领中曹侍御尚书"。陈琳国认为中曹侍御尚书系严氏误读而致,实则中曹侍御是中曹属官之一,与尚书不
同。另有侍御曹(即前引《抱嶷传》"殿中侍御"),与中曹均为内侍诸曹。见陈琳国:《北魏前期中央官制
述略》,载《中华文史论丛》,上海古籍出版社 1985 年第 2 辑,第 182~183 页。此说得到俞鹿年《北魏职官制
度考》(第 64 页)及中华书局点校本整理者的认同。后者将前述引文标点为:"累迁为中常侍、安西将军、中
曹侍御、尚书……高祖、文明太后嘉之,以为殿中侍御、尚书领中曹如故……太和十二年,迁都曹,加侍中、
祭酒、尚书领中曹、侍御。"《魏书》卷九四《抱嶷传》,第 2192~2193 页。

④ 《南齐书》载魏太武帝时尚书职掌:"殿中尚书知殿内兵马仓库,乐部尚书知伎乐及角史伍柏,驾部
尚书知牛马驴骡,南部尚书知南边州郡,北部尚书知北边州郡。"参见(南朝梁)萧子显:《南齐书》卷五七《魏
虏传》,中华书局 2017 年版,第 1091 页。

⑤ 参见《宋书》卷六二《羊欣传》,第 1818 页;(唐)姚思廉:《梁书》卷三四《张缅传》,中华书局 1973 年
版,第 491 页。北魏后期殿中郎中主斋会,亦礼乐之谓,魏庄帝改付右兵郎。参见(唐)李延寿:《北史》卷二
六《宋隐传》附《宋世良传》,中华书局 1974 年版,第 941 页,转引自严耕望:《北魏尚书制度考》,载《严耕望史
学论文集》上海古籍出版社 2009 年版,第 152 页。

关于殿中侍御尚书,已见前注。以下重点来看殿中都官尚书。

严耕望据史传中所见,认为北魏都官尚书最早出现在世祖太武帝(424—452)朝,晚于《宋书·百官志》所载宋武帝初置都官尚书("似为见于记载之最早者")。永初元年即北魏明元帝泰常五年(420),在太武帝即位前四年,时代极接近,故推断系北魏仿南朝宋制。文成帝之前,都官尚书常冠"殿中"为称者。所引史料,见诸《魏书》《北史》诸传:

《窦瑾传》:"转西部尚书。初定三秦(注:始光三年,426),人犹去就,拜使持节、散骑常侍、都督秦雍二州诸军事、宁西将军、长安镇将、毗陵公。在镇八年,甚著威惠。征为殿中、都官尚书,仍散骑常侍。……从征盖吴……盖吴平(注:太平真君七年,446),瑾留镇长安。还京,复为殿中、都官,典左右执法。……恭宗薨于东宫(注:正平元年,451),瑾兼司徒,奉诏册谥。"

《李惠传》:"父盖,少知名,历位殿中、都官二尚书,左将军,南郡公。初,世祖妹武威长公主,故凉王沮渠牧犍之妻。世祖平凉州(注:太延五年,439),颇以公主通密计助之,故宠遇差隆。诏盖尚焉。盖妻与氏,以是而出。是后,盖加侍中,驸马都尉,殿中、都官尚书,左仆射,卒官。"

《韩茂传》:"迁司卫监。录前后功,拜散骑常侍、殿中尚书。……从破薛永宗,伐盖吴(太平真君六年,445)。转都官尚书。从征悬瓠,频破贼军。车驾南征(太平真君十一年,450),分为六道,茂与高凉王那出青州。……拜茂徐州刺史以抚之。"

《车伊洛传》:"正平二年(452),伊洛朝京师,拜都官尚书,将军、王如故。卒,谥康王,葬礼依卢鲁元故事。"①

严氏以为,太武帝一代任都官尚书可考者四人六任,其中二人四任皆云"殿中都官尚书"(即窦瑾、李盖。本节引据中华书局点校本,故断开),观其行文,足知为殿中之都官尚书,非由殿中尚书迁任都官尚书。所以认为李盖"历位殿中、都官二尚书"中"二"为衍字。② 笔者倾向于认同陈琳国殿中尚书二员分治左、右曹的观点③,故认为即便"二"为衍字,但从"历位"二字看,则"殿中、都官"应依点校本断开为宜。这是其一。由此,即便如窦瑾先后两次出任"殿中都官尚书",史无"历任"之言,似乎应视为一人兼任二尚书,不宜将其视为殿中之都官尚书。无论是由一人兼任殿中、都官二尚书,还是一人自殿中尚书转为都官尚书,或许都反映出两者职能相近。这应该是东晋后期以来,都官"掌军事刑狱"职能在北魏尚书省制初建时的实践样态。④ 进而《窦瑾传》"典左右执法"的记载亦宜理解为殿中尚书、都官尚书职掌的并列表述。

---

① 《魏书》卷四六《窦瑾传》、八三上《李惠传》、卷五一《韩茂传》,第1141~1142、1970、1242页;《北史》卷二五《车伊洛传》,第913页。《魏书》卷三〇《车伊洛传》未载其为都官尚书,第806页。又,引文括号内之时间,据《魏书》卷四上下《世祖纪》,第84~124页。

② 俞鹿年同意严耕望的观点,认为殿中都官尚书与殿中左曹、右曹尚书性质相同。见俞鹿年:《北魏职官制度考》,社会科学文献出版社2008年版,第69页。

③ 参见陈琳国:《北魏前期中央官制述略》,载《中华文史论丛》,上海古籍出版社1985年第2辑,第178~179页。

④ 北魏前期,殿中卫士有羽林、虎贲等称,兵精且众,故不仅宿卫左右,且四方有变,常诏殿中尚书率军出讨。故与都官尚书职能(此据南朝而言)相近。

其二，北魏初设都官尚书，应在太武帝即位后增置尚书之际："始光元年(424)正月，置右民尚书。神䴥元年(428)三月，置左右仆射、左右丞、诸曹尚书十余人，各居别寺。"① 窦瑾自始光三年(426)为秦雍都督、长安镇将凡八年，故其始任殿中、都官尚书当在延和二年(433)。② 这是现有史籍中最早的一例。值得注意的是，此前不久的神䴥四年(431)十月，太武帝曾诏司徒崔浩改定律令。③ 不妨推测，太武帝以窦瑾为都官尚书"典执法"，恰在律令修成前后，或与当时司法体制转型有关。

北魏都官尚书出现于太武帝平统万城，消灭赫连夏残余势力之际，且太武帝又尝立赫连氏为皇后④，可能对赫连氏政权组织形式颇为熟悉。因此，都官尚书是因夏所设，还是仿宋而置，恐难断言。但从北魏前期尚书省制度的总体特征来看⑤，将其视为延续少数民族政权制度实践，似乎稍胜一筹。北魏前期这一独特的尚书制度，终因孝文帝倾慕华制，渐次而废，于此不赘。

三、结语

西晋初年，模仿西汉重新设立了"掌刑断"的三公尚书，从而使其获得了"贼曹尚书"之名。这是导致唐人构建起从三公尚书到都官尚书演变脉络的前提之一。然而此别称，原属于东汉和孙吴二千石曹尚书，也就意味着西晋二千石郎曹是三公尚书的下属机构。新设的三公尚书虽然存废不常，但仍对原有郎曹职掌及其位次产生了一定的影响。此前，随着"典天下岁尽集课事"的三公曹尚书和二千石曹尚书的消失，"集课"文书便改由新出现的尚书考功郎(功论郎)负责，三公郎曹主要负责掌读时令。"掌刑断"的三公尚书的出现，使得西晋三公郎曹在负责掌读时令的同时，又增加了"典科律，申冤讼"(部分源于定科郎、考功郎的停废)两项职掌。两者大致对应"辞讼、罪法事"。这说明，魏晋二千石郎曹仅保留东汉二千石曹尚书所掌之盗贼事，其他文书已划归别曹处理。

至西晋末，三公尚书停省后，出现了所谓"以吏部尚书兼领刑狱"的分工新制。最后，随着元嘉中复置删定郎，南朝形成了以吏部统领吏部、删定、三公、比部四郎曹的体制。其中，删定郎典定律令，三公郎主刑断，比部郎掌律令，形成相应的司法政务分工机制。

"都官"之名起于战国末年，西汉司隶校尉下属的都官从事，确实与之联系紧密。但汉魏

---

① 《魏书》卷一一三《官氏志》，第3235页。

② 延和二年正月丙寅，以乐安王范为都督秦雍泾梁益五州诸军事、卫大将军，镇长安。参见《魏书》卷四上《世祖纪上》，第96页。拓跋范当是窦瑾的继任者。

③ 参见《魏书》卷四上《世祖纪上》，"神䴥四年(431)十月戊寅"条，第93页。

④ 参见《魏书》卷四上《世祖纪上》"始光四年(427)六月乙巳""神䴥四年(431)六月""延和元年(432)正月丙午"条，第85、92、93页。

⑤ 参见严耕望：《北魏尚书制度考》，载《严耕望史学论文集》，上海古籍出版社2009年版，第145~146页；陈琳国：《北魏前期中央官制述略》，载《中华文史论丛》，上海古籍出版社1985年第2辑，第170~174、176~178页；[日]窪添庆文：《魏晋南北朝官僚制研究》，赵立新等译，复旦大学出版社2017年版，第38~51页。

之际,"都官"的含义在逐渐向"百官"转换,且已超出"中都官"或"京师"的范围。尚书都官郎曹的出现应与此有关,且其职掌明显区别于都官从事(晋以后改称都部从事),因而不应认为两者有直接的因袭关系。军事色彩强烈的都官郎曹,在出现后不久,便与掌盗贼的二千石郎曹关系密切(体现在两者位次的相邻)。随着后者于东晋前期消失后,都官郎曹才形成了兼掌军事、刑狱的职能,并为南朝所继承。但与三公、比部不同,都官郎曹所掌刑狱,侧重于刑讯罪囚方面。

  南朝宋初置都官尚书,应该是仿自北方少数民族政权赫连夏的制度实践。这一并存于南北方的新制度因素,随后被北魏吸收。这是研究隋唐尚书刑部体制渊源必须注意的一个问题。尽管有新因素的出现,但魏晋以来,与司法政务相关的尚书郎曹,分属于不同尚书的现状,即呈现出零散态势的司法政务运行机制在南朝并未得到改变,因而探讨都官尚书向刑部尚书的转变,还需要在北朝制度发展中去寻找新的线索。

功能主义视野下抵押权
物上代位规则的体系展开[*]

——以民法典《担保制度司法解释》第 42 条为中心

任我行^{**}

摘要：司法实践中存在僵化理解适用《民法典》第 390 条，将抵押权的代位物局限于保险金、赔偿金或者补偿金的现象，这与抵押权的价值权属性背道而驰。债权请求权在抵押物毁损、灭失后作为交换价值的媒介而存在，故抵押权的物上代位客体是债权请求权。对《担保制度司法解释》第 42 条第 1 款的解释应当采取请求权代位说。作为代位物的债权具有多种表现形态，可能是金钱债权、请求让与不动产的债权、请求让与动产的债权以及请求让与其他有形、无形财产的债权。关于抵押权物上代位的法律构成，在金钱债权的场合，理论上存在担保物权延续说与债权质权说两种观点。以债权质权说对物上代位的法律构成进行理解，符合《担保制度司法解释》第 42 条第 2 款的条文本旨。实际上，债权质权说是在功能主义的视野下适用担保物权的转化规则所得出的结论，即若某种担保权与担保物权体系中的某种法定权利形式最为类似，自应适用法律有关该种担保物权的规范。在其他债权的场合，无须以担保物权延续说或债权质权说进行解释，但应以功能主义为抓手，通过担保物权的转化规则，促进抵押权的物上代位规则与担保物权的体系融合。

关键词：抵押权；物上代位；功能主义；担保物权

The Systematic Unfolding of the Subrogation of Mortgages
under the Functionalist Perspective
——Comment on Article 42 of the Judicial Interpretation of
the Security System of the Civil Code
Ren Woxing

Abstract： In judicial practice，there is a rigid understanding of the application of

---

* 文章 DOI：10.53106/615471682022100034003。

** 任我行，清华大学法学院博士研究生，研究方向：民商法学。电子邮箱：wirksamkeit@163.com。

Article 390 of the Civil Code, which limits the subrogation of mortgages to insurance, indemnity or compensation, which is contrary to the characteristic of value right of mortgages. The right to claim exists as a medium of exchange value after the destruction or loss of the mortgage, Consequently, the subrogation shall be interpreted as the right to claim. The interpretation of Article 42(1) of the Judicial Interpretation should adopt the claim subrogation theory. Claims as subrogation have various manifestations, which may be money claims, claims requesting the alienation of real property, claims requesting the alienation of movable property, and claims requesting the alienation of other tangible and intangible property. With respect to the legal composition of subrogation of a mortgage, in the case of a monetary claim, there are two theoretical views: the continuation of security interest and the pledge of claims. The legal constitution of subrogation by claim pledge is in line with the intent of Article 42(2) of the Judicial Interpretation. The pledge-of-claims approach is in fact a functionalist view that applies the rules of transformation of security rights to the conclusion that if a security right is the most similar to a legal form of right in the security rights system, the norms of the law governing that security right should apply. In the case of other claims, there is no need to interpret the continuation of the security right doctrine or the claim pledge doctrine, but functionalism should be used as a grip to promote the integration of the subrogation rules of the mortgage with the system of security rights through the conversion rules of the security right.

Key Words: Mortgage; Subrogation; Functionalism; Security Interest

一、问题的提出：抵押权物上代位客体的再检视

在担保交易中,如何在维护担保人对于担保标的物使用秩序之同时,确保担保权人的优先受偿利益,一直是担保规则设计与交易创新博弈之重点。传统上,抵押权作为担保物权的一种,以其"使用收益"与"债权担保"分合有道的优势受到资金融通各方的青睐。抵押权的债权担保功能,有两个值得观察的视角:第一,在以法律行为变动抵押物的所有权时,有所谓"抵押权之追及效力"的问题,抵押权人在变价条件成熟时,仍可对受让人主张就抵押物优先受偿。① 第二,在非以法律行为变动抵押物的所有权时,即在抵押物毁损、灭失、被征收时,

---

① 抵押权的追及效力以抵押权已经公示为基础。对于不动产抵押,依据《民法典》第402条,由于法律采取了登记生效主义,因此,受让人无法否认抵押物的物上负担。而对于动产抵押,依据《民法典》第403条,不办理登记,仅产生不能对抗善意第三人的效果。这就意味着,抵押权的追及效力对于未进行公示的动产抵押,须进行适用范围的限缩。参见［德］鲍尔、施蒂尔纳:《德国物权法》(上册),张双根译,法律出版社2004年版,第61～62页。

基于抵押权的价值权（wertrecht）属性，抵押权仍可及于其价值变形物而继续存在。[①] 抵押权的这一属性，多被称为"物上代位性"（dingliche surrogation）。[②] 学理上讨论的物上代位性，反映到实证法中，就形成了抵押权的物上代位规则。《中华人民共和国民法典》（以下简称《民法典》）第 390 条、《最高人民法院关于适用〈中华人民共和国民法典〉有关担保制度的解释》（以下简称《担保制度司法解释》）第 42 条对此皆有明文规定。

理论上，抵押权的物上代位规则必须对如下两个问题作出回应：第一，什么是抵押权物上代位之客体（代位物）；第二，抵押权物上代位的法律性质如何。上述两个问题共同构成了抵押权物上代位规则的适用基础。前一问题着眼于抵押权代位物的识别与特定，而后一问题则与当事人行使、保全优先受偿权有关。[③] 逻辑上，前一问题的结论构成了后一问题讨论的基础。理由在于，物上代位的法律性质着眼于对于代位物，即抵押权物上代位客体本身的考察，无论是比较法上的债权质权说还是担保物权延续说，都以代位物的识别、特定为基础。这就意味着，我们无法在将代位物理解为"保险金、赔偿金或者补偿金"等动产的基础上推导出债权质权说。[④]

有趣的是，《民法典》第 390 条规定的物上代位规则似乎在我国学理与实践中有着不同的问题面向：学者倾向于讨论物上代位的法律性质[⑤]，而司法实践中的难点却是物上代位客

---

① 我国主流观点认为，抵押权的代位物以抵押物的毁损、灭失、被征收的赔偿或其他利益为限，价金（即抵押物相对灭失的借款）、租金不属于代位物的范畴。本文从之。参见程啸：《担保物权研究》，中国人民大学出版社 2017 年版，第 32 页。在比较法上，不动产抵押的绝对灭失或毁损若产生赔偿或其他利益，通常以物上代位进行调整；至于相对灭失，则属于抵押权追及效力的讨论范畴。参见谢在全：《民法物权论》（中册），中国政法大学出版社 2011 年版，第 683～684 页。值得注意的是，以《美国统一商法典》《联合国贸易法委员会担保交易示范法》为代表的新近立法对于动产抵押的代位物进行了大幅"扩容"，集中体现了担保权益自动延伸至替代利益的立法思想。根据《担保制度司法解释》起草者的表述，"《担保制度司法解释》第 38 条至第 42 条有关担保物权的不可分性、抵押权及于从物、抵押权及于添附物、抵押权的物上代位效力的规定，体现的就是担保资产上的担保权延及可识别的收益、产品和替代品这一要求"。可见，国际立法动态对于我国立法、司法解释的制定乃至学说的发展影响不容小觑。在法律解释上也要注意这种思想可能产生的影响。参见林文学、杨永清、麻锦亮、吴光荣：《〈关于适用民法典有关担保制度的解释〉的理解和适用》，载《人民司法》2021 年第 4 期。在动产担保的场合，由于《民法典》第 404 条"正常经营买受人规则"斩断了动产抵押权的追及效力，因此，如何妥善处理动产抵押物"流出"给抵押权人带来的不利影响，就值得关注。关于这一问题的详细讨论，参见庄加园：《动产担保物权的默示延伸》，载《法学研究》2021 年第 2 期。

② 程啸：《担保物权研究》，中国人民大学出版社 2017 年版，第 30～31 页。此外，关于物上代位的法理依据，学说上有价值权说、公平说等观点。关于这一问题的讨论，内田贵《民法 III 债权总论·担保物权》（東京大学出版会，2005 年）第 410～413 页参照。还有学者提出，在动产担保的场合，可以通过解释当事人之间关于担保权益自动延伸至替代利益的默示合意，打造出基于合意的物上代位规则。参见庄加园：《动产担保物权的默示延伸》，载《法学研究》2021 年第 2 期。

③ 参见谢在全：《抵押权物上代位问题之探讨》，载《法令月刊》第 40 卷第 5 期。

④ 关于物上代位的法律性质，本文将在第三部分进行详细说明。

⑤ 参见王利明：《物权法研究》（下卷），中国人民大学出版社 2016 年版，第 1139 页；尹田：《物权法》，北京大学出版社 2013 年版，第 529 页；高圣平：《担保法论》，法律出版社 2006 年版，第 343 页；刘智慧主编：《中国物权法释解与应用》，人民法院出版社 2007 年版，第 506～507 页；陈明添、谢黎伟：《抵押权的物上代位性》，载《华东政法学院学报》2005 年第 3 期。

体之识别。这种问题意识的乖离似乎说明我国已有的理论研究成果并未与既有的司法实践形成良性互补的关系,二者有渐行渐远之嫌。诚如前述,由于抵押权物上代位的法律性质以代位物的识别为前提,那么理论大厦的倾斜一定与其基础——代位物的识别与判断这一问题有关。

(一)作为主流观点的"财产代位说"

从《中华人民共和国担保法》(以下简称《担保法》)第 58 条、《中华人民共和国物权法》(以下简称《物权法》)第 174 条,到《民法典》第 390 条,我国实证法对抵押权的物上代位规则都有明文规定。《民法典》第 390 条承袭了《担保法》第 58 条、《物权法》第 174 条的主旨且未进行实质修改,其第 1 句规定:"担保期间,担保财产毁损、灭失或者被征收等,担保物权人可以就获得的保险金、赔偿金或者补偿金等优先受偿。"根据条文表述,在抵押权发生物上代位的场合,抵押人可以在抵押权行使条件成就时诉请就代位物优先受偿。但此处存在一个先决问题:代位物本身必须特定。对此,学理与实践中的主流观点认为:在担保物的实体发生毁损、灭失或被征用时,如果存在担保物的价值变形物,担保物权仍然可及于其上而存在,即担保物权应代位在因担保物毁损、灭失或公用征收所获得的赔偿金(诸如保险金[1]、公用征收补偿金和侵权损害赔偿金)上。[2] 为方便讨论,我们不妨将此种观点称为"金钱代位说"。值得注意的是,在实践中,抵押物的价值变形物可能并不限于《民法典》第 390 条列举的"保险金、赔偿金或者补偿金",还有可能出现抵押人与第三人协议以金钱之外的其他有形或无形财产进行补偿或赔偿的情形。[3] 对此有学者认为,从其他财产也系抵押物毁损、灭失后之代位物考虑,为满足抵押权的担保作用,应类推适用关于金钱作为代位物的规定。[4] 然而,该观点可能在两个维度上欠缺说服力:第一,在金钱作为代位物的场合,多因其占有与所有权的紧密结合而发生"占有即所有"的问题[5],金钱以外的其他财产是否在法效果上应与之作相同处理,尚须细致说明。第二,《民法典》第 390 条对代位物的表述为"保险金、赔偿金或者补偿金等",此"等"字应认为可以包含其他财产,而不发生类推适用的问题。[6] 但无论如何,金钱代位说本身就具有概念不周延的缺点,因为金钱本身就属于有形财产的一种。为行文方便,本文将这种与金钱代位说相区分的观点以"财产代位说"指称之。[7] 由于财产代位

---

[1] 保险金能否成为物上代位的客体,在比较法上存在争议,参见刘得宽:《论抵押权之物上代位性》,载《台大法学论丛》第 2 卷第 2 期。

[2] 参见广西壮族自治区高级人民法院(2017)桂民终 285 号民事判决;山东省高级人民法院(2015)鲁执复议字第 8 号民事裁定;吉林省高级人民法院(2017)吉民终 151 号民事判决。

[3] 参见浙江省高级人民法院(2018)浙民再 208 号民事判决。

[4] 参见曹士兵:《中国担保制度与担保方法》,中国法制出版社 2017 年版,第 263 页。

[5] 值得关注的是,"金钱占有即所有"之规则亦存在反思与适用上的例外。参见朱晓喆:《存款货币的权利归属与返还请求权——反思民法上货币"占有即所有"法则的司法运用》,载《法学研究》2018 年第 2 期。

[6] 参见黄茂荣:《法学方法与现代民法》,法律出版社 2007 年版,第 492 页。

[7] 参见刘智慧主编:《中国物权法释解与应用》,人民法院出版社 2007 年版,第 506~507 页。

说具有更强的涵摄能力,可见它是金钱代位说的终极表现形态。易言之,抵押权基于其物上代位性,不会因抵押物本身的毁损灭失而消灭,而是将转化为其他形态的替代物继续存在。

以近年来司法实践的发展为基础,总结实践经验、汇聚理论共识的《担保制度司法解释》为抵押权的物上代位规则提供了全新的讨论契机与解释论增量,实值关注。《担保制度司法解释》第 42 条第 1 款规定:"抵押权依法设立后,抵押财产毁损、灭失或者被征收等,抵押权人请求按照原抵押权的顺位就保险金、赔偿金或者补偿金等优先受偿的,人民法院应予支持。"与《民法典》第 390 条第 1 句进行比较,不难发现《担保制度司法解释》第 42 条第 1 款在条文表述上有两处值得关注的变化:第一,不再强调抵押权人可以就"获得的"金钱替代物优先受偿。这就意味着,抵押权的物上代位规则的适用时间被提前了,即抵押权人不必等到代位物实际产生才能请求就代位物优先受偿。第二,抵押权人可以请求按照原抵押权的顺位就代位物优先受偿。条文表述的细微变化是否透露出审判机关对财产代位说的隐忧,《担保制度司法解释》又在多大程度上修正了既有的裁判观点,值得关注。① 为揭示问题之所在,下文将对几则具有典型意义的案例进行考察。

(二)"财产代位说"在司法实践中的运用

【案例一】"兰州农村商业银行股份有限公司金城支行、兰州大雁通讯电子科技有限公司与兰州鑫源汇达商贸有限公司、邢刚等金融借款合同纠纷案"②

甘肃省高级人民法院(以下简称"甘肃高院")认为,本案中涉案抵押物(国有土地使用权)灭失后,发生抵押权的物上代位,故案件中该笔涉案土地出让金作为该土地使用权价值的体现,可视为该土地使用权的对价物,农商行金城支行对涉案土地出让金可主张优先受偿权。目前农商行金城支行据以实现优先受偿权的涉案土地出让金,兰州新区国土资源局尚未返还,具体返还金额、返还时间等均未确定,其主张优先受偿权的事实依据尚未实现,故该上诉请求本案暂不予处理,待其优先受偿权的实现有相应的事实支持并符合法律规定时,另行主张。

本案中,甘肃高院认为抵押权的代位物是兰州新区国土资源局承诺向抵押人大雁公司

---

① 根据《担保制度司法解释》起草者的表述,"优化营商环境是担保制度解释的重要着力点",而且,第 42 条"体现的就是担保资产上的担保权延及可识别的收益、产品和替代品这一要求"。在这个意义上,"优化营商环境"成为解释第 42 条的价值依规。参见林文学、杨永清、麻锦亮、吴光荣:《〈关于适用民法典有关担保制度的解释〉的理解和适用》,载《人民司法》2021 年第 4 期。

② 参见甘肃省高级人民法院(2019)甘民终 478 号民事判决。该案简要案情如下:大雁公司与农商行金城支行订立贷款合同,以其国有土地使用权设定抵押并办理登记。后兰州新区国土资源局向农商行金城支行出具《关于收回国有建设用地使用权及注销〈国有土地使用权〉证告知函》。告知函主要载明:兰州新区国土资源局于 2018 年 6 月 12 日已向大雁公司下达《关于收回大雁公司土地使用权的通知》,收回设定抵押的土地使用权。随后,兰州新区国土资源局向农商行金城支行发出《关于妥善解决抵押权人权益的沟通函》的复函,主要载明,"……为支持企业发展,待该宗地重新出成交后,全额退还大雁公司土地出让价款818 万元"。借款合同到期后,大雁公司未偿还借款本息,农商行金城支行遂主张就案涉土地出让价款优先受偿。相同案型,参见北京市第二中级人民法(2009)二中民终字第 21978 号民事判决;江苏省高级人民法院(2008)镇民三初字第 88 号民事判决。

给付的"土地出让价款"。并且,由于该价款尚未实际支付,抵押权人农商行金城支行无法主张优先受偿。简而言之,甘肃高院认为在土地出让价款给付前,不发生物上代位的问题,抵押权人无法就尚不存在的代位物主张优先受偿。

【案例二】"土默特右旗人民政府与包头农村商业银行、土默特右旗城镇管理执法大队侵权责任纠纷案"①

内蒙古自治区高级人民法院(以下简称"内蒙古高院")认为,案涉抵押房屋被征收后,依《物权法》第 174 条,抵押权人可就征收补偿金优先受偿。包头郊区信用社对晶星公司的抵押财产均进行了合法的抵押登记,基于法定的登记程序必然会产生相应的公示作用和公信力,拆迁单位在实施拆迁和进行补偿之前,理应对被拆迁单位的财产权属状况及是否设有抵押权尽到必要的审查义务和向抵押权人的告知义务。但土默特右旗人民政府(以下简称"土右旗政府")向抵押人晶星公司支付补偿金的行为直接导致抵押权人包头郊区信用社对抵押财产丧失了应有的控制能力,属于侵害抵押权的侵害行为,应当承担侵权责任。

本案中,内蒙古高院认为抵押权的代位物是土右旗政府向抵押人晶星公司支付的征收补偿金。而且,由于土右旗政府实际支付了该笔补偿金,导致包头郊区信用社的抵押权丧失代位客体,失所附丽,归于消灭,因此构成侵害抵押权的侵权行为,应对包头郊区信用社承担侵权责任。总结起来,本案中内蒙古高院的论证逻辑可简述如下:第一,案涉抵押财产由于政府的征收、拆除归于消灭;第二,基于抵押权的物上代位性,抵押权仍及于支付的补偿金继续存在;第三,由于补偿金在支付后已与抵押人的一般财产混同,抵押权因代位物的消灭而归于消灭;第四,补偿金给付主体在明知或可得而知征收财产存在抵押权时,不向抵押权人为给付,却向抵押人为给付的,对于抵押权的消灭存有过失,应承担侵权责任。看似严密的论理,实质上蕴含了一个值得怀疑的价值预设:债权人包头郊区信用社原本对抵押财产享有的优先受偿权转变为了对第三人(补偿金给付主体)土右旗政府的侵权损害赔偿请求权,前者为具有优先效力的担保物权,而后者仅为一般债权。

【案例三】"关闭海南发展银行清算组、增城市人民政府、增城市财政局、增城经贸企业集团公司财产损害赔偿纠纷案"②

广东省高级人民法院(以下简称"广东高院")认为,虽然案涉抵押财产在被征收后拆除,物理形态消灭,但海南发展银行清算组(以下简称"海发行清算组")的抵押权仍可以及于荔城信用社取得的补偿款而继续存在。至于海发行清算组所谓抵押权在补偿款支付后已经消

---

① 参见内蒙古自治区高级人民法院(2014)内民再二字第 00019 号民事判决。该案简要案情如下:晶星公司与包头郊区信用社订立贷款合同,以其房屋设定抵押并办理登记。嗣后,案涉抵押房屋被征收。土右旗城管大队及土右旗政府仅向被拆迁单位下达了城管通知和拆迁通告,在未依法核实被拆迁物的权属状况下,即委托评估机构对晶星公司的财产进行了评估,并与晶星公司达成多份拆迁补偿协议。相同案型,参见内蒙古自治区高级人民法院(2013)内商终字第 31 号民事判决。

② 参见广东省高级人民法院(2014)粤高法民申字第 14 号民事裁定。该案简要案情如下:增城经贸公司与海发银行订立贷款合同,荔城信用社以其房屋设定抵押并办理登记。后当地政府对案涉抵押房屋作出征收决定,增城市财政局向荔城信用社支付了补偿款。另查明,海发银行于 1998 年被中国人民银行责令关闭并成立清算组(海发行清算组)。相同案型,参见湖南省高级人民法院(2018)湘民终 760 号民事判决;广西壮族自治区高级人民法院(2017)桂民终 285 号民事判决。

灭,要求增城市财政局承担侵权责任之语,广东高院认为,在没有证据证明荔城信用社不能退还款项的情况下,海发行清算组主张优先受偿权落空,理由不足。

本案中,广东高院认为抵押权的代位物是增城市财政局向荔城信用社支付的补偿款,并且补偿款的支付不导致抵押权消灭,为实现抵押权,海发行清算组必须向荔城信用社请求返还补偿款。即便补偿款与荔城信用社的一般财产混同,海发行清算组也可以在补偿款的范围内对荔城信用社的一般财产享有优先受偿权。值得注意的是,此处蕴含一项极具争议的问题:抵押人本来只需以抵押物价值为限加入债务人的责任财产,为债权人提供债权优先受偿的机会,[1]却因代位物与其一般财产混同导致抵押人必须在抵押物的价值范围内以其全部财产提供担保——不难发现,抵押人的责任被扩大了。仅以荔城信用社受领补偿款的行为是否足以推导出上述结论,存在疑问。此外,我们不妨思考,如果荔城信用社无法返还补偿款,海发行清算组能否请求增城市财政局再向其给付补偿款?或者更进一步,直接质疑增城市财政局向荔城信用社给付补偿款的行为本身是否应当对海发行清算组发生效力?

二、抵押权物上代位客体的诠释与选择

(一)“财产代位说”的理论缺陷

一般认为,抵押权的物上代位性是指,由于抵押权的标的物灭失、毁损、被征收,而获得赔偿或者其他利益的,该赔偿或其他利益成为抵押权标的物之替代物。抵押权人可以该项赔偿或其他利益行使权利。[2]《民法典》第 390 条将抵押权的物上代位客体表述为“保险金、赔偿金或者补偿金等”与司法实践中的主流观点财产代位说遥相呼应。[3] 然而,财产代位说并非牢不可破的理论壁垒,其在实践中暴露的问题可总结如下:

第一,在案例一中,甘肃高院以财产代位说为出发点,认为抵押权以代位物的现实存在为依托。这就意味着,在代位物并未产生时,不能适用《民法典》第 390 条的抵押权物上代位规则。实践中,还有可能产生的情况是,给付义务人已经向抵押人给付了金钱代位物,但在诉讼中抵押权人无法证明这一事实。有鉴于此,实践中有个别法院采取减轻抵押权人证明责任的做法,在一定程度上回避了这一问题。例如,在“DAC 中国特别机遇(巴巴多斯)有限公司与镇江物资工贸总公司借款合同纠纷案”[4]中,江苏省高级人民法院认为,“鉴于被告用于抵押的镇江市长江路 88 号的房屋已被拆除,抵押权已消灭,原告对该抵押物已无法实现抵押权从而优先受偿。在原、被告双方未举证证明抵押物拆迁补偿费用由他人获得的前提

---

① 参见韩世远:《合同法总论》,法律出版社 2018 年版,第 740 页。

② 参见谢在全:《民法物权论》(中册),中国政法大学出版社 2011 年版,第 681 页。

③ 参见新疆维吾尔自治区高级人民法院(2018)新民终 484 号民事判决;湖北省高级人民法院(2015)鄂民四终字第 00003 号民事判决。

④ 参见江苏省高级人民法院(2008)镇民三初字第 89 号民事判决。

下,本院推定被告为实际受益人,此部分拆迁补偿利益应由被告在贷款本息范围内优先偿还给原告。"

但无论如何,我们都可以提出一个具有规范意义的问题:在抵押物毁损灭失而代位物尚未产生时,抵押权本身效力如何? 是否应当认为"一时消灭",待物上代位客体产生后方才"复活"? 对此的追认是,在此期间,抵押权人转让主债权的,"一时消灭"的抵押权是否应当随同转让(《民法典》第407条)? 不言而喻,财产代位说人为增加了论证负担。

第二,在案例二中,内蒙古高院认为代位物必须特定、可识别,如果物上代位客体与抵押人的一般财产混同,将导致抵押权消灭。为了避免出现这一结果,有学者提出,鉴于《民法典》第390条规定的金钱替代物一经支付就无法特定且容易转移,抵押权人应有权对金钱替代物采取保全措施。[1] 这种观点以程序法上的保全措施作为保存抵押权的方法,确实可以在一定程度上化解上述问题。但是,它的缺陷是明显的:一方面,保全措施作为一项程序法规则,无法提供实体法上的解释进路。再者,与日本法不同,《民法典》并未将保全措施规定为抵押权人行使抵押权的要件,[2]而仅为抵押权人保全抵押权的一种方法。另一方面,保全措施不是万能的,暂且不论行使保全措施本身的诉累,抵押权区别于其他法定担保物权的鲜明特点就是权利人与占有人的分离,这就意味着,如果抵押权人不知道且不应当知道抵押物发生了毁损灭失、负有给付义务的第三人是谁,他根本无法有效行使保全措施。由此看来,上述观点在方法论上是站不住脚的,属于"头痛医脚",未对症下药。抵押权消灭与否,始终是一个实体法上的问题,必须以实体法上的规则作为解释论的基本盘。应当看到,以财产代位说作为解释前提,会导致在金钱代位的场合,代位物与抵押人的一般财产混同几乎无可避免。那么我们为何不向前一步,质疑给付义务人的给付行为本身是否应当对抵押权人发生效力? 如果前述质疑成立,则无论金钱替代物是否与抵押人的一般财产混同,抵押权人仍可要求给付义务人对其清偿。转化为规范的表述应当是,在金钱代位的场合,如果给付义务人的给付行为对抵押权人不产生效力,则抵押权不因给付义务人的给付行为、金钱替代物与抵押人的一般财产混同而消灭,抵押权人仍可要求给付义务人向其清偿。

第三,在案例三中,对于与案例二类似的法律问题,广东高院采取与前述内蒙古高院不同的解释方法:即便物上代位客体与抵押人的一般财产混同,抵押权也不消灭,而是在抵押权物上代位客体的价值范围内转化为对抵押人一般财产的优先受偿权。对此,广东高院必须在两个维度上进行论证:其一,为什么金钱替代物与抵押人的一般财产混同不会导致抵押权消灭? 其二,扩大抵押人的责任范围是否具有正当性? 裁判者对于上述问题皆无说明。在日本法上,保全措施成为抵押权物上代位规则的适用前提,目的恰为平衡抵押权人与抵押人的利益冲突,而且,《日本民法典》第372条、第304条规定,保全措施必须在负有给付义务的第三人清偿之前为之。一般认为,其中蕴含的政策考量是,为避免抵押人的责任被无限扩

---

[1] 参见曹士兵:《中国担保制度与担保方法》,中国法制出版社2017年版,第262页。参见法释〔2000〕44号第80条。

[2] 参见黄薇主编:《中华人民共和国民法典物权编释义》,法律出版社2020年版,第465页。《日本民法典》第372条、第304条规定,抵押权物上代位规则的适用,以抵押物毁损灭失后抵押人对第三人产生的请求权经保全为必要。《民法典》第390条第2句规定的"提存"明显与之不同。

大,有必要对金钱替代物进行特定,以便抵押权人的优先受偿权仅及于此。① 易言之,如果在抵押权的物上代位客体与抵押人的一般财产混同前,抵押权人本可采取保全措施防止出现抵押权失所附丽的局面却怠于为之的,不得以其怠惰为契机反而扩大抵押人的责任,贬损抵押人利益。

第四,在财产代位说下,如果抵押人将金钱债权让与第三人,或者其他债权人申请法院扣押该债权,再或者抵押人陷入破产程序——由于这一债权仍然归属于抵押人,抵押权人并无置喙余地——抵押权人只能自行承担以上风险。

(二)解释论的增量:"请求权代位说"

根据上文分析不难发现,财产代位说非常重视代位物实际产生的时点,但它不仅没有回答在这之前抵押权的效力状态如何,又未对在这之后抵押权是否因代位物与抵押人的一般财产混同而消灭作出合理解释。这似乎陷入了一个逻辑怪圈:在代位物产生之前,抵押权不发生物上代位的问题,在代位物产生(即给付义务人将金钱与自己的一般财产相分离)、实际给付之后,抵押权却可能因无所附丽而归于消灭。这只能说明,财产代位说对于抵押权的物上代位规则并无多大理论助益,反而人为地增加了论证负担。

由是观之,以代位物与给付义务人的一般财产相分离作为代位物的产生时间并不准确。反观《担保制度司法解释》第 42 条第 1 款在条文表述上的第一处变化:不再强调抵押权人可以就"获得的"金钱替代物优先受偿。这就意味着,抵押权的物上代位规则的适用时间被提前了。但是,究竟提前到何时? 这一问题的解决还必须回归抵押权物上代位规则的立法本旨进行观察。

一般认为,抵押权以支配抵押物的交换价值为基础,为满足债权优先受偿为目的而设立,只要抵押物毁损、灭失后,尚存有交换价值,无论其形态如何都应属于抵押权可以支配的对象。② 除非因自然原因导致抵押物完全毁损、灭失(且无保险机制应对相应损害),抵押人都可以向加害人或者第三人(如保险公司等)提出损害赔偿请求或者理赔请求。将代位物局限于保险金、赔偿金或者补偿金,势必极大限缩抵押权物上代位的范围,与其价值权之定位背道而驰。

为详细说明,我们再以案例二为对象进行观察:土右旗政府征收并拆除抵押房屋致抵押物毁损、灭失后,即与抵押人晶星公司成立债权债务关系,抵押人享有对征收主体土右旗政府的征收补偿请求权。该请求权会一直存续到土右旗政府向晶星公司清偿为止。一方面,金钱的特定化、交付占有,只是该请求权实现的过程,并不等同于请求权本身。而财产代位说实际上混淆了权利本身与权利的实现过程。换言之,赔偿金、补偿金或保险金不是当然存在的,它只有在权利人行使请求权时才能变现。如果抵押人与给付义务人根据自身的实际情况合意确定了一个较为遥远的履行期限,依财产代位说,直到这一债权被履行之前,代位物都没有产生,抵押权人的利益难以得到保障。例如在案例一中,甘肃高院就荒唐地认为,

---

① 内田貴『民法 III 債権総論・担保物権』(東京大学出版会、2005 年)第 402 頁参照。
② 参见谢在全:《民法物权论》(中册),中国政法大学出版社 2011 年版,第 682 页。

金钱替代物尚未实际产生,暂不发生抵押权物上代位的问题。如果在请求权的视角下重新整理案例一所涉法律问题,当事人之间的法律关系会变得清晰无比:抵押人大雁公司对兰州新区国土资源局请求支付土地出让价款的请求权一旦产生,就发生了物上代位。履行期限、金钱数额暂不确定的事实,对于权利本身的存在不产生影响。

另一方面,该请求权产生与消灭之时间与抵押权发生物上代位的时间恰好吻合——抵押人基于引起抵押物毁损灭失的法律事实与给付义务人产生债权债务关系(例如损害赔偿之债)之时,抵押权发生物上代位,该债权债务关系消灭之时,抵押权亦归于消灭。由此可见,抵押权物上代位之客体应当是赔偿金、补偿金、保险金的请求权或者其他债权。[①] 为论述方便,本文将这种观点称为"请求权代位说"。

请求权代位说能否成立,尚须考察其与周边规范是否融贯。《民法典》第 390 条第 2 款规定:"被担保债权的履行期限未届满的,也可以提存该保险金、赔偿金或者补偿金等。"以财产代位说作为解释前提,这一条款确立了一项规则,引出了一个问题。

第一,《民法典》第 390 条第 2 句确立了以下规则:被担保的债权履行期限未届至,而代位物已经产生的,可以就其进行提存。然而,这一结论并不能成立,最为根本的原因仍然在于,以代位物的产生时间作为提存的适用时点,无法发挥保障抵押权人利益的功能。而在请求权代位说的视野下,如果被担保的债权未届清偿期,而法律规定当事人可以通过提存来保全请求权以便就该债权优先受偿,这实为债权权能的应有之义。在这个意义上,《民法典》第390 条第 2 句仅仅是对请求权作为代位物的重申,在规范意义上,它还是《民法典》第 570 条第 1 款第 4 项"法律规定的其他情形"之一。

第二,《民法典》第 390 条第 2 句引发的问题是:抵押权人能否直接向给付义务人请求给付代位物? 权威观点认为,此时应当区分被担保的债权是否已届清偿期:当被担保的债权未届期时,抵押权人只能依《民法典》第 390 条第 2 句进行提存;如果被担保债权已届履行期,抵押权人可以直接向给付义务人请求给付代位物,但是不得损害其他债权人的利益。[②] 这一结论的前半部分似乎可以通过《民法典》第 390 条第 1 句"就……优先受偿"的表述得出。至于这一结论的后半部分"不得损害其他债权人的利益",理由何在,并不清晰。如果我们认为抵押权人在物上代位的场合所享有的优先受偿权依然是担保物权的延伸,那么根本不会发生抵押权人与其他债权人利益相冲突的情况,因为法律选择的一般原则就是担保物权始终具有优越地位。如果给付义务人对抵押权人的清偿可能损害给付义务人的其他债权人之利益,实际上有且只有一种可能:抵押权人的优先受偿权已经从担保物权降格为了一般债权。但是,这一解释结论明显是无法与我国抵押权的物上代位规则相兼容的——物上代位

[①] 参见[德]鲍尔、施蒂尔纳:《德国物权法》(下册),申卫星、王洪亮译,法律出版社 2006 年版,第 153 页。应当注意的是,本文所谓财产代位说,是指抵押权的物上代位客体属于有形或无形财产,应当与下述情形进行区分。为便于说明,试举一例分析:甲因过失毁损抵押人乙设定抵押的不动产,遂与乙协商转让甲对丙的债权作为赔偿。在财产代位说的观点下,甲对丙的债权可以作为代位物;而在请求权代位说的观点下,真正的代位物是乙请求甲让与甲对丙债权的请求权。

[②] 参见黄薇主编:《中华人民共和国民法典物权编释义》,法律出版社 2020 年版,第 465 页;王利明:《物权法研究》(下卷),中国人民大学出版社 2016 年版,第 1141 页。

因抵押权的物理形态发生变化而产生,并不导致其法律地位的变化。① 实际上,抵押权人能否直接要求给付义务人给付代位物,涉及物上代位的法律性质如何理解,此处仅说明初步结论:这一问题不仅与被担保债权是否已届清偿期有关,还与代位物的性质(作为代位物的债权具有多种表现形态,可能是金钱债权、请求让与不动产的债权、请求让与动产的债权以及请求让与其他有形、无形财产的债权,这些债权因其法律属性的不同,在具体规则的适用上会产生区别)、当事人的担保意思(究竟是设定抵押还是质押)有关。这些精细化的法律论证作业,只能在请求权代位说之下获得展开,详述如后。

《担保制度司法解释》第 42 条实际上通过请求权代位说将抵押权的物上代位规则的适用时点提前到了作为代位物的特定请求权产生之时。② 这种解释方法可以严丝合缝地化解财产代位说带来的诸多理论难题。③

三、抵押权物上代位与担保物权的转化规则

(一)抵押权物上代位的法律构成

抵押物毁损灭失时,若存在其他价值变形物,则抵押权的优先受偿效力不受影响,此为抵押权物上代位之本旨。然而,产生物上代位的抵押权毕竟与原本的抵押权有别,那么,抵押权的物上代位之性质或法律构成应如何理解就产生了问题。这一问题,事关当事人如何行使、保全优先受偿权。④ 对此,在大陆法系国家或地区的民事立法与学说上存在两种观点,分别为"债权质权说"以及"担保物权延续说"。⑤ 债权质权说认为,抵押权物上代位将产生以请求权这一代位物作为标的物的债权质权。⑥ 担保物权延续说认为,抵押物毁损灭失,转化为代位物后,抵押权性质并不变更,仍及于抵押物继续存在。⑦

---

① 更为精确的表述应当是,"既不会导致法律地位的优化,也不会导致法律地位的贬损"。《担保制度司法解释》第 42 条第 1 款规定,"抵押权人请求按照原抵押权的顺位……优先受偿的,人民法院应予支持",即为此理。

② 参见程啸、高圣平、谢鸿飞:《最高人民法院新担保司法解释理解与适用》,法律出版社 2021 年版,第 259 页。

③ 参见高圣平:《民法典担保物权法编纂:问题与展望》,载《清华法学》2018 年第 2 期;程啸:《民法典物权编担保物权制度的完善》,载《比较法研究》2018 年第 2 期。在以往的司法实践中,已有不少法院以请求权代位说对相关条文进行解释。例如山东省高级人民法院(2015)鲁执复议字第 7 号民事裁定认为,"……抵押权物上代位的规定,其实质是在抵押物毁损、灭失之情形,抵押权人对其价值变形物仍享有优先受偿权。抵押权物上代位的标的既可以是物本身,亦可以是债权请求权"。另参见江苏省高级人民法院(2019)苏民终 602 号民事判决;泰兴市人民法院(2020)苏 1283 民初 7000 号民事判决。

④ 参见谢在全:《抵押权物上代位问题之探讨》,载《法令月刊》第 40 卷第 5 期。

⑤ 参见程啸:《担保物权研究》,中国人民大学出版社 2017 年版,第 33 页

⑥ 参见李淑明:《民法物权》,元照出版公司 2019 年版,第 339 页。

⑦ 参见内田贵『民法 III 債権総論・担保物権』(東京大学出版会,2005 年)第 401 頁参照。

我国主流观点认为抵押权物上代位的法律构成应采担保物权延续说,其理由在于,依《民法典》第 390 条,抵押权仍能及于金钱替代物继续存在,后者即为抵押权的价值变形物,法律并未规定抵押权转化为债权质权。① 在某种意义上,关于抵押权物上代位客体的"财产代位说"与关于抵押权物上代位法律性质的"担保物权延续说"似乎一脉相承:既然代位物是"保险金、赔偿金或者补偿金等",而且依《民法典》第 390 条,抵押权及于此类代位物而继续存在,那么,推导出担保物权延续说就是逻辑上的必然选择。但诚如前述,财产代位说本身具有众多理论缺陷,缺乏足够的解释力。我们甚至可以不客气地说,财产代位说本身就是抵押权物上代位规则的掘墓人。实际上,即便是在采纳担保物权延续说的日本,通说也认为,代位物并非"保险金、赔偿金或者补偿金等"有形或无形财产,而是请求权。② 换言之,日本法上的担保物权延续说,是将请求权作为抵押权的代位物,抵押权依附于此并不发生法律性质的转化。③

由此可见,债权质权说与担保物权延续说的理论共识在于,抵押权的物上代位客体是请求权而非有形或无形财产。但是,这两种观点的解释能力孰优孰劣,尚需细致考察。考虑到请求权作为代位物也会存在不同类型,因此有必要分门别类予以整理,以便在类型整合的基础上,探讨统一解释方案的可能性。

(二)金钱债权

金钱债权作为代位物是抵押权物上代位的典型场景,也是《民法典》第 390 条规则设计的重要出发点。本文第一部分所载的三个案例,都涉及以金钱债权作为代位物的情形。以案例二为例,内蒙古高院认为在征收主体土右旗政府向抵押人晶星公司支付征收补偿金之后,抵押权就丧失代位客体,归于消灭。上文已经指出,征收补偿金本身不是代位物,晶星公司请求土右旗政府支付征收补偿金的请求权才是代位物。但不可否认的是,一次成功的清偿将导致债权消灭,转化到案例二的语境中,我们可以提出如下问题:土右旗政府向晶星公司支付征收补偿金的行为,是否会导致作为代位物的请求权消灭,附带地消灭包头郊区信用社的抵押权?在金钱债权作为代位物的场合,对于这一问题的解释是检验债权质权说与担保物权延续说优劣的试金石。

1. 债权质权说

债权质权说认为,在金钱债权作为代位物的场合,抵押权转化为债权质权。例如德国通说认为,在《德国民法典》第 1128 条第 1 款规定的情形,准用第 1273 条至第 1279 条关于权

---

① 参见王利明:《物权法研究》(下卷),中国人民大学出版社 2016 年版,第 1139 页;尹田:《物权法》,北京大学出版社 2013 年版,第 529 页;高圣平:《担保法论》,法律出版社 2006 年版,第 343 页;刘智慧主编:《中国物权法释解与应用》,人民法院出版社 2007 年版,第 506～507 页。

② 道垣内宏人『担保物権法』(有斐閣,2005 年)第 143 頁参照。

③ 崔建远教授也在采纳请求权代位说的基础上坚持担保物权延续说的观点。参见崔建远:《物权法》,中国人民大学出版社 2009 年版,第 474～475 页;崔建远:《物权:规范与学说——以中国物权法的解释论为中心》(下册),清华大学出版社 2011 年版,第 765～766 页。

利质权的规定。① 再如我国台湾地区"民法"第 881 条第 2 款规定,抵押权人对于作为代位物的请求权有权利质权。抵押权转化为新的权利质权,并不丧失其同一性,因此抵押权确立的顺位应予保留。②

既然抵押权此时转化为债权质权,则其效力、行使都应适用民法有关债权质权的相关规范。我国有学者认为,在代位物是金钱债权的场合,采纳债权质权说有天然的缺陷,理由在于,一旦抵押人向给付义务人为请求,且给付义务人清偿之后,该债权已经归于消灭,抵押权人如何能主张一笔已经消灭的债权?③ 暂且不论这种表述妥当与否,但其的确直指问题的核心:债权质权说之下,如何保障抵押权人的利益? 对此,不妨以《德国民法典》第 1128 条为例对这一问题进行说明。在保险金请求权作为代位物的场合,首先,保险人或抵押人必须将抵押物(建筑物)的损害事实通知抵押权人,在抵押权人收到通知后一个月,保险人对抵押人的支付才能对抵押权人发生效力。其次,抵押权人收到通知后,享有对保险金支付的异议权(widerspruch)。异议权行使的结果,根据《德国民法典》第 1281 条,保险人应向抵押人与抵押权人共同为给付。最后,由于保险人可以通过不动产登记簿查询保险标的物是否存在抵押权,因此,保险人不得以不知抵押权存在为由径行向抵押人支付保险金,该行为对抵押权人不发生效力。由此可见,抵押权一旦转化为权利质权,抵押人请求给付义务人履行债务就会受到多重限制。在给付义务人履行债务的行为被评价为不适法的场合,不会发生债务消灭的效果,抵押权人仍然可以在权利质权(原抵押权)行使条件成就时向给付义务人为请求。

不难发现,将抵押权转化为债权质权,蕴含了以下政策考量:

第一,抵押权不同于质权,抵押权人不直接占有抵押物,因此极有可能无法及时得知抵押物毁损灭失的情事。相反,抵押人基于其占有可以及时获知相关信息。这就要求法律不得苛求抵押权人随时关注抵押物的状况,反而应当考虑课以抵押人通知义务,以便抵押权人及时就代位物优先受偿。④ 至于给付义务人的情况,则略显复杂。由于我国抵押权不以不动产为限,动产亦可能成为抵押权的标的物,因此有必要区分动产与不动产抵押权异其规则。其一,在不动产抵押权的场合——依《民法典》第 402 条,抵押权自办理登记之日起设立——法律采取了登记生效主义。基于登记簿的公示效力,给付义务人在向抵押人作出给付之前就负有查询义务,其不得以不知情为由主张清偿对抵押权人发生效力。其二,在动产抵押权的场合,依《民法典》第 403 条,抵押权自抵押合同生效时设立,登记只是对抗善意第

---

① Münchener Kommentar zum BGB/Bachmann/Roth,§ 1128,8. Aufl.,München:C. H. Beck,2020,Rn. 17 ff.

② Münchener Kommentar zum BGB/Bachmann/Roth,§ 1128,8. Aufl.,München:C. H. Beck,2020,Rn. 3 ff.

③ 参见曹士兵:《中国担保制度与担保方法》,中国法制出版社 2017 年版,第 263 页。

④ 参见程啸、高圣平、谢鸿飞:《最高人民法院新担保司法解释理解与适用》,法律出版社 2021 年版,第 260 页。在以往的司法实践中,法院多认为抵押权人有通知给付义务人的义务。例如,在"青岛北洋兰格投资顾问有限公司与滕州市城市建设综合开发公司、滕州市东方中石房地产开发有限公司抵押权纠纷案"(最高人民法院〔2016〕最高法民申 2915 号民事裁定)中,最高人民法院认为,"即便如兰格公司所主张的其享有代位物的优先受偿权,也不意味着兰格公司对该拆迁补偿款自动获得给付方任何时候优先支付的权利。代位物优先受偿权的基础是抵押物,因此该权利应根据代位物的实际归属情况向相对人提出",实际上坚持了给付义务人不负有查询义务,而是应由抵押权人自行通知给付义务人的观点。

三人的要件,法律对此采取的是登记对抗主义。而且,《民法典》第 404 条还进一步确立了动产抵押中的正常经营买受人规则。① 那么,在动产抵押中的最低共识就应当是,对于已经登记的、且不适用正常经营买受人规则的动产,给付义务人不得以不知抵押权的存在而主张清偿对抵押权人生效。换言之,此时给付义务人负有查询义务。而在其他场合,由于给付义务人不负有查询义务,抵押人为了保全其优先受偿权,有必要以通知的方式使得质权的设立对给付义务人生效(类似《民法典》第 546 条第 1 款),如果给付义务人在通知后仍为给付的,不对抵押权人发生效力。

例如,在案例二和案例三中,征收主体、回收土地的政府机关都可以通过查询登记簿确定案涉抵押物是否设定了抵押权,那么在债权质权说下,其不得以不知抵押权为由主张清偿对抵押权人生效。此时,他们仍然负有向抵押权人作出给付的义务。事实上,在案例二中,内蒙古高院并非没有注意到与给付义务人的查询义务有关的问题:"包头郊区信用社就晶星公司的抵押财产均进行了合法的抵押登记,基于法定的登记程序后必然会产生相应的公示作用和公信力,拆迁单位在实施拆迁和进行补偿之前,理应对被拆迁单位的财产权属状况及是否设有抵押权尽到必要的审查义务和向抵押权人的告知义务"。但是,错误的理论构成导致法院并未正确认识给付义务人违反查询义务的法律效果。

第二,在债权质权说之下,代位物的处分应当受到法律有关债权质权规范的调整。例如,《民法典》第 445 条第 2 款规定,入质的应收账款债权不得转让,相当于给入质债权设定了处分禁令。② 据此,抵押人将作为代位物的金钱债权让与第三人,即便债权让与合同这一负担行为不会仅因《民法典》第 445 条第 2 款而存在效力瑕疵,债权让与这一处分行为也会因违反《民法典》第 445 条第 2 款而无效。③

第三,在债权质权说下,抵押人就代位物主张优先受偿,可以适用债权质权的相关规范,其行使权利的方法有法律明文可资遵循。④

2. 担保物权延续说

担保物权延续说认为,抵押权及于作为代位物的金钱债权而继续存在,由于金钱债权是抵押物的价值变形物,因此抵押权的法律性质并未变更。我国早就有学者对此表示质疑,因为金钱债权无法作为抵押权的标的物,而只能是债权质权的标的物。⑤ 我国台湾地区理论与实务对此亦多有争论,台湾地区"民法"遂于 2007 年修正时,增加第 881 条第 2 款,明文采债权质权说,其中一个重要理由是避免产生抵押权以不动产之外客体成立的奇特例外。⑥但笔者认为,所谓债权无法作为抵押权的标的物仅仅是基于法律形式逻辑所作的推演,它并未指明担保物权延续说在处理具体纠纷时的弊端。应当看到,《日本民法典》第 304 条的表

---

① 《担保制度司法解释》第 56 条在一定程度上限制了《民法典》第 404 条正常经营买受人规则的适用范围,这种限制是否合理,笔者认为仍然具有讨论空间。

② 关于这一问题的反思,参见付晓雅:《〈民法典〉中质押权利不得转让的目的性限缩》,载《法学杂志》2021 年第 3 期。

③ 参见程啸:《担保物权研究》,中国人民大学出版社 2017 年版,第 570 页。

④ 参见高圣平:《担保法论》,法律出版社 2006 年版,第 552～553 页。

⑤ 参见孙鹏、王勤劳、范雪飞:《担保物权法原理》,中国人民大学出版社 2009 年版,第 58 页。

⑥ 参见李淑明:《民法物权》,元照出版公司 2019 年版,第 339 页。

述与我国《民法典》第 390 条极为类似，其通说以担保物权延续说对其进行解释。鉴于我国多数学者也赞同担保物权延续说的观点，那么，日本的学理与实践就具有相当的参考价值。

我们不妨以案例三作为分析的起点。在案例三中，针对给付义务人增城市财政局已经向抵押人荔城信用社支付补偿款这一事实，广东高院认为，即便补偿款与荔城信用社的一般财产混同，海发行清算组的抵押权仍可及于荔城信用社取得的补偿款而继续存在。这显然不当扩大了抵押人的责任范围，而且会导致抵押权人与抵押人的其他一般债权人产生利益冲突。诚如前述，在日本法上，对于上述问题的处理是通过保全措施来进行的，其中蕴含的政策考量是，为避免抵押人的责任被无限扩大，有必要对金钱替代物进行特定，以便抵押权人的优先受偿权仅及于此。[1]

关于日本法上课以抵押权人对金钱债权进行保全的理由，主要存在三种学说，以下简要进行介绍：

(1)特定性维持说。该说认为，基于抵押权的价值权属性，抵押权及于价值变形物继续存在不言而喻。而且，对于已经登记的抵押权而言，抵押权人无须采取任何手段确保对价值变形物的优先受偿权，只需以保全措施对价值变形物进行特定。[2] 日本过去的裁判观点曾一度认为保全措施不是抵押权人行使抵押权的要件，[3]但后来的判例废止了这种观点。[4]在实践中，如果抵押人的其他一般债权人已经对作为代位物的金钱债权进行保全，抵押权人也必须通过保全措施来对给付义务人表明物上代位的意思，以便确保其优先受偿的地位。此项保全措施，只要在金钱债权没有履行之前都是可能的。[5]

(2)优先权保护说。该说认为，抵押权人的优先受偿地位，需要与抵押人的其他一般债权人、债权受让人等的利益进行平衡。基于这种考虑，多数学者认为应通过民事执行程序来确保抵押权的优先受偿效力(《日本民事执行法》第 193 条第 1 款)。根据《日本民事执行法》第 165 条，即便抵押人的其他一般债权人对金钱债权提前进行了保全，只要抵押权人在该条规定的债权分配时限之内申请保全，都可以主张以抵押权登记的顺位优先受偿。[6]

(3)给付义务人保护说。该说认为，采取保全措施的目的在于避免不知金钱债权已经为抵押权所及的给付义务人向他人的清偿。具体而言，如果给付义务人对抵押人的清偿不能对抗抵押权人的话，给付义务人将被置于不安定的法律地位，面临必须作出第二次给付的风险(但其同时享有对抵押人的不当得利返还请求权)。为了保护给付义务人，在抵押权人申请保全之前，给付义务人对抵押人的清偿都是有效的，即将保全措施作为抵押权人对给付义务人的对抗要件来进行理解。在某种意义上，当金钱债权作为代位物而存在时，给付义务人与入质债权的债务人(第三债务人)具有相似的法律地位，其清偿等行为受到约束。但在债权质权的场合，一方面，依《日本民法典》第 364 条，只要第三债务人未经通知或第三人债务

---

① 内田貴『民法 III 債権総論・担保物権』(東京大学出版会，2005 年)第 402 頁参照。

② 道垣内宏人『担保物権法』(有斐閣，2005 年)第 143 頁参照。

③ 大判大正 4 年 3 月 6 日民録 21-363。

④ 大(連)判大正 12 年 4 月 7 日民集 2-209。

⑤ 内田貴『民法 III 債権総論・担保物権』(東京大学出版会，2005 年)第 411 頁参照。

⑥ 生熊長幸「物上代位における第三債務者保護説 および優先権保全説の再構成(1)——抵当権に基づく物上代位に関して」立命館法学 2015 年 1 号(359 号)。

人未对债权质权的设定进行承诺,债权质权就不具有对抗第三债务人的效力。另一方面,即便抵押权已经登记,由于日本的不动产登记簿仅具有有限的公示能力,并不意味着给付义务人已经知晓其债务为抵押权所及。由此观之,在日本法上不能认为给付义务人的清偿等行为当然应当受到制约。抵押权人为了对给付义务人表明行使物上代位权的意思,必须申请保全。①

有趣的是,有学者指出,《日本民法典》第 304 条中的"差押え(扣押)"一词是旧民法起草者博瓦索纳德使用的"opposizione"一词翻译,是一种与执行程序无关的实体法上的行为,类似于债权让与中对债务人的通知。由于翻译的原因,多数学者将"差押え"理解为了与执行程序相呼应的"pignoramento"。若以忠于立法者原意的立场作为出发点,则诉讼法中的保全措施并不是必要的,但这就与《日本民法典》第 304 条的条文表述出现了冲突,因此,多数学者还是坚持优先权保护说的立场。②

上述学说陈列意在表明,日本法能够坚持担保物权延续说,《日本民法典》第 304 条规定的保全措施是其重要的制度支持。保全措施的引入,一方面可以对代位物进行特定;另一方面,可以防止给付义务人不知抵押权的存在而向他人给付从而损害抵押权人利益。而且主流学说、权威裁判观点③都认为保全措施是抵押权人行使优先受偿权的要件。可以说,保全措施是日本法对不动产抵押权设立采取登记对抗主义的制度补充。

3.《担保制度司法解释》第 42 条第 2 款的法理构成

《担保制度司法解释》第 42 条第 2 款规定,如果给付义务人已经向抵押人履行了金钱债权的给付义务,抵押权人无权要求给付义务人再向其为给付,但是抵押权人通知给付义务人向其给付之后,给付义务人对抵押人的清偿对抵押权人不生效力。该条款如何与债权质权说、担保物权延续说相衔接,值得考察。

(1)《担保制度司法解释》第 42 条第 2 款正文

就《担保制度司法解释》第 42 条第 2 款正文而言,似乎采纳了担保物权延续说,因为彼说同样认为,金钱债权的履行会导致抵押权失去代位客体归于消灭,因此,在债权履行之前的保全措施就成为抵押权人行使权利的必备要件。一方面,保全措施可以将代位物特定化;另一方面,保全措施可以起到通知给付义务人的作用,从而防止其未经抵押权人的许可径行向抵押人为给付。但令人怀疑的是,如果《担保制度司法解释》意在坚持担保物权延续说,为什么无论是《民法典》第 390 条还是《担保制度司法解释》第 42 条都未将抵押权人申请保全作为抵押权人行使优先受偿权的必要条件呢?即便保全措施不是抵押权人行使优先受偿权的要件,那么实证法上是否提供了与保全措施起到相同效果,既可以对代位物进行特定,又可以防止给付义务人不知抵押权的存在而向他人给付的其他制度供给呢?不难发现,答案是否定的。

在日本法上,使得给付义务人知晓其债务已为抵押权所及并限制其清偿等行为是通过

① 道垣内宏人『担保物権法』(有斐閣,2005 年)第 149～150 頁参照。
② 生熊長幸「物上代位における第三債務者保護説 および優先権保全説の再構成(1)——抵当権に基づく物上代位に関して」立命館法学 2015 年 1 号(359 号)。
③ 最判昭和 59 年 2 月 2 日民集 38-3-431;最判平成 13 年 10 月 25 日民集 55-6-975。

保全措施完成的:抵押人的其他一般债权人率先申请对代位债权进行保全,之后法院会发布公告,根据《日本民事执行法》第 165 条,只要抵押权人在该条规定的债权分配时限之内申请保全,都可以主张以抵押权登记的顺位优先受偿。诚如前述,这种法律构成与日本法上不动产登记簿的有限公示效力是相匹配的。但我国并非如此,至少在不动产抵押权的场合,不动产登记簿的公示效力就使得给付义务人负有查询义务,在其明知或可得而知抵押权存在的场合,其清偿等行为自应受到限制。

实际上,如果对《日本民法典》第 304 条中的"差押え"一词依据其起草者的意思在解释论上予以重构的话,就会产生如下效果:若抵押权人请求就抵押人对给付义务人享有的债权优先受偿,必须先"通知"给付义务人,使得后者知晓其债务系另一债权的担保——这实际上与日本法上的债权质权成立规则是统一的。在这个意义上,前述"给付义务人保护说"虽然立足担保物权延续说,但已与之貌合神离。①

(2)《担保制度司法解释》第 42 条第 2 款但书

《担保制度司法解释》第 42 条第 2 款但书规定,抵押权人通知给付义务人之后,即便给付义务人对抵押人作出给付,也不会对抵押权人生效。这就意味着,抵押权人的通知与债权质权中质权人对第三债务人的通知相似,都是对给付义务人或第三债务人之生效要件。但值得思考的是,是否在任何情形中,抵押权人的通知都是必要的?恐不尽然。在案例三中,广东高院指出,"……广州市中级人民法院最终作出(2006)穗中法民二初字第 171 号、172号民事判决,认定海发行清算组抵押权人的权利依法仍然存在。在此情况下,海发行清算组主张增城市政府、增城市财政局明知抵押权存在,但依据与经贸公司、信用社的约定,将补偿款支付给信用社,存在过错,理据不足,本院不予支持"。这就意味着,在不动产抵押权的情形中,既然不动产已经登记,给付义务人就负有查询义务,其无法以未经通知为由主张给付对抵押权人发生效力。经登记的动产抵押亦应作相同解释。在这个意义上,我们可以发现,《担保制度司法解释》第 42 条第 2 款但书实际上意在表达这一规则:如果给付义务人知悉(无论是经过通知还是尽到查询义务)金钱债权是抵押权的代位物,那么他就不得径行向抵押人为给付。② 这似乎与债权质权说如出一辙。

在德国法上,债权质权的设定以权利让与的规则来进行(《德国民法典》第 1274 条),但出质人必须对债务人为出质的通知。这使得债权质押与债权让与的规则得到统一(《德国民法典》第 1275 条)。③ 与上文讨论的情况有关的问题是,在债权让与的场合,在让与通知前,若债务人明知让与事实仍对原债权人(让与人)为给付,是否对受让人生效?对此,我国通说认为,"应对《民法典》第 546 条第 1 款进行目的性扩张解释,即在债务人知晓让与事实时,其有权向受让人清偿,而不得向让与人为清偿,否则不生消灭债务之效果。"④在采纳债权质权说的前提下,《担保制度司法解释》第 42 条第 2 款之所以具有作如上解释的空间,其理由与

---

① 日本学者铃木禄弥认为,在立法上,在解释上,债权质权说均具有优势。铃木禄弥『抵当制度の研究』(一粒社,1968 年)第 139 页参照。

② 参见谢在全:《民法物权论》(下册),中国政法大学出版社 2011 年版,第 1020 页。

③ 参见[德]鲍尔、施蒂尔纳:《德国物权法》(下册),申卫星、王洪亮译,法律出版社 2006 年版,第 742页。

④ 参见徐涤宇:《〈合同法〉第 80 条(债权让与通知)评注》,载《法学家》2019 年第 1 期。

债权让与的法理相同。

有论者可能质疑,我国实证法并未明确规定抵押权物上代位转化为债权质权,如何能以债权质权说对《民法典》第 390 条进行解释?[①]

一方面,在体系定位上,《民法典》第 390 条位于担保物权的一般规定之中,按照立法者的设想,其射程可以涵摄所有的担保物权。[②] 那么,在法律规定的担保物权体系中对一个发生了物上代位的抵押权进行法律属性的重塑,就并不违反《民法典》第 390 条的规范意旨。如此一来,"担保期间,担保财产毁损、灭失或者被征收等,担保物权人可以就获得的保险金、赔偿金或者补偿金等优先受偿"中的"担保物权人"可以解释为涵盖了原本的抵押权人转化为新的质权人的情况,并且,该条文表述中之"优先受偿"一词,未尝不可以解释为"以债权质权的规则优先受偿"。[③]

不难发现,在经济实质上,金钱债权是抵押物的延伸。在法律上,抵押权人之所以能够对金钱债权主张优先受偿权,是因为类似于抵押权的追及效力。[④] 对此,无论是担保物权延续说还是债权质权说都不存在疑问。如果问题到此为止的话,其实选择哪种学说都不存在区别。但落实到权利的保全、实现上,《民法典》有关权利质权的法律规范恰好能够为当事人优先受偿提供法律依据,这不仅是法律安定性的要求,还可以节省大量的论证负担。而这恰好是担保物权延续说所缺乏的。

另一方面,由于法律效果本身具有对生活现象的评价功能,这就要求对较为接近的现象通常要作同等的法律评价。在金钱债权作为代位物的情形,实际上等同于抵押人以对给付义务人的债权为抵押权人提供担保——这与设立债权质权并无二致。再者,通过解释当事人的意思,不难发现其具有以代位物继续设定担保的默示合意,而这一合意经过解释,所对应的担保形态就是债权质权。在这个意义上,《民法典》第 390 条是法律认可当事人此种合意,并将任意性规定转化为法律,以节约当事人转让代位物的交易成本之表现。[⑤] 因此,在代位物是金钱债权的场合,采纳债权质权说更具有说服力。

应当看到,债权质权说为我们提供了一个非常重要的解释方法:若某种交易形式本身就意在创设担保权,那么它理应适用与之最为类似的有关担保权的法律规范。这种解释方法在学理上被称为"担保领域的功能主义",原本是指某些交易形式虽然表面上并非创设担保权,但若与担保权功能等同,则其也应适用法律关于担保权利的规范。[⑥] 债权质权说刚好是

---

① 参见崔建远:《物权法》,中国人民大学出版社 2009 年版,第 475 页。

② 值得说明的是,留置权系将留置物的占有作为效力之本体,在留置物灭失而转换为请求权时,留置权消灭,不产生物上代位。参见[日]近江幸治:《担保物权法》,祝娅、王卫军、房兆融译,法律出版社 2000 年版,第 16 页。

③ 反对观点,参见崔建远:《物权:规范与学说——以中国物权法的解释论为中心》(下册),清华大学出版社 2011 年版,第 765 页;王利明:《物权法研究》(下卷),中国人民大学出版社 2016 年版,第 1137 页。崔建远教授指出,我国现行法规定抵押权的效力存在于金钱代位物上,而不是质权存在于它们之上,亦非质权存在于保险金请求权、赔偿金请求权、补偿金请求权。由此可知,对于抵押权的物上代位,我国现行法未采取法定债权说。王利明教授亦持相同见解。

④ 物上代位与追及效力的关系,详见本文第一部分的讨论。

⑤ 参见庄加园:《动产担保物权的默示延伸》,载《法学研究》2021 年第 2 期。

⑥ 参见纪海龙:《民法典动产与权利担保制度的体系展开》,载《法学家》2021 年第 1 期。

这种解释方法应用的体现:当金钱债权作为代位物时,无异于抵押人以之为抵押权人设立担保权,而这一担保权在担保物权体系中的唯一定位就是债权质权。① 此时,原本的抵押权被转化为了新的债权质权,这与其说是法律的规定,不如说是在功能主义视角下对其本身法律属性的重塑。在这个意义上,与其说我们采纳的是债权质权说,不如说采纳的是功能主义视角下的担保物权转化规则,即,若某种担保权与担保物权体系中的某种法定权利形式最为类似,就应当适用法律有关该种担保物权的规范。实际上,即便我们认为抵押权的代位物系"保险金、赔偿金或者补偿金"等动产,未尝不可以认为此时当事人之间的法律关系更接近于抵押人以上述动产为债权人提供担保,因此,应适用有关动产抵押的法律规范。在这个意义上,我国部分学者提出的"法定抵押权说"②所体现的进步意义就不容小觑。

由于担保物权的转化规则仅着眼于对不同的场景中同一担保权法律属性的重塑,并不隔断被转化的担保物权与新生的担保物权之同一性,因此《担保制度司法解释》第42条第1款规定,抵押权物上代位转化为债权质权之后,债权质权的顺位与"原抵押权的顺位"相同。

(三)请求让与不动产的债权

在抵押物毁损灭失的场合,抵押人与给付义务人可能协商以不动产进行赔偿或补偿。例如,《国有土地上房屋征收与补偿条例》第21条第1款规定:"被征收人可以选择货币补偿,也可以选择房屋产权调换。"如果抵押物被征收且抵押人依上述条文选择了房屋产权调换,便会对征收机关产生请求让与不动产的债权,③若贯彻前文请求权代位说的结论,则这

---

① 《民法典》第445条规定的应收账款质权,是以应收账款请求权为标的物而设立的质权,一般认为,只有商事金钱债权才能设定质押。参见王利明:《物权法研究》(下卷),中国人民大学出版社2016年版,第1370页。由此引发的问题是,一般债权是否能够设定质押?《民法典》第440条第7项规定,"法律、行政法规规定可以出质的其他财产权利"可以作为设质标的物,表明权利质权的体系不是封闭的。但是,只有法律、行政法规规定的财产权利,才可以出质,表明法律对于权利质权的设定采取了准则主义的立场,由此带来的问题是实证法确定的规则很难满足实际经济生活的需求。关于上述问题,有学者在立法层面提出:"在民商合一立法体例之下,继受大陆法传统的我国民法典物权编应以外延更宽的普通债权质权取代应收账款质权,并依债权让与方式而设定;立基于制备商事账簿或会计账簿为前提的应收账款出质,作为特别担保物权应由特别法加以框制,从而形成普通债权质权与应收账款质权并列的双重债权融资模式。"参见刘平:《去存法典化:应收账款质权之路径反思与制度重塑》,载《交大法学》2018年第4期。在现行法下,当事人为了以普通债权设定质押,通常只能绕道债权让与,以债权让与担保的形式来实现担保目的。笔者认为,对于这一问题,有必要借鉴比较法的经验,将债权质押与债权让与的规则进行统一。同时,鉴于普通债权质权与应收账款质权具有同质性,可以类推适用应收账款质权的法律规范。参见范雪飞:《论应收账款质权及其公示》,载《中南大学学报(社会科学版)》2010年第4期。

② 孙鹏、肖厚国:《担保法律制度研究》,法律出版社1998年版,第181页。

③ 根据《民法典》第209条,不动产物权的取得以登记作为生效要件,故"请求让与不动产的债权"包含两项内容:第一,移转占有;第二,取得登记。

一债权即为抵押权的代位物。①

无论是债权质权说还是担保物权延续说，在代位物是金钱债权的场合，都有两个重要的解释目标：第一，对代位物进行特定；第二，防止给付义务人不知抵押权的存在而向他人给付——这是由金钱本身的特性决定的。但不动产不存在上述问题：一方面，即便给付义务人已经履行了代位债权，抵押人取得占有并完成移转登记，成为新的所有权人，这一不动产也不会与抵押人的一般财产混同，不存在无法特定的问题。另一方面，抵押权人无法请求给付义务人向其履行代位债权，取得不动产的占有并受领登记。② 这是因为，在金钱债权作为担保物的场合，其权利的实现方式具有特殊性，由于金钱债权本身就是指向金钱的给付，因此不存在变价的问题，权利人可以直接行使收取权。③ 但是，在不动产作为担保物的场合，担保权的实现依《民法典》第 410 条，须对该不动产进行变价受偿。而且，在主债务履行期届至前，如果抵押权人请求给付义务人向其履行代位债权，则有违反《民法典》第 401 条流押禁止规定之嫌。

不难发现，在请求让与不动产的债权作为代位物的场合，给付义务人向债务人清偿对抵押权人并无损害。④ 在代位债权履行后，抵押人取得的新不动产仍然为抵押权所及，抵押权人可以就之请求优先受偿。⑤ 但问题是，若抵押权人乙就该新不动产为其债权人丙办理抵押权登记，抵押权人甲是否还能主张以原抵押权顺位就新不动产优先受偿？应当看到，即便新不动产仍然为抵押权所及，但不动产登记簿并未显示这一信息，由此就产生了维护交易安全的需要。有学者认为，此时抵押权人应当就新不动产向登记机关单方申请抵押权（宣示）登记，不登记的，不得对抗善意第三人，⑥笔者赞同这一观点。例如，在"重庆渝富控股集团有限公司与重庆市东凯能商贸有限公司借款合同纠纷案"⑦中，重庆市高级人民法院认为：

---

① 应予区分的是，在抵押物"拆旧建新"的场合，一般认为新建不动产并非抵押权的代位物。例如，在"中国农业银行股份有限公司济南天桥支行与张立柱、张湜等金融借款合同纠纷案"（山东省高级人民法院（2013）鲁商初字第 4 号民事判决）中，山东省高级人民法院认为，"2009 年上述抵押房产被拆除，抵押物灭失……原告对本案抵押房产拆除后新建的房屋亦不享有抵押权"。

② 参见［德］鲍尔、施蒂尔纳：《德国物权法》（下册），申卫星、王洪亮译，法律出版社 2006 年版，第 744 页。

③ 参见高圣平：《担保法论》，法律出版社 2006 年版，第 552 页。

④ 由于抵押权的代位物是抵押人对给付义务人的债权，那么这一债权内容的确定就相当依赖于抵押人的议价能力。但是，代位债权却可以在某种程度上左右抵押权的实现，由此就产生了道德危机出现的可能性。例如，抵押权人乙与给付义务人丙协商，以偏僻小屋作为对价额不菲的抵押物的赔偿，抵押权人甲的利益必定受到侵害。此时，可以考虑适用《民法典》第 408 条，将抵押人的行为解释为导致抵押财产价值减少的行为，抵押权人有权请求恢复抵押财产的价值，或者提供与减少的价值相应的担保。在代位物是其他债权的场合，亦同此理。

⑤ 参见［德］鲍尔、施蒂尔纳：《德国物权法》（下册），申卫星、王洪亮译，法律出版社 2006 年版，第 744 页。值得说明的是，在此种情形下，抵押权人之所以不用办理登记就可以取得以新不动产为标的物的抵押权，其理由有如在非以法律行为导致物权变动的场合（《民法典》第 229 条以下），登记与否与物权变动并无联系。之所以如此，是因为抵押权（尤其是不动产抵押权）的物上代位，通常发生在非以法律行为变动抵押物的所有权之场合。

⑥ 参见程啸：《担保物权研究》，中国人民大学出版社 2017 年版，第 47 页。

⑦ 参见重庆市高级人民法院（2019）渝民终 796 号民事判决。

"……因涉案抵押房产已被拆除,渝富集团公司在该房屋上设立的抵押权已因抵押物灭失而消灭。东凯能商贸公司……愿以新建房屋三、四、五层代替灭失房产作担保,但并未办理抵押登记……新建房屋上的抵押权并未设立"。本案中,虽然抵押人的抵押物已经被拆除,抵押权仍及于抵押人的新不动产继续存在,但是抵押权人未就该新不动产办理抵押登记,不能对抗善意第三人。

总结起来,在请求让与不动产的债权作为代位物的场合,并不存在债权质权说或担保物权延续说的用武之地,无须牵强附会,而应适用担保物权的转化规则。在抵押物毁损灭失、代位债权履行期限尚未届至时,抵押权的代位物是代位债权;在代位债权履行后,抵押权的代位物是新不动产——在功能主义的视角下,原抵押权经历了两次法律属性的改变:在代位债权产生、履行期未届至时,相当于抵押人以对给付义务人的债权作为担保,此时应当适用有关债权质权的规范;①在代位债权履行后,相当于抵押人以其新不动产提供担保,自应适用有关不动产抵押的规范。② 但应注意,无论是新生的债权质权还是不动产抵押权,都与原抵押权具有同一性,依《担保制度司法解释》第 42 条第 1 款规定,其权利顺位与"原抵押权的顺位"相同。

也许有人会质疑上述结论:既然在请求让与不动产的债权作为代位物的场合,给付义务人向债务人清偿对抵押权人并无损害,那么,直接以该不动产作为抵押权的代位物似乎在法律构造上更显简洁。转化该问题,可以作如下表述:为什么在代位债权(请求让与不动产的债权)产生、履行期未届至时,应当适用有关债权质权的规范? 对于这一问题,笔者作如下回应:在代位债权产生、履行期未届至时,相当于抵押人以对给付义务人的债权作为担保,抵押权人对于该笔债权有保全利益存在。例如,在征收补偿的环节,对于一件被征收的、市价为 1000 万元的不动产 A,抵押人与给付义务人确定的补偿金数额仅为 100 万元。又如,在履行期未届至时,抵押人与给付义务人约定以价值为 100 万元的不动产 C 替换价值为 1000 万元的不动产 B 作为赔偿物。在上述两个案例中,无论是抵押人与给付义务人合意确定还是变更合同内容,都明显会导致抵押权人的优先受偿权有无法实现之虞。此时,若承认抵押权人对该笔债权享有债权质权,在前例,抵押权人可依《民法典》第 446 条转致第 433 条要求抵押人在债权价值减少额度的范围内(在前例即为不动产 A 的市价与 100 万补偿金的差额)提供担保;在后例,根据权利质权的一般原理,作为质权标的物的权利未经质权人同意,出质人不得以法律行为使之消灭或变更,③故给付义务人与抵押人变更合同内容的处分行为无

---

① 以内容为请求让与不动产的债权设质,并非不存在争议。大陆法系立法例关于债权质权标的物的许容,一般有如下标准:第一,应为具有经济价值的财产权;第二,可让与;第三,不违反质权性质。"不违反质权性质"是指不动产物权、动产物权不得为质权标的物。参见谢在全:《民法物权论》(下册),中国政法大学出版社 2011 年版,第 1011~1012 页。内容为请求让与不动产的债权并不违反上述任一标准,故德国通说认为,土地所有权让与合意请求权(auflassungsanspruch)出质并不存在阻碍。参见[德]鲍尔、施蒂尔纳:《德国物权法》(下册),申卫星、王洪亮译,法律出版社 2006 年版,第 742 页。笔者亦认为不存在禁止以此种债权设质的实质理由。

② 参见[德]鲍尔、施蒂尔纳:《德国物权法》(下册),申卫星、王洪亮译,法律出版社 2006 年版,第 744 页。

③ 参见谢在全:《民法物权论》(下册),中国政法大学出版社 2011 年版,第 1035 页。

效。再如,抵押人将该笔债权让与第三人。承认抵押权人对该笔债权享有质权,依《民法典》第445条第2款,让与该债权的处分行为无效。抵押权人对该债权的保全利益,与上文讨论的抵押权人对金钱债权的保全利益并无区别,由此可见,坚持以债权作为物上代位的客体,是抵押权物上代位规则底层逻辑建构的必然选择。

(四)请求让与动产的债权

请求让与动产的债权与请求让与不动产的债权,二者作为代位物的法律构成高度相似。

在请求让与动产的债权作为代位物的场合,具有三种法律构造的可能性:第一,抵押人许可给付义务人对抵押权人交付动产。此时,抵押权人系代抵押人受领给付,抵押人取得担保物的所有权;二者成立占有媒介关系,抵押权人取得担保物的直接占有,其法律地位类似于动产质权人。第二,抵押人许可给付义务人向抵押权人移转所有权。这种情形相当于抵押人与抵押权人达成让与担保合意。第三,给付义务人向抵押人交付动产。此时,相当于抵押人以动产提供担保。

总结起来,在第一种法律构造中,抵押权经历了两次法律属性的改变:在代位债权产生、履行期未届至时,相当于抵押人以对给付义务人的债权作为担保,此时应当适用有关债权质权的规范;在代位债权履行后,相当于抵押人以其动产提供质押担保,自应适用有关动产质押的规范。

在第二种法律构造中,抵押权也经历了两次法律属性的改变:在代位债权产生、履行期未届至时,相当于抵押人以对给付义务人的债权作为担保,此时应当适用有关债权质权的规范;在代位债权履行后,相当于抵押人与抵押权人达成了让与担保合意。对此,有学者指出,让与担保,因违反实质上的"流押禁止"(《民法典》第401条),不发生所有权移转的效力,但可以根据"无效的法律行为转换"原理,将让与担保的约定转换为动产抵押等担保制度。[①]如此一来,如果抵押权人实际占有并形式上拥有担保物的所有权,可以将这种让与担保约定解释为实质上的动产质押;如果抵押权人只是形式上拥有担保物的所有权(如占有改定的情形),可以将这种让与担保约定解释为实质上的动产抵押。[②]

在第三种法律构造中,抵押权也经历了两次法律属性的改变:在代位债权产生、履行期未届至时,相当于抵押人以对给付义务人的债权作为担保,此时应当适用有关债权质权的规

---

① 参见纪海龙:《民法典动产与权利担保制度的体系展开》,载《法学家》2021年第1期。
② 根据《担保制度司法解释》第68条、《全国法院民商事审判工作会议纪要》第71条,让与担保合意是否有效,与约定的内容有关:第一,若当事人约定了"处分型让与担保",则"债务人不履行到期债务,债权人请求参照民法典关于担保物权的有关规定就该财产优先受偿的,人民法院应予支持";第二,若当事人约定了"归属型让与担保",则"人民法院应当认定该约定无效,但是不影响当事人有关提供担保的意思表示的效力"。应当注意,《担保制度司法解释》第68条将"债权人请求参照民法典关于担保物权的有关规定就该财产优先受偿"的前提设置为"当事人已经完成财产权利变动的公示",这一规定体现了功能主义思想,即只要是发挥担保功能的约定,都要纳入担保物权体系进行调整,在这个意义上,让与担保可以理解为实质上的动产质押或抵押,呼应了正文中所提及的学说。参见龙俊:《民法典物权编中让与担保制度的进路》,载《法学》2019年第1期。

范;在代位债权履行后,相当于抵押人以其动产提供抵押担保,自应适用有关动产抵押的规范。而且,无论是新生的债权质权还是动产质权、抵押权,都与原抵押权具有同一性,依《担保制度司法解释》第 42 条第 1 款规定,其权利顺位与"原抵押权的顺位"相同。

(五)请求让与其他有形、无形财产的债权

请求让与其他有形、无形财产的债权作为代位物的场合,主要是指抵押人有权请求给付义务人让与《民法典》第 440 条规定的可以出质的权利的场合。这种情形与前述(二)、(三)本质上并无太大区别,在功能主义的视角下可以作如下观察:在代位债权产生、履行期未届至时,相当于抵押人以对给付义务人的债权作为担保,此时应当适用有关债权质权的规范;在代位债权履行后,相当于抵押人以其他有形、无形财产提供质押担保,应适用有关权利质押的规范。前后两个质权的性质并不相同,前者是针对一项债权而成立的债权质权,而后者则是针对一项有形、无形财产(例如可以转让的基金份额、股权、知识产权等)成立的权利质权。最后,两个权利质权与原抵押权具有同一性,依《担保制度司法解释》第 42 条第 1 款规定,其权利顺位与"原抵押权的顺位"相同。

(六)小结

作为担保物的债权具有多种表现形式,但《担保制度司法解释》第 42 条第 2 款仅针对金钱债权作为代位物的情形进行了规定。根据上文的分析,无论是金钱债权还是其他债权,都应以功能主义为抓手,适用担保物权的转化规则。如此一来,抵押权的物上代位规则就可以完美地与担保物权体系相契合,化解条文之间的制度阻隔。

四、结论

《民法典》第 390 条规定的抵押权物上代位规则具有两项理论基础:第一,什么是抵押权物上代位之客体;第二,抵押权物上代位的法律性质如何。抵押权物上代位规则在学理与实践中有不同的问题面向:学者讨论的重点是物上代位的法律性质,而司法实践中的难点却是物上代位的客体之识别。我国学理与实践以财产代位说为基础推导出担保物权延续说,存在理论与实践的双重困境。

就第一个问题而言,抵押权以支配抵押物的交换价值为基础,为满足债权优先受偿而设立,只要抵押物毁损、灭失后,尚存有价值变形物,无论其形态如何都应该认为属于抵押权可以支配的对象。债权请求权在抵押物毁损、灭失后作为交换价值的媒介而存在,故抵押权的物上代位客体是债权请求权。将抵押权的代位物局限于保险金、赔偿金或者补偿金,势必使得抵押权物上代位规则成为具文,与抵押权的价值权属性背道而驰。对《担保制度司法解释》第 42 条第 1 款的解释应当采取请求权代位说。

就第二个问题而言,作为代位物的债权具有多种表现形态,可能是金钱债权、请求让与

不动产的债权、请求让与动产的债权以及请求让与其他有形、无形财产的债权。关于抵押权物上代位的法律构成,在金钱债权的场合,理论上存在担保物权延续说与债权质权说两种观点。以债权质权说对物上代位的法律构成进行理解符合《担保制度司法解释》第 42 条第 2款的条文本旨。债权质权说实际上是在功能主义的视野下适用担保物权的转化规则所得出的结论,即若某种担保权与担保物权体系中的某种法定权利形式最为类似,自应适用法律有关该种担保物权的规范。在其他债权的场合,无须以担保物权延续说或债权质权说进行解释,但应以功能主义为抓手,适用担保物权的转化规则,促进抵押权的物上代位规则与担保物权的体系融合。①

虽然《担保制度司法解释》第 42 条在一定程度上回应了司法实践的现实需求,深化了《民法典》第 390 条的理论构成,但我们必须认识到,抵押权的物上代位规则并不是一项孤立的法律制度,而是担保物权体系中"游走的精灵"。如果我们的担保物权体系,尤其是债权质权的体系并不健全,则很难期待这项制度能够发挥它应有的规范价值。在这个意义上,《民法典》的担保物权体系仍有进一步探索与完善的空间。最后需要说明的是,鉴于本文的问题意识与解决进路对于其他担保物权的物上代位问题仍然具有适用性,考虑到问题的类似性,故不再赘述。

---

① 不可否认的是,功能主义的缺点也是显而易见的,最为突出的问题表现在,它过度简化了问题的表现形式并只关注到了问题的一个侧面。参见周江洪:《所有权保留买卖的体系性反思——担保构成、所有权构成及合同构成的纠葛与梳理》,载《社会科学辑刊》2022 年第 1 期。相较而言,一种更为可取的方法是限制功能主义的适用领域并通过其他理论补充那些为功能主义所忽视的问题。在这个意义上,本文运用的分析方法还未臻完善。

《厦门大学法律评论》总第三十四辑　2022 年第一卷
《我国商事仲裁内部监督过度行政化及其消解路径》
第 47 页～第 59 页

我国商事仲裁内部监督
过度行政化及其消解路径[*]

——兼对仲裁法及仲裁规则的修改建议

孙瑞玺[**]

摘要：既有商事仲裁内部监督正当性的理由均值得商榷。正义、效率和信赖从更抽象的高度足以担当商事仲裁内部监督正当性的理据。与比较法上商事仲裁内部监督方式相比，我国商事仲裁内部监督方式呈现出过度行政化的现象，集中体现在对"人"与对"事"两个方面。立法理念的行政化取向、仲裁机构的行政性属性和仲裁机构运行的行政性强化是商事仲裁内部监督过度行政化的成因。正确处理正义与效率的关系、调整立法理念、强化意思主义和规范化是消解商事仲裁内部监督过度行政化的有效路径。《仲裁法修订征求意见稿》及仲裁规则应当相应作出规整。

关键词：商事仲裁；内部监督；行政化；仲裁法；仲裁规则

Excessive Administration of Internal Supervision in Commercial Arbitration in China and Its Resolution Path
—Suggestions on the Amendment of Arbitration Law and Arbitration Rules
Sun Ruixi

Abstract：The reasons for the legitimacy of internal supervision in existing commercial arbitration are debatable. Justice，efficiency and reliance are enough to justify the internal supervision of commercial arbitration from a more abstract level. Compared with the internal supervision of commercial arbitration in comparative law，the internal supervision of commercial arbitration in China shows the phenomenon of excessive administration，which is mainly reflected in the two aspects of "persons" and "things". The administrative

---

　*　文章 DOI：10.53106/615471682022100034002。

　**　孙瑞玺，法学博士，中国石油大学（华东）文法学院兼职教授，研究方向：民商法学。电子邮箱：srxgdm@163.com。

orientation of legislative concept，the administrative attribute of arbitration institutions and the administrative strengthening of the operation of arbitration institutions are the causes of the excessive administration of internal supervision of commercial arbitration. Correctly handling the relationship between justice and efficiency，adjusting legislative notion，strengthening autonomy of the will and standardization are the effective ways to eliminate the excessive administration of internal supervision in commercial arbitration. The Draft of Arbitration Law of the People's Republic of China（Revised）and the arbitration rules shall be regulated accordingly.

Key Words：Commercial Arbitration；Internal Oversight；Administration；Arbitration Law；Arbitration Rules

一、引言

商事仲裁作为"类法律式"冲突解决机制，具有"准诉讼"的外观。① 我国商事仲裁有国内仲裁和涉外仲裁之分。本文以国内商事仲裁为研究对象。商事仲裁的意思主义和一裁终局构成了商事仲裁的独特性。意思主义是建立在对商事仲裁解决争议信赖的基础上的。一裁终局则是以效率提升为依归。② 意思主义和一裁终局都要求仲裁裁决在高效率的同时具有高品质，即"又快又好"，但又都无法保证仲裁裁决的高品质。因此，仲裁裁决品质监督机制应运而生。仲裁监督包括外部监督和内部监督：外部监督包括社会监督和司法监督；③内部监督包括仲裁机构监督和仲裁协会监督。就内部监督与外部监督的逻辑关系而言，内部监督具有优先性，如果内部监督到位，那么外部监督就不必要。外部监督通过内部监督发挥作用。本文以仲裁机构内部监督为研究对象。我国仲裁机构向来重视内部监督，并采取多种方式进行监督，以确保仲裁裁决的高品质。在司法监督侧重于程序监督的语境下，仲裁机构内部实体监督的必要性更加凸显。仲裁内部监督的方式总体上带有浓厚的行政化色彩。此种监督方式尽管具有我国本土特色，且具有实效，但与仲裁机构的职责定位、当事人的意思自治和仲裁庭独立仲裁原则相抵牾，欠缺正当性基础。如何妥当地平衡仲裁机构内部监督的行政性与当事人意思自由和仲裁庭独立性的关系，是本文的主题。围绕这个主题，本文拟从仲裁内部监督的正当性、比较法上的借鉴、内部监督过度行政化的表现和成因，以及消解内部监督过度行政化的路径等方面渐次展开，以求教于诸位方家，并期望对我国仲裁法的修订有所助益。④

---

① 参见顾培东：《社会冲突与诉讼机制》，法律出版社 2016 年第 3 版，第 37、39 页。

② 当然，一裁终局也是当事人意思自治的动机和目的。

③ 参见汪祖兴：《仲裁监督之逻辑生成与逻辑体系——仲裁与诉讼关系之优化为基点的渐进展开》，载《当代法学》2015 年第 6 期。

④ 《中华人民共和国仲裁法（修订）（征求意见稿）》在本文中统称《仲裁法修订征求意见稿》。

二、商事仲裁内部监督的正当性

(一)对现有观点的质疑

关于商事仲裁监督的正当性,有的学者从仲裁权的本质、仲裁的本性、仲裁的功能和仲裁的历史等四个视角进行了阐释①,给人以启发,令人印象深刻。但笔者认为,以上四个维度都有值得商榷之处:

其一,仲裁权的本质与仲裁的本性系种属关系。前者是种,是后者的下位概念;后者是属,是前者的上位概念。在种属逻辑关系中,后者包括前者,前者为后者所包含。因此,应将两者作为同一视角进行分析,而不应当分别进行,否则就违背逻辑上的同一律。在论者看来,仲裁权的本质是权力论,仲裁的本性是混合论,即司法性和合意性的综合。在笔者看来,仲裁的司法性即司法权,司法权就是权力。因此,仲裁的本性包括仲裁权的本质。另外,仲裁权的本质与仲裁的本性之间存在矛盾。如果将仲裁的本性界定为司法性和合意性的统一体,则仲裁权亦应是权力和权利的组合。这是逻辑的必然。如果将仲裁权的本质只定义为权力,而不包括权利,则与仲裁的本性存在龃龉。

其二,仲裁的历史是西方维度。论者引证的仲裁特征,即第一,仲裁早于诉讼;第二,司法随国家消亡而消亡,仲裁不受国家消亡之影响而永续存在;第三,仲裁具有自律性。② 仲裁监督是仲裁作为法律体系内相对独立的另类争议解决方式所必须面对的时代命题,是世俗法律对其有条件地接纳。③ 这些特征都是西方仲裁历史的特征。中国仲裁的历史特征是法律性与政治性的结合。④ 两相比较,中外仲裁历史特征天壤之别,断然将西方仲裁历史特征作为中国仲裁监督正当性的理由是张冠李戴、削足适履。

其三,将仲裁的功能与效力混为一谈。仲裁的功能是指仲裁所具有的作用和价值,包括社会功能和经济功能。⑤ 仲裁的社会功能是指仲裁所具有的定分止争的争议解决价值;仲裁的经济功能是指仲裁所具有的经济优势。但论者将社会功能与正义挂钩,将经济功能与效率画等号。这就混淆了社会功能与法哲学上的正当性、经济功能与经济学上效率的关系。

① 参见汪祖兴:《仲裁监督之逻辑生成与逻辑体系——仲裁与诉讼关系之优化为基点的渐进展开》,载《当代法学》2015 年第 6 期。

② 参见李双元:《国际经济贸易法律与实务新论》,湖南大学出版社 1996 年版,第 383 页。

③ W. Laurence Craig, William W. Park and Jan Paulsson, *International Chamber of Commerce Arbitration*, New York: Oceana Publications, Inc., 2000, pp.7-9.转引自汪祖兴:《仲裁监督之逻辑生成与逻辑体系——仲裁与诉讼关系之优化为基点的渐进展开》,载《当代法学》2015 年第 6 期。

④ 参见万鄂湘、高菲:《支持与合作是促进中国仲裁和司法事业共同发展的方向》,载《中国仲裁与司法》2004 年第 1 期;汪祖兴:《仲裁监督之逻辑生成与逻辑体系——仲裁与诉讼关系之优化为基点的渐进展开》,载《当代法学》2015 年第 6 期。

⑤ 参见张艳丽:《中国商事仲裁制度:有关问题及透析》,中国工人出版社 2000 年版,第 90 页。

正确的理解是,正义是仲裁社会功能的正当性理由,而效率是仲裁经济功能正当性的理由。

(二)内部监督的正当性理由

通过以上分析可以发现,仅从仲裁内部寻找内部监督的正当性,无法达成共识。正确的路径是跳出仲裁,从仲裁外部更宽广的时空寻找内部监督的正当性。正如罗尔斯所言:"当人们对具有较低普遍性认识的原则失去共识时,抽象化就是一种继续公共讨论的方式。我们应当认识到,冲突愈深,抽象化的层次就应当愈高;我们必须通过提升抽象化的层次,来获得一种对于冲突根源的清晰而完整的认识。"[①]

1.仲裁内部监督是正义的呼唤

正义具有多种含义,就像古希腊传说中的海神"普洛透斯"的脸,变化无常。[②] 在本文中,正义就是平等。[③] 因为这是自亚里士多德以来西方学界的共识。[④] "法来源于正义,正义如法之母;因此,正义先于法诞生。"[⑤]在我国,正义也是公平、公道之意。正如朱熹所言:"公者,心之平也;正者,理之得也。"[⑥]正义要求相同问题相同处理,不同问题差异化处理。就仲裁内部监督而言,其一,是由仲裁机构的公正地位决定的。当事人之所以达成合意将争议提交仲裁解决,是因为信赖仲裁机构的公正性,这是仲裁生命力的体现。仲裁机构为保障仲裁裁决的公正性,就需要进行内部监督,以不辜负仲裁当事人对仲裁公正性的信赖。其二,是"权力—义务"和"权利—义务"对等的要求。对于仲裁的公权力属性而言,仲裁机构有权力解决当事人的争议,就有义务保障权力行使的公平公正;[⑦]对于仲裁的私权利属性而言,当事人有权利申请仲裁,也有权利要求仲裁机构保障仲裁的公正性,仲裁机构也有义务保障仲裁裁决的公正性。

2.仲裁内部监督是效率的追求

仲裁一裁终局制度设计的理据是效率。[⑧] 如是,对仲裁裁决进行监督,包括内部监督,就是对效率的否定。因为,这就如在一裁终局基础上增加了新的程序,包括内部监督程序、

---

① John Rawls, *Political Liberalism*, New York: Columbia University Press, 1993, p.46.转引自王轶:《民法价值判断问题的实体性论证规则》,载《中国社会科学》2004 年第 6 期。

② 参见[美]E.博登海默:《法理学:法律哲学与法律方法》,邓正来译,中国政法大学出版社 2017 年版,第 264 页。

③ 我国《仲裁法》第 1 条将"公正"作为立法目的即为例证。

④ 参见[美]E.博登海默:《法理学:法律哲学与法律方法》,邓正来译,中国政法大学出版社 2017 年版,第 267~268 页。

⑤ [德]伯恩·魏德士:《法理学》,丁晓春、吴越译,法律出版社 2013 年版,第 154 页。

⑥ (宋)朱熹:《里仁篇上》,载(宋)黎靖德编:《朱子语类》(第 2 册),王星贤点校,中华书局 1986 年版,第 645 页。转引自张文显主编:《法理学》,高等教育出版社 2018 年第 5 版,第 336 页。

⑦ 在行政法上为比例原则。最新的文献参见蒋红珍:《比例原则适用的范式转型》,载《中国社会科学》2021 年第 4 期。

⑧ 我国《仲裁法》第 1 条将效率作为立法目的,即"及时地仲裁经济纠纷"。此为仲裁内部监督效率正当性的立法论据。同时参见张伟强:《论无需法律的仲裁》,载《北方法学》2018 年第 3 期;张春良:《论国际体育仲裁程序的架构》,载《内蒙古科技与经济》2008 年第 18 期。

外部监督程序。所以，仲裁内部监督的正当性不应当是效率。但本文认为效率是仲裁内部监督的正当性事由，因为效率与正义是统一的。正义是效率的动力来源，效率是正义的实现，两者是正相关关系。① 正如曼昆所言："正义是将利益平均分配给社会成员，效率是指社会从其稀缺资源中获得最大利益。形象地说，正义是指如何分割这块经济蛋糕，效率是指这块经济蛋糕的大小。"②

3.仲裁内部监督是信赖的需求

在当下法治语境下，信赖及信赖原则不仅在民法、商法和行政法中居于重要地位，而且在刑法中也占有一席之地。在民商法中，信赖原则不仅是独立于诚信原则的基本法律原则，而且在与其他基本原则发生冲突时，信赖原则作为价值最大者而被优先选择。③ 在仲裁法中，信赖原则亦是重要原则，因为信赖原则是仲裁意思主义的原因。信赖原则作为法律原则是法律保护信赖的体现。④ 对于仲裁当事人信赖的保护就是监督，尤其是内部监督，因为保护信赖就是维护仲裁，就是保护仲裁的基石——意思主义。仲裁监督之所以要先内后外，是因为内部监督较外部监督而言是更有效率的监督。

上述三个内部监督的正当性事由都属于仲裁制度外部的事由。这三个事由分属不同的领域，其中正义属于法哲学的范畴，效率属于经济学的范围，信赖原则属于法学的范畴。这三个事由分别从不同的视角围绕同一问题——正当性的证成，充分证明结论的真实性和可靠性。

三、商事仲裁内部监督方式的比较法借鉴

在比较法上，仲裁机构的内部监督机制通过仲裁规则进行规定，这些成功的做法为我国仲裁机构的内部监督提供了借鉴。西方仲裁机构仲裁规则规定的内部监督主要有两种模式：内部机构监督和内部仲裁庭监督。内部机构监督以国际商会为代表。《国际商会仲裁规则》第 27 条对此种监督方式作了规定，即"仲裁庭应在签署裁决书之前，将其草案提交仲裁院。仲裁院可以对裁决书的形式进行修改，并且在不影响仲裁庭自主决定权的前提下，提醒仲裁庭注意实体问题。在裁决书形式经仲裁院批准之前，仲裁庭不得作出裁决"。⑤ 本条规

---

① 参见王海明：《公正平等人道：社会治理的道德原则体系》，北京大学出版社 2000 年版，第 112 页。

② ［美］曼昆：《经济学原理：微观经济学分册》（第 7 版），梁小民、梁砾译，北京大学出版社 2015 年版，第 5 页。

③ 参见马新彦：《信赖原则在现代私法体系中的地位》，载《法学研究》2009 年第 3 期。

④ 如民事法律行为中的信赖保护就包括积极信赖保护和消极信赖保护。参见杨代雄：《法律行为制度中的积极信赖保护——兼谈我国民法典总则制定中的几个问题》，载《中外法学》2015 年第 5 期。

⑤ 也有的仲裁规则明确规定机构监督的主体。如国际体育仲裁院《奥林匹克仲裁规则》规定的监督主体是特设的分庭主席。该仲裁规则第 19 条规定："裁决签署前，特设分庭主席应进行审查，他可对裁决形式作出评价，并在不影响仲裁庭自由裁决的前提下也可提请仲裁庭注意案件的实体问题。"

则确立了仲裁院对仲裁裁决书草案的两项监督权力:形式上的修改权和实体上的建议权。①
如果说裁决书形式上的修改权对于裁决书而言属于锦上添花,无伤仲裁庭和仲裁员的独立
性的话,那么实体上的建议权则会对仲裁庭和仲裁员的独立性,甚至对一裁终局造成冲击。
如何平衡内部监督与仲裁庭和仲裁员的独立性和一裁终局的关系,就成为一个必须面对的
问题。从国际商会仲裁的实践上看,仲裁庭和仲裁员对于仲裁机构的建议都高度关注,因
为,这些建设性的意见对于提升裁决书的品质有助益。②

内部仲裁庭监督的典型是法国的巴黎仲裁院。在巴黎仲裁院内部建有二级仲裁庭,二
级仲裁庭对一级仲裁庭的裁决进行监督。《巴黎仲裁院仲裁规则》第 28 条至第 31 条对二级
仲裁庭的运行规则作出了规定。此种监督的主要内容和特点是:其一,监督的内部性。这种
监督是内部监督,一级仲裁庭具有可接受性。其二,程序规则的一致性。这种监督程序与一
级仲裁庭的程序是一致的。其三,仲裁机构及工作人员的协调性。在一级仲裁庭与二级仲
裁庭的关系中,仲裁机构及其工作人员扮演着沟通者的角色,使得一级与二级仲裁庭之间的
交流畅通,能够有效地消除误解和不必要的纷争,从而集中精力公正和高效地处理仲裁案
件。③ 其四,监督结果的权威性。与诉讼程序中的上诉审或再审程序的监督或纠错功能的
实现要配置相应的资源相同,二级仲裁庭的功能是监督与纠错的综合,因此,要配备更为资
深和权威的仲裁员组成仲裁庭实现这些功能。资深和权威仲裁员的要义就是丰富的仲裁经
验与精深的理论集于一身,对仲裁案件的事实查得清楚,适用法律找得精准,案件事实与法
律适用的涵摄无缝对接,且释法说理充分。④ 由这类仲裁员组成的仲裁庭对一级仲裁庭裁
决的监督或纠错当然具有权威性,容易为一级仲裁庭所接受。与此同时,这样的仲裁裁决也
更易为仲裁当事人或社会大众所接受。因为"理由是认识规范性事物的起点,离开了理由,
规范性的事物就无可分析"⑤。

以上两种模式有差异,也有相同之处。如仲裁机构监督并非仲裁机构作为监督人,而是
由仲裁机构组织相关人员,包括资深和权威的仲裁员对仲裁庭的裁决进行监督,其方式同仲
裁庭监督具有相似性,只不过仲裁机构监督是简略版的仲裁员监督。可见,两种监督模式形
异而神似。与此同时,两种模式维持仲裁制度效率与正义衡平的目的是相同的。

两种监督模式各有利弊。如仲裁机构监督有程序简约、灵活性强、易于实现个案正义的
优势。与此同时,这种监督模式也存在程序简单、可操作性差、仲裁机构自由裁量权过大的

---

① 有的学者将这两项权力归纳为核阅权和建议权。参见汪祖兴:《仲裁机构民间化的境遇及改革要
略》,载《法学研究》2010 年第 1 期。本文认为,从本条的文义上看,将其称为形式上的修改权和内容上的建
议权更为精准,同时也更符合中国的语境。

② S. Goekjian, Conducting an ICC Arbitration Proceeding, *Middle East Executive Retorts* 1,
February 1980,p. 12;ICC Arbitration from a Practitioner's Perspective,3 *journal of International Law
and Economics*,1980,Vol.14,No.75,p.432. 转引自汪祖兴:《仲裁监督之逻辑生成与逻辑体系——仲裁与
诉讼关系之优化为基点的渐进展开》,载《当代法学》2015 年第 6 期。

③ 参见张春良:《论国际体育仲裁程序的架构》,载《内蒙古科技与经济》2008 年第 18 期。

④ 顾培东教授也认为,仲裁过程是展示冲突事实的缘由与经历,并寻找和确定有关冲突权益的法律
依据的过程。参见顾培东:《社会冲突与诉讼机制》,法律出版社 2016 年第 3 版,第 40 页。

⑤ 陈景辉:《实践理由与法律推理》,北京大学出版社 2012 年版,第 43 页;刘星:《法律适用中理由和
观点的关系:局外观察视角》,载《中国法学》2020 年第 5 期。

弊端。对于仲裁庭监督而言,这种模式程序严谨、普适性强、易于实现形式正义,同时也存在程序过于刚性、灵活性差、不易实现个案正义的劣势。可见,如何在这两种监督模式中寻找到一个利大而弊小的监督模式是从比较法中获得的启示。

四、商事仲裁机构内部监督过度行政化及成因

随着全面依法治国和全面建设法治政府进程的推进①,行政法律关系的内容也相应地发生了变化②,但行政主体与相对人之间管理与被管理关系的本质并未改变。③ 如是,在本文中,商事仲裁机构内部监督的行政化是指仲裁机构对相关人员和特定事项的管理与被管理的关系。所谓过度行政化是指仲裁机构在内部监督行政化与规范化和意思主义的监督方式中,行政化方式居于绝对的统治地位,是当然的主角,规范化和意思主义的方式则处于次要的附属地位,是小配角。

行政化的主体是仲裁机构与相关人员。在本文中相关人员包括仲裁员、仲裁庭的仲裁秘书等;行政化的内容包括主体和事项,主体如上所述,特定事项主要针对仲裁裁决的监督。

(一)对人员监督的过度行政化

仲裁机构对相关人员的监督包括仲裁庭组成的监督和仲裁庭运行的监督。仲裁庭组成监督的过度行政化主要体现在:其一,仲裁机构负责人依法指定仲裁员,仲裁机构负责人指定仲裁员包括依委托指定仲裁员和依法指定仲裁员。前者是仲裁案件当事人委托仲裁机构负责人指定仲裁员,后者是指在欠缺前者的情形下,仲裁机构负责人依法指定仲裁员。关于仲裁机构负责人依法指定仲裁员,纵览《仲裁法》和各地仲裁机构的仲裁规则,都没有规定仲裁机构负责人依法指定仲裁员的程序和条件。由此,指定仲裁员的程序和条件由仲裁机构负责人作出终局性的决定,不容置喙。其二,非仲裁员名册中的仲裁员决定权。从仲裁实践运行情况看,选择和指定仲裁员以仲裁员名册载明的仲裁员为准。但随着仲裁当事人意思主义的强化和扩张,要求打破仲裁员名册的封闭性而建立开放性仲裁员名册的呼声日益高涨,有的仲裁机构的仲裁规则开始出现当事人可以从仲裁员名册之外选择仲裁员的规定。如《上海仲裁委员会仲裁规则》在第十一章中对从仲裁员名册外选择仲裁员作出了特别规

---

① 中共中央、国务院:《法治政府建设实施纲要(2021—2025 年)》。

② 参见罗豪才、方世荣:《论发展变化中的中国行政法律关系》,载《法学评论》1998 年第 4 期;苏宇:《面向未来的学理革新:行政法律关系理论之省视与展望》,载《行政法学研究》2019 年第 6 期。

③ 因为行政服务关系、行政合作关系、行政指导关系都是为行政管理关系的行使服务的。行政赔偿关系是违反行政管理关系的法律后果。行政监督关系包括法律监督机关与行政相对人的监督,所针对的对象都是行政主体的行政管理权。因此,在本文看来,所谓行政服务关系、行政合作关系、行政指导关系和行政赔偿关系都是行政管理关系的有机组成部分或衍生的内容,不具备独立且与行政管理关系并列的条件。关于上述关系的内容参见罗豪才、方世荣:《论发展变化中的中国行政法律关系》,载《法学评论》1998 年第 4 期。

定,但同时规定当事人选择仲裁员名册外的人担任仲裁员的,需仲裁机构负责人的同意;如果仲裁机构负责人不同意,那么只能在仲裁员名册中选择仲裁员。① 由此可见,仲裁当事人在仲裁员名册外的仲裁员选择权只有一次。同时,仲裁机构负责人的拒绝无须给出任何理由,完全随心所欲。

　　仲裁庭运行监督的过度行政化主要体现在:仲裁机构是仲裁程序的主导者。主导者的地位通过仲裁机构和仲裁秘书的行为体现出来。先看仲裁机构的行为,包括:其一,仲裁机构负责人依法指定仲裁员及决定仲裁员是否回避;其二,仲裁机构安排其工作人员担任仲裁案件的秘书;其三,决定相关的程序性事项;其四,确定专业性鉴定机构;其五,对仲裁员进行考评。② 再看仲裁秘书的行为,包括:其一,决定开庭时间;其二,起草仲裁裁决文书;③其三,对仲裁庭案件审理期限的催告等。上述有的行为具有规范性,如仲裁员回避的事由,但在诸如"利害关系""可能影响公正仲裁"等的认定上仍有相当大的裁量空间,具有行政性。因此,这些行为是规范性和行政性的统一。有的行为只具有行政性,如对仲裁员考评、起草仲裁裁决文书等。

(二)对特定事项监督的过度行政化

　　我国仲裁机构的仲裁规则规定对仲裁裁决的内部监督有两种模式:仲裁规则规定的内部监督和仲裁规则未规定的内部监督。前者是指在仲裁机构的仲裁规则中规定对仲裁裁决

---

　　① 《上海仲裁委员会仲裁规则》(2018年7月28日第六届上海仲裁委员会第二次会议审议通过,2018年10月1日起施行)第78条第2项和第3项分别规定:"仲裁案件由三名仲裁员组成仲裁庭进行审理的,当事人申请仲裁员名册外的人士担任仲裁庭组成人员的,应在仲裁受理通知书或仲裁通知书规定的期限内将申请书及该名人士的信息提交至仲裁委员会。经主任确认后同意的,该名人士可以担任案件的仲裁庭组成人员;不同意的,申请该名人士的一方当事人应在收到不同意决定之日起五日内,在仲裁员名册内选定或委托主任指定仲裁庭组成人员。当事人未能按照前述规定选定或委托主任指定仲裁庭组成人员的,由主任指定。""双方当事人约定共同申请一名仲裁员名册外的人士担任首席仲裁员的,应在仲裁受理通知书或仲裁通知书规定的期限内将申请书及该名人士的信息提交至仲裁委员会。经主任确认后同意的,该名人士可以担任案件的首席仲裁员;不同意的,双方当事人应在收到不同意决定之日起五日内,在仲裁员名册内共同选定或共同委托主任指定首席仲裁员。双方当事人未能按照前述规定共同选定或共同委托主任指定首席仲裁员的,由主任指定。"
　　② 这些考评来自仲裁当事人、仲裁秘书和质量监督机构与专家咨询机构的成员等。这些考评与争先创优、提升学习机会、办理疑难复杂案件、仲裁员续聘等挂钩,具有现实或潜在的利益。
　　③ 有的仲裁委员会的仲裁秘书起草仲裁裁判文书草案,但仲裁规则对此没有规定。但在本文看来,这种做法不妥当。这就如在诉讼程序中,合议庭书记员不可能有起草裁判文书草案的职权。

的监督。① 此种监督方式尽管有仲裁规则的授权,但是,对于如何区分仲裁裁决的形式与实体问题、如何平衡仲裁机构与仲裁庭的监督与独立的关系等,仲裁机构都有相当的主导权。主导权的核心是仲裁机构过度行政化。

后者是指在仲裁机构的仲裁规则没有规定的情形下对仲裁裁决的监督。如有的仲裁机构设立了质量监督机构和专家咨询机构。质量监督机构的职责包括对仲裁案件进行指导监督;对提交讨论的仲裁案件提出指导性意见,供仲裁庭参考;通过听取汇报、庭审观摩、案卷评查等方式对仲裁业务进行质量监督。就监督程序而言,提交质量监督机构和专家咨询机构的案件应当是重大、疑难复杂的仲裁案件;由仲裁庭或仲裁机构相关部门申请,由仲裁机构负责人决定;出席会议的人数须为单数;所讨论案件的仲裁庭成员、仲裁秘书以及其他与案件相关的人员可以列席并提供说明或发表意见;会议以表决方式形成决议,供仲裁庭参考。② 一般而言,此种内部监督的规则并非仲裁机构制定的,而是由仲裁机构的办事机构制定的,且不对外公开。因此,这种监督是典型的行政监督。

(三)内部监督过度行政化的成因

导致上述过度行政化的原因是多方面的,站在本文的立场,立法理念、仲裁机构的属性和实践运行的异化是主要成因。

1.立法理念的行政化取向

仲裁制度正义与效率目标实现的逻辑路径有三:其一是效率优先,其二是正义优先,其三是正义与效率兼顾。从比较法上看,仲裁内部机构监督和内部仲裁庭监督体现的是正义与效率兼顾的理念;从我国仲裁机构内部监督的现状观察,是正义优先。两者实现以上路径的方式也不相同:在比较法上,实现方式以仲裁规则明确规定为前提;我国仲裁实践中,实现的方式则以仲裁规则未规定的内部监督为主,该实现方式即行政化。此种行政化是我国《仲裁法》的立法理念决定的。此种立法理念是国家主义和集体主义③,由此决定仲裁立法必然是行政管理强化,意思主义弱化。如我国《仲裁法》80 个条文中,"约定"一词只出现了 7 次,

① 如《上海仲裁委员会仲裁规则》(2018 年 7 月 28 日第六届上海仲裁委员会第二次会议审议通过,2018 年 10 月 1 日起施行)第 55 条"裁决书草案的校核"规定:"(一)仲裁庭应在签发裁决书前将裁决书草案提交秘书处校核。(二)在保证仲裁庭独立裁决的前提下,秘书处可以对裁决书的有关问题提请仲裁庭注意。秘书处的建议意见供仲裁庭参考。案件的最终裁决由仲裁庭作出。(三)仲裁庭可向秘书处申请召开仲裁专业联席会议,并由秘书处决定是否同意召开。会议主要讨论仲裁审理的重大、疑难、复杂案件的法律适用问题、同类案件的各仲裁庭适用法律统一问题,以及其他与仲裁业务有关的重大法律问题。会议讨论的倾向性意见供仲裁庭参考。案件的最终裁决由仲裁庭作出。"再如《深圳国际仲裁院仲裁规则》(深圳国际仲裁院第二届理事会第七次会议通过,自 2019 年 2 月 21 日起施行;深圳国际仲裁院第二届理事会第十四次会议决定修正,该修正自 2020 年 10 月 1 日起施行)第 53 条"裁决书草案的核阅"规定:"仲裁庭应在签署裁决书之前将裁决书草案提交仲裁院核阅。仲裁院可以提出形式上的修改建议,也可以提示仲裁庭注意实体问题,但不影响仲裁庭独立作出裁决。"

② 参见《东营仲裁委员会关于成立质量管理委员会暨专家咨询委员会的通知》,东裁发〔2021〕。

③ 参见冯子涵:《文化差异视角下中国商事仲裁的本土化与国际化研究——以〈仲裁法〉为例》,载《社会科学动态》2020 年第 9 期。

占比 8.75％。与此相反,西方是个人主义和功利主义占据核心地位①,如《国际商事仲裁示范法》36 个条款中,"除非当事人另有约定"就出现了不少于 20 次,占比 55.55％。② 因而,西方仲裁立法必然是强化意思主义,弱化行政管理。

2.仲裁机构属性定位抵牾

仲裁机构具有民间性质是学界的共识③,但在立法及建构方式上仲裁机构却是行政性组织。④ 在立法上,我国《仲裁法》及仲裁机构的仲裁规则都将仲裁机构的设立地点、组成主体、设立条件和人员组成等作为必备内容,由此确立了仲裁机构的行政属性。⑤ 在建构上,由政府牵头组建和事业单位归类决定,仲裁机构的行政属性几乎无可争议。⑥ 与此相反,国际仲裁机构民间性和独立性的趋势愈加明显,甚至出现了要求"无需法律仲裁"的呼声。⑦我国仲裁机构与国际仲裁机构属性的对立、我国理论与实践对仲裁机构属性定位的冲突,使得仲裁机构处于被博弈的状态⑧,过度行政化是博弈的结果。

3.行政性的实践运行强化

仲裁机构属于事业单位,由此决定了仲裁机构的人员配置、财物供给、收取的仲裁费用的支付、仲裁员费用等事项,仲裁机构无决定权。⑨ 与此同时,地方仲裁机构的主要负责人由地方政府的官员兼任,由此决定了仲裁机构被视为拥有与其他行政机关相同的地位和功能。仲裁机构的在编人员被视为拥有同公务员相同的地位,甚至被视为官员。这些实践运行的现状,强化了仲裁机构的行政性和社会的认知度,从而行政性就嵌入仲裁机构的内外机理,行政性成为仲裁机构的标签,成为识别仲裁机构的标准。

综上,立法理念是宏观方面的原因,是从仲裁制度的外部视角俯瞰仲裁制度,由此发现的成因是"一览众山小";仲裁机构属性的视角是接近仲裁机构,是从应然的角度发现立法及建构方式上仲裁机构行政性的成因;仲裁机构实际运作是深入仲裁机构内部"蹲点",从实然的视角观察仲裁机构的行政运行过程。因此,这三方面由"宏观→应然→实然",即抽象到具象,构成了仲裁机构内部监督行政化的复合成因。

---

① [英]约翰·穆勒:《功利主义》,徐大建译,商务印书馆 2014 年版,第 8 页。

② 参见王徽:《〈国际商事仲裁示范法〉的创设、影响及启示》,载《武大国际法评论》2019 年第 3 期。

③ 参见汪祖兴:《仲裁机构民间化的境遇及改革要略》,载《法学研究》2010 年第 1 期;毛建岳:《略论仲裁机构民间性的法律保障》,载《时代法学》2008 年第 4 期。

④ 参见陈福勇:《我国仲裁机构现状实证分析》,载《法学研究》2009 年第 2 期。

⑤ 有学者认为仲裁机构在立法上具有民间性是值得商榷的。参见汪祖兴:《仲裁机构民间化的境遇及改革要略》,载《法学研究》2010 年第 1 期。

⑥ 参见姜丽丽:《论我国仲裁机构的法律属性及其改革方向》,载《比较法研究》2019 年第 3 期。

⑦ 参见张伟强:《论无需法律的仲裁》.载《北方法学》2018 年第 3 期。

⑧ 参见侯利文:《去行政化的悖论:被困的居委会及其解困的路径》,载《社会主义研究》2018 年第 2 期。

⑨ 但有例外。如北京仲裁委员会案件收费标准包括仲裁员费用和机构费用。也就是说,仲裁委员会有权决定仲裁员费用。

五、商事仲裁机构内部监督过度行政化消解的路径

商事仲裁内部监督的过度行政化业已成为内部监督的障碍,需要消解。需要说明的是,此处的消解是消除或释放内部监督行政化过度的部分,而保留必要的行政化。因此,本文不赞同仲裁机构内部监督"去行政化"。① 因为,"去行政化"意味着内部监督的行政性因素要全部去除。这种观点既缺乏逻辑上的正当性,也欠缺实践的支持。

消除内部监督过度行政化的路径包括兼顾正义与效率的关系、立法理念的调整、规范化和意思主义的强化。

其一,正确处理正义与效率的关系。内部监督过度行政化意味着内部监督将正义置于优先地位,强调正义的重要性,同时也意味着对效率地位和重要性的弱化。尽管本文持效率与正义统一性的观点,但不能想当然地推导出正义与效率亦是一致的,即凡是正义的,必然是有效率的。"为了正义的实现不计代价和成本"就说明正义与效率的冲突。可见,正义并非效率的充分条件。正确的路径是兼顾正义与效率,正义是效率的动力来源,效率是正义的实现。

其二,立法理念调整。改变过去过度依赖行政化的立法理念,平衡行政化与规范化和意思主义之间的关系,用规范化和意思主义替代过度行政化的内容。因而,行政化、规范化和意思主义是仲裁内部监督的共同立法理念,任何一个方面都不能偏废。

其三,规范化的强化。规范化的建构包括仲裁立法和仲裁规则两个方面。仲裁立法规范化包括仲裁机构规范化和内部监督规范化。第一,仲裁机构规范化。仲裁机构规范化就是要改变仲裁机构过度行政化的立法理念、属性和运作。在立法理念上,将行政化、规范化和意思主义作为共同的立法理念;在属性上,将仲裁机构改造成行政性、民间性和独立性的综合体。② 其中,行政性主要体现在仲裁机构组建单位与仲裁机构之间的关系,以及仲裁机构与其工作人员(包括对仲裁员的管理)之间的关系;民间性和独立性主要体现在仲裁机构的仲裁职能以及职能的实现上。第二,内部监督的规范化。因为我国《仲裁法》中对内部监督未作出规定,导致仲裁机构内部监督过度行政化;同时还导致仲裁规则规定的内部监督缺乏法律依据,形成"百花齐放、百家争鸣"的局面。仲裁立法内部监督的立法模式有二:概括模式和具体模式。所谓概括模式是指规定仲裁机构有权进行内部监督,但内部监督不得违反本法规定、仲裁庭的独立性和当事人的意思自由。内部监督的具体内容由仲裁规则规定。所谓具体模式是指仲裁立法具体规定仲裁机构监督或仲裁庭监督,仲裁规则可以制定两种

---

① 参见姜丽丽:《论我国仲裁机构的法律属性及其改革方向》,载《比较法研究》2019 年第 3 期。

② 这个观点得到了问卷实证调查结果的支持。如针对仲裁法修改的问卷调查的问题是:"现行《仲裁法》第 10 条第 1 款的规定,仲裁委员会可以在直辖市和省、自治区人民政府所在地的市设立,也可以根据需要在其他设区的市设立,不按行政区划层层设立。修法时,是否应当增加规定:'其他行政区域的人民政府、非营利性公益专业团体,根据需要,经国务院批准后,可设立仲裁机构'或增加类似条款?"有 41.18%的受访国内专家持肯定态度,即回答"是";58.82%的专家持否定态度,即回答"否"。参见毛晓飞:《法律实证研究视角下的仲裁法修订:共识与差异》,载《国际法研究》2021 年第 6 期。

监督模式的细则。在本文看来,从我国具体国情和仲裁实践需要出发,概括模式是优选模式。此种模式也得到了《仲裁法修订征求意见稿》的支持。① 但征求意见稿的规定过于简约,应当完善。

仲裁规则规范化要求在仲裁规则中规定内部监督的模式。此种监督模式包括对人的监督和对事项的监督。对人的监督包括对有依法指定仲裁员和在非仲裁员名册中选择仲裁员的人的决定权要规定程序及理由。同时,在不同意当事人选择的非仲裁员名册的仲裁员的申请后,应当允许当事人再行选择非仲裁员名册中的仲裁员。只有第二次选择仍然不符合仲裁规则的规定时,基于效率的考量,第三次选择才只能从仲裁员名册中选择。如此设计的目的是克服现有指定程序和决定程序中的过度行政化,这也是当事人意思自治的要求。对事的监督包括机构监督和仲裁庭监督,两相比较,机构监督更符合效率需求和我国的国情。但现有仲裁规则的设计过于简约是导致对事项的内部监督过度行政化的原因。因此,本文的设计思路是:(1)监督的案型。监督的案件限于法律规定原则的案件、具有典型性的案件、疑难复杂或者新类型的案件。因为这些案件属于法律疑难案件,争议的解决需要运用法律解释、法律漏洞填补以及法律论证方法发现和填补裁判规则并说明理由,所以,有监督的必要性。(2)监督的主体是仲裁员。监督仲裁员类似于诉讼中的上诉审法官,需要仲裁机构改变现行仲裁员名册不区分案件仲裁员与监督仲裁员的做法;要区分案件仲裁员和监督仲裁员,在仲裁名册中列明。监督仲裁员可以由一名或三名仲裁员组成监督仲裁庭进行监督。(3)监督仲裁裁决的权威性。一般而言,监督仲裁裁决较案件仲裁裁决具有更高的权威性。但基于对案件仲裁庭独立性的尊重,如果案件仲裁庭拒绝接受监督仲裁庭的裁决意见,案件应当根据案件仲裁庭的意见作出裁决。

其四,尊重当事人意思自治。尊重当事人意思自治体现在,仲裁协议不仅可以约定仲裁机构、仲裁规则,而且可以约定仲裁员(包括仲裁名册和非仲裁名册中的仲裁员)②、放弃内部监督等内容。但要对当事人的意思自治进行必要的限制,如仲裁协议不得违反仲裁法的强制性规定,不得侵害第三人的合法权益,不得违背公序良俗等。

六、结语:对仲裁法及仲裁规则的修改建议

我国仲裁法修改在即,《仲裁法修订征求意见稿》正在征求意见。此时此刻,研究仲裁机构内部监督不仅具有理论和实践价值,而且具有重要的立法参考价值。基于上述分析,本文

---

① 《仲裁法修订征求意见稿》第16条第1款和4款分别规定:"仲裁机构按照决策权、执行权、监督权相互分离、有效制衡、权责对等的原则制定章程,建立非营利法人治理结构。""仲裁机构应当建立监督机制。"

② 这个观点得到了问卷实证调查结果和《仲裁法修订征求意见稿》的支持。前者如针对仲裁法修改的问卷调查的问题是:"是否应当允许当事人在名册之外选择仲裁员?"有71.57%的受访国内专家赞同立法明确规定名册是推荐性质,而非强制性质。参见毛晓飞:《法律实证研究视角下的仲裁法修订:共识与差异》,载《国际法研究》2021年第6期。后者第18条第3款规定:"仲裁机构按照不同专业设仲裁员推荐名册。"

分别对《仲裁法修订征求意见稿》及仲裁规则提出如下修改建议：

对《仲裁法修订征求意见稿》关于内部监督的修改，即将第 16 条第 4 款建议修改为："仲裁机构应当建立内部监督机制，具体内容由仲裁规则规定，但不得违反本法规定、当事人的意思自由和仲裁庭的独立性。"

依据《仲裁法修订征求意见稿》对仲裁机构内部监督的授权，在仲裁规则中对内部监督进行完善，即"依据《中华人民共和国仲裁法》第×条规定，对于法律规定原则的案件、典型性的案件、疑难复杂或者新类型的案件，仲裁机构应当进行内部监督。监督应当由监督仲裁员组成仲裁庭进行。对于监督仲裁庭的裁决意见，案件仲裁庭应当参考。但仲裁案件的最终裁决由案件仲裁庭决定"。如此修改完善的理由是：其一，根据仲裁立法的授权在仲裁规则中规定内部监督；其二，我国仲裁机构现有的仲裁规则关于内部监督的规定欠缺法律依据。

《厦门大学法律评论》总第三十四辑 2022 年第一卷
《刑法分则中的"枪支"认定研究》
第 60 页～第 72 页

刑法分则中的"枪支"认定研究[*]

赵运锋^{**} 吕科言^{***}

摘要：在我国刑法分则中"枪支"表现为罪名内容、选择性要素、加重情节三种存在形式。枪支在刑法分则中具有特殊地位，根本上源自于枪支本身的高度危险性特征。"枪支"的概念应当具有内在一致性，换言之，我国刑法分则中的枪支认定应当遵从统一的认定标准。我国现行枪支认定，主要是以单一的行政标准为根据。就现行枪支标准而言，在制式枪支划分、非制式枪支枪口比动能标准设立方面存在不足。对于现行枪支认定标准的完善，首先，应当对制式枪支作出更精细的划分；其次，应当以现行法的精神为基础对非制式枪支设立更合理的认定标准。归根结底，无论是通过立法修改还是出台司法解释，设立独立于行政标准的枪支认定刑事标准，构建刑行分流的二元枪支认定体系，是解决涉枪案件争议问题的应有之义。

关键词：刑法分则；涉枪犯罪；枪支认定；刑行交叉

The Identification of "Guns" in the Specific Provisions of Criminal Law
Zhao Yunfeng   Lyu Keyan

Abstract：In the specific provisions of China's Criminal Law，"guns" are manifested in three forms：independent charges，selective elements and aggravating circumstances. Guns have a special position in the specific provisions of Criminal Law，which fundamentally originates from the high risk of guns themselves，and the concept of "guns" should have internal consistency. In other words，the identification of guns in the specific provisions of China's Criminal law should follow a unified identification standard. The current identification of guns in China is mainly

---

* 文章 DOI：10.53106/615471682022100034004。

** 赵运锋，上海政法学院教授，博士生导师。研究方向：刑法解释学。电子邮箱：zhaoyunfeng@126.com。

*** 吕科言，华东政法大学刑法学博士研究生。研究方向：刑事司法。电子邮箱：1137364086@qq.com。

based on a single administrative standard. In terms of the current gun standards, there are deficiencies in the division of standard guns and the establishment of muzzle energy standards for non-standard guns. In addition, the identification system of guns based on a single administrative standard also has structural defects. For the improvement of the current gun identification standards, first of all, we should make a more detailed division of standard guns; Secondly, we should establish more reasonable identification standards for non-standard guns based on the spirit of the current law. After all, whether through legislative amendment or the introduction of judicial interpretation, establishing criminal standards for gun identification independent of administrative standards and building a dual gun identification system are the due meaning of solving the controversial problems of gun related cases.

Key Words: Specific Provisions of Criminal Law; Gun Related Crime; Identification of Firearms; Intersection of Punishment and Execution

涉枪案件,尤其是涉及非制式枪支的相关案件极易在枪支认定层面引发社会各方人士的广泛争议,像 2016 年的天津摆摊打气球案就是其中较为典型的一例,而近年的鞍山枪形钥匙扣案,使枪支认定标准的话题再次进入了大众视野,[①]似明非明的枪支认定标准亟须得到进一步完善。"枪支"一词在我国刑法分则中并不少见,而如何阐明刑法分则中"枪支"的概念,则是在涉枪案件中合理、准确地作出枪支认定的基础。

一、我国刑法分则中的"枪支"概念

(一)我国刑法分则中"枪支"的存在形式

在我国刑法当中,"枪支"存在于各类涉枪法条当中,其具体的存在形式大致可归纳为三类:犯罪对象、选择性要素、加重情节。

1.以罪名内容形式存在的"枪支"

在我国刑法罪名中,以"枪支"为其内容的相关罪名,可将其进一步划分为单一罪名及选择性罪名。单一罪名,例如《刑法》第 129 条丢失枪支不报罪;选择性罪名,例如《刑法》第 125 条非法制造、买卖、运输、邮寄、储存枪支、弹药、爆炸物罪,《刑法》第 127 条盗窃、抢夺枪支、弹药、爆炸物、危险物质罪,《刑法》第 128 条非法持有、私藏枪支、弹药罪等。

---

① 2018 年,福建男子李某因售卖 4 厘米"枪形钥匙扣"被捕,其批捕理由是涉嫌非法买卖枪支。2021 年,鞍山市中级人民法院对此案作出一审判决,犯罪嫌疑人李某被判处有期徒刑 4 年;其他被告人中,2 人被判处有期徒刑,其余 12 名被告人则免予刑事处罚。

2.以选择性要素形式存在的"枪支"

在有些情形下,"枪支"只是作为构成一项具体罪名的选择性要素而存在。例如,《刑法》第 287 条之一非法利用信息网络罪,"利用信息网络实施下列行为之一,情节严重的……(二)发布有关制作或者销售毒品、枪支、淫秽物品等……"。

3.以加重情节形式存在的"枪支"

除却影响到具体罪名成立与否的独立罪名、选择性要素这类存在形式以外,"枪支"还以加重情节的形式存在。例如,《刑法》第 263 条抢劫罪,"……有下列情形之一的,处十年以上有期徒刑、无期徒刑或者死刑,并处罚金或者没收财产:……(七)持枪抢劫的……";《刑法》第 277 条袭警罪,"……处三年以下有期徒刑、拘役或者管制;使用枪支、管制刀具……处三年以上七年以下有期徒刑"。

(二)我国刑法分则中"枪支"的内在关联

"枪支"无论是以罪名内容的形式、选择性要素的形式还是加重情节的形式存在,其功能的实现均是以枪支的刑法认定为前提,而枪支的刑法认定又以枪支的刑法属性为基础。是故,对我国刑法中的"枪支"内容作出比较,探究其内在一致性和实质差异性,是充分实现"枪支"功能的应有之义。对于犯罪行为人而言,枪支的用途可大致划分为两种:一是发挥枪支本身的杀伤功能,二是发挥枪支以其杀伤功能为基础而衍生出的威慑功能。基于此,若是强调枪支的杀伤功能,那枪支的认定标准则应当具有实质偏向,即能够真正实现枪支杀伤功能的"真枪";若是强调枪支的威慑功能,那枪支的认定标准则应当具有拟真偏向,即能够让一般人误以为是能够实现枪支杀伤功能的"真枪"即可,具有高度拟真化特征却没有实际杀伤功能的"假枪"也在其列。

在"枪支"是以罪名内容作为其存在形式的情况下,诸如《刑法》第 125 条非法制造、买卖、运输、邮寄、储存枪支、弹药、爆炸物罪,《刑法》第 127 条盗窃、抢夺枪支、弹药、爆炸物、危险物质罪,《刑法》第 128 条非法持有、私藏枪支、弹药罪等,刑法对于"枪支"的评价应当以枪支实际杀伤功能的可实现性为基准。也即,能够真正实现枪支杀伤功能的"真枪",才符合诸多涉枪类独立罪名的"枪支"属性。因为,涉枪类独立罪名的设立本就是为了防止具有杀伤功能的"真枪"经违法渠道流入社会,严重扰乱社会秩序,严重威胁民众的生命财产安全。因此,涉枪类独立罪名的"枪支"属性应当更加偏向于枪支的实质侧面。

在"枪支"是以选择性要素作为其存在形式的情况下,刑法对于"枪支"的评价也应当以枪支实际杀伤功能的可实现性为基准。因为,当"枪支"作为选择性要素而存在于一项非特别针对枪支的罪名中时,"枪支"相当于是该项罪名一定情形下的必要组成部分,换言之,在此特殊情形下,该项罪名是将枪支作为其特别针对的对象看待。由此可知,在此特殊情形下,刑法对于"枪支"的评价应当以枪支实际杀伤功能的可实现性为基准。以《刑法》第 287 条之一非法利用信息网络罪("利用信息网络实施下列行为之一,情节严重的……(二)发布有关制作或者销售毒品、枪支、淫秽物品等……")为例,其设立目的在于防止包括枪支在内的一系列危及公共安全、公序良俗的违禁物品、管制物品在社会上流传,而枪支之所以要被控制在社会资源的自然流动之外,正是由于其高度危险性特征。也即,只有能够真正实现枪支杀伤功能的"真枪",才符合这一立法目的。

在"枪支"是以加重情节作为其存在形式的情况下,刑法对于"枪支"的评价仍然应当以枪支实际杀伤功能的可实现性为基准。对此,理论上存在着不同的见解。以《刑法》第263条抢劫罪为例,其条文内容除却规定了抢劫罪的基本犯罪构成之外,还以明示列举的方式对抢劫罪的八种加重情节作出规定,"持枪抢劫"便是其中第七项。如此一来,作为抢劫罪之加重情节的"持枪抢劫"是否能包含持假枪抢劫的情形?肯定论者认为,立法者之所以将"持枪抢劫"规定为抢劫罪的加重情节,是因为其目的不仅在于严惩那些持真枪、在客观上有可能给被害人生命健康造成严重危害的抢劫行为,还在于严惩那些携带假枪,足给被害人造成威胁、使之产生巨大恐惧的抢劫行为。从实践需要来说,将持假枪抢劫理解为"持枪抢劫"是十分必要的。因为大多数持枪抢劫的犯罪分子,都是以枪支作威胁,而持假枪与持真枪造成的威胁几乎没有什么区别,假枪很容易被误认为是真枪,从而致使犯罪得逞。基于此,对法条中的"枪"应作宽泛的理解。对此,笔者有不同的看法。首先,"持枪抢劫"之所以会被明确列为抢劫罪的八种加重情节之一,正是因为"枪支"本身具有其他一般性武器无法企及的高度危险性特征,并非因其对抢劫行为的推动作用。在抢劫罪的八项加重情节中,除却第七项"持枪抢劫的"以外,仅有第六项"冒充军警人员抢劫的"包含着对抢劫行为起推动作用的评价。照此来说,那就会得出"持枪抢劫""冒充军警人员抢劫"在推动抢劫行为进行方面的作用最为明显的结论。然而,某一情节对于抢劫行为所起到的推动作用大小难以凭空确定,往往需要根据被害人、犯罪行为人、犯罪行为发生的具体情境综合判断。据此,抢劫罪的加重情节不是以对抢劫行为的推动力的大小为依据设立的。其次,"持枪抢劫"被列为抢劫罪的八项加重情节之一是为了保障被害人的人身安全,而非照顾被害人的危惧感。纵观抢劫罪的其余七项加重情节,均是创设出了比较具体且值得刑法评价的危险:在"入户抢劫"的情节下,被害人处于自己的私密生活空间,理应是一种得以完全放松戒备的场合,而犯罪行为人选择在此环境下实施抢劫行为,一来会使疏于防备的被害人的人身安全受到严重威胁,二来会使社会的居所安定性遭到质疑,引发社会恐慌;在"在公共交通工具上抢劫""抢劫银行或者其他金融机构"的情节下,犯罪行为人实施的抢劫行为往往不仅对多数人甚至是不特定多数人的财物,而且会对交通安全、金融安全等造成严重威胁;在"多次抢劫或抢劫数额巨大""抢劫致人重伤、死亡"的情节下,犯罪行为人真实造成了严重的法益侵害结果,并可由此推出较为严重的主观恶性及社会危害性;在"冒充军警人员抢劫"的情节下,冒充军警的行为虽然会推动抢劫行为的进行,但其更为严重的方面在于该情节对军警形象造成了严重的恶性影响,会动摇社会对于军警人员的信任度,甚至引发社会恐慌及矛盾对立;在"抢劫军用物资或者抢险、救灾、救济物资"的情节下,犯罪行为人抢劫的是赋有特定公共用途的物资,会严重影响军队、灾区的正常活动,甚至会对整个社会造成不良影响。由此可见,抢劫罪的加重情节均应当以创设具体、真实的危险情形为条件。是故,"持枪抢劫"情节的设立目的应当仅限于保护被害人的人身安全,也即犯罪行为人所持枪支无法对被害人的人身安全产生实质威胁的(假枪)不属于"持枪抢劫"。归根结底,持"假枪"抢劫,仅是一种具有欺骗性质的强制手段,被害人对犯罪行为人的强制力度产生错误认识,从而作出处分决定,仅属于一般情形下的抢劫行为。再以《刑法》第277条第5款袭警罪为例,其条文内容除却规定了袭警罪的基本犯罪构成之外,还明文规定"使用枪支、管制刀具,或者以驾驶机动车撞击等手段,严重危及其人身安全的,处三年以上七年以下有期徒刑";其中"严重危及其人身安全"是对"使用枪支、管制刀具,或者以驾驶机动车撞击等手段"的整体性补充,且相对于袭警罪的一般情形而言,属于加重情节的实质所在,换言之,袭警罪加重情节的设立,是着重于对警察的人身安全的保护。就"枪支"而言,若其不具备"严重危及人身安全"的特征,没有实质的杀伤作用,仅发挥威慑作用,则与袭警罪加重情节的内在要求不符。因此,袭警罪加重情节中的"枪支"理应是具有实质性杀伤作用的真枪。

综上所述,我国刑法分则中的"枪支"概念具有内在一致性。换言之,我国刑法分则中的枪支认定应当遵从统一的认定标准,以枪支本身的杀伤功能为其刑法规制的根据所在。

二、我国现行枪支认定标准的缺陷

"枪支"或"枪"虽然大量出现于刑法分则条文当中,但我国《刑法》中并未针对枪支的认定作出明确统一的规定。因此,枪支认定作为涉枪犯罪成立所必要的内容,须以其他相关法律法规作为依据。我国现行枪支认定标准,主要是以法律层面的《枪支管理法》和部门规章及规范性文件层面的 2007 年公安部发布的《枪支致伤力的法庭科学鉴定判据》(下简称 2007 年《枪支致伤力鉴定判据》)、2010 年公安部发布的《公安机关涉案枪支弹药性能鉴定工作规定》(下简称 2010 年《鉴定工作规定》)为根据。《枪支管理法》自 1996 年颁布,历经 2009 年、2015 年两次修正,对枪支的实质性界定规定均为"本法所称枪支,是指以火药或者压缩气体等为动力,利用管状器具发射金属弹丸或者其他物质,足以致人伤亡或者丧失知觉的各种枪支"。制式枪支当然满足这一条件,然而,非制式枪支是否满足这一条件则通常需要采用鉴定手段加以具体判定。[①] 虽说在效力级别上《枪支管理法》属于法律,具有更高的法律效力级别;然而,在刑事司法实务方面,为便于具体操作,相关人员则需要借助一个关于枪支"足以致人伤亡或者丧失知觉"的确定阈值和判断枪支高度危险性的可操作标准。[②] 基于此,在刑事司法实务上,司法部门通常以公安部门所参照的枪支认定标准为根据,作出刑事司法层面上的枪支判定,也即,仅以 2007 年《枪支致伤力鉴定判据》、2010 年《鉴定工作规定》中的枪支认定标准作为具体可操作的参考基准。如此,虽使枪支认定更加具有可操作性,却也衍生出诸多弊端。

(一)制式枪支的认定缺陷

根据 2010 年《鉴定工作规定》的条文内容,制式枪支是指"按照国家标准或公安部、军队下达的战术技术指标要求,经国家有关部门或军队批准定型,由合法企业生产的各类枪支,包括国外制造和历史遗留的各类旧杂式枪支"。除此之外,制式枪支无论是否能够完成击发

---

① 参见陈志军:《枪支认定标准剧变的刑法分析》,载《国家检察官学院学报》2013 年第 5 期。

② 参见熊德禄:《刑事司法裁量的边际均衡——从枪支认定标准与赵春华案切入》,载《环球法律评论》2020 年第 1 期。

动作,一律认定为枪支。而非制式枪支的认定则需要满足下列条件之一:一是能发射制式弹药的;二是能够装填制式弹药,但因缺少个别零件或锈蚀不能完成击发,经加装相关零件或除锈后能够发射制式弹药的;三是不能发射制式弹药,但所发射弹丸的枪口比动能大于等于 $1.8\ \text{J/cm}^2$ 的。由此可见,非制式枪支的认定以其具有击发功能为必要,而制式枪支的认定则无此要求。缘何二者的认定标准之间会有此差别?笔者认为,应当从枪支的杀伤力、获取源头以及改造的难易程度考虑。正如 2010 年《鉴定工作规定》的条文内容所述,制式枪支是"按照国家标准或公安部、军队下达的战术技术指标要求,经国家有关部门或军队批准定型,由合法企业生产的各类枪支",如此,制式枪支的杀伤力是获得明确认可的,而且其获取渠道往往源自于枪支配发单位、相关合法企业或其他特许生产场所,以及枪支销毁机构等具有涉枪权限的地方,这些地方往往戒备森严、防卫严密,如若有人能将枪支从其中流散出去,其后果不堪设想。除此之外,制式枪支的装配标准明确、统一,各类零件、配件也都有统一生产标准,即便其本身不能完成击发动作,改装难度也远远低于非制式枪支。因此,结合上述两点,涉案枪支如若是现行列装的制式枪支,即便不能完成击发动作,也应当被认定为枪支。

然而,2010 年《鉴定工作规定》还特别将国外制造和历史遗留的各类旧杂式枪支也视为制式枪支,一样不以能够完成击发动作为必要,即可将其认定为枪支。对此,笔者存有疑虑。根据上文分析,制式枪支即便不能完成击发动作也能被认定为涉案枪支,是因为制式枪支的杀伤力是获得明确认可的,枪支一旦流散,对社会而言具有极大威胁,且其改装难度也远低于非制式枪支,三者缺一不可。但是,国外制造和历史遗留的各类旧杂式枪支并非我国现行列装的制式枪支,其杀伤力仍然有待考证,其零件、配件也难以找寻。在这方面,国外制造和历史遗留的各类旧杂式枪支与我国现行列装的制式枪支之间具有质的不同,而与非制式枪支的处境更为相似。因此,国外制造和历史遗留的各类旧杂式枪支的认定无需其具备击发功能,是与制式枪支认定的相关精神不相符的,不当地降低了枪支认定的门槛。

(二)非制式枪支的认定缺陷

枪口比动能是枪支杀伤力认定的重要参照。2001 年公安部在其发布的《公安机关涉案枪支弹药性能鉴定工作规定》中明确指出:"对于不能发射制式(含军用、民用)枪支子弹的非制式枪支,按下列标准鉴定:将枪口置于距厚度为 25.4mm 的干燥松木板 1 米处射击,当弹头穿透该松木板时,即可认为足以致人死亡;弹头或弹片卡在松木板上的,可认为足以致人伤害。具有以上两种情形之一的,即可认定为枪支。"此标准如若换算为枪口比动能标准的话,则枪口比动能约为 $16\ \text{J/cm}^2$,也就是所谓的"射击干燥松木板"枪支认定标准(下简称"松木板标准")。然而,2007 年前后,全国许多地方发生了持仿真枪近距离伤人或者威胁伤人进行犯罪的事件。由于仿真枪的致伤力达不到当时的"松木板标准",因此不能认定为枪支。为了有效地打击涉枪犯罪,刑事司法实务部门认为应该以致伤人体最脆弱器官(眼睛)的枪口比动能作为认定枪支的最低阈值,"最大限度地保护人民不受伤害"。2007 年《枪支致伤力鉴定判据》,将枪支致伤力的判断依据修改为枪口比动能 $1.8\ \text{J/cm}^2$。2010 年《鉴定工作规定》,正式确立"$1.8\ \text{J/cm}^2$ 的枪口比动能"的枪支认定标准。该标准是在屠宰场室内无风环境下,使用钢珠气枪,射距 10—20cm,对 11 只重 200 斤左右的健康长白猪的眼睛进行射击所得出的实验结论。2010年《鉴定工作规定》是公安部现行的涉案枪支弹药性能鉴定工作规定,其所确定的枪支认定标准,也常作为涉枪犯罪中的枪支认定标准。自枪口比动能标准由"1.8 J/cm²"取代"16 J/cm²"之后,仿真枪与真枪之间更加不易区分,涉枪案件争议不断,刑罚适用尺度难以掌控,社会上的军迷、仿真枪卖家人人自危,这使我们不得不反思该标准自身以及适用于刑事司法认定方面所存在的问题。

1."枪口比动能1.8 J/cm²"标准的设定缺乏科学依据

正如前文所述,"枪口比动能1.8 J/cm²"标准的确立是由射击长白猪眼睛的实验推导出来的,这就使得该标准本身就缺乏科学依据。射击长白猪眼睛的实验所针对的实验对象是与人类在生物学领域上存在明显差异的长白猪,通过射击猪眼的实验结果来推算人眼的损害结果,并且以针对人所规定的轻伤标准对猪眼的损害结果作出评价,从而推导出枪支认定标准。无论是从猪眼损害结果推算至人眼损害结果,还是依据适用于人的轻伤标准来评价猪眼损害结果,均需一个恰当的推导过程方可使其逻辑通顺;适用于人眼睛的轻伤标准终归难以直接等同于长白猪眼睛的轻伤标准,二者之间的转换关系应当经过严谨合理的科学论证。甚至,长白猪眼睛的轻伤标准本身就是一个难以解决的问题,无论对其回应是怎样的,终究是一个物种对另一个物种的猜测,[1]难以证成其科学性。

2."枪口比动能1.8 J/cm²"标准的设立基准与涉枪犯罪的刑法规制需求不契合

由"枪支"在我国刑法中的存在形式可以看出,涉枪犯罪在我国刑法规制体系当中具有不可忽视的特殊地位。然而,其特殊地位的实质根据源自何处?笔者认为,涉枪犯罪的特殊地位源自于枪支本身的高度危险性特征。枪支属于一种可远程击发、可严重威胁他人人身安全且便于携带的武器,其将远程击发、高杀伤力、便于携带这三种特性集合于一体,这使其与管制刀具等一般性武器高下立现,具有其他一般性武器无法企及的高度危险性特征。枪支的出现使普通人在最短时间内便可具有极强的人身危险性,使持枪者与未持枪者在力量对比上具有极端优势,是故,即便是单纯持有枪支,在可预期的极端力量优势的驱使下,由于犯罪过程变得更为容易,潜在犯罪行为人的犯罪动因也相对应地得到加强,这在宏观层面上提高社会犯罪率的同时,也给个案当中的被害人带来更大的风险。基于上述原因,应当从各方面入手,力求尽可能全面、明确地针对涉枪犯罪予以刑法规制。反观"枪口比动能1.8 J/cm²"的枪支认定标准,即便是人眼标准与猪眼标准之间的转化存在合理性,枪口比动能1.8 J/cm²所能达到的对人的伤害效果也仅仅是在距离人的身体30 cm射击时可以造成皮肤红点,[2]此种伤害程度不要说与一般性武器之间进行比较,哪怕是跟并非基于伤害目的而设计的日常用品所可能造成的伤害相比,都差之甚远。在此种捉襟见肘的杀伤力之下,"枪口比动能1.8 J/cm²"的枪支认定标准与涉枪犯罪在刑法领域中的特殊地位之间存在着明显的矛盾。

然而,之所以现阶段我国枪支认定标准与涉枪犯罪在刑法领域中的特殊地位之间存在着明显的矛盾,是因为"枪口比动能1.8 J/cm²"的枪支认定标准源自于行政标准,以行政法

---

[1] 参见熊德禄:《刑事司法裁量的边际均衡——从枪支认定标准与赵春华案切入》,载《环球法律评论》2020年第1期。

[2] 参见车浩:《非法持有枪支罪的构成要件》,载《华东政法大学学报》2017年第6期。

评价发挥刑法评价的作用,导致"在没有增加任何文字的情况下,甚至在没有增加任何新犯罪的情况下,法律责任的范畴可能变得更宽"①。在司法实践当中,仿真枪销售与摆摊射击气球被定性为非法持有枪支罪的案件,总能引起社会层面上的广泛争议,究其原因,就是司法主体直接援引行政法上的枪支认定标准,而未从刑法角度做规范性分析。② 以赵春华非法持有枪支案为例,被告人赵春华的二审辩护人认为,应当适用《枪支管理法》标准而不能适用公安部门标准,理由有两个方面:其一,公安部下发的《枪支致伤力的法庭科学鉴定判据》不属于公安部的规章,而只是内部的红头文件,对此法院没有适用或参照适用的义务;其二,公安部门标准所依据的试验及理由严重不科学不合理。而针对该辩护意见,二审法院的意见却恰恰相反,认为应当适用公安部门标准而不能适用《枪支管理法》标准。理由是:《枪支管理法》标准不是可供执行的、具体的量化标准,需要有权机关作出进一步规定。我国《枪支管理法》第 4 条明确规定"国务院公安部门主管全国的枪支管理工作",因此,公安部作为枪支管理主管部门有权制定相关规定。因此,公安部门标准合法有效,应当适用。③ 从二审法院的意见中,可以对照得出我国现行的一元认定体制的结构缺陷所在。

(1)立法主体不适格

刑法分则中枪支认定的标准是"枪支"因素存在与否的参照,而"枪支"因素存在之明确,于定罪而言,牵扯到涉枪犯罪之犯罪构成完整性的证成;于量刑而言,涉及涉枪犯罪之加重情节的落实。换言之,刑法分则中枪支认定问题的明确,是实现涉枪犯罪相关罪名立法目的之前提,而刑法分则中枪支的认定标准则是满足该前提之必要途径,其标准之确立应当属于刑事立法方面的问题。虽然我国《枪支管理法》第 4 条明确规定"国务院公安部门主管全国的枪支管理工作",但是此处的"枪支管理工作",应当是基于国务院公安部门的行政属性来进行解释。换言之,国务院公安部门作为行政管理部门,其对于全国枪支的管理工作应当限制在行政管理方面,其在职权范围内所订立的枪支认定标准,也应仅适用于行政执法层面,而当枪支认定涉及刑事司法层面时,公安部门的相关规定并非司法部门所必然遵循的内容。④

(2)行政标准的设立目的与刑法规制目的间存在差异

枪支认定的行政标准设立目的与涉枪犯罪的刑法规制目的之间存在的差异,根本源自行政违法与刑事违法之间存在的差异。长期以来,量的差异说一直作为区分行政违法与刑事违法的主流理论根据。量的差异说主张行政违法与刑事违法之间不存在行为性质上的差异,二者仅在行为的轻重程度上存在量的差异。日本的主流观点认为,刑事违法与行政违法或民事违法之间存在着量的差异,即刑事违法性=一般违法性+可罚的违法性。⑤ 德国有学者认为行政违法行为与犯罪行为的相同点在于都攻击了受保护的法益或者行政利益,区

---

① [美]道格拉斯·胡萨克:《过罪化及刑法的限制》,姜敏译,中国法制出版社 2015 年版,第 12 页。
② 参见赵运锋:《行政违法行为犯罪化的检视与应对》,载《政法论丛》2018 年第 2 期。
③ 参见赵春华非法持有、私藏枪支、弹药二审刑事判决书(2017)津 01 刑终 41 号。
④ 参见邹兵建:《非法持有枪支罪的司法偏差与立法缺陷——以赵春华案及 22 个类似案件为样本的分析》,载《政治与法律》2017 年第 8 期。
⑤ 参见陈子平:《刑法总论》,元照出版有限公司 2015 年版,第 238 页。

别只在于行政违法行为的危险程度明显小于犯罪行为。① 换言之,行政违法与刑事违法之间所存在的差异,仅是刑事违法比行政违法更具社会危害性。然而,量的差异说对刑法适用的相对独立性予以否认,主张行政违法与刑事违法在本质上具有一致性,并且刑事违法对行政违法具有依赖性。② 对此,笔者并不认同。量的差异说对于司法实践而言,其理论较为简明直观,具有更强的可操作性,便于制定统一的规范标准。然而,便于操作不等同于具有合理性。首先,"量"很难准确把握。"量"的把握,也即社会危害性分水岭的确立,是一个模糊抽象且需介入大量主观价值评判的概念。因此,在司法实践中该如何认定区别行政违法与刑事违法之间的"量"之基准便成了难以解决的问题。"'行为的社会危害性'达到何种程度属于犯罪? 刑事不法与行政不法的'量'的分界点在哪里? 在理论上都无法明确基准点,就更不用提在实践中对该学说的应用了。"③而且,"量"之基准缺乏相应的现行法规范作为支撑,也很容易受刑事政策的影响,对于刑法的稳定性造成极大隐患。其次,行政法与刑法之间存在本质上的差异。行政法与刑法虽然同属公法领域,但二者所需调整的对象并非全然一致;即便是在调整对象相同的行政犯认定当中,行政违法与刑事违法的判断路径也具有相当程度的不同,其原因主要根植于行政法与刑法在法律属性上的实质区别。④ 具体而言,刑罚本身具有报应功能,而行政法只具有单纯的社会秩序维护职责,行政处罚并非对违法行为人进行报应谴责而作出,施加行政处罚是对相关行为进行否定性评价,并不含有明显的谴责性评价。除此之外,行政法在保护目标上重视公共利益的保护,而刑法在进行社会防卫的同时强调自由保障,因此,二者确定的处罚对象会有本质区别。⑤ 因此,笔者更倾向于质量差异说的观点。质量差异说主张刑事违法具有其特殊的核心区域和外围区域,行政违法与刑事违法在其核心区域中存在质的差别,诸如谋杀、绑架之类的传统犯罪仅能由刑法加以规制,而在外围区域中,如违反经济、卫生、环保等行政制度而损害集体法益的行为,仅存在量的差异。⑥ 而就枪支的规制问题而言,行政违法与刑事违法就应当存在核心区域的质的差别。行政法规制枪支的核心目的在于维持社会正常运转、保障公众生活安宁,而刑法规制枪支的核心目的在于保护民众的人身安全。换言之,就枪支规制而言,行政法会考虑到保护公众抽象的安全感,⑦但刑法则更偏向于考虑更具体的人身安全。由此可见,行政法对于枪支规制的范围更加广泛,而刑法对于枪支规制的范围则较为狭窄,而仅以单一行政标准同时适用于行政法与刑法的调整对象,自然会导致刑法认定过宽的问题。刑法的谦抑性和从属性

---

① 参见[德]汉斯·海因里希·耶赛克、托马斯·魏根特:《德国刑法教科书》(上册),徐久生译,中国法制出版社 2017 年版,第 86 页。

② 参见蔡婷婷:《行政违法与刑事违法竞合关系下之归罪路径研究》,载《法律适用》2018 年第 5 期。

③ 闻冬梅:《论刑事不法与行政不法区别的理论基础》,载《学术交流》2013 年第 9 期。

④ 参见郭研:《行政犯刑事违法性独立判断之提倡》,载《中国人民公安大学学报(社会科学版)》2021 年第 4 期。

⑤ 参见张明楷:《避免将行政违法认定为刑事犯罪:理念、方法与路径》,载《中国法学》2017 年第 4 期。

⑥ 参见王莹:《论行政不法与刑事不法的分野及对我国行政处罚法与刑事立法界限混淆的反思》,载《河北法学》2008 年第 10 期。

⑦ 参见欧阳本祺:《论行政犯违法判断的独立性》,载《行政法学研究》2019 年第 4 期。

并不意味着刑法只能是其他部门法律的附庸,从而也不妨碍刑法自主地选择——即便是与其他部门法含义不同的——法律概念和术语构建构成要件,将值得保护的法益纳入刑法的保护范围。① "从现实角度看,行政机关设置的规范在具有行政从属性的刑法素材中对于特定行为的人罪决定性地发挥了共同作用。这对于一个迫切需要规范的现代社会而言是唯一可行办法"②,其他罪名也存在着由行政机关补充和确定规范性犯罪构成要素的标准的情形,例如交通肇事罪,其行政标准适用于刑法规范的范畴固然得到了立法者的授权,然而,其所得到的授权并不代表其所制定的标准必然是正当的。构成要素行政标准应当接受犯罪化的标准特别是实质合法性的验证,防范刑法干预范围通过行政标准而不当扩张。行政标准的制定应当遵循刑法规范的目的,不具有法益侵害的行为不构成犯罪。③ 何况,行政标准所表征的违法性仅仅是一种抽象的、类型化的违法性。这种构成要件违法性的判断并不能代替个别的、具体的实质违法性的判断。④ 因此,就枪支认定而言,以单一行政标准作为参考根据缺乏合理性与说服力。

3."枪口比动能 1.8 J/cm²"的枪支认定标准会导致国民预测可能性降低

对于普通民众来说,熟知法律法规条文、通晓司法实务明显是不现实的,他们避免犯罪、遵纪守法的主要途径便是通过基于生活常识的判断而避免作出严重的社会越轨行为,因此,一项认定标准的确立理应从国民预测可能性的角度入手。大量可近距离发射 BB 弹等非金属物质的仿真枪达到了"枪口比动能 1.8 J/cm²"的枪支认定标准,其枪口比动能大致是在 2 J/cm² 到 3 J/cm² 之间,而此一类所谓的枪支无论是从普通民众的朴素立场上看还是从该枪支的实际杀伤力来看,都与社会普遍认知中的枪支相去甚远,以至于在诸如此类涉枪案件审理过程当中,在当事人和社会大众身上出现了"建议用涉案枪支枪决被告人,被告人不死则宣告其无罪"的言论。由此可见,"枪口比动能 1.8 J/cm²"的枪支认定标准使得一切具有击发功能的管状物体都变成了潜在的枪支,这就给普通民众辨别枪支平添了不合理的麻烦,也为普通民众莫名提升了"无知"入罪的风险。枪支认定标准的存在,本应使得普通民众对于罪与非罪的界限变得更加清晰明朗,但"枪口比动能 1.8 J/cm²"的枪支认定标准却使得民众对于枪支的概念变得越发糊涂与迷茫,这样的结果是与枪支认定标准本应发挥的作用相违背的,也是与人权保障的法治精神不相符的。

三、枪支认定标准的完善

无论是通过立法修改还是出台司法解释,设立独立于行政标准的枪支认定刑事标准,构建刑行分流的二元枪支认定体系,是解决涉枪案件争议问题的应有之义。

---

① 参见王钢:《非法持有枪支罪的司法认定》,载《中国法学》2017 年第 4 期。

② [德]洛塔尔·库伦:《罪刑法定原则与德国司法实践》,黄笑岩译,载梁根林、[德]埃里克·希尔根多夫主编:《中德刑法学者的对话——罪刑法定与刑法解释》,北京大学出版社 2013 年版,第 117 页。

③ 参见孙国祥:《构成要素行政性标准的过罪化风险与防范》,载《法学》2017 年第 9 期。

④ 参见[日]日高义博:《违法性的基础理论》,张光云译,法律出版社 2015 年版,第 14 页。

(一)制式枪支认定标准的完善

相较于非制式枪支而言,制式枪支的认定无需其能够完成击发动作,这一认定门槛的降低,是由制式枪支的自身特征所决定的。换言之,在认定制式枪支时,应当审查其是否满足此类特征。如若不满足,则不应以更低的认定门槛作为枪支认定的参照依据。据此,符合杀伤力、获取源头以及改造的难易程度三方面要求的纯粹的制式枪支(即我国现行生产、列装的制式枪支),其认定无需其能够完成击发动作。然而,国外制造和历史遗留的各类旧杂式枪支在杀伤力、获取源头以及改造的难易程度三方面并未天然地符合相关要求。因此,针对这类枪支所作出的涉案枪支认定,不应按照纯粹的制式枪支的认定方式,而免除其击发动作需求。除此之外,国外制造和历史遗留的各类旧杂式枪支还需依照非制式枪支的认定过程,从形式要件和实质要件方面进行认定,具体内容可参见下文中有关非制式枪支认定方面的论述。

综上所述,制式枪支(包括国外制造和历史遗留的各类旧杂式枪支)不应当一刀切,免除其实现击发动作的要求,而是应当以其是否满足杀伤力、流散源头、改装难度这三方面的要求来确定,因此,仅有纯粹的制式枪支符合以上三方面要求,而国外制造和历史遗留的各类旧杂式枪支则应参照非制式枪支的相关标准予以认定。

(二)非制式枪支认定标准的完善

就我国枪支管理的相关法律法规而言,《枪支管理法》在位阶上属于法律,在我国现行枪支管理规范体系中具有最高法律效力级别,其所规定的有关枪支认定标准方面的内容,应当具有最高法律效力。为克服现阶段行政标准对涉枪犯罪中枪支认定的影响,司法部门应当将《枪支管理法》作为相关司法实务的直接性法律依据。根据《枪支管理法》条文内容"以火药或者压缩气体等为动力,利用管状器具发射金属弹丸或者其他物质,足以致人伤亡或者丧失知觉的各种枪支",可以将枪支认定标准划分为形式要件与实质要件:形式要件,即《枪支管理法》中针对枪支本体所明确作出的客观描述,分别为发射器具、发射动力和发射物;实质要件,即《枪支管理法》中针对枪支杀伤力所作出的"足以致人伤亡或者丧失知觉"这一规定。在枪支认定的过程中,应先行检验其形式要件是否足备,当其满足形式要件时,再进行实质要件的考察。

1.枪支认定的形式要件

形式要件是《枪支管理法》中针对枪支本体所明确作出的客观描述,分别为发射器具、发射动力和发射物。在检验涉案枪支是否满足枪支认定的形式要件要求时,首先要明确三项形式要件各自所包含的内容以及相互之间的内在关联。枪支的发射器具被明确限定为管状器具,并且从枪支击发的基本原理上考虑,应当具有一定长度,这从客观上较容易判断,也不易与其他形式要件之间产生影响,是故,可以将其作为独立判断的形式要件。虽然三项形式要件均是实现枪支高杀伤力的基础,也均以实现高杀伤力为其目的。但对于枪支的发射动力和发射物来说,发射动力是杀伤力的根源(直接提供速度 v),发射物是杀伤力实现的直接对象(提供质量 m 和最大截面值 A),最终的杀伤结果是二者紧密结合的产物(发射物的动

能 $E_k = mv^2/2$，比动能 $C_0 = E_k/A$，A 为最大截面值），且条文中对于二者的描述都存在兜底内容，是故，应将二者的形式要件相结合进行考察。就枪支的发射动力而言，主要是火药或压缩气体，虽然此处以"等"作为兜底内容，但"等"的外延应与火药、压缩气体具有最基本的一致性，其最根本的地方在于，客观上能够为发射物提供足够强大的发射动力。考虑到枪口初速也有发射器具的作用在其中，因此，也不应当对枪支的发射动力提出过高的要求。发射物则主要是金属弹丸，同样此处也存在着"或者其他物质"这一兜底内容，但与发射动力的兜底内容相似，发射物的兜底内容应与金属弹丸之间存在着最基本的一致性，具有较为明显的致他人身体严重受伤的可能性。在枪支认定过程当中，若是发射器具、发射动力、发射物三项形式要件的明文要求均得到满足，则自然符合枪支的形式要件要求，需要通过杀伤力标准的检测（实质要件）再确认是否属于枪支。如若不满足发射器具要件要求则明确不符合枪支认定的形式要件标准，自然不能认定为枪支；如若同时不满足发射动力与发射物的明文要求或最基本一致性的兜底要求，则不能认定为枪支。明显不满足形式要件的情形不可再通过杀伤力标准检测（实质要件）作出枪支认定。考虑到枪支杀伤力形成原因的复杂性，如若发射动力与发射物之间仅有一项具有极为明显的杀伤可能性，而同时另一项却不符合形式要件要求的话，则需要通过杀伤力标准检验来判定枪支属性。对于 2010 年《鉴定工作规定》中规定的"凡是能发射制式弹药的非制式枪支（包括自制、改制枪支），一律认定为枪支。对能够装填制式弹药，但因缺少个别零件或锈蚀不能完成击发，经加装相关零件或除锈后能够发射制式弹药的非制式枪支，一律认定为枪支"，首先，应当基于《枪支管理法》的相关内容作出变更，因为，能够发射制式弹药仅是极为符合枪支认定形式要件中发射物要件的情形，在形式要件方面还至少需要满足发射器具要件的要求，除此之外，还应经过实质要件的考察（杀伤力检测）。其次，在枪支认定的具体实践当中，有部分被认定为枪支的物品是因其容易通过改装而达到枪支认定标准（通常是指杀伤力），从而被认定为枪支。这种将改装后可达到枪支认定标准的物品认定为枪支的判定方式，本身存在着一定的合理性，但应当注意对于改装的主体、幅度方面的限制，否则将造成无罪生罪的严重后果，从而进一步给罪刑法定原则带来巨大挑战。将可改装物品认定为枪支的合理性在于，枪支的生产依靠专有技术与特殊材料、工具，普通民众难以通过私人手段自发生产枪支正是因为缺少相关技术、材料、工具等一系列生产条件，而当枪支的核心工艺部分已被先行生产成型，只剩相关机械填充部分未能完成，此种情况下，如若不将此半成品枪支作为枪支加以认定而任凭其在民间四处流通，则会使得枪支管理沦为一纸空文，刑法的规制效果也必将大打折扣。是故，将此类可改装为枪支的半成品认为枪支的举措具有合理性，但与此同时，也恰恰为此种认定方式作出了天然的限制条件：首先，该半成品应可由非专业人士的自学水平完成枪支改装；其次，该半成品应包含枪支的核心部分，诸如动力装置、击发组件、上弹组件等直接作用于枪支发射功能的部分；最后，该半成品的需改装幅度应当限定在简易改装。上述限制条件的理由在于，如若以专业人士水平作为枪支改装的参照标准、容许改装者添加枪支核心元件或大幅改装，那么就容易将二次生产性质的改装也包含其中，那对于所谓"半成品"的制造者而言缺乏预测可能性，容易造成无端入罪的结果，这与该认定方式的设立初衷相违背。因此，对于半成品的认定，至少需满足枪支认定的形式要件中发射器具要件的要求，且符合前文所述有关简易改装的条件。

枪支的击发装置虽未被明确列出,但从枪支基本功能的实现考虑,非制式枪支需能完成击发动作,是故,考察枪支实质要件的过程,也包含了检验击发装置的过程。

2.枪支认定的实质要件

枪支的杀伤力正是枪支实质要件的着落点,枪支的实质要件是《枪支管理法》中针对枪支杀伤力所作出的"足以致人伤亡或者丧失知觉"这一规定。基于先前对于"枪口比动能 1.8 J/cm²"标准的缺陷分析,该标准无论是作为独立适用的枪支认定标准还是作为综合性枪支认定标准的补充,均缺乏合理性。相比较而言,原先的"射击松木板"标准自实验之初便是从枪支的高度杀伤力入手,更为贴近枪支在刑法领域的存在意义。基于此,可以考虑在刑事司法领域重新适用"射击松木板"标准,也即"16 J/cm²"的枪口比动能标准;或者可以借鉴其他国家和地区的枪支鉴定标准重新确立,例如我国香港地区的枪口比动能标准是 7.077 J/cm²,我国台湾地区的枪口比动能标准是 20 J/cm²,俄罗斯的枪口比动能标准是 19 J/cm²,美国的枪口比动能标准是 21 J/cm²。当然,对于公安部现行有效的"枪口比动能 1.8 J/cm²"枪支认定标准也不能直接使其失去存在意义,这就要求立法者在行政管理领域设置独立的"行政违法枪支"概念,与"刑事违法枪支"概念之间既相互区别又相互承接,完成违法枪支的刑行二元分流。

四、结语

刑法语境下的枪支认定标准应当是具有独立性的,是能够彰显刑法价值取向的,尤其是要摆脱行政标准的桎梏,从刑法机能的立场出发,做到兼顾实质侧面与形式侧面。应以现行《枪支管理法》的立法精神为边界,以社会共识为基础,以科学数据为形式,构建刑行分流的二元枪支管理机制,确立综合性枪支认定标准。

《厦门大学法律评论》总第三十四辑　2022 年第一卷
《西方代议制宪法的整体人民观批判》
第 73 页～第 86 页

西方代议制宪法的整体人民观批判[*]

——从预防民粹主义的视角出发

程　迈[**]

摘要：整体人民观是民粹主义的核心思想。整体人民观在西方代议制宪法中反映颇多，如宪法规定当选议员不得代表所属选民，而应代表整体人民，便是一个典型例证。近年来，随着欧美国家社会的去社群化和去纵向分层化，整体人民观的影响力上升，从而为民粹主义的发展提供了契机。西方代议制宪法中的整体人民观思想与人类认识活动中的整体论倾向有关。虽然整体人民观思想颠倒了宪法实践中理论与实践的关系，并带来了"多数无法等同于全体"的难题，但是历史上出于民主革命的需要，此种思想被普遍镶嵌入了西方代议制宪法当中。为了应对民粹主义的发展，在宪法实施过程中，西方社会应当扬弃以往的理想公民观，限制公民直接决策，并建立理性的主流社会文化。

关键词：民粹主义；整体人民观；代议制宪法；宪法实施；理想公民观

Critique on the Holistic View of the People in the Western Constitutions: With a Preventive Purpose Against Populism

Cheng Mai

Abstract：The holistic view of the people is the core idea of populism. This view is reflected a lot in Western representative constitutions, such as the constitutional provisions stipulating that elected members should not represent their own constituents, but the people as a homogeneous unity. In recent years, with the de-communization and vertical stratification of European and American societies, the holistic view of the people has been gaining its influence, thus providing an opportunity for the rise of populism. This

---

　　* 文章 DOI：10.53106/615471682022100034005。

　　** 程迈，南昌大学法学院教授，南昌大学立法研究中心研究员，研究方向：宪法政党制度。电子邮箱：cheng.mai@msn.cn。

holistic view of the people in Western representative constitutions is related to the holistic tendency in human cognition. This view reverses the relationship between theory and practices in constitutional realities and can't answer the question why "the majority equates with the whole". Historically, however, due to the needs of democratic revolution, this idea has been universally embedded into the Western representative constitution. To cope with the rise of populism, in the implementation of constitutions, the ideal view of citizens' qualities should be abandoned by the western society, the direct decision-making of citizens should be restricted, and a rational mainstream social culture should be established.

Key Words：Populism；the Holistic View of the People；Representative Constitution；Implementation of the Constitution；Ideal Image of the Citizen

民粹主义一直是现代民主法治发展的一个难题。以往，人们更多讨论的是诸如拉美、东欧等后发民主国家中民粹主义的影响与危害，并将民粹主义视作一国民主法治建设尚不成熟的表现，是一国在完善其民主法治建设的过程中需要警惕、防范的"敌人"。但是近年来，许多人认为在民主法治已经比较成熟的欧美国家，例如英国、法国、德国和美国，民粹主义思想的影响力也在不断上升。尤其是特朗普总统的意外当选，更是挑战了人们对欧美民主法治实践的信任。[①] 面对这种反差，人们不禁会问，如果在成熟发达的民主法治国家中，民粹主义者可以成功地组织起来，以具有明显违宪嫌疑的言论和行为，挑战既有的宪法权力并取得成果，那么是否不应当简单地将民粹主义视作西方代议制宪法制度框架之外的异物？是否可以认为，在西方代议制宪法之中，原本就存在民粹主义发展的制度温床？

对"民粹主义"的定义始终是学术讨论中的一个难题。况且近年来，欧美国家的民粹主义运动倾向于放弃采用明确的、系统化的意识形态作为自己的政治纲领，而是通常着力于该国一些特殊的议题之上，从而使得一国民粹主义运动的主张可能成为另一国反民粹主义政治运动的主张，这更增加了现代民粹主义运动的不定型性。[②] 不过，无论政治现实中的民粹主义究竟采取怎样的政治纲领、策略，这些民粹主义的思想和运动还是会表现出一种共同的特征：强调人民的内部和谐与统一，强调和谐统一的整体人民的利益高于一切，并进一步将自己装扮成整体人民的代表来反对既有体制。这种整体人民观的思想也构成了民粹主义思想的核心因素。如果说在西方代议制宪法中就存在着民粹主义发展的制度温床，人们便需要思考以下问题：首先，西方代议制宪法中是否本身便存在着整体人民的观念；其次，如果存在这种观念的话，这些观念的思想源头和产生的历史背景又是怎样的；最后，近年来，这种整体人民观如何造就了民粹主义在西方国家的大发展。

---

① 参见周穗明：《2016 年西方民粹主义政治的新发展》，载《当代世界》2017 年第 2 期。

② Sergiu Gherghina, Sergiu Mișcoiu, and Sorina Soare, *Contemporary Populism：A Controversial Concept and Its Diverse Forms*, Newcastle：Cambridge Scholars Publishing, 2013, p. 18.

一、西方代议制宪法实践中整体人民观倾向的表现

(一)西方宪法制度设计中的整体人民观

通过对西方国家以及深受西方政治和法律制度影响的其他国家的宪法文本加以分析，可以发现，在许多国家的宪法文本规定中，的确具有承认人民应当作为一个"整体"而存在的倾向。西方宪法皆为代议制宪法，代议机关的组成人员基本上都是由选民选举产生。这些议员当选之后会面临的一个问题是，议员应当优先对谁负责、优先考虑谁的利益。人们或许会认为，这些议员自然首先要对将选票投给自己的选民负责，首先要忠诚于其出身的选区或者社群。但是有趣的是，在历史上和今天的许多西方代议制宪法中，存在着许多规定，禁止议员仅考虑其选民、选区或社群的利益，有时这些宪法文本甚至规定议员只能对"整体人民"负责。

这种规定最早出现在 1791 年 9 月问世的法国历史上第一部宪法的第 3 章第 3 节第 7 条。该条规定，由各省选举产生的代表将不是某个特殊省的代表，而是整个国家的代表，不得再对他们规定任何其他委任。① 这也是法国宪法禁止"强制委托权"思想的发端。该理论认为，虽然国会议员通过各选区选举产生，但一旦当选他就不再对该选区负责，相反需要从国家整体利益出发思考问题，否则，该选区将把自己的利益凌驾于整个法国之上，是少数人对主权的篡夺。② 这种规定在其后法国许多宪法文本中都存在，例如法国第一共和宪法第 29 条规定，每位代表都属于整个法国；③1848 年第二共和宪法第 34 条规定，国民议会的成员不是选举他的省，而是整个法国的代表。④ 这种议员不代表其出身的选区，相反应当代表整体人民的规定，也出现在德国魏玛宪法中：其第 21 条规定，帝国议会议员是整个人民的代表。⑤

禁止议员代表选举他们的选民，这显然是一种有违政治人性、过于理想化的规定，但是时至今日，在许多国家的宪法文本中，依然存在着这种整体人民观的文本规定。例如联邦德

---

① "ART. 7. —Les représentants nommés dans les départements, ne seront pas représentants d'un département particulier, mais de la Nation entière, et il ne pourra leur être donné aucun mandat.", La Constitution du 3 septembre 1791.

② 对于法国宪法中，"强制委托权"理论的讨论，参见［法］莱昂·狄骥：《宪法学教程》，王文利等译，郑戈校，辽海出版社、春风文艺出版社 1999 年版，第 126 页。

③ "ART. 29. —Chaque député appartient à la nation entière." La Constitution du 3 septembre 1791.

④ "ART. 34. —Les membres de l'Assemblée nationale sont les représentants, non du département qui les nomme, mais de la France entière." La Constitution du 4 novembre 1848.

⑤ "Artikel 21. Die Abgeordneten sind Vertreter des ganzen Volkes." Die Verfassung des Deutschen Reiches („Weimarer Reichsverfassung") 11. August 1919.

国基本法第 38 条规定:"德国联邦议院的议员⋯⋯是整体人民的代表。"在许多深受西方宪法传统影响的后发民主国家宪法文本中,人们也常常可以看到这种表述整体人民观思想的条款,例如日本 1946 年宪法第 43 条规定:"两议院由选举产生的代表全体国民的议员组成";土耳其 1982 年宪法第 80 条规定:"土耳其大国民议会的议员不仅代表其选区或者选民,而且代表整个国家"①;安哥拉 2010 年宪法第 147 条规定:"议会成员是整个国家而非其选区的代表"②等等。

从这些条文的用语上我们就可以发现,在西方代议制宪法中的确存在着"整体人民"的思想。在这个整体人民面前,部分团体、部分地区的利益诉求都不具有自己的合法性,相反,在宪法中只应当存在一个同质无隙的整体人民。所以,即使议员是由部分选民选举,当选后他也不再能对这些部分选民负责。看来,民粹主义的核心思想"整体人民观",并不是存在于代议制宪法之外的异物,而是本身镶嵌于代议制宪法之中的元素。既然如此,那么民粹主义在成熟的民主法治国家也能够"兴风作浪",的确就不是那么令人意外的事情了。

(二)整体人民观助推西方民粹主义影响的表现

虽然西方代议制宪法中本身镶嵌着整体人民观的思想,有可能成为民粹主义发展的制度温床,但是在民主法治已经比较成熟的欧美国家,直到近年,大范围的民粹主义运动才出现,并堂而皇之地登上了一些国家的最高政治舞台。在过去,这种可能性一直没有转化成现实。在这些西方国家,近年来宪法的制度框架没有出现大的变化,民粹主义的甚嚣尘上只能用变化了的制度运作背景来解释。

欧美国家社会的发展,似乎恰恰正在验证着整体人民观的说服力:在社会横向区隔方面,社群归属关系的日益淡化和社会流动的加速,使得不同社群之间的横向界限正在变得模糊。社会纵向分层方面,现代国家都在向着世俗国家、理性国家的目标迈进,身份、血统这些传统因素日益失去了维护社会纵向分层的作用。从法律上看,公民与公民在权利上的平等地位日益巩固,人与人之间的差别不断消除。当这些过去的樊篱随着社会的发展被逐渐拆除后,公民之间的联系变得日益紧密,整体人民的观点变得更加令人信服。

但是现实中,公民之间的社会地位差别自然还是存在的,这种差别主要表现为地位上的纵向差别。目前在许多国家,最重要的社会纵向分层因素是财富。以财富作为社会纵向分层的标准,没有什么道德上的正当性,往往会招致普通人的反感。于是因财富水平不同而形成的社会纵向分层现象,往往可以被民粹主义者利用,作为反对现行制度的口实。一旦国家的发展面临着一时的困难,民粹主义者就可以立刻跳出来招兵买马。

不过,即使公民的确紧密地生活在一起,如果受制于政治交流方式,每个公民登上政治

---

① 1946 年日本国宪法,中译本见孙谦、韩大元主编:《世界各国宪法·亚洲卷》,中国检察出版社 2012 年版,第 498 页;1982 年土耳其共和国宪法见同书,第 609 页。

② "Article 147:(Nature of mandate)Members shall represent the entire nation and not just the constituencies to which they are elected.",2010 年安哥拉共和国宪法,英文版见 https://www.constituteproject.org/constitution/Angola_2010? lang＝en,最后访问日期:2016 年 6 月 22 日。

舞台、同政治领导人直接对话的渠道便非常有限;相反,公民必须借助于像政党这样的政治中介组织,才能有效地参与政治活动。此时,这些政治组织将发挥出非常重要的事先组织和酝酿作用,可以在一定程度上去除政治活动中的非理性因素,将一个激动的"整体人民"冷却为理智的"整体人民"。即使在政坛上活跃着民粹主义政党,受制于政党之间的竞争,这些民粹主义政党的能量也会受到很大的遏制。

但是近年来,随着网络媒体的兴起,普通公民发现,自己与政治领导人甚至是国家最高领导人之间的沟通距离突然被大大缩短。原来被不同地区、功能团体区分于部分社会生活领域的普通公民们,突然被网络平台引到整个国家的最高政治权力面前。反过来,政治领导人也发现自己不再需要借助于政党、利益团体等传统政治组织的帮助,就可以面对所有的国民,最大程度地传播自己的思想和主张,扩张自己的支持基础。法国现任总统马克龙的成功,就是一个极好的例子。不同公民之间政治影响力的平等化,似乎实现了跳跃式的发展,这也提高了整体人民观的说服力。

但是,普通公民与政治领导人之间的沟通距离被拉近后,随着交流群体规模的显著扩大,交流的深度却不可避免地下降了,这严重削弱了政治交流的质量,[1]随之而来的,是政治表达中的情绪化因素日益强烈,政治领导人不再像是公民感性、直观意见的提炼、综合人,反而更像是这些普通公民情绪化观点的放大器。目前活跃在欧美国家中的民粹主义政客,也正是在利用网络媒体的这种情绪放大器的功能。[2] 相对于发展中国家,上述种种社会发展变化趋势——去社群化、政治参与网络化、政治过程扁平化等等,恰恰在成熟的民主法治国家表现得更明显。这或许正是为什么近年来在欧美国家,人们反而看到了民粹主义的影响力日盛。

二、整体人民观的认识论渊源、理论缺陷与历史根源

(一)整体人民观的认识论渊源:人类认识的先天整体论倾向

一国的宪法在很大程度上是该国制宪者的政治与法律思想,并且最终是其对国家、社会认识论思想的反映。国家和人民的整体论观点,的确有着更深层次的人类认识论方面的渊源。在分析人类的理性思维能力时,康德提出了他的"概念的统觉的客观统一"思想。[3] 在康德看来,人类先天地就具有将各种直观现象统一在一个先天的自我意识之中的规律,只有

---

① 对于网络政治参与中的民粹主义的现象,参见陈龙:《当代传媒中的民粹主义问题研究》,中国广播影视出版社 2015 年版,第 94~129 页。对于韩国网络民粹主义现象,参见 Youngmi Kim, Digital Populism in South Korea? Internet Culture and the Trouble with Direct Participation, KEI: *Academic Paper Series*, 2008, Vol.3, pp.1-8.

② See Sergiu Gherghina, Sergiu Mişcoiu, and Sorina Soare. *Contemporary Populism: A Controversial Concept and Its Diverse Forms*, Newcastle: Cambridge Scholars Publishing, 2013, p.24.

③ 参见[德]康德:《纯粹理性批判》,邓晓芒译,杨祖陶校,人民出版社 2004 年版,第 87~97 页。

这样,人们才能从整体上把握自己所面对的直观世界。因此,人类对于外在的经验世界,从认识论上说,就具有一个整体论的先验假设,即自己通过知性掌握的各种直观现象,最终应当是一个和谐的、统一的整体,而这种和谐的整体,本身是一个统一、和谐的自我意识在感性世界的反映。"我思",是一个统一的、不矛盾、不冲突的"我"在思考,相应地,"我"面对的这个直观世界,最终也应当是一个统一、不矛盾和不冲突的整体。如果在这个直观世界中存在着一些不可调和的矛盾、一些具有自己独立地位的部分,"我思"将无法统和这些直观现象,"我"也将成为一个矛盾的存在,但是这是先验的认识论所不承认的。虽然康德的"概念的统觉的客观统一"论属于先天唯心主义的认识论,不可避免地会带上唯心主义认识论的一些缺陷,但是"概念的统觉的客观统一"思想还是揭示出了人类认识的一种重要倾向或者说弱点。

政治生活是经验生活的组成领域之一,将康德的这种先天整体认识论思想运用于政治生活中,我们将得出类似的结论:政治生活中的各种现象,最终也应当是一个和谐、统一的整体,否则,观察政治生活的"我",最终将陷入自我分裂的幻象中。在现代宪法思想的兴起时期,政治生活的最大领域是各个民族国家,这样,作为认识对象客体的国家以及组成这个国家的人民,也不应当陷入自我反对、自我对立之中。

(二)整体人民观的理论缺陷

整体人民观虽契合人类的先天整体认识论倾向,但其理论缺陷也至为明显。整体人民观一方面颠倒了理论与实践的关系,另一方面也面临"多数无法等同全体"的难题。

1.整体人民观颠倒了理论与实践的关系

卢梭或许是对整体人民观最虔诚的一位支持者。卢梭的公意,显然正是这种统一、和谐的整体政治意志。[1] 既然在公意中实现了整个国家、人民的和谐统一,那么国家、人民中的任何部分、团体,都是与公意的思想相矛盾的,[2]这些部分、团体也将缺乏存在的正当性。至于像政党这样存在于政府与公民之间的政治中介组织,其存在目的就是将人民区分、切割成不同团体、"派系",[3]就更加缺乏其存在的价值了,甚至会是公意的敌人。

如果仅仅从纯粹思辨的角度来分析,卢梭的理论或许可以在规范逻辑上自圆其说。的确,当国家与人民、个人与社会已经实现了和谐的统一、融合之后,是不应该开倒车,又分裂出一些异质的小团体的。但是人们不能确定的是,卢梭的理论是否符合人类社会的活动现实;在现实生活中,是否可以寻找出一个超越于个别意志、个别利益的"公意"。其实,在讨论

---

① 卢梭曾指出:"我们每个人都以其自身及其全部力量共同置于公意的最高指导之下,并且我们在共同体中接纳每一个成员作为全体不可分割的一部分。""这一由全体个人的结合所形成的公共人格,以前称为城邦,现在则称为共和国或者政治体。"参见[法]卢梭:《社会契约论》,何兆武译,商务印书馆 2003 年版,第 24~25 页。

② 卢梭认为:"公意必须从全体出发,才能对全体适用;并且,当它倾向于某种个别的、特定的目标时,它就会丧失它的天然的公正性。"参见[法]卢梭:《社会契约论》,何兆武译,商务印书馆 2003 年版,第24 页。

③ 卢梭认为:"因为,为了很好地表达公意,最重要的是国家之内不能有派系存在,并且每个公民只能是表示自己的意见。"参见[法]卢梭:《社会契约论》,何兆武译,商务印书馆 2003 年版,第 40 页。

"概念的统觉的客观统一"时,康德自己也就提出了知性认识与理性认识的区分。在理性认识中,范畴是可以完美存在的,"我思"也是一个和谐的统一体。但是在知性认识中,直观都是不完美的,并不存在着一个可以与范畴完美吻合的经验存在。所以,康德认为,他提出的知觉的客观统一,同样只是存在于主观世界中,是先天存在的。在康德提出的四个"纯粹理性的二律背反"中,第一个二律背反就涉及对时空是否具有边界的讨论。① 康德认为,在经验世界里讨论时间、空间的边界是没有意义的,只会陷入自相矛盾的境地。因为,像"整体、完美"这种观念,只可能存在于理念之中,是理性才能把握的对象。借鉴康德的观点,我们会看到,卢梭的问题恰恰在于用纯粹的理论来限制丰满的现实、将经验等同于理论,最终不可避免地将陷入理论的虚妄和幻象。对于卢梭思想中的这种理性狂妄倾向,黑格尔也提出了严厉的批评,认为卢梭过于草率和简单地将个别、偶然的存在上升到理性的高度,在现实中也造成了"最可怕和最残酷的事实"。② 这些"事实",或许就是卢梭身后不久的血腥的法国大革命吧。

如果说卢梭生不逢时,尚不及在国家的政治、宪法实践中落实、细化自己的整体国家观思想的话,那么施密特则在目睹魏玛共和国的乱象后,提出了自己在规范逻辑上或许同样正确、而且更细密的整体国家观思想。在施密特的眼中,目前的国家已经成了一个"总体国家",国家和社会具有了同一性。③ 当时的魏玛宪法也是以"全体德国人民同质而不可分割之统一体的民主思维"④"所有国家公民之意志同一性"⑤作为立国立宪的前提思想。魏玛共和民主政治运作的根本目的,就是将"私我的利益与意见""提升为统一的国家意志"。⑥ 当这一过程完成时,国家决断也将不再有"党派性"了。⑦ 所以,虽然当时政党在魏玛的民主实践中扮演着非常重要的作用,但是施密特认为,魏玛宪法没有明确规定政党的宪法地位,这是正确的处理方式。因为政党并不是一个稳定的存在,甚至是可以被视而不见的。⑧ 而且,由于活跃在魏玛共和国政治舞台上的政党,实际上并没有践行着自由宪政的思想,没有起到将一个个作为个人存在的公民,整合成统一人民的作用,反而成了一些组织稳定、具有

---

① 参见[德]康德:《纯粹理性批判》,邓晓芒译,杨祖陶校,人民出版社 2004 年 2 月版,第 361~366 页。

② 黑格尔指出:"卢梭认为意志是国家的原则。然而他所理解的意志,仅仅是特定形式的单个人意志……他所理解的普遍意志也不是意志中绝对合乎理性的东西,而只是共同的东西,即从作为自觉意志的这种单个人意志中产生出来的。这样一来,这些单个人的结合成为国家就变成了一种契约,而契约乃是单个人的任性、意见和随心表达的同意为其基础的。此外又产生其他纯粹理智的结果,这些结果破坏了绝对的神物及其绝对的权威和尊严。因此之故,这些抽象理论一旦得时得势,就发生了人类有史以来第一次不可思议的惊人场面:在一个现实的大国中,随着一切存在着的现成的东西被推翻之后,人们根据抽象思想,从头开始建立国家制度,并希求仅仅给它以想象的更改东西为其基础。又因为这些都是缺乏理念的一些抽象的东西,所以它们把这一声尝试终于搞成最可怕和最残酷的事实。"参见[德]黑格尔:《法哲学原理》,范扬、张企泰译,商务印书馆 1961 年版,第 254 页。

③ 参见[德]卡尔·施密特:《宪法的守护者》,李君韬、苏慧婕译,商务印书馆 2008 年版,第 105 页。

④ 参见[德]卡尔·施密特:《宪法的守护者》,李君韬、苏慧婕译,商务印书馆 2008 年版,第 63 页。

⑤ 参见[德]卡尔·施密特:《宪法的守护者》,李君韬、苏慧婕译,商务印书馆 2008 年版,第 114 页。

⑥ 参见[德]卡尔·施密特:《宪法的守护者》,李君韬、苏慧婕译,商务印书馆 2008 年版,第 116 页。

⑦ 参见[德]卡尔·施密特:《宪法的守护者》,李君韬、苏慧婕译,商务印书馆 2008 年版,第 206 页。

⑧ 参见[德]卡尔·施密特:《宪法的守护者》,李君韬、苏慧婕译,商务印书馆 2008 年版,第 110 页。

相当向心力的小团体,正对魏玛宪法的实施产生着"切割作用";因此,魏玛宪法的实施的一个重要目的就是要对抗政党的这种切割作用,①以重新实现魏玛共和国的统一与和谐。于是,在这种基于整体认识论的整体国家观中,为了追求理念上的和谐与统一,无论是 18 世纪的卢梭还是 20 世纪的施密特,都要求鲜活的政治现实必须服从于看似热情其实冷酷的理论要求,这是一种从根本上颠倒了理论与实践关系的国家观。这种颠倒的国家观,既会在现实中造成严酷的后果,也会使得这些理论欠缺对现实的积极指引力。当麦迪逊指出要消灭党派就需要取消人们的自由的时候,像卢梭、施密特这样的高度理想化的思想,为了在实践中将其与现实严重对立的理论贯彻到底,很可能会不惜取消人们的自由。

2.整体人民观中存在着"多数无法等同全体"的难题

作为整体的国家,首先需要一个作为整体的人民。但是整体国家观对现实解释最乏力之处,恰恰就在于它无法解释,在国家政治生活的现实中,从来就不存在一个和谐、统一的"人民";相反,人们看到的永远是各种各样的派系、团体,也正是这些五花八门的团体拼织出了现实中马赛克般的人民脸谱。萨托利曾经指出,德语、法语和意大利语的"人民"一词,都是指一个有机的整体。也正是在这些国家,人民往往是以一种整体论的思维讨论和分析国家、人民这些概念。虽然早在 18 世纪,布莱克斯通的《英国法释义》同样提到议员应当是公共利益而非其所在选区的代表,表现出了高度类似的整体人民观,②不过"人民"一词在英语中却是有复数形式的,这使得整体人民观的思想在英美没有在欧洲大陆那么强烈。③ 前文所述的几个曾经或现在还保留有整体人民观宪法条款的国家,都是欧洲大陆国家或者深受欧洲大陆国家宪法思想影响。萨托利进一步提出,无论人们在哪个国家的宪法和政治语境中讨论人民,其实都可以归纳出对"人民"的六种不同的解释,一个不可侵害的整体只是其中的一个理解而已。实际上有的时候,人们在谈及人民时,往往是谈论多数人罢了。④ 黑格尔也认为,"多数人"其实是比"一切人"更正确的用法。⑤ 此时,多数人与全体人民的关系、如何处理多数之外的人民的其他组成部分,都是决定整体国家观实践生命力的关键问题。

对于康德提出的纯粹理性的四个二律背反,黑格尔在讨论有限与无限的问题时进行了批判,并提出了自己的回答。黑格尔提出,其实在客观世界中,无限也是存在的,但是并不是以康德所认识的那种静态的方式而存在,而是一种"无限"的发展形式,存在于一系列的"有限"的现象中。即,虽然就具体的某个时间、某个空间的现象而言,它们都是有限的,但是在

---

① 参见[德]卡尔·施密特:《宪法的守护者》,李君韬、苏慧婕译,商务印书馆 2008 年版,第 113 页。

② "And every member, though chosen by one particular district, when elected and returned serves for the whole realm. For the end of his coming thither is not particular, but general; not barely to advantage his constituents, but the common wealth; to advise his majesty..." See Sir William Blackstone:*Commentaries on the Laws of England* (1765-1769),Book 1, Chapter 2:Of the Parliament,http://lonang.com/library/reference/blackstone-commentaries-law-england/bla-102/,2017-01-20 last visited.

③ 参见[美]乔万尼·萨托利:《民主新论》(上卷),冯克利、阎克文译,上海人民出版社 2015 年版,第 47 页。

④ 参见[美]乔万尼·萨托利:《民主新论》(上卷),冯克利、阎克文译,上海人民出版社 2015 年版,第 47~51 页。

⑤ 黑格尔指出:"'多数人'这一词如指经验普遍性而言,比流行惯用的'一切人'更为正确。"参见[德]黑格尔:《法哲学原理》,范扬、张企泰译,商务印书馆 1961 年版,第 319 页。

这些现象相互之间,却存在无限的否定之否定的发展关系,最终表现为一个无限的统一体。① 将这种辩证的无限观运用于政治哲学领域,我们将看到,如果人们试图在某个具体的团体之上,寻找作为整体的国家和人民,将犯下黑格尔所批判的强行将经验等同于理念的狂妄的主观错误。真正的整体、无限,恰恰存在于这些作为团体、派系而存在的各种部分人民的永恒互动中。人民这个概念在许多国家的用语中都属于一个集合概念,或许也正反映出了构造整体人民的过程中,内在的具体的辩证矛盾逻辑。

对于多数人不等同于全体的问题,卢梭和施密特都给出了相同的回答:牺牲那些少数人的利益,从而多数人的意志就等同于全体的意志。② 也正是在相同的逻辑下,西耶斯在法国大革命中喊出了"第三等级是一切!"的口号。③ 于是,以这些狂热的整体人民观的角度来看,为了在实践中保证规范的自洽性,少数人,并且最终是公民个人,已经不再重要了。需要注意的是,这种将多数等同于全体、从多数人中创造全体的倾向,并不只存在于卢梭、施密特这样的热忱的理性主义者的眼中。霍布斯这样的政治现实主义者给出的在纷繁复杂的现实中创造一个全体的方法,同样是将多数人等同于全体,从简单的代数加减法则出发,让互相冲突的意见抵消后,剩下的意见就"理所当然"地成了全体意见。④ 即使对于支持分权原则的洛克而言,他同样认为多数的意见与全体的意见应当画上等号。⑤ 于是,虽然这些思想家所处的时代不同,他们对于公民同国家的关系、国家的根本使命这些问题,有着不同的认识,但是却殊途同归地走上了将一个个鲜活的公民等同于冰冷的数字符号的认识道路。带来这种冷酷的理论结论的一个重要原因,或许就在于,他们在构造一个和谐、同质的整体国家、整体人民的过程中,在处理部分与整体之间的关系时,无法回答多数其实并不等同于全体的难题,最后只好以一种诡辩的方式将两者等同起来。这种诡辩的习惯与传统,也没有因为时间的流逝而消失,即使是在 2017 年的总统就职演说中,特朗普也不停地在"人民"与"一小部分人"之间来回跳跃,仿佛人民本来

---

① 参见[德]黑格尔:《逻辑学》,杨一之译,商务印书馆 1966 年版,第 252~260 页。

② 卢梭指出:"众意与公意之间经常总有很大的差别。公意只着眼于公共的利益,而众意则着眼于私人的利益,众意只是个别意志的总和。但是,除掉这些个别意志间正负相抵消的部分而外,则剩下的总和仍然是公意。"参见[法]卢梭:《社会契约论》,何兆武译,商务印书馆 2003 年版,第 39 页。施密特则认为:"被选票所压倒的少数势力无法藉由自由取得组织性的代表地位,这一点是符合民主的。因为,如果我们背诵了下面这项设准的话,那么我们也就摧毁了各种民主体制的基本预设:被选票所压倒的少数势力,只能接纳选举结果(而不是其特殊的意志),并且也只能赞同多数意志,以作为其自身之意志。"参见[德]卡尔·施密特:《宪法的守护者》,李君韬、苏慧婕译,商务印书馆 2008 年版,第 114 页。

③ 参见[法]西耶斯:《论特权/第三等级是什么?》,商务印书馆 1990 年版,第 22 页。

④ 霍布斯认为:"如果代表者是许多人组成的,那就必须把多数人的意见当作全体的意见。比方说,如果少数人表示赞成而多数人表示反对时,那么反对票在抵消赞成票之后就还会有多;于是多余的反对票就没有人反对,这样就成了代表者唯一的意见。"参见[英]霍布斯:《利维坦》,黎思复、黎廷弼译,杨昌裕校,商务印书馆 1985 年版,第 126 页。

⑤ 洛克曾言:"大多数具有全体的权力,因而大多的行为被认为是全体的行为,也当然有决定权了。"参见[英]洛克:《政府论》(下篇),叶启芳、瞿菊农译,商务印书馆 1964 年版,第 60 页。

就应当是统一的,而这些特权阶级并不属于这个和谐的人民整体。①

(三)整体人民观的历史根源

需要注意的是,早在 19 世纪初,黑格尔就已经明确地提出了上述关于部分与整体、有限与无限关系的辩证矛盾逻辑思想,但是这并没有阻止其后的法国、美国乃至德国的宪法实践,依然以一种静态、部分的观点来处理人民的宪法概念与形象。人们或许不可以简单地说,那些伟大的制宪者、革命者、思想家,因为见识的浅薄,没有想清楚我们这些后人已经洞若观火的问题。当人类在历史的转折点执意选择某种具有缺陷的理论或者思想的时候,很可能是当时的时势所迫。这一点,尤其能通过法国大革命的历史表现出来。

法国大革命影响了整个人类的民主法治发展进程。正如前文提示,法国宪法最早提出整体人民观思想,并一度是该思想最忠实的拥趸。除去思想传统方面的原因,法国资产阶级民主革命的历史,也加强了整体人民观的影响力。早在法国大革命的熊熊烈火完全燃烧起来以前,"一致性"的思想已经在那些正在准备推动变革的法国人中获得了很大的支持。因为在改革派看来,只有借助于一致同意的原则,才可以最大程度地动员各社会群体,去反对国王以及他所代表的特权阶级的专制权威。② 如果承认在人民内部存在某些与众不同的团体,特权阶级很容易就可以利用这种团体现象的正当性来主张自己特权的正当性。例如,禁止强制委托原则的出台,就是为了反对当时的专制君主政权将国家强制分割为不同的小团体的制度安排,这种小团体的制度安排使得人民被迫蜷缩在一个个小团体里,听任特权阶级的摆布。③

而且,当时的革命主题在于将国家的权力从国王手中,以"全体人民"的名义夺取到资产阶级的手中,至于这个"全体人民"是否存在,在这个"全体人民"的内部是否还存在着部分人民,革命者们是无暇且不愿意去思考的。其实这些充满激情的革命者对真正的普通公民抱着一种矛盾的看法:一方面,他们需要利用"整体人民"的巨大力量来推动革命的巨轮向前滚动;另一方面,他们又往往蔑视具体的普通公民的认识能力和行动方式。④ 这种矛盾的态度,或许也反映了前述各位思想家们在解决多数与全体是否相同的难题时,最终将公民等同于冰冷的数学符号的思维习惯。利用一个虚无缥缈的"整体人民"来推动改革和革命,或者仅仅是为了实现自身的政治野心。即使是在今日的政治活动中,人们还是能看到,这依然是一些政客钟爱的伎俩,而且依然是有效的伎俩。因为普通公民受尽了民粹主义者的谄媚之后,往往会成为这些煽动家的政治棋子。

此外,在革命的洪流中,革命的领导应当行动迅速、充满效率。⑤ 派系、团体之间无休止的讨论,看起来只会拖革命的后腿。一国宪法制定出来之后,本意通常是要创造一个和平、

---

① See "Inaugural address: Trump's full speech", http://edition. cnn. com/2017/01/20/politics/trump-inaugural-address/index.html,2017-06-23 last visited.
② 参见高毅:《法兰西风格:大革命的政治文化》(增补版),北京师范大学出版社 2013 年版,第36 页。
③ 参见高毅:《法兰西风格:大革命的政治文化》(增补版),北京师范大学出版社 2013 年版,第47 页。
④ 参见高毅:《法兰西风格:大革命的政治文化》(增补版),北京师范大学出版社 2013 年版,第66 页。
⑤ 参见高毅:《法兰西风格:大革命的政治文化》(增补版),北京师范大学出版社 2013 年版,第41 页。

稳定的政治环境,将宪法的主张付诸实践。但是不幸的是,在那些经典宪法的制宪过程中,制宪者往往正是那些心绪还没有平复的革命者。于是,这种革命的思维往往会被引入当时的宪法文本中,部分利益的思想也就成了首当其冲的受害者。当宪法得到稳定实施之后,这些革命时期的偏见和政治考虑的需要,也将镶嵌于宪法制度之中;如果宪法没有得到稳定实施,新的革命造就了新的宪法,整体人民观的宪法思想甚至会被加强。于是,在这些现实的政治考虑中,整体人民观总是能够活跃在各个年代宪法实践和政治活动的舞台上。

三、克服整体人民观之负面效应的可能路径

(一)扬弃"理想公民观"

在整体人民观的背后,反映出的是西方宪法在对待公民问题上一直采取的简单而热情的公民观。现代宪法在讨论公民时,总是假定这些公民都具有相同的政治偏好、立场和倾向,在"人人平等"等原则的感召下,现代宪法往往认为公民都具有各种高尚的道德和政治素养。例如,他们不会为了物质利益而出卖自己的隐私,都是将个人尊严视作人生最高价值的谦谦君子,都对公共事务具有充分的理想,而且是热心于公共事务的积极公民。在这种形象假设的基础上,宪法制度建设的一个重要使命,是尽量扩大公民对国家政治生活的亲身参与,尽量让国家的决策镜像般地反映公民已有的立场和倾向。英国在 2016 年以全民直接公投的方式,作出了会对国家未来几十年的发展带来深远影响的决定,这或许就是这种"理想公民观"的一个典型实践。

这些公民,的确是现代宪法期待的理想公民,但是却不是现实生活中的公民。现实中难免存在不完美、短视、自利的公民,许多公民对政治生活缺乏严肃、认真的兴趣,也缺乏能够支撑他们作出审慎决定的背景知识。现代宪法期待的公民在现实中对应的人群,实际上是对政治生活、政治事务具有特别兴趣和知识的那一小部人。这一小部分人,在任何国家,往往都是以政治家、高级公职人员、学术研究人员等为代表的政治专业人士,或者说政治精英。

在现代宪法思想产生的最初阶段,各位经典作家其实没有假定所有的公民都具有相同的政治倾向和素养,没有创造出一个混淆理想与现实的公民形象。这种现实主义的宪法公民观,尤其表现在三位经典社会契约论思想家的著述中。霍布斯认为每个公民都让渡出了自己所有的权利,以此形成一个无所不能的利维坦国家。此后,国家的所有决定都将由那位作为神一样存在的国王作出。这样的神,显然不可能是现实生活中的每一位公民。[1] 洛克推崇的是自由主义的契约论,国家只不过是为了满足公民对美好生活向往的工具。[2] 既然国家只是满足公民特殊需要的工具,那么公民完全有理由不去亲身参与,而是根据国家的运转效能来决定是保留还是撤回对其的支持。事必躬亲的做法,反而有可能会违背公民组建

---

[1] 参见[英]霍布斯:《利维坦》,黎思复、黎廷弼译,杨昌裕校,商务印书馆 1985 年版,第 131 页。
[2] 参见[英]洛克:《政府论》(下篇),叶启芳、瞿菊农译,商务印书馆 1964 年版,第 59 页。

国家的初衷。即使是人民主权最忠实的拥趸卢梭,也同样深刻意识到,不可能要求公民具备相同的政治素质。在热诚地讴歌了公意的伟大和共同体的神圣之后,[①]在谈及立法权时,他立刻话锋一转,承认公民在立法事项上具备不同层次的素质,立法者只能由那些睿智的公民来担当。[②] 面对普通公民在立法能力上的局限性,这些智者有时不得不求助于宗教这些非理性的因素,来换得其他普通公民对共同体立法的支持。[③]

但是在从理论到现实的实践过程中,在前文的讨论中我们可以看到,在一次次人民革命浪潮的冲洗下,随着人民一词日渐神圣化,经典作家的这些冷静的公民观渐渐地被人们所淡忘。在人民,或者说社会大多数人的决定仿佛已经具有天然合法性的今天,更少有人敢于否定普通公民的政治素质了,但这是一个罔顾事实、后果严重的错误。最严重的一个后果就是忽视了在社会生活中不同成员的不同影响力,提供了一套过于理想化的决策框架,以一个理论上同质化的人民来代表现实中具有不同利益诉求和倾向的人群,并最终为民粹主义的泛滥提供了良好的温床。

总而言之,若要克服整体人民观所带来的负面效应,首先必须客观地认识现实与对理想公民的期待之间的落差。

(二)限制公民直接决策以制约民粹主义

如果我们有勇气承认,许多普通公民似乎并无兴趣和相应的能力来认真思考各种复杂的公共事务,并在审慎思考之后作出各种理智的公共决策,那么我们就要承认,现代宪法的一个重要目标,就是要限制公民的直接决策。如果强行将公民拖入政治决策的过程中,便将为民粹主义的发展提供大好时机。

其实在现代西方宪法兴起和发展的大约三个世纪的时间里,人们已经看到了太多通过公民直接决策的形式,作出了对国家发展带来深远负面影响的决定的案例:这些负面决定,甚至出现在了近几年欧美国家民主政治的运作过程中:英国脱欧、西班牙加泰罗尼亚独立等。至于特朗普总统的上台,德国、奥地利和意大利右翼民粹主义政党成为国家议会内重要的政治力量,这其中也夹杂着许多公民直接决策的因素。所有这些公民直接决策的事件,都助长了民粹主义的发展。公民直接参与决策的消极面,也体现在近年来备受推崇的行政过程中公民直接参与活动这一做法。就提高决策本身的科学性和理性化程度而言,行政过程中公众参与的实践经验显示,大规模的公众直接参与决策,对提高决策的质量其实没有多少

---

① 参见[法]卢梭:《社会契约论》,何兆武译,商务印书馆2003年版,第29页。

② 卢梭认为:"人民永远是愿意自己幸福的,但是人民自己却并不能永远都看得出什么是幸福。公意永远是正确的,但是那指导着公意的判断却并不永远都是明智的。""立法者在一切方面都是国家中的一个非凡人物。"参见[法]卢梭:《社会契约论》,何兆武译,商务印书馆2003年版,第52、55页。

③ 卢梭曾言:"这就是在一切时代迫使各民族的父老们都去求助于上天的干预,以他们固有的智慧来敬仰神明的缘故了,这就是要使人民遵守国家法也像遵守自然法一样,并且在认识到人的形成和城邦的形成是由于同一个权力的时候,使人民能够自由地服从并能够驯顺地承担起公共福祉的羁轭。"参见[法]卢梭:《社会契约论》,何兆武译,商务印书馆2003年版,第57页。

帮助作用，①更多地表现为空洞的形式上的参与，而不是实质内容上的参与。

基于这些情况，我们需要再一次肯定，代议式民主是相对于直接民主更完善的民主政治形式，可以大大提高政治决策的理性化程度。首先，在公民直接决策形式下，人们无法确定决策的主体究竟是谁，这反过来会降低决策者的理性化程度。而代议式民主会使决策者变得更引人注目，相应地对其施加了更审慎决策的要求。其次，代议式民主将大大提高公民政治参与过程的组织化程度，在组织化程度不断提高的过程中，决策的审慎程度也将提高。虽然在代议式民主政治过程中，人们还是不能保证各位明确的决策者最终会作出明智的决定，但是至少这些决策者有可能接触到更多的信息、知识，并有时间和资源来充分分析、利用这些资源。这些都是大多数普通公民不具有的优势。从这一意义上说，同是政治过程的参与人，由于政党的组织化程度要远远高于作为个人的政治家，政党对民主政治过程的良性推动作用便远远高于政治家。近年来，随着社会生活环境的变化、通信技术的进步，政党传统功能的重要性显著下降，相应地带来了政党组织的弱化，反过来提升了政治家个人的作用，即出现了政治活动日益个人化的发展趋势，这也为民粹主义的发展提供了更好的机会。在人类社会逐渐进入后政党政治的时代，如何尽量保证政治决策过程的理性化程度，以及当政治活动的个人化色彩日益强烈之时，防止政治活动滑入民粹主义的情绪化陷阱。这些都是现代宪法实施需要认真考虑的问题。

(三)建立理性的主流社会文化

大多数情况下，公众的行动都要受到社会文化的影响和推动。为了防止公众被民粹主义者利用，现代宪法在实施过程中，就应当建立一个能够引导公民采取理性行为模式的社会主流文化，使得普通公民能够意识到知识和理性思考的重要性。

在塑造这种主流社会文化的过程中，教育活动无疑将发挥出非常重要的作用。我们正身处一个专业化分工程度越来越高的社会。为了防止在任何社会子系统中出现民粹主义泛滥，并外溢到整个社会生活中的现象，教育活动应当向公众提供通识性的教育，使得公众了解现代社会的基本运行原理，以防止公众因为对现状的误解而产生不满，最终被民粹主义者利用。这种通识教育，不仅应当包括理论学习，更应当包括亲身体验。例如在公共决策中适当让公众参与程序，便可为培育理性公民提供平台。公众参与程序在提高决策的科学性方面或许助益有限，但是它能够对现代民主政治的良性运作发挥出其他推动作用，塑造理性公民就是这种良性作用的一种表现。

---

① 例如在提到马里兰州的立法听证时，马里兰州的下院议员 Leon G. Billings 说道："（在一个听证会中）我们有超过 300 名证人……每名证人都提供了证言。大约前 12 名证人被询问了很多问题。在他们之后委员会的委员们意识到不会有新的问答了，以后的过程就很枯燥，每个证人都在重复其他人已经说过的话"。参见蔡定剑主编：《国外公众参与立法》，法律出版社 2005 年版，第 89 页。

结　语

正是由于西方代议制宪法中镶嵌着民粹主义的温床,此种制度框架的内在缺陷便尤其值得戒备。民粹主义擅长煽动起情绪化的政治参与。作为应对,宪法制度运作的理性化即法治化程度应当获得相应的重视。政治决策的内容和程序,都需要受到宪法实施机关更强的监督。在特朗普总统上台后,我们就看到了司法机关与特朗普政府的角力,这或许便是美国宪法制度应对民粹主义冲击的反应。但是仅仅依靠司法机关的约束,是否能够完全抵消民粹主义的影响力,目前似乎还不能给出明确的答案。究竟需要引入何种机制来细致区分人民之中的不同观点、立场、利益诉求,才能脱下"整体人民"这个假面具,回归多样化人民的本来面目,是西方在新的社会背景下实施代议制宪法时需要认真思考的问题。

《厦门大学法律评论》总第三十四辑　2022 年第一卷
《民粹主义对欧洲人权法院的挑战》
第 87 页～第 123 页

民粹主义对欧洲人权法院的挑战 *

［捷克］扬·佩特洛夫** 著　范继增*** 　郭于羲**** 译

摘要：本文从近期欧洲出现的非比寻常的民粹主义浪潮的视角分析欧洲人权法院的现状。笔者发现如果欧洲人权法院司法审查与民粹主义意识形态发生冲突，那么后者将会对前者形成严重和特殊的挑战。民粹主义独特性威胁的根源在于它将民粹主义的意识形态基础、其广泛的吸引力和动员普通民众的能力，以及民粹主义者消除自身权力限制的倾向相结合。针对最后一个特征，本文将介绍民粹主义对抗欧洲人权法院的技术手段，进行分类，并且全面分析欧洲人权法院的机构设置。笔者在结论部分认为尽管欧洲人权法院在财政预算和法官人员的遴选等事务中未达到完美的境地，但是尚能抵制民粹主义者对其结构性特征和司法人员的攻击。但是，民粹主义者用包括"责骂叙事"的在内手段，采取了强有力的反人权法院的措施，即通过去合法化（delegitimization）途径逐渐削弱欧洲人权法院的权威性与合法性。由于欧洲人权法院在过去十年中不能很好地应对合法性挑战，所以民粹主义的策略切中了欧洲人权法院的要害。因此，面对民粹主义的挑战，欧洲人权法院需要注意管理自身的社会正当性。

关键词：欧洲人权公约；欧洲人权法院；民粹主义；反法院策略；宪法特征

---

* 文章 DOI：10.53106/615471682022100034006。

本文译自 Jan Petrov，The Populist Challenge to the European Court of Human Rights，in International Journal of Consitutional Law（2000），Vol.18，No.2，pp.476-508.本文的研究获得欧盟 2020 年研究与创新计划支持的欧洲研究理事会的支持（授权号：678375 JUDI-ARCH ERC-2015-STG）。

** 扬·佩特洛夫（Jan Petrov），马萨里克大学法学院司法研究所（JUSTIN）研究员。

*** 范继增，山东工商学院法学院副教授，四川大学法学院特聘副研究员，意大利比萨圣安娜大学法学博士，研究方向：比较宪法、国际人权法。电子邮箱:qqhmxm@gmail.com。

**** 郭于羲，四川大学法学院 2020 级人权法学研究生，四川大学人权与法律研究中心研究助理，研究方向：人权法。电子邮箱:guoyuxiscu@163.com。

The Populist Challenge to the European Court of Human Rights
Jan Petrov

Abstract：This article analyzes the European Court of Human Rights（ECtHR）from the perspective of the recent extraordinary wave of populism in Europe. It argues that populism poses a serious and distinctive challenge to the ECtHR since supranational judicial review is at odds with the populist ideology. What makes the populist challenge distinctive is the combination of the ideological basis of populism，its wide appeal and capacity to reach ordinary people，and populists' tendency to remove limitations on their power. With respect to the last point，the article introduces a categorization of anti-court techniques and takes stock of the ECtHR's institutional setting. It concludes that although the situation is not perfect-the budget and judicial selection are especially problematic-the ECtHR is rather well insulated from eventual attacks targeting its structural features or the judicial personnel. However，including the ECtHR in the "narrative of blame"，populism is very strong in another anti-court strategy-achieving gradual erosion of a court through delegitimization. That is particularly threatening for the ECtHR due to its vulnerability to legitimacy challenges manifested in the past decade. As a result，the populist challenge will likely require careful management of the ECtHR's social legitimacy.

Key Words：European Convention on Human Rights；European Court of Human Rights；Populism；Counter-court Strategy；Constitutional Identity

一、前言

《欧洲人权公约》和欧洲人权法院被誉为"世界上最有效的人权保障体制"[①]或是"所有保护公民权利与政治权利最好的司法机构桂冠上的宝石"[②]。然而，一段时间以来，欧洲人权法院在批评和抵制的浪潮中承受着巨大的压力，[③]并且没有任何的迹象显示当代欧洲社会和政治的发展会在短时间内缓解这种压力。特别是"民粹主义大爆发"[④]已经给欧洲人权

[①] Alec Stone Sweet，Hellen Keller，Introduction：The Reception of the ECHR in National Legal Orders，in H. Keller & A. Sweet（eds.），*A Europe of Rights：The Impact of the ECHR on National Legal System*，New York：Oxford University Press，2012，p.11.

[②] Laurence Helfer，Redesigning the European Court of Human Rights：Embeddedness as a Deep Structural Principle of the European Human Rights Regime，*European Journal of International Law*，2008，Vol.19，No.1，p.125

[③] See Patricia Popelier，Sarah Lambrecht & Koen Lemmens（eds.），*Criticism of the European Court of Rights*，Cambridge：Intersentia Ltd，2016，p.3.

[④] John Judis，*The Populist Explosion*，New York：Columbia Global Reports，2016.

法院带来了巨大的压力,民粹主义的异常崛起是欧洲自冷战结束以来最大的政治转型。[1]的确,民粹主义的领袖们将欧洲人权法院描绘为"对欧盟人民安全的威胁"[2]、无用的"欧洲马戏团"[3]和"贪婪的怪物"[4]。尽管如此,民粹主义对欧洲人权法院的挑战尚未得到充分的研究。本文的写作目的是解释民粹主义为何以及如何挑战和逐步威胁欧洲人权法院的独立性、权威性和合法性。

本文认为民粹主义的意识形态基础、民粹主义者的沟通方式以及他们的诉求得到普通民众响应等因素的结合,导致民粹主义为欧洲人权法院带来了挑战。考虑到民粹主义的意识形态无法与欧洲人权法院匹配,以及民粹主义领袖们希望借此消除自身权力的限制,本文将进一步研究欧洲人权法院如何抵挡民粹主义的持续性攻击。笔者的结论是欧洲人权法院可以有效地抵制两类民粹主义的进攻策略:限制欧洲人权法院参与特定的议程(例如,剥夺欧洲人权法院的司法管辖权、使欧洲人权法院瘫痪等策略),以及通过攻击特定的审判法官以达到"驯服"欧洲人权法院的目的。尽管人权法院的状况尚不完美,尤其是预算和司法人员遴选领域中的问题非常严重,但是欧洲人权法院却可以很好地武装自己,使自己免于受到民粹主义者对其结构特征和司法人员的持续性的攻击。当然,这要归功于《欧洲人权公约》采纳了分散式的司法审查体系;正是这样的做法才缔造了高水平的司法自治和制度性的司法独立。

但是,民粹主义时代出现了另一种间接性的策略手段。这种方式的威胁性在于逐步削弱欧洲人权法院其在缔约国内的权威性和社会正当性,从而使其地位逐渐边缘化。民粹主义意识形态和政治风格的结合恰是削弱人权法院权威性的力量。民粹主义的意识形态导致了对当下欧洲自由民主的宪法制度结构的批判并阐释了如何实现"真正"民主的宪法性视野。进而,民粹主义者倾向于将国际人权法院作为"责骂叙事"(narrative of blame)的对象,用以解释谁应对当前人民的问题负责以及如何解决这些问题。民粹主义者的叙事解决了人民因缺乏对政治权力的控制而担忧失去社会经济和身份地位的问题,从而获得了一般民众的共鸣。通过谴责欧洲人权法院并激发人民对其仇恨情绪,民粹主义者掌握了动员人民的巨大能力,这种能力甚至具有跨国性的影响,并对欧洲人权法院的判决内容进行攻击。这些手段是扭曲和破坏欧洲人权法院独立性和权威性的社会与政治的根源。显然,这对欧洲人权法院具有极高的威胁性。民粹主义将其主要火力集中在过去十年中欧洲人权法院的脆弱面——合法性。换句话说,民粹主义浪潮对欧洲人权法院的最大挑战是改变了欧洲范围内

---

[1] See Martin Eiermann, Yascha Mounk, & Limor Gultchin, European Populism: Trends, Threats and Future Prospects, Institute for Global Change (Dec 29, 2017), available at https://institute.global/insight/renewing-centre/european-populism-trends-threats-and-future-prospects.

[2] Orban Attacks the European Court of Human Rights, EURACTIV.com (March 30, 2017), available at https://www.euractiv.com/section/global-europe/news/orban-attacks-the-european-court-of-human-rights-at-epp-congress/.

[3] Italy Violated Human Rights of Mafia Boss, THE LOCAL (Oct 25, 2018), available at https://www.thelocal.it/20181025/italy-violated-human-rights-of-mafia-boss-eu-court.

[4] Thierry Baudet, The Anti-democratic Impulses of the ECHR, SPIKED (Jan 19, 2011), available at https://www.spiked-online.com/2011/01/19/the-anti-democratic-impulses-of-the-echr/.

对人权案件裁决的社会政治观念。

本文的新颖性贡献体现在三个方面:首先,本文通过分析民粹主义的概念表达基础和民粹主义对欧洲人权法院实际挑战的路径,解释了欧洲的民粹主义和国际人权管辖机构的矛盾和表现。其次,本文限制司法权和规训介绍了限制人权法院的新颖技术种类,并且通过这类技术的不同内容研究欧洲人权法院应对策略和方法。基于此,可以证明民粹主义不仅是对法治参与者的威胁,而且也威胁着欧洲人权法院的特定制度设计。最后,本文的分析结果表明当面临民粹主义的挑战时,正式的独立司法制度机制无法足够达到保障法院结构特征和保护司法人员的标准。文章详细阐述了欧洲人权法院如何受到民粹主义去合法化策略的影响,导致其逐渐丧失权威基础,并论证了民粹主义时代下欧洲人权法院巩固其社会正当性具有极为重要的意义。

本文其余部分涉及以下内容:笔者为了在第二部分展现为何民粹主义会反对国际人权裁判机构的司法独立,将民粹主义重构为一种意识形态和宪法规划(constitutional project)。由于执政的民粹主义领袖们企图巩固他们的地位以及消解对他们权力的限制,所以笔者将在第三部分分析新的反法院技术,研究欧洲人权法院的机构设置,并评估欧洲人权法院的制度设计在民粹主义挑战下的风险和应对资源。第四节将是本文的结论部分。

二、作为意识形态与宪法规划的民粹主义:
对国际人权法院的威胁?

在政治话语体系中,"民粹主义"经常被政客们用于羞辱政治对立者,指责他们参与煽动叛乱,为他们贴上"机会主义"的标签。[1] 然而,民粹主义的概念远大于此。部分学者将民粹主义描述为一种特殊的政治风格、政治运动、策略或话语。[2] 在这种情况下,民粹主义与具有动员民众的强大能力的魅力式政治领袖相结合,[3]通过追求政治情感因素的激进性[4]和寻求借助"大多数无组织追随者直接的、无中介渠道和无制度性的支持"[5]的途径行使权力。

除此之外,在研究过程中民粹主义还被视为一种独特的政治意识形态。但是,相比于传统的自由主义或者社会主义意识形态,民粹主义意识形态基础较为薄弱,尚不能提供一张展示其内容的全景图。民粹主义仅提供了一系列关于"民主可以和应当如何运行,领导人可以

---

[1]　See Cas Mudde, The Populist Zeitgeist, *Government & Opposition*, 2004, Vol.39, No.4, pp.542-543.

[2]　See Takis Pappas, Modern Populism: Research Advances, Conceptual and Methodological Pitfalls, and the Minimal Definition, *Oxford Research Encyclopedia of Politics*, 2016.

[3]　See Michael Kazin, *The Populist Persuasion: An American History*, Ithaca: Cornell University Press, 1998, p.1.

[4]　See Carlos de la Torre, *Populist Seduction in Latin American*, Ohio: Ohio University Press, 2010, p.4.

[5]　Kurt Weyland, Clarifying a Contested Concept: Populism in the Study of Latin American Politics, *Comparative Politics*, 2001, Vol.34, No.1, p.14.

和应当如何与人民联系"①的主张。凯斯·穆德(Cas Mudde)提出的民粹主义定义具有较大的影响性:"一种意识形态,认为社会最终将被分为两个同质却相互对立的群体,即'单纯善良的人民'与'腐败的社会精英',并认为政治的本质应该是人民公共意志的表达。"②

同样,其他作者指出民粹主义强调提升人民主权、多数人统治、增强人民的同质性和对精英阶层的敌视。③ 然而,除这些共同特征外,民粹主义还呈现出其他多种形式。民粹主义就如同变色龙一样,与不同政治思想结合能呈现出导致不同形式。④ 本文所提及的民粹主义的概念是现今欧洲政治生活中占主导地位的版本,也是欧洲人权法院最需急迫解决的问题,即民粹主义与显著的排他主义、民族主义和反多元主义的因素相结合。⑤ 反多元主义导致了民粹主义者宣称人民和人民意志的代表享有排他性的权威:"民粹主义者宣称只有他们才能代表人民。"⑥正如下面所展示的反多元主义具有反自由主义的含义。⑦ 因此,在本文中"民粹主义"特指其他学者界定的带有威权色彩的民粹主义(authoritarian popularism)。⑧

(一)建构民粹主义意识形态大厦的基石

民粹主义的意识形态是建立在对宪法立法和政治理论基本概念的特定性理解之上的。民粹主义者将特定的人民形态、人民意愿以及政治与宪法的特征概念相结合,导致其形成无法与制约民意相融合的新的宪法规划。为了使读者能更好地理解民粹主义对欧洲人权法院的挑战,也为了更好地建构笔者的观点,首先应该从民粹主义视角研究这些概念。

民粹主义观念下的"人民"具有反精英、反多元和反个人主义的特征。民粹主义意识形态的起点是将社会分为对立的两极——"我们"与敌对的"他们"。社会因此分为了不同的两类人群:普通、平常、真实的人民与社会精英。因此,并非所有的社会成员都是民粹主义概念

---

① Aziz Z. Huq, The People Against the Constitution, *Michigan Law Review*, 2018, Vol.116, No.6, p.1132.

② Cas Mudde, The Populist Zeitgeist, *Government & Opposition*, 2004, Vol.39, No.4, p.543.

③ 例如,Margaret Canovan, Taking Politics to the People: Populism as the Ideology of Democracy, in Yves Mény & Yves Surel (eds.), *Democracies and the Popularist Challenge*, New York: Springer, 2002, p.25; Nadia Urbinati, The Populist Phenomenon, *Raisons Politique*, 2013, Vol.51, No.3, p.137.

④ See Paul Taggart, *Populism*, Buckinghem: Open University Press, 2000, pp.2-4.

⑤ See Cas Mudde & Cristóbal Rovira Kaltwasser, Exclusionary vs. Inclusionary Populism: Comparing Contemporary Europe and Latin America, *Government and Opposition*, 2013, Vol.48, No.2, p.155; Bojan Bugaric, The Two Faces of Populism: Between Authoritarian and Democratic Populism, *German Law Journal*, 2019, Vol.20, Special Issue 3, p.390.

⑥ See Jan-Werner Muller, *What is Populism?*, Philadelphia: University of Pennsylvania Press, 2016, p.20.

⑦ 同时参见 Gábor Halmai, Populism, Authoritarianism and Constitutionalism, *German Law Journal*, 2019, Vol.20, Special issue 3, p.296; Kim Lane Scheppele, Autocratic Legalism, *University of Chicago Law Review*, 2018, Vol.85, No.2, p.545.

⑧ 例如 Pippa Norris & Roger Inglehart, *Cultural Backlash: Trump, Brexit and the Rise of Authoritarian Populism*, Cambridge: Cambridge University Press, 2018; Bojan Bugaric & Alenka Kuhelj, Varieties of Populism in Europe: Is the Rule of Law in Danger?, *Hague Journal of Rule of Law*, 2018, Vol.10, No.1, p.22.

里的人民。① 精英被广泛定义为控制国家和社会的统治阶级,政治、经济、文化和媒体中的社会精英摧毁了真正人民的意志。② 凯斯·穆德(Cas Mudde)和克里斯托堡·霍维拉·卡特瓦泽(Cristóbal Rovira Kaltwasser)认为民粹主义中的"人民"的概念具有对立统一的辩证关系,其目的是动员和团结大多数群众对抗共同的敌人——社会精英分子。③ 但是,民粹主义下"人民"的概念是模糊的,甚至是一种虚构。④ 人民通常是指被政治权力排除在外的不特定群体,即感觉到被社会精英压迫的人民。模糊的定义使得民粹主义者可以在不同的社会群体中形成统一战线,并创造他们共同的身份特征。⑤ 此外,道德性的诉求进一步加剧了社会的分歧。普通百姓被视为拥有纯粹的道德,而精英则被视为一群腐败之徒。⑥

　　普通民众同质化的观点是民粹主义对人民意志概念化的基础。它的本质具有一元性,即拥有一个团结的人民,一种利益和一个意愿。⑦ 由于民粹主义领导人了解人民的唯一意志源于人民共同的意识——常识,所以将其视为人民同质化的政治意志。换句话说,政治就是依据常识解决普通民众的问题。⑧ 因此,民意内容并非总是通过宪法正式确立的民主程序被发现,也产生于无权力民众的直觉中。⑨ 民粹主义者赋予人民意志最高的规范与道义效力。⑩

　　实践性政治要求以真正的方式(authentic way)认知和执行人民的意志。⑪ 民粹主义认

---

① See Jan-Werner Muller, *What is Populism*?, Philadelphia: University of Pennsylvania Press, 2016, p.21.

② See Cas Mudde & Cristóbal Rovira Kaltwasser, *Populism: A Very Short Introduction*, New York: Oxford University Press, 2017, p.12.

③ See Cas Mudde & Cristóbal Rovira Kaltwasser, *Populism: A Very Short Introduction*, New York: Oxford University Press, 2017, p.11; Margaret Canovan, Taking Politics to the People: Populism as the Ideology of Democracy, in Yves Mény & Yves Surel (eds.), *Democracies and The Popularist Challenge*, New York: Springer, 2002, p.34.

④ See Jan-Werner Muller, *What is Populism*?, Philadelphia: University of Pennsylvania Press, 2016, p.20.

⑤ See Cas Mudde & Cristóbal Rovira Kaltwasser, *Populism: A Very Short Introduction*, New York: Oxford University Press, 2017, pp.9-10.

⑥ See Jan-Werner Muller, *What is Populism*?, Philadelphia: University of Pennsylvania Press, 2016, p.24.

⑦ See Luigi Corrias, Populism in a Constitutional Key: Constituent Power, Popular Sovereignty and Constitutional Identity, *European Constitutional Law Review*, 2016, Vol.12, No.1, p.11.

⑧ See Cas Mudde, The Populist Zeitgeist, *Government & Opposition*, 2004, Vol. 39, No.4, p.547 and p.560.

⑨ See Jan-Werner Muller, *What is Populism*?, Philadelphia: University of Pennsylvania Press, 2016, p.26; Margaret Canovan, Taking Politics to the People: Populism as the Ideology of Democracy, in Yves Mény & Yves Surel (eds.), *Democracies and the Popularist Challenge*, New York: Springer, 2002, p.32.

⑩ See Ben Stanley, The Thin Ideology of Populism, *Journal of Political Ideology*, 2008, Vol.13, No.1, p.101.

⑪ See Ben Stanley, The Thin Ideology of Populism, *Journal of Political Ideology*, 2008, Vol.13, No.1 (2008), pp.104-105.

为政治的主要任务是使通过人民意志表达的意见与国家政府表达的意见享有同等的权威性。① 因此,民粹主义对于民意的解释呈现出一元论、自证性、道德正确性,并且要求真正实施人民意志。实现人民意志的真实性将我们引到了民粹主义意识形态的下一个要素——何为"政治"的概念?

民粹主义者批判自由民主的结构和宪法程序解构了人民的意志,并且剥夺了其真实性。他们认为宪法民主制度和程序导致了"政治"被单纯的"行政管理"所取代。② 结合政策的选项被严格地限定在国际法规范或者自由主义下的政治正确性话语中,自由主义的宪法结构将国家政体变成"缺乏选项的民主政体"。③

民粹主义的目的是将真实的人民意志带回到政治之中并且使公共领域重新政治化。④ 这种目的建构在卡尔·施米特(Carl Schmitt)的政治概念之上,形成了两极化的政治对抗。⑤ 这就意味着民粹主义意识形态下政治的核心驱动力是人民与社会精英的相互仇恨。没有对立,就不存在政治,仅存的是行政管理。⑥ 因此,民粹主义的宪法规划拒绝了自由立宪主义下的"无休止的诉讼"⑦和宪政民主设计中的权力限制。⑧ 民粹主义者也用相同的观点反抗国际法层面对权力的限制。⑨ 总之,民粹主义宣称政治优先于法律。⑩ 此外,民粹主义倾向于忽视普通性政治和宪法性政治的差别,⑪导致人民意志被置于宪法之上。⑫ 施米特主义的思想再次被引用——人民不仅永远享有制宪权,也可以直接行使制宪权:"在民主

---

① See Nadia Urbinati, The Populist Phenomenon, *Raisons Politique*, 2013, No.5, p.140.

② See Cas Mudde, The Populist Zeitgeist, *Government & Opposition*, 2004, Vol.39, No.4, p.555.

③ See Ivan Krastev, The Strange Death of the Liberal Consensus, *Journal of Democracy*, 2007, Vol.18, No.4, pp.60-61.

④ See Cas Mudde, The Populist Zeitgeist, *Government & Opposition*, 2004, Vol.39, No.4, p.555.

⑤ See Carl Schmitt, *The Concept of the Political*, trans by G. Schwab, Chicage: The University of Chicago Press, 1996.

⑥ See Ben Stanley, The Thin Ideology of Populism, *Journal of Political Ideology*, 2008, Vol.13, No.1, p.97.

⑦ Nadia Urbinati, The Populist Phenomenon, *Raisons Politique*, 2013, Vol.51, p.140.

⑧ See Margaret Canovan, Trust the People! Populism and the Two Faces of Democracy, *Political Studies*, 1999, Vol.47, No.1, p.2; Cas Mudde, The Populist Zeitgeist, *Government & Opposition*, 2004, Vol.39, No.4, p.561.

⑨ See Paul Blokker, Populist Constitutionalism, Verfassungsblog (May 4, 2017), available at http://verfassungsblog.de/populist-constitutionalism/.

⑩ See Gábor Halmai, Populism, Authoritarianism and Constitutionalism, *German Law Journal*, 2019, Vol.20, Special Issue 3, p.306.

⑪ See Paul Blokker, The Populist Threat to Democratic Constitutionalism, EUI blog (Nov 14, 2017), https://blogs.eui.eu/constitutionalism-politics-working-group/populist-constitutionalism-4-populist-threat-democratic-constitutionalism/.

⑫ See Oran Doyle, Populist Constitutionalism and Constituent Power, *German Law Journal*, 2019, Vol.20, Special Issue 2, p.162.

政体中,人民就等于主权。人民的意志可以打破整个宪法规范体系的束缚。"①

民粹主义思想的另一个核心要素是宪法特征(constitutional identity)。根据加里·雅各布森(Gary Jacobson)的说法,宪法特征"是混合了国家先前的政治愿望和承诺的政治表达,也是社会中希望超越过去形态的人们的意志与决心"②。所以,宪法特征成为在特定政体中建构社会和法律关系的基础。③ 同样,米切尔·罗森菲尔德(Michel Rosenfeld)认为宪法特征是对任何需要构建"有特点的自我形象"的想象共同体的反映。④ 宪法特征概念承担了"解释和叙事的框架,使共同体演变为有组织的想象共同体"⑤。对民粹主义而言,建构一个等同于宪法特征的特殊叙事非常重要。普通民众的同一性意味着政治共同体有着一致性的宪法特征。⑥ 这种宪法特征通常采取类似于神话的历史叙事方式描述人民的伟大。⑦ 为了回应和对抗全球共同主义(cosmopolitanism)的兴起对于民族特征的影响,民粹主义的宪法特征通常表述为"地方主义对全球共同主义的反击……,即只有前者才能代表特定的政体、地区或社区'真实'身份"⑧。

民粹主义意识形态的核心是宪法特征的历史和身份认同维度常与笔者所说的"责骂叙事"相联系。民粹主义经常源自人民对现实生活的不满,并由于人们的沮丧、焦虑和对未来的恐惧而逐渐恶化。因此,需要一种对抗现有制度的政治力量。⑨ 作为民粹主义意识形态供给者的民粹领导者们用简单的语言叙述了民粹主义产生的缘由和人民焦虑的后果:"这就是正在发生的事实,也可以解释为什么人民要对你们(社会精英)这样做。"⑩ 因此,民粹主义意识形态下的宪法叙事常常以敌对性为基础,它试图识别出并指责那些

---

① Carl Schmitt, *Verfassungslehre*, 1928, p.275. See also Heiner Bielefeldt, Carl Schmitt's Critique of Liberalism, in D. Dyzenhaus (ed.), *Law as Politics*: *Carl Schmitt's Critique of Liberalism*, Durhan: Duke University Press, 2014, p.28.

② See Gary J. Jacobsohn, *Constitutional Identity*, Boston: Harvard University Press, 2010, p.7.

③ See Gary J. Jacobsohn, *Constitutional Identity*, Boston: Harvard University Press, 2010, p.8.

④ See Michel Rosenfeld, Constitutional Identity, in M. Rosenfeld & A. Sajó (eds.), *Oxford Handbook of Comparative Constitutional Law*, New York: Oxford University Press, 2012, p.759.

⑤ Michel Rosenfeld, Constitutional Identity, in M. Rosenfeld & A. Sajó (eds.), *Oxford Handbook of Comparative Constitutional Law*, New York: Oxford University Press, 2012, p.759.

⑥ See Luigi Corrias, Populism in a Constitutional Key: Constituent Power, Popular Sovereignty and Constitutional Identity, *European Constitutional Law Review*, 2016, Vol.12, No.1, p.13.

⑦ See Luigi Corrias, Populism in a Constitutional Key: Constituent Power, Popular Sovereignty and Constitutional Identity, *European Constitutional Law Review*, 2016, Vol.12, No.1, p.13.; Nadia Urbinati, The Populist Phenomenon, *Raisons Politique*, 2013, Vol.51, No.3, p.139.

⑧ Ran Hirschl, Opting Out of "Global Constitutionalism", *Law & Ethics of Human Rights*, 2018, Vol.12, No.1, p.35.

⑨ See Dani Rodrik, Populism and the Economics of Globalization, *Journal of International Business Policy*, 2018, Vol.1, No.1, p.24.

⑩ Dani Rodrik, Populism and the Economics of Globalization, *Journal of International Business Policy*, 2018, Vol.1, No.1, p.24.

引起普通民众焦虑的罪恶。①

(二)民粹主义的宪法规划:反对法院、技术官僚和超国家法律制度?

倘若我们将民粹主义意识形态下的四种要素相结合,我们就会发现民粹主义很难与源自于宪法和国际法的分权与制衡原则相匹配。民粹主义的意识形态无法容忍对民粹领导者确认的人民意愿的约束。

制约与平衡的理念旨在限制政府权力,防止暴政,提高社会主义治理专业性,确保政府政策的合法性,为自由主义模式下的宪法结构所重视、青睐。② 制约与平衡的宪法机制还通过建立分散式(decentralization)和耗时性的制定决策体系确保人们免受一时的激情所导致的错误的伤害。民粹主义者既不认为这些价值是可取的,也不相信制约与平衡的宪法机制会产生如此功效。在民粹主义者看来,约束权力的机构和个人会抑制人民表达真正的意志。而且,由于民粹主义认为解决普通百姓问题的方法具有明显且简单的性质,所以制约与平衡的宪法设计本身就不具有必要性和有效性。③ 因此,从概念的视角分析,威权民粹主义的宪法规划的基础是反对约束普通民众的意志,并且趋向于拒绝多元化,也不赞同设置保障少数群体的权利和制度。④ 民粹主义者利用民众的恐慌,用"责骂叙事"批判这些法律结构和制度。出于同样的原因,民粹主义通常反对技术官僚和非多数人优先的政治制度。民粹主义者将其描述为"制度化的精英主义与对民主的威胁"⑤。

在这方面,司法权进入了我们的视野。全球范围内针对议会立法的司法审查使得国家的宪法法院或最高法院成为民主立法的重要参与者之一。⑥ 少数服从多数不再是决定某些特定问题的方法,相反,法官可以对这些问题享有管辖权。同样,尽管普通法院缺乏违宪审查权,但是却可以通过对行政行为的司法审查权和审查国内法是否符合国际人权公约和欧盟法的途径影响公共政策。⑦ 由于法院和法官通常在民主治理体系中具有更大的影响力和

---

① See Ivan Krastev, The Strange Death of the Liberal Consensus, *Journal of Democracy*, 2007, Vol.18, No.4, pp.60-61.

② See Jenny Martinez, Horizontal Structuring, in M. Rosenfeld & A. Sajó (eds.), *The Oxford Handbook of Comparative Constitutional Law*, New York: Oxford University Press, 2012, pp.547-548.

③ See Margaret Canovan, Trust the People! Populism and the Two Faces of Democracy, *Political Studies*, 1999, Vol.47, No.1, p.6.

④ See Cas Mudde & Cristóbal Rovira Kaltwasser, *Populism*: *A Very Short Introduction*, New York: Oxford University Press, 2017, p.81.

⑤ Frank Vibert, *The Rise of The Unelected*: *Democracy and The New Separation of Powers*, Cambridge: Cambridge University Press, 2007, p.3.

⑥ 例如, Alec Stone Sweet, *Governing with Judges*, 2000; Ran Hirschl, Judicialization of Politics, in G. Caldeira (ed.), *The Oxford Handbook of Law and Politics*, New York: Oxford University Press, 2008.

⑦ See Leonard Besselink, The Proliferation of Constitutional Law and Constitutional Adjudication, or How American Judicial Review Came to Europe After All, *Utrecht Law Review*, 2013, Vol.9, No.2, p.19.

话语权,所以许多民粹主义领导人在掌权后,就企图控制法院。

除了通过国内法院用司法权控制政治之外,近期的历史发展中还产生了另外一种趋势——国际司法机构不断扩展其管辖权。① 各种国际性法院(IC)旨在影响国家行为,并促使国家转变态度,尊重国际法。在过去的几十年中,许多国际性法院都经历了巨大的变革。学者们甚至提到了国际性法院创造和使用范式的变化。② 至少某些"新"的国际性法院已经掌握了更大的权力,并且承担了远远超出解决国家间争端的责任。求助国际法院解决问题的途径越加广泛,国内法院吸纳国际法院判决的进程也得到了推进,并且某些国际性法院具有高度独立于国家控制的地位。③ 结果,国际性法院的权威(最为突出的就是欧洲人权法院)以及国际性法院对国内政治的影响力都得到了显著的提升。④ 随之产生的问题是民粹主义对国际人权法的不满,尤其是对其普遍性的期许抱有愤恨。民粹主义者将国际人权规范视为对人民意志和宪法特征的非民主和个体化的障碍。⑤ 结果,国际性人权法院、准司法机构,以及帮助提交人权案件到上述国际性机构的国际性非政府组织刺激了民粹主义者的神经。⑥

国际性法院的崛起展现了一种普遍的态势——对多数人治理模式的限制正变得国际化。民粹主义认为全球化以及国际组织、国际非政府组织和跨国公司不断提升的影响力是不负责任的国际精英阻碍国内真正人民意志实现的外部障碍。因此,民粹主义者通常包括国际参与者和支持他们进行责骂叙事的国内领导人。⑦ 在欧洲,民粹主义经常与欧洲怀疑论者统一战线,共同对欧洲一体化的精英和非民主代议的性质进行批评。⑧

波斯纳认为近期的事件甚至表现出冷战后形成的自由国际主义(liberal

---

① See Cesare Romano, The Proliferation of International Judicial Bodies: The Pieces of the Puzzle, *New York University Journal of International Law and Policy*, 1999, Vol.31, No.4, p.79.

② See Karen Alter, *The New Terrain of International Law*, 1999, Vol.31, Princeton: Princeton University Press, 2014, p.3.

③ See Robert O. Keohane, Andrew Moravcsik, & Anne-Marie Slaughter, Legalized Dispute Resolution: Interstate and Transnational, *International Organization*, 2000, Vol.54, No.3, p.469; Karen Alter, Delegating to International Courts: Self-Binding vs. Other-Binding Delegation, *Law and Contemporary Problems*, 2008, Vol.71, No.1, p.37.

④ See Karen Alter, Tipping the Balance: International Courts and the Construction of International and Domestic Politics, *Cambridge Yearbook of European Legal Studies*, 2011, Vol.13, No.1, p.101. 参见 infra note 97, 以及本文的第三部分。

⑤ See Paul Blokker, *Populist Constitutionalism*, Verfassungsblog (May 4, 2017), available at http://verfassungsblog.de/populist-constitutionalism/.

⑥ See Philip Alston, The Populist Challenge to Human Rights, *Journal of Human Rights Practice*, 2017, Vol.9, No.1, p.1

⑦ See Dani Rodrik, Populism and the Economics of Globalization, *Journal of International Business Policy*, 2018, Vol.1, No.1, p.25.

⑧ See Paul Taggart, Populism and Representative Politics in Contemporary Europe, *Journal of Political Ideology*, 2004, Vol.9, No.3, p.270.

internationalism)可能已经走到了尽头。① 全球化的利益分配不均,许多人感到被全球化和国际机构抛弃了。② 民粹主义领导人认为国际范围的决策者不是为了普通老百姓利益着想,而是服务于精英者利益。结果,"国际机构成为民粹主义轻易抨击的目标,部分国家领导人也成为民粹主义的支持者。民粹主义者能够将不安全和经济异常归咎于全球化和国际法,以此来削弱构建国际主义秩序的当权派精英的权威"。③

总体而言,反对自由主义模式的分权与制衡的宪法设计和反对限制权力的理念是民粹主义常见的意识形态内容,也是常见的民粹主义强人政治模式。但是,并不是所有的民粹主义的支持者都赞同这一点:"即使不同意民粹主义领导人提出的简单化解决方案的选民,也可能会在面对那些长时间不属于政治话语的议题时找到欣慰。"④亚沙·穆克(Yascha Mounk)认为人民担忧未来,担心失去其当前的身份、经济和社会地位,这驱动了他们对于民粹主义者的支持。⑤ 从这个视角分析,我们有理由承认民粹主义找到了自由主义宪政民主政体长期所忽视和压制的问题,一方面是个人主义与世界共同主义之间的张力,另一方面是集体主义和特殊主义(particularism)间的张力。⑥ 因此,本杰明·阿迪蒂(Benjanmin Arditi)将民粹主义比作为醉酒后向其他人提出无理问题的"受邀困客"(awkward dinner guest)。然而,这些问题可能针对重要的隐藏性难题。⑦

国际性法院或者欧洲人权法院如何才能符合当下的要求呢?司法性与国际性治理下的民主与身份认同缺陷属于被忽视的问题。⑧ 可以说,欧洲人权法院对很多领域都行使了司法管辖权,这包括了人民最关注的道德和政治领域中的核心问题(例如安全或移民)。尽管

---

① See Eric Posner, Liberal Internationalism and the Populist Backlash, *Arizona State Law Journal*, 2017, Vol.49, No.2, pp.812-813.

② See Michael J. Trebilcock, *Dealing with Losers: The Political Economy of Policy Transition*, Oxford University Press, 2014.

③ See Eric Posner, Liberal Internationalism and the Populist Backlash, *Arizona State Law Journal*, 2017, Vol.49, No.2, pp.816.

④ 参见对索菲亚·加斯顿(Sophia Gaston)话语的援引。Judy Dempsey, Does Europe Have an Alternative to Populism?, Carnegie Europe (Aug. 30, 2018) available at http://carnegieeurope.eu/strategiceurope/77134? lang=en.

⑤ See Yascha Mounk, *The People vs. Democracy: Why Our Freedom Is in Danger and How to Save It*, Boston: Harvard University Press, 2018, p.157.; Eefje Steenvoorden & Eelco Harteveld, The Appeal of Nostalgia: The Influence of Societal Pessimism on Support for Populist Radical Right Parties, *West Europe Politics*, 2018, Vol.41, No.1, p.28.

⑥ See Neil Walker, Populism and Constitutional Tension, *International Journal of Constitutional Law*, 2019, Vol.17, No.2, p.515.

⑦ See Benjamin Arditi, *Politics on the Edges of Liberalism: Difference Popularism Revolution Agitation*, Cambridge: Cambridge University Press, 2007, p.78.

⑧ See Doreen Lustig & J. H. H. Weiler, Judicial Review in the Contemporary World—Retrospective and Prospective, *International Journal of Constitutional Law*, 2018, Vol.16, No.2, pp.338-345; Yascha Mounk, *The People vs. Democracy: Why Our Freedom Is in Danger and How to Save It*, Boston: Harvard University Press, 2018, pp.70-77; Neil Walker, Populism and Constitutional Tension, *International Journal of Constitutional Law*, 2019, Vol.17, No.2, p.515.

有很多支持欧洲人权法院介入这些领域的良好论证,但行使司法管辖权是"有代价的"。①我们应该承认国际性法院对这些问题的司法审判可以形成去政治化的解决方法,但是这也导致人民对缺乏管控上述棘手问题的措施而感到焦虑。② 因此,尽管有人不认同民粹领袖提出的简单化解决方案,也不认为国际治理是精英们的阴谋叙事,但是考虑到国际性法院的裁判导致了国内人民的焦虑和担忧这一事实,就会有助于我们了解为何人民支持民粹主义者提出的解决方案。这就意味着民粹主义者的"责骂叙事"对许多人产生吸引力的同时,也对欧洲人权法院产生了威胁。

非常明显的是国际性法院,尤其是欧洲人权法院一直受到民粹主义的挑战。③ 最近,欧洲人权法院受到了缔约国政府、法官、学者和主流媒体的批评。尽管这些人有时利用了民粹主义的逻辑思维对欧洲人权法院提出批评,但笔者认为民粹主义对欧洲人权法院构成了严重的挑战。尽管民粹主义的意识形态建构尚处薄弱阶段,但是民粹主义对应该如何运作民主提供了复杂的看法。民粹主义对上述概念的解读形成了强烈性的含义,并因此导致了特殊的宪法视野。这种视角与独立有效的国际人权管辖机制形成了鲜明的对比。国际人权法院的巨大影响性被认为是不合适的,无效的或缺乏民主正当性。民粹主义为批评欧洲人权法院行使管辖权这一不道德、敌视人民和民主的做法提供了基础。因此,民粹主义提出了一个取代泛欧自由主义制度的宪法规划。民粹主义的另一个基本特征是其广泛的吸引力和动员群众的能力。有关国际性法院正当性的议题通常由来自法律和政治领域的精英人士提出。④ 但是,民粹主义将其提升到另一个层次。民粹主义的叙事必须围绕着人民的意志。利用民众对社会经济地位和身份认同的关注似乎比单纯利用主权观念或者批判国际性法院反对多数人决断的判决能更好地动员和团结人民。甚至,这种模式具有跨国的影响力。⑤

但是,掌权的民粹主义者用工具主义观念看待政治和法律制度。民粹主义当权者仅反对和攻击那些不符合他们自身利益的制度。扬-维尔纳·穆勒(Jan-Werner Müller)认为"民粹主义者只反对那些特定的制度,即他们认为不能产生道德正确性政治结果的制度。但是,这种形式的'反制度主义'(anti-institutionalism)只有在民粹主义者反抗时才能清楚地表达出来。掌权的民粹主义者只对他们自己的制度满意"⑥。从威权民粹主义者的行动中可以

---

① See Andrea Pin, The Transnational Drivers of Populist Backlash in Europe: The Role of Courts, *German Law Journal*, 2019, Vol.20, Special Issue 2, p.236.

② See Andrea Pin, The Transnational Drivers of Populist Backlash in Europe: The Role of Courts, *German Law Journal*, 2019, Vol.20, Special Issue 2, p.242.另一方面,部分学者认为对政治问题的司法裁判会导致法院的政治化,参见 John Ferejohn, Judicializing Politics, Politicizing Law, *Law and Contemporary Problem*, 2002, Vol.65, No.3, p.64.

③ See Kanstantsin Dzehtsiarou, *European Consensus and the Legitimacy of the European Court of Human Rights*, Cambridge: Cambridge University Press, 2015, p.146.

④ See Basak Çalı, Anne Koch, & Nicola Bruch, The Legitimacy of Human Rights Courts: A Grounded Interpretivist Analysis of the European Court of Human Rights, *Human Rights Quarterly*, 2013, Vol.35, No.4, p.962.

⑤ 具体内容请参见本文第三部分第三节。

⑥ See Jan-Werner Müller, Populism and Constitutionalism, in C. Rovira Kaltwasser et al. (eds.), *Oxford Handbook of Populism*, New York: Oxford University Press, 2017, p.598.

明显地看出，他们根据自身的宪法视野调整制度结构。在全世界范围内，我们可以发现掌权的民粹主义者在努力消除宪法制度对行政权的制约，努力地改变选举规则，并限制独立媒体和非政府性的民间组织的活动——倘若这些团体未能产生民粹领袖所希望的结果。① 如果跨越了民粹领袖们设置的利益红线，法院通常会成为反对制约与平衡宪法设计的民粹主义者首要攻击的目标。② 即便如此，掌权的民粹主义者并不需要废除法院，限制其约束行政机构的方法也可达到他们的追求。最常用的两种策略是：限制法院审查给定行政议程的能力（例如剥夺管辖权，使法院瘫痪），以及通过攻击司法人员，要求其作出符合民粹主义目标的判决，从而"驯服"法院。③

民粹主义的意识形态基石和民粹领袖们对国际性司法机构的攻击对欧洲人权法院有何种影响呢？实际上，民粹主义对强势的国内法院的反感也会影响到欧洲人权法院。欧洲人权法院通过动态性解释《欧洲人权公约》条款的方法提升欧洲人权保障标准。④ 欧洲人权法院的判决法理渗透到国内法院的判决之中，⑤进而影响了国内法律和宪法的解释和内容，⑥并改变了国内政治进程。⑦ 特别是在"新兴"的欧洲民主国家，欧洲人权法院的判决已经成为国内机构人权保障的说明书，⑧成为巩固民主发展和防止倒退的工具。⑨

此外，欧洲人权法院的判决与民粹主义意识形态的基础呈现出相悖的价值观，前者判决

① See David Landau，Populist Constitutions，*University of Chicago Law Review*，2018，Vol.85，No.2，p.532；Jan-Werner Muller，*What is Populism?*，Philadelphia：University of Pennsylvania Press，2016，p.20.

② See Bojan Bugarič & Tom Ginsburg，The Assault on Postcommunist Courts，*Journal of Democracy*，2016，Vol.27，No.3，p.73；Steven Levitsky & Daniel Ziblatt，*How Democracies Die*，Crown，2018，pp.78-81.

③ 这些策略在波兰和匈牙利的民粹主义者攻击宪法法院的事例中表现得非常明显。参见 Bojan Bugarič & Tom Ginsburg，The Assault on Postcommunist Courts，*Journal of Democracy*，2016，Vol.27，No.3，p.85.

④ See Kanstantsin Dzehtsiarou，European Consensus and the Evolutive Interpretation of the European Convention on Human Rights，*German Law Journal*，2011，Vol.12，No.10，p.1730.

⑤ See Janneke Gerards & Joseph Fleuren (eds.)，Implementation of the European Convention on Human Rights and of the Judgments of the ECtHR in National Case Law A Comparative Analysis，Intersentia，2014，p.86.

⑥ See David Kosař & Lucas Lixinski，Domestic Judicial Design by International Human Rights Courts，*American Journal of International Law*，2015，Vol.109，No.4，p.713；Dia Anagnosto (ed.)，*The European Court of Human Rights：Implementing Strasbourg's Judgments on Domestic Policy*，Cambridge：Cambridge University Press，2013；Alec Stone Sweet & Hellen Keller，Introduction：The Reception of the ECHR in National Legal Orders，in H. Keller & A. Sweet (eds.)，*A Europe of Rights：The Impact of the ECHR on National Legal System*，New York：Oxford University Press，2012，p.11.

⑦ See Laurence Helfer & Erik Voeten，International Courts as Agents of Legal Change：Evidence from LGBT Rights in Europe，*International Organization*，2014，Vol.68，No.2，p.77.

⑧ See Iulia Motoc & Ineta Ziemeie (eds.)，*The Impact of the ECHR on Democratic Change in Central and Eastern Europe*，Cambridge：Cambridge University Press，2016.

⑨ See Andrew Moravcsik，The Origins of Human Rights Regimes：Democratic Delegation in Postwar Europe，*International Organization*，2000，Vol.54，No.2，p.217.

的法理基础建立在保障个人权利、社会多元主义、普遍主义和保护少数群体之上。实际上，欧洲人权法院已经开始实施对抗民粹领袖的一些政策。仅举几个例子，在 2005—2007 年波兰民粹主义盛行时期，欧洲人权法院裁定莱希·卡钦斯基（Lech Kaczynski）禁止在华沙举行声援同性恋权利游行违反了《欧洲人权公约》的义务。① 最近，欧洲人权法院在土耳其政变未遂后处理了一系列限制表达自由的案件，②部分判决也已经关注了匈牙利总理奥尔班的民粹主义路线，特别是其移民政策③和免除安德拉斯·巴卡（András Baka）匈牙利最高法院院长一职的事件。④

所有这些方面都暗示了欧洲人权法院与民粹主义会产生冲突。考虑到上述提及的威权民粹领袖倾向于消灭限制他们的政治计划的既有宪法制度，笔者将在下面的部分点明和分析人权法院应对民粹主义的方法和策略。本文的第三部分将通过民粹主义常使用的反法院技术的视角检验欧洲人权法院的设置，并试图找到欧洲人权法院制度设计存在的风险隐患和应对民粹主义挑战的手段。

三、盘点与分析欧洲人权法院维护独立裁判能力的措施

强烈反对国际或者国内法院不是新现象。⑤ 纵观历史，反对司法权的人一直都在尝试用各种反法院（anti-court）的技术来限制或控制国内和国际的司法机构。⑥ 这一部分将通过民粹主义使用的反法院技术的不同内容检验欧洲人权法院的制度设计。笔者基于限制司法权力以及规诫国内和国际法官的二手资料，整理了新颖的"反法院技术"的分类。不同类

---

① See Baczkowski and others v. Poland，App. No.1543/06，Judgment 3 May 2007. Ben Stanley，Confrontation by Default and Confrontation by Design：Strategic and Institutional Responses to Poland's Populist Coalition Government，*Democratization*，2016，Vol.23，No.2，pp.273-274.

② See Alpay v. Turkey，App. No.16538/17，Judgment 20 March 2018；Altan v. Turkey，App. No.13237/17，20 March 2018.

③ 例如 Ilias and Ahmed v. Hungary，App. No.47287/15，Judgment 3 March 2017.

④ See Baka v. Hungary，App. No.20261/12，Judgment 23 June 2016；David Kosař & Katarína Šipulová，The Strasbourg Court Meets Abusive Constitutionalism：Baka v. Hungary and the Rule of Law，*Hague Journal of Rule of Law*，2018，Vol.10，No.1，p.83. 关于民粹主义和欧洲人权法院的冲突，更多信息请参见本文第三部分第三节。

⑤ 最新的研究成果参见 Wayne Sandholtz，Yining Bei，& Kayla Caldwell，Backlash and International Human Rights Courts，in A. Brysk & M. Stohl (eds.)，*Contracting Human Rights：Crisis，Accountability and Opportunity*，Northhampton：Edward Elgar Publishing，2018，p.159；Mikael Rask Madsen，Paula Cebulak，& Micha Wiebusch，Backlash Against International Courts：Explaining the Forms and Patterns of Resistance to International Courts，*International Journal of Law in Context*，2018，Vol.14，Special Issue 2，p.197；Erik Voeten，Populism and Backlashes Against International Courts，*Perspectives on Politics*，2020，Vol.18，No.2，p.407.

⑥ "反法院技术"表达方法可能显得简单化了。部分学者或者政客创制"反法院技术"是为了增强法院判决的可控性和提高有效性，所以有着正当性。然而，笔者将其定义为负面性的词汇，仅指当其用于实施"邪恶"目的时的情况。

型技术的共性是努力降低法院的权威和否定法院判决的效力。根据这些技术手段针对的对象,可以将其分为三类:法院的结构特征、司法人员和社会合法性(见表1)。有些技术手段并非民粹主义的专利,任何隶属于其他政治派别的人也可以使用它们。因此,该分类可以适用于分析任何法院面临的各种挑战。但是,由于第二节已经指出民粹主义对法院的攻击可能会造成对欧洲人权法院的明显威胁,因此我们需要在这里评析欧洲人权法院体系的优势和劣势,并且揭示欧洲人权法院如何通过改善制度设计抵御这些技术手段的攻击。

表 1　反法院技术手段

法院的结构特征	司法人员	社会合法性
废除法院(Abolishing a court)	罢免不忠的法官(Remoing disloyal judges)	退出(Exit)
剥夺管辖权(Jurisdiction stripping)	使法官忠诚(Making judges loyal)	以退出相威胁(Exit threats)
改变寻求法院救济的途径和程序规则(Changing access and procedural rules)	任命忠诚的法官(Appointing loyal judges)	批评(Criticism)
介入和干涉法院内部工作程序(Intervening in the internal workings of a court)		不遵守法院的判决(Non-compliance)
控制登记和准备审理的案件(Docket control)		
限制财政预算(Resticting budget)		

(一)针对欧洲人权法院结构特征的攻击

针对司法机构攻击的目的之一就是限制法院干涉民粹主义计划的能力。最直接的方法是废除法院或者用一个新的机构取而代之,[1]也可以用"剥离管辖权"(jurisdiction stripping)的方式缩减司法权限。[2] 另一种用于阻止法院判决特定案件的技术方法就是更改法庭受理案件的规则,增加法院受理案件的难度就可以控制法院审理案件的事项。[3] 能够使法院瘫痪的有力方法就是改变程序规则并干预法院的内部运行。例如,在决定是否实施某种政策时,提高多数表决的人数门槛或者在处理案件的过程中引入严格的规则,都可以

---

[1]　See Steven Levitsky & Daniel Ziblatt, *How Democracies Die*, Crown, 2018, pp.80-81.

[2]　See David Kosař, *Perils of Judicial Self-Government in Transitional Societies*, Cambridge University Press, 2016, pp.95-96; Keith Rosenn, The Protection of Judicial Independence in Latin America, *Inter-American Law Review*, 1987, Vol.19, No.1, p.24.

[3]　See Fruzsina Gárdos-Orosz, The Hungarian Constitutional Court in Transition——from *Actio Popularis* to Constitutional Complaint, *Acta Juridica Hungarica*, 2012, Vol.53, No.4, p.302.

降低法院处理问题的效率。① 减少法院预算是另一种控制法院的方法。② 国家或者国际组织可以用限制法院预算的方法处罚或者奖赏法院的判决和运行。③ 除此之外,预算不足还会导致法院因无法有效履行职权而陷入瘫痪。预算支持对法院完善工作条件有着重要的影响,这包括互联网技术与其他设备的支持,建筑物维护,职员数量等内容。④

除预算外,欧洲人权法院在面对攻击时有着很完善的保障措施,可以抵御外界对其结构特征的攻击。它的强大之处在于实施分散性的司法审判体制,这也成为事实上夯实欧洲人权法院基本特征的基础。同时,司法自治(judicial self-governance)也是其维护自身力量的关键。这两者使得许多上述列举出的反法院技术无法得以实施。

笔者用"分散性"一词表示司法治理者的多元性。欧洲人权法院是欧洲理事会(Council of Europe)的一部分,该理事会的 47 个成员国是《欧洲人权公约》的缔约国。《欧洲人权公约》本身规范了欧洲人权法院最为关键的结构性特征问题,例如欧洲人权法院的内部结构、管辖权和权限、受理案件规则等。因此,缔约国如需改变欧洲人权法院的结构性特征,必须面对极高门槛。他们面临着"联合决策陷阱",⑤关于欧洲人权法院事务的高层级决定可能会遭到低层级的欧洲理事会成员国的抵制,这意味着《欧洲人权公约》直接规定的欧洲人权法院结构特征具有事实上的稳定性。

欧洲人权法院可以依据此种路径免受对其结构特征的直接攻击。废除《欧洲人权公约》,剥夺管辖权以及改变受理案件的程序规则皆需要对《欧洲人权公约》本身进行修改。考虑到缔约国的数量较多以及政治生态的多样性,不可能没有国家投否决票来阻止此类攻击。但是,这并不意味着个别国家或志趣相投的国家集团不能发起针对法院的运动,并通过政治渠道非正式地影响法院的运作。⑥

第二个重要特征是欧洲人权法院在内部工作方面具有高度的自治性。⑦《欧洲人权公约》规定了欧洲人权法院的基本内容。然后,人权法院的法官可以对其内部工作程序的具体

---

① See Wojciech Sadurski, *Poland's Constitutional Breakdown*, New York: Oxford University Press, 2019, pp.61-79. 作者在这本书中展示了如何使波兰宪法法院瘫痪。

② 尽管对财政的限制在所有针对法院结构性特征的攻击中有着明显的地位,但是由于其攻击的范围是整个法院,而非简单法官个体,所以笔者依旧将其归为这一类。并且与其他的结构性技术相同,这会损害法院履行职权的能力。

③ See Tom Ginsburg, Political Constraints on International Courts, in Cesare Romano (ed.), *The Oxford Handbook of International Adjudication*, New York: Oxford University Press, 2013, p.493.

④ See David Kosař, *Perils of Judicial Self-Government in Transitional Societies*, Cambridge: Cambridge University Press, 2016, p.94.

⑤ See Fritz Scharpf, The Joint-Decision Trap: Lessons from German Federalism and European Integration, *Public Administration*, 1988, Vol.66, No.3, p.239; R. Daniel Kelemen, The Political Foundations of Judicial Independence in the European Union, *Journal of European Public Policy*, 2012, Vol.19, No.1, p.44.

⑥ 参见本文第三部分第三节。

⑦ 关于司法自治和欧洲人权法院,请参见 Başak Çalı & Stewart Cunningham, Judicial Self-Government and the *Sui Generis* Case of the European Court of Human Rights, *German Law Journal*, 2018, Vol.19, No.7, p.1977; Nino Tsereteli & Hubert Smekal, The Judicial Self-Government at the International Level—A New Research Agenda, *German Law Journal*, 2018, Vol.19, No.7, p.2137.

内容作出决定。欧洲人权法院实施的《法院规则》包含了程序性的规则。这些规则最终可能被滥用,从而导致欧洲人权法院受到攻击,例如,影响处理案件或投票的程序和必要的多数人决定权的门槛。① 因此,由于采用分散性司法模式和司法自治制度,试图通过改变程序规则使欧洲人权法院瘫痪的做法将会变得非常复杂。

分散性司法和司法自治的结合也避免了外界对合议庭造成的干预以及对立案庭法官的攻击。《欧洲人权公约》规定欧洲人权法院由大审判庭和合议庭组成。而且,应设有立案庭,设置一名立案庭庭长和一至两名副庭长。行使司法自治权意味着欧洲人权法院由法官自行设立合议庭,选举院长、副院长、立案庭庭长和副庭长,并依据《欧洲人权公约》第 25 条自行制定法院规则。然后,法院规则具体规定了欧洲人权法院院长和立案庭庭长的内部职权、合议庭的组成与职权、审判委员会和独任法官的构成以及法院的年度事务和需要考虑的具体事项。

缩减预算的反法院措施仍是欧洲人权法院需要解决的难题。欧洲人权法院没有单独的预算;它的预算是整个欧洲理事会预算中的一部分,该预算需要经过欧洲理事会部长委员会(Committee of Ministers)的批准。② 欧洲理事会由 47 个成员国资助,每个成员国缴纳资助数额的计算公式是固定的,需要考虑该国的人口数量和国民生产总值。③ 因此,不同成员国担负的数额不同,为分散性治理模式带来了严重的问题。如果主要的成员国拒绝担负欧洲理事会的财政,可能会严重伤害欧洲人权法院的状况。此外,兰伯特·阿德尔贾瓦德(Lambert Abdelgawad)认为根据欧洲人权法院接受的案件数量来看,欧洲人权法院显然面临着"资金不足"的状况。④ 自从欧洲理事会重要的资助国之一俄罗斯于 2017 年宣布将停止向欧洲理事会捐款以后,情况变得更加糟糕。⑤ 此外,土耳其也决定不再担任欧洲理事会的捐助国。⑥ 这些事态发展可能进一步加剧欧洲人权法院资金不足的问题,并严重损害欧洲人权法院履行职权的有效性。⑦

---

① See ECtHR，Rules of Court（Apr 16，2018），available at：https：//www. echr. coe. int/Documents/Rules_Court_ENG.pdf.

② 欧洲人权法院的财政预算,请参见 http：//www.echr.coe.int/Documents/Budget_ENG.pdf.

③ See http：//www.echr.coe.int/Documents/Budget_ENG.pdf.

④ See Elisabeth Lambert Abdelgawad，Measuring the Judicial Performance of the European Court of Human Rights，*International Journal for Court Administration*，2017，Vol.8，No.2，p.23.

⑤ 俄罗斯政府的决定是为了应对欧洲理事会议会大会因俄罗斯占领克里米亚而作出的暂停其投票权的第 1990/2014 号决定。参见 http：//assembly. coe. int/nw/xml/XRef/Xref-XML2HTML-EN. asp? fileid＝20882&lang＝en.

⑥ See Jennifer Rankin，Human Rights Body Faces Cash Crisis After Clash with Russia，Guardian（Mar 16，2018），available at：https：//www. theguardian. com/law/2018/mar/16/ human-rights-body-faces-cash-crisis-after-clash-with-russia? CMP＝share_btn_tw.

⑦ See Lize Glas，The Assembly's Row with Russia and Its Repercussions for the Convention System，Strasbourg Observers（Oct 30，2017），available at https：//strasbourgobservers.com/2017/10/30/ the-assemblys-row-with-russia-and-its-repercussions-for-the-convention-system/.

（二）对欧洲人权法院司法人员的攻击

由于欧洲人权法院是由对判决有着至关重要影响的法官组成，因此许多反法院技术旨在"驯服"司法人员。这主要存在两种方法：安插入新的忠诚于国家立场的法官或者迫使现任法官忠诚于国家立场。任命忠诚的法官的前提是罢免不忠诚的法官，或者重新"包装"法院，即扩大法院的规模，让忠诚者担任新的职位。①

可以通过弹劾②或滥用纪律处分等各种方式罢免法官。③ 一个不太直接的方式就是降低法官的薪水或者法院机构的开支，这可能会迫使一些法官辞职。④ 另一种可能是降低法官的强制退休年龄。⑤ 最后一种手段是对个别法官进行恐吓威胁，给法官本人或家人打威胁电话，甚至对其进行人身恐吓都可能造成恐怖的气氛，导致法官辞职。⑥ 一旦职位出现空缺，旨在达到驯服法官意图的政客便可以任命忠诚于自身理念的法官候选人任职。但是，有时候他们不必费尽心机地去罢免现任法官，而是通过增加人数的方式"包装"法院，并用忠诚者来填补新职位。⑦

驯服法院另一种途径是迫使现任法官忠诚于政府立场。这可以通过威胁罢免法官的技术方法完成。但是，用胡萝卜而非大棒的手段也可以很好地达到目的。例如，可以向现任法官承诺其可以晋升到级别更高的法院，升任审判庭庭长甚至法院副院长的职位。⑧ 或者，可以向现任法官保证给予更高的薪水，甚至直接贿赂。重新任命相同的法官是一个重要且会

---

① See Andrea Castagnola & Aníbal Pérez Liñan, Bolivia: The Rise (and Fall) of Judicial Review, in Gretchen Helmke & Julio Rios-Figueroa (eds.), *Courts in the Latin America*, Cambridge: Cambridge University Press, 2014, p.303.

② See Andrea Castagnola & Aníbal Pérez Liñan, Bolivia: The Rise (and Fall) of Judicial Review, in Gretchen Helmke & Julio Rios-Figueroa (eds.), *Courts in the Latin America*, Cambridge: Cambridge University Press, 2014, p.303.

③ See David Kosaǐ, *Perils of Judicial Self-Government in Transitional Societies*, Cambridge: Cambridge University Press, 2016, pp.95-96.

④ See Andrea Castagnola & Aníbal Pérez Liñan, Bolivia: The Rise (and Fall) of Judicial Review, in Gretchen Helmke & Julio Rios-Figueroa (eds.), *Courts in the Latin America*, Cambridge: Cambridge University Press, 2014, p.283, 296 and 298.

⑤ 例如，Gábor Halmai, The Early Retirement Age of the Hungarian Judges, in Fernanda Nicola & Bill Davies (eds.), *EU Law Stories: Contextual and Critical Histories of European Jurisprudence*, Cambridge: Cambridge University Press, 2017, p.488.

⑥ See Jessica Walsh, A Double-Edged Sword: Judicial Independence and Accountability in Latin America, *International Bar Association Report*, 2016, No.5, p.23.

⑦ See Bojan Bugarič & Tom Ginsburg, The Assault on Postcommunist Courts, *Journal of Democracy*, 2016, Vol.27, No.3, p.73.

⑧ See David Kosaǐ, *Perils of Judicial Self-Government in Transitional Societies*, Cambridge: Cambridge University Press, 2016, p.83, pp.85-86.

引起争议的技术途径。① 一些法院（主要是宪法法院和国际性法院）规定了限期续任的条款。在这种情况下，政治行为者可以利用其重新任命法官的权力，使法官朝向他们希望的方向作出判决结果。最后，即便法官不能获得连任，他们也可能非常在意自身未来的职业发展。因此，他们在很大程度上要依靠政府的力量来保住相对好的地位，可以利用这一事实向法官施加压力。② 鉴于国际法官制度的本质就是审判人员的有限任期和旅居国外，因此本国政府提出的一些吸引条件会在国际法院的背景下更加具有诱惑力。

欧洲人权法院的制度设计可以相对较好地防止或抵抗外界对司法人员攻击的手段。这个体系的主要优势体现在分散性、对司法独立的有力保障以及在法官选拔、晋升与管理方面的司法自治。

由于欧洲人权法院法官的纪律自治，以及《欧洲人权公约》体系对其进行的事实性固化，滥用纪律性动议将变得非常困难。③ 因此，通过影响解雇程序从而对欧洲人权法院施加影响是不现实的。对司法实践的观察可以证实这点。到目前为止，欧洲人权法院尚未启动纪律性的解雇机制。④ 关于减薪的可能性，司法人员的薪资与驻法国的欧洲理事会的职员薪资等级挂钩。⑤ 2016 年，薪金净收入为每月 16613.78 欧元，⑥且薪水无需缴纳个人所得税。⑦ 这种收入安全性似乎足以保证司法独立。相比于其他地区性国际人权法院，这种保障体现得更加明显。例如，由于美洲人权法院法官的职位并非全职的，所以法官没有固定薪资，只有"为了体现和保障其重要性和独立性的酬金和旅费"。⑧

分散性逻辑同样适用于降低欧洲人权法院法官退休年龄的尝试。司法人员履职的年龄上限是 70 岁，这一点直接"确立"在《欧洲人权公约》第 23 条第 2 款中。但是，《欧洲人权公约第 15 号议定书》更改了此规则。第 15 号议定书引入了一项新的要求，候选法官的年龄不得超过 65 岁，这意味着法官退休的年龄不可能高于 74 岁。这表明修改《欧洲人权公约》并非没有可能，欧洲人权法院亦会受到控制。但是，缔约国可以阻止带有恶意的公约修正案的

---

① See Laurence Helfer，Why States Create International Tribunals：A Theory of Constrained Independence，*Conference on New Political Economy*，2005，Vol.23，No.1，p.253.

② See Erik Voeten，International Judicial Independence，in Mark Pollack & Jeffrey Dunnof（eds.），*Interdisciplinary Perspectives on International Law and International Relations*，Cambridge：Cambridge University Press，2013，p.433.

③ 参见《欧洲人权公约》第 23 条第 4 款。

④ See Jeffrey Dunoff & Mark Pollack，The Judicial Trilemma，*American Journal of International Law*，2017，Vol.111，No.2，p.249.

⑤ 参见部长委员会 2009 年第 5 号关于欧洲人权法院与人权委员会法官地位和待遇决议的第 3 条第 1 款。

⑥ 参见英国议会法官任命委员会网站上对欧洲人权法院法官介绍和解释的相关信息。https://www.judicialappointments.gov.uk/sites/default/files/sync/basic_page/information_pack_final_0.pdf.

⑦ 参见《欧洲理事会特权与豁免总协议》第 18 条第 2 款。

⑧ 参见《美洲人权公约》第 72 条。

通过。① 为了解决最后一种反法院技术手段——威胁法官——带来的麻烦,至少应该给予欧洲人权法院的法官外交豁免权,只有欧洲人权法院的判决方能剥夺法官个人的权利。这种豁免权应保护欧洲人权法院的法官免于受到国内法律程序的威胁。

也存在迫使现任法官忠诚于政府决定的另一系列技术手段,主要有四种:连任、承诺晋升职称、未来职业机会的承诺和贿赂。保障独立司法的措施与司法自治的结合很好地保护了欧洲人权法院法官免于受到外在压力的驯服。

在重新任命法官的问题上,政府多次指责自己国家派出到欧洲人权法院的法官作出"错误"的判决,并且扬言对其进行报复②以及对该法官的判决进行学术批评后,该法官就失去了获得重新任命的可能性。③ 自 2010 年以来,欧洲人权法院法官的任期为九年,不可延续任期。④ 然而,续任并非缔约国政府向现任法官提出的唯一激励性措施。国际性法院的法官(尤其是无法延长任期的法官)必须处理卸任后的职业问题。因此,政府可以通过向欧洲人权法院现任法官提出其可以在其他机构中任职的方式对法官施加压力。⑤ 很难阻止这种反法院技术在欧洲理事会层级上实施。但是,一种与之相对应的预防措施是养老金体系。加入退休金计划并至少任职五年的欧洲人权法院法官,在年满 65 周岁后,⑥便有资格从欧洲人权理事会获得退休金。由于养老金机制给人权法院法官提供退休金保障,所以会部分性强化欧洲人权法院法官的独立性。但是,各缔约国可以采取其他的技术方法影响欧洲人权法院的判决。例如,一些国家允许前往欧洲人权法院的法官先行暂停在国内法院的职位,并可以选择在人权法院任期结束后返回原岗。⑦

由于欧洲人权法院握有司法自治的特权,所以缔约国无法通过向法院允诺晋升的方法驯服法官。法院院长和副院长以及普通审判庭庭长的选择权掌握在大审判庭手中(依据《欧洲人权公约》第 25 条)。尽管违反刑法,但是贿赂是影响法官的另一种方式。腐败的可能性始终存在,没有任何正式的规则可以阻止腐败的发生。欧洲人权法院机制在这方面的优势是欧洲人权法院的法官享有相对安全的物质保障。但是,为了防止可能发生的腐败丑闻,应该建议欧洲人权法院尽可能地谨慎和透明,否则将会对欧洲人权法院判决的合法性产生非

---

① See Geir Ulfstein & Andreas Føllesdal, Copenhagen—Much Ado about Little? European Journal International Law Talk! (Apr 14, 2018), available at https://www.ejiltalk.org/copenhagen-much-ado-about-little/.

② See Erik Voeten, The Impartiality of International Judges: Evidence from the European Court of Human Rights, *American Political Science Review*, 2008, Vol.102, No.4, p.421.

③ See Jeffrey Dunoff & Mark Pollack, The Judicial Trilemma, *American Journal of International Law*, 2017, Vol.111, No.2, pp.250-251.

④ 参见《欧洲人权公约》第 23 条第 1 款。

⑤ See Erik Voeten, International Judicial Independence, in Mark Pollack & Jeffrey Dunnof (eds.), *Interdisciplinary Perspectives on International Law and International Relations*, Cambridge: Cambridge University Press, 2013, p.433.

⑥ 进一步的细节内容,请参见欧洲理事会部长委员会通过的 2009 年第 5 号关于欧洲人权法院与人权委员会法官地位和待遇决议的第 10 条第 3 款。

⑦ See Boriss Cileviĕs, Reinforcement of the Independence of the European Court of Human Rights, 2014, available at: http://assembly.coe.int/nw/xml/XRef/Xref-XML2HTML-en.asp? fileid=20933&lang=en.

常有害的影响。

从比较视角分析,驯服法院的常用方法是重新包装法院(court-packing)。但是,在欧洲人权法院情境中实施这种技术的可能性非常低。同样,这是由于欧洲人权法院体系是分散性模式以及《欧洲人权公约》第 20 条事实上固定了法官的人数。旨在驯服欧洲人权法院的缔约国政府可以尝试将忠诚于本国政府的法官安插在欧洲人权法院法官的位置上。但是从理论上讲,这并非易事,特别是会受到两种措施的挑战:遴选法官咨询专家小组①和欧洲理事会议会大会对法官的选举。咨询专家小组就入围的法官候选人是否符合要求向各成员国和欧洲理事会议会大会提供建议。但是,它的观点只具有建议性。欧洲人权法院法官最终由欧洲理事会议会大会选举产生,该机构成员由欧洲理事会所有成员国的代表组成,因此还是采取了分散性决策的逻辑。然而,在实践中,分散性决策的理由并没有那么充分。正如柯亨·莱门斯(Koen Lemmens)所说:"只要《欧洲人权公约》尊重民主选举法官这一想法,我们就必须接受这种遴选机制的另一面:游说、政治游戏、国际推销和交易。"②最重要的是,由于欧洲理事会议会大会成员相对较少参与投票,所以游说的门槛较低。③ 选举过程应该解决这一缺陷,因为通过个别法官控制欧洲人权法院在特定时候变得十分关键,缺乏能力和带有偏见的法官的当选会在很大程度上损害法院的合法性和声誉。④ 此外,在欧洲人权法院的情境下,个体法官有着极大的影响力。他们可以在判决中发表不同意见,并且可以在独任制法庭中认定提交的案件明显缺乏依据而驳回诉讼请求。⑤

(三)通过话语转变和去合法性的途径渐进性腐蚀欧洲人权法院

目前所谈及的两种攻击法院的主要策略都是以直接的方式显现:攻击法院的结构特征旨在限制法院介入案件的机会;通过驯服法院的司法人员可以迫使法院在更大程度上赞同政府机构,使法院判决与政治行为者的偏好保持和谐一致,并最终剥夺法院所拥有的事实性否决权。就欧洲人权法院而言,这两种反法院技术似乎不具有可行性。尽管现实的情况并不足够完美——财政预算和法官遴选问题比较突出——但是由于去中心化的结构、司法机

---

① 这个咨询专家小组包括了 7 名司法专家,来自现任或前任的欧洲人权法院法官或者来自缔约国高等法院的法官。

② See Koen Lemmens, (S)electing Judges for Strasbourg, in Michal Bobek (ed.), *Selecting Europe's Judges*, New York: Oxford University Press, 2015, p.108.

③ See Koen Lemmens, (S)electing Judges for Strasbourg, in Michal Bobek (ed.), *Selecting Europe's Judges*, New York: Oxford University Press, 2015, p.108.; David Kosař, Selecting Strasbourg Judges, in Michal Bobek (ed.), *Selecting Europe's Judges*, New York: Oxford University Press, p.154.

④ See Basak Çalı, Anne Koch, & Nicola Bruch, The Legitimacy of Human Rights Courts: A Grounded Interpretivist Analysis of the European Court of Human Rights, *Human Rights Quarterly*, 2013, Vol.35, No.4, p.962.

⑤ 参见《欧洲人权公约》第 27 条第 1 款。

构自治①以及司法独立等制度保障措施的存在,欧洲人权法院可以很好地保障自己免于外界的攻击。

但是,绝缘于外界攻击的司法制度设计并不意味着欧洲人权法院不会受到民粹主义者的挑战。特别是在国际人权司法制度的情境下,还存在另一种攻击法院的方式——通过转变对法院的话语和对法院去合法化的途径使其边缘化,这将会导致欧洲人权法院的权威性逐渐地降低。虽然这种途径稍显缓慢和缺乏直接性,但是对于欧洲人权法院而言,这是更为现实和危险的情景。前两种策略需要多个政府采取一致性行动或实施代价更为高昂的政治措施,相比之下,通过去合法化的方式攻击欧洲人权法院更具可能性。

社会合法性的衰退将对欧洲人权法院构成威胁。去合法性的技术手段可以转变对法院的话语描述,并由此引发危险的循环——较低的合法性意味着在未来的审判过程中法院权力的有效性可能会降低。② 这构成了对法院有效行使司法权的重大威胁,并增加了其被边缘化的风险。从政治视角分析,这种模式很有可能以更小的代价攻击法院的制度框架和司法人员。换句话说,由于法院具有的社会合法性,极其广泛的底层支持是维护独立司法的堡垒,因此丧失或者减少这些优势将为民粹主义者攻击人权法院提供机会。③

为了改变话语内容和剥夺国际性法院的合法性,反法院势力可以使用一系列技术手段。这些技术主要分为两个类别:退出国际性法院和发出批评的声音。④ 退出机制是使政府直接摆脱国际性法院约束的方法。各国可以退出国际刑事法院的管辖权,也可以退出由国际性法院所维护的国际机制。⑤ 由于其后果的影响范围更为广泛,退出机制可以被视为一种去合法性的策略手段。最为重要的是,它倾向于降低法院的社会合法性与权威性,最近围绕国际刑事法院的退出谈判就是明显例证。⑥ 此外,如果一个缔约国想到了退出,甚至正在认真考虑退出,那么可能会导致连锁的滚雪球效应,鼓励其他国家同样选择退出。⑦ 而部分缔

---

① 在欧洲人权法院的判例法中,司法自治的概念被定义为维护欧洲人权法院独立司法和权威的力量。但是,通常而言司法自治也是一把可以限制法官在司法机构内部独立的双刃剑。参见 Michal Bobek & David Kosař, Global Solutions, Local Damages: A Critical Study in Judicial Councils in Central and Eastern Europe, *German Law Journal*, 2014, Vol.15, No.7, p.1257.

② See Tom Ginsburg, Political Constraints on International Courts, in Cesare Romano (ed.), *The Oxford Handbook of International Adjudication*, New York: Oxford University Press, 2013, p.491.

③ See R. Daniel Kelemen, The Political Foundations of Judicial Independence in the European Union, *Journal of European Public Policy*, 2012, Vol.19, No.1, p.45.

④ See Albert Hirschman, *Exit*, *Voice and Loyalty*: *Response Declines to the Firms*, *Organization and States*, Boston: Harvard University Press, 1970.

⑤ 例如,委内瑞拉与特立尼达和多巴哥退出了《美洲人权公约》。另一个近期发生的事例是布隆迪退出国际刑事法院。参见 Wayne Sandholtz, Yining Bei, & Kayla Caldwell, Backlash and International Human Rights Courts, in A. Brysk & M. Stohl (eds.), *Contracting Human Rights*: *Crisis*, *Accountability and Opportunity*, Northampton: Edward Elgar Publishing, 2018, p.159.

⑥ See Laurence Helfer & Anne Showalter, Opposing International Justice: Kenya's Integrated Backlash Strategy Against the ICC, *International Criminal Law Review*, 2017, Vol.17, No.1, p.1

⑦ 拉丁美洲国家退出国际投资争端解决中心(ICSID)就是明显例证。参见 Tom Ginsburg, Political Constraints on International Courts, in Cesare Romano (ed.), *The Oxford Handbook of International Adjudication*, New York: Oxford University Press, 2013, p.491.

约国的退出可能导致其他缔约国限制国际性法院的管辖权,以防其他国家后续地退出。①
即使一个国家最终没有选择退出,也可以用退出威胁国际性法院并发出强烈的不满信号。②

　　退出威胁可能成为言语上批评国际性司法机构的常见策略措施。对法院发出批评性声音是一种强有力的言语工具,最终在众多遵从国际性法院的缔约国中伤害其权威性。它可能成为具有强大实力的国家反抗国际性法院的有效工具,尤其是在反法院言论趋于传播的情况下。③ 利用公众舆论反对法院是一个具体对抗法院的方法。④ 一方面,国际性法院一直是被批评的对象。但是,对国际性法院来说这不一定是一件坏事。质疑国际性法院的结论并且提出其他的国际法解释是重要的反馈渠道。⑤ 国际性法院不应该绝缘于一切批评意见。对国际性法院判决的公正质疑有助于国际法的发展。而且,如果特定的国际性司法机构表明它真的在倾听这些批评意见,那么这会对它的合法性大有裨益。⑥ 因此,并非所有对欧洲人权法院的批评都应视为民粹主义者不正当的造谣生事。虽然很难在其中找到一条清晰合理的界线,但以下因素可以帮助我们区分两者。第一,尽管是批评的意见,但是公平地挑战欧洲人权法院的判决意味着批评者接受了《欧洲人权公约》体系的重要制度理性,即超越国家主权范围的人权保障。第二,公正的质疑尊重欧洲人权法院的独立性。第三,富有建设性的批评意见应该以能够容纳双方不同观点的语言为导向,而不应使用谴责、威胁与谩骂的语言。

　　最后一种技术手段是不遵守司法判决。尽管劝导缔约国遵守判决并非国际性法院的唯一目的,⑦但它依旧是维护国际性法院有效性的核心措施之一。倘若国际性法院的判决会

　　① 参见南部非洲发展共同体(Southern African Development Community)法庭的事例。Karen Alter, James T. Gathii, & Laurence R. Helfer, Backlash against International Courts in West, East and Southern Africa: Causes and Consequences, *European Journal of International Law*, 2016, Vol. 27, No. 2, p.314.

　　② See Tom Ginsburg, Political Constraints on International Courts, in Cesare Romano (ed.), *The Oxford Handbook of International Adjudication*, New York: Oxford University Press, 2013, p.491.

　　③ See Philip Leach & Alice Donald, Russia Defies Strasbourg: Is Contagion Spreading? European Journal of International Law: Talk! (Dec 19, 2015), available at https://www.ejiltalk.org/russia-defies-strasbourg-is-contagion-spreading/.

　　④ See Tom Ginsburg, Political Constraints on International Courts, in Cesare Romano (ed.), *The Oxford Handbook of International Adjudication*, New York: Oxford University Press, 2013, p.493.

　　⑤ See Mikael Rask Madsen, Bolstering Authority by Enhancing Communication: How Checks and Balances and Feedback Loops Can Strengthen the Authority of the European Court of Human Rights, in Joana Mendes & Ingo Venzke (eds.), *Allocating Authority: Who Should Do What in European and International Law?* Hart Publishing, 2018, p.77.

　　⑥ See André Nollkaemper, Conversations among Courts: Domestic and International Adjudicators, in Cesare Romano et al (eds.), *The Oxford Handbook of International Adjudication*, New York: Oxford University Press, 2013, pp.536-537.

　　⑦ See Yuval Shany, Assessing the Effectiveness of International Courts: A Goal-Based Approach, *American Journal of International Law*, 2012, Vol.106, No.2, p.225.

经常性或者公开性地被忽略,那么法院就会失去合法性。① 需要说明的是在国际人权法院的判决中,缔约国部分或延迟地遵守司法裁决似乎成为一个标准性结果。② 但是,这也可以用来挑战国际性法院判决的正当性。③ 换句话说,因缺乏专业知识和机构能力导致无法履行《欧洲人权公约》④和故意"废弃公约效力的策略"有明显差异。⑤ 大规模地不遵守司法机构的判决会使得法院失去有效性,从而导致法院失去正当性和稳固的支持力。即使是单个强大国家发出的"拒绝遵守判决的吵闹"也可能对法院的合法性造成破坏性后果。⑥

　　欧洲人权法院在应对上文所提及的去合法化的挑战上存在缺陷。实际上,这些领域也凸显了欧洲人权法院的最大弱点。在过去的十年中,欧洲人权法院面临着前所未有的批评,包括上述列举的许多去合法化的技术手段。尽管欧洲人权法院自成立以来一直受到批评,⑦但近期对其批评的火力越来越强烈,并且出现了"针对欧洲人权法院进行抨击"的新流派。⑧ 除了聚焦欧洲人权法院判决的法律质量以及欧洲人权法院法官的司法道德以外,⑨对欧洲人权法院的挑战主要集中在欧洲人权法院是国际性司法机构,缺乏干涉国内政策的

① See Erik Voeten, International Judicial Independence, in Mark Pollack & Jeffrey Dunnof (eds.), *Interdisciplinary Perspectives on International Law and International Relations*, Cambridge: Cambridge University Press, 2013, p.436.

② See Darren Hawkins & Wade Jacoby, Partial Compliance: A Comparison of the European and Inter-American American Courts for Human Rights, *Journal of International Law and International Relation*, 2010, Vol.6, No.1, p.83.

③ See Laurence Helfer, Why States Create International Tribunals: A Theory of Constrained Independence, *Conference on New Political Economy*, 2005, Vol.23, No.1, p.253.

④ See Dia Anagnostou & Alina Mungiu-Pippidi, Domestic Implementation of Human Rights Judgments in Europe: Legal Infrastructure and Government Effectiveness Matter, *European Journal of International Law*, 2014, Vol.25, No.1, p.207.

⑤ See Ran Hirschl, Opting Out of "Global Constitutionalism", *Law & Ethics of Human Rights*, 2018, Vol.12, No.1, p.18.

⑥ See Laurence Helfer, Why States Create International Tribunals: A Theory of Constrained Independence, *Conference on New Political Economy*, 2005, Vol.23, No.1, p.253.

⑦ See Ed Bates, The Birth of the European Convention on Human Rights—and the European Court of Human Rights, in Jonas Christoffersen & Mikael Rask Madsen (eds.), *The European Court of Human Rights Between Law and Politics*, New York: Oxford University Press, 2013, p.17.

⑧ See Mikael Rask Madsen, The Challenging Authority of the European Court of Human Rights: From Cold War Legal Diplomacy to the Brighton Declaration and Backlash, *Law and Contemporary Problem*, 2016, Vol.79, No.1, p.174; Barbara Oomen, A Serious Case of Strasbourg-Bashing? An Evaluation of the Debates on the Legitimacy of the European Court of Human Rights in the Netherlands, *International Journal of Human Rights*, 2016, Vol.20, No.3, p.407

⑨ See Luzius Wildhaber, Criticism and Case-Over load: Comments on the Future of the European Court of Human Rights, in Spyridon Flogaitis, Tom Zwart, & Julie Fraser (eds.), *The European Court of Human Rights and Its Discontents: Turning Criticism into Strength*, Northampton: Edward Elgar Publishing, 2013, p.10.

正当性。① 这一批评呼应了对司法审查非民主性质的批评和主权主义对国际机构的批评。欧洲人权法院已被描绘成不适合评估国内法律实践的外国法院。另外,也曾有人质疑非民选的外国法官对国内议会立法进行二次审查的司法权力的正当性。② 在英国,针对欧洲人权法院的批评在敏感的政治领域判决(例如驱逐恐怖分子和囚犯的投票权)中不断地被激化。③ 这种现象随后转移到了其他国家,俄罗斯就是一个典型案例。④

2012 年布莱顿会议中,围绕对欧洲人权法院日益增长的抵制,讨论了其长远未来,会议前的辩论中就出现了越来越多抵制欧洲人权法院的声音。在会议召开之前,英国的一份表明其立场的文件就被泄露给了媒体。⑤《布莱顿宣言》草案包含了一些内容为"试图削弱欧洲人权法院实质管辖权"的段落。⑥ 结果,"对欧洲人权法院的抗拒成为整个会议的主导氛围"⑦。但是,《布莱顿宣言》的最终版本却体现了较为温和的结果。⑧ 不能忽略的是,如米克尔·麦德森(Mikael Madsen)所言,《布莱顿宣言》体现了不同寻常的意义。与以前的文件相比,这份宣言公开地提及了欧洲人权法院未来的政治层面(而不仅仅是技术层面)的问题,

---

① See Kanstantsin Dzehtsiarou, *European Consensus and the Legitimacy of the European court of Human Rights*, Cambridge: Cambridge University Press, 2015, p.144; Robert Spano, The Future of the European Court of Human Rights—Subsidiarity, Process-Based Review and the Rule of Law, *Human Rights Law Review*, 2018, Vol.18, No.3, 473, pp.478-479.

② See Patricia Popelier, Sarah Lambrecht & Koen Lemmens (eds.), *Criticism of the European Court of Rights*, Intersentia, 2016, p.3; Luzius Wildhaber, Criticism and Case-Over load: Comments on the Future of the European Court of Human Rights, in Spyridon Flogaitis, Tom Zwart, & Julie Fraser (eds.), *The European Court of Human Rights and Its Discontents: Turning Criticism into Strength*, Northampton: Edward Elgar Publishing, 2013, p.10.

③ See Ed Bates, Analysing the Prisoner Voting Saga and the British Challenge to Strasbourg, *Human Rights Law Review*, 2014, Vol.14, No.3, p.503.

④ 由于学界中各类著作已经广泛涉及欧洲人权法院的合法性危机,因此这个问题已经众人皆知,笔者在此不必再多加陈述。相关的著作请参见 Katja S. Ziegler, Elizabeth Wicks, & Loveday Hodson (eds.), *The UK and European Human Rights: A Strained Relationship?*, Hart Publishing, 2015; Patricia Popelier, Sarah Lambrecht & Koen Lemmens (eds.), *Criticism of the European Court of Rights*, Intersentia, 2016; Luzius Wildhaber, Criticism and Case-Over load: Comments on the Future of the European Court of Human Rights, in Spyridon Flogaitis, Tom Zwart, & Julie Fraser (eds.), *The European Court of Human Rights and Its Discontents: Turning Criticism into Strength*, Northampton: Edward Elgar Publishing, 2013.

⑤ James Landale, UK Presses for European Human Rights Convention Changes, BBC News (Feb 29, 2012), available at http://www.bbc.com/news/uk-politics-17201024.

⑥ Ed Bates, The Brighton Declaration and the "Meddling Court", UK Human Rights Blog (2012), available at https://ukhumanrightsblog.com/2012/04/22/the-brighton-declaration-and-the-meddling-court/♯more-13662.

⑦ See Laurence Helfer, The Burdens and Benefits of Brighton, *Esil Reflection*, 2012, Vol.1, No.1, p.1.

⑧ See Laurence Helfer, The Burdens and Benefits of Brighton, *Esil Reflection*, 2012, Vol.1, No.1, p.1.

并伴有极其负面的评论。① 这是欧洲理事会历史上第一份内容包括旨在限制而不是增强人权法院权威的措施的文件。②

同时,遵守欧洲人权法院判决的缔约国比率也在下降。尽管 20 世纪 90 年代欧洲人权法院院长罗尔夫·里斯达尔(Rolv Ryssdal)表示欧洲人权法院的判决应该"永远地被遵守"③,但是今天欧洲人权法院却面临着种种问题,包括部分遵守和延迟遵守的问题以及对欧洲人权法院判决的原则性排斥。④ 因此,学者们讨论了《欧洲人权公约》体系中的实施危机,并强调了法院承担的案件数量和合法性对人权法院的破坏性影响。⑤

所有这些进展都体现出了欧洲人权法院在应对合法性挑战时的脆弱。在过去的十年中,《欧洲人权公约》体系中出现了退出《欧洲人权公约》的提议、对欧洲人权法院声誉的质疑、试图削减其权威和原则性拒绝实施欧洲人权法院判决的做法,这些都对欧洲人权法院产生了巨大的影响。可以说这些新现象的发展导致《欧洲人权公约》体系的中心转向了缔约国的法律和政治方向。⑥ 部分学者将这个现象描述为欧洲人权法院的判决进入了辅助性和程序性嵌入时代。⑦ 其他学者则认为由于各缔约国为了支持传统的公约模式而抵制欧洲人权

---

① See Mikael Rask Madsen, The Challenging Authority of the European Court of Human Rights: From Cold War Legal Diplomacy to the Brighton Declaration and Backlash, *Law and Contemporary Problem*, 2016, Vol.79, No.1, p.169.

② See Laurence Helfer, The Burdens and Benefits of Brighton, *Esil Reflection*, 2012, Vol.1, No.1, p.1.

③ Rolv Ryssdal, The Enforcement System Set Up Under the European Convention on Human Rights, in Mielle Bulterman & Martin Kuijer (eds.), *Compliance with Judgments of international Courts*, Springer Netherlands, 1996, p.67.

④ See David Kosař & Jan Petrov, Determinants of Compliance Difficulties Among "Good Compliers": Implementation of International Human Rights Rulings in the Czech Republic, *European Journal of International Law*, 2018, Vol.29, No.2, p.399; Fiona de Londras & Kanstantsin Dzehtsiarou, Mission Impossible? Addressing Non-Execution Through Infringement Proceedings in the European Court of Human Rights, *International Comparative Law Quarterly*, 2017, Vol.66, No.2, p.468.

⑤ See Basak Cali, Coping with Crisis: Whither the Variable Geometry in the Jurisprudence of the European Court of Human Rights, *Wisconsin International Law Journal*, 2018, Vol.35, No.2, p.241; David Kosař & Jan Petrov, Determinants of Compliance Difficulties Among "Good Compliers": Implementation of International Human Rights Rulings in the Czech Republic, *European Journal of International Law*, 2018, Vol.29, No.2, p.399.

⑥ See Jonas Christoffersen & Mikael Rask Madsen, Postscript: Understanding the Past, Present and Future of the European Court of Human Rights, in Jonas Christoffersen & Mikael Rask Madsen (eds.), *The European Court of Human Rights Between Law and Politics*, New York: Oxford University Press, 2013, p.230.

⑦ See Robert Spano, Universality or Diversity of Human Rights? Strasbourg in the Age of Subsidiarity, *Human Rights Law Review*, 2014, Vol.14, No.3, p.487; Robert Spano, The Future of the European Court of Human Rights—Subsidiarity, Process-Based Review and the Rule of Law, *Human Rights Law Review*, 2018, Vol.18, No.3, 473, pp.478-479.

法院的判决,所以欧洲人权法院会受到更大的约束。① 麦德森表明了欧洲人权法院倾向给予缔约国更为宽泛的边际裁量空间。② 奥义韦德·斯蒂安森(Øyvind Stiansen)和埃里克·沃腾(Erik Voeten)支持这个结论,并指出自布莱顿大会以来,各缔约国也倾向任命更为克制的法官。③ 然而,这种方式显然并没有阻止国内越来越多反抗欧洲人权法院的声音。

为什么关于欧洲人权法院的话语非常重要?因为对欧洲人权法院的公共性话语会大大影响人们对于欧洲人权法院的感知。这也是欧洲人权法院社会合法性的决定性因素。正如康斯坦丁·泽特西亚乌(Kanstantsin Dzehtsiarou)所说:"如果人们对欧洲人权法院的认知是非法的,那么欧洲人权法院将无法有效运作。"④同其他任何(国际性)法院一样,欧洲人权法院需要合法性的支持,以确保其适当和有效地运行。合法性,即认为法院权威具有正当性,⑤乃是法院效力和触发法律变革能力的关键要素之一。⑥ 法院需要公众的广泛支持以进行合法有效的权力运作。但是,公众广泛的支持并不取决于人们对于法院判决的短期满意度。⑦

由于欧洲人权法院的最大弱点遇到了民粹主义者的最大优势,所以后者的兴起使得情势更加的糟糕。民粹主义可以通过包括"责骂叙事"在内的手段对欧洲人权法院实施去合法性攻击。民粹主义的意识形态为反法院攻击提供了正当理由,而民粹主义的政治风格使得人们容易被它攻击欧洲人权法院的方式所吸引。的确,如下面内容所示,最近民粹主义对欧洲人权法院的挑衅愈演愈烈。

在使用去合法性技术手段的过程中,民粹主义者经常站在主权的立场批判欧洲人权法院,并强调欧洲人权法院干涉了国内政策,限制了人民的选择,这导致了国际性法院的司法审查权与人民主权的矛盾。法国民粹主义政党——国民联盟(原名"国民阵线")的领导人玛丽娜·勒庞(Marine Le Pen)表示:"欧洲人权法院干涉了国内的法律秩序,我们必须在这一

---

① See Øyvind Stiansen & Erik Voeten, Backlash and Judicial Restraint: Evidence from the European Court of Human Rights, *International Studies Quarterly*, 2020, Vol.64, No.4, p.770.

② See Mikael Rask Madsen, Rebalancing European Human Rights: Has the Brighton Declaration Engendered a New Deal on Human Rights in Europe? *Journal of International Dispute Settlement*, 2018, Vol.9, No.2, p.199.

③ See Øyvind Stiansen & Erik Voeten, Backlash and Judicial Restraint: Evidence from the European Court of Human Rights, *International Studies Quarterly*, 2020, Vol.64, No.4, p.770.

④ Kanstantsin Dzehtsiarou, *European Consensus and the Legitimacy of the European Court of Human Rights*, Cambridge: Cambridge University Press, 2015, p.143.

⑤ See Nienke Grossman, Legitimacy and International Adjudicative Bodies, *George Washington International Law Review*, 2009, Vol.41, No.1, pp.107,110 and 115.

⑥ See Yonatan Lupu, International Judicial Legitimacy: Lessons from National Courts, *Theoretical Inquiries in Law*, 2013, Vol.14, No.2, p.440.

⑦ See Erik Voeten, Public Opinion and the Legitimacy of International Courts, *Theoretical Inquiries in Law*, 2013, Vol.14, No.2, p.415; James L. Gibson, Gregory A. Caldeira, & Vanessa A. Baird, On the Legitimacy of National High Courts, *American Political Science Review*, 1998, Vol.92, No.2, p.343.

领域夺回主权。"①2014 年,因为欧洲人权法院一直在向法国政府强加"人民拒绝的观点",所以勒庞建议法国退出《欧洲人权公约》。② 同样,荷兰民粹主义者吉尔特·怀尔德斯(Geert Wilders)也阐述了他所在政党的立场:"如果你支持民主的法治国家,那么就应该永远不要支持欧洲人权法院。"③他的政党反复建议荷兰政府退出《欧洲人权公约》。④ 通常被视为民粹主义的瑞士人民党⑤支持民粹主义的立场——"支持瑞士法律,反对外国法官"。提出这一口号的目的是避免瑞士的法律受到国际法,尤其是欧洲人权法院的影响。民粹主义者认为应该采用修宪的途径达到这一目标。采取这种模式可能会加速瑞士退出《欧洲人权公约》的步伐,但是民粹主义者的目标最终未能实现。⑥

重要的是,民粹主义者经常使用非常富有外在表现力和道德性的语言批评欧洲人权法院,并将其描述为一种威胁。当下荷兰民粹主义政党——民主论坛——的领导人,蒂埃里·鲍代(Thierry Baudet),将欧洲人权法院描述为"在没有丝毫合法性的情况下,推翻了许多国家法律与规定的贪婪怪物"⑦。法国国民联盟的乔丹·巴尔德拉(Jordan Bardella)认为法国必须摆脱欧洲人权法院的"束缚"。⑧ 这种妖魔化的描述经常被那些在意识形态上与民粹主义政党相似的独立小报所报道和渲染,并在对欧洲人权法院的去合法化攻击中作出贡献。

---

① Ivanne Trippenbach, CEDH: Marine Le Pen veut sortir de la《camisole》des droits de l'homme, l'opinion (Jan 18, 2019), available at https://www. lopinion. fr/edition/politique/cedh-marine-pen-veut-sortir-camisole-droits-l-homme-174826.

② See GPA: Marine Le Pen souhaite que la France quitte la CEDH, le point (Oct 5, 2014), available at https://www. lepoint. fr/politique/gpa-marine-le-pen-souhaite-que-la-france-quitte-la-cedh-05-10-2014-1869602_20.php.

③ Debat over EHRM dat nationale wetgeving doorkruist, PVV, available at https://pvv. nl/index. php/compo-nent/content/article. html? id = 6616: debat-over-ehrm-dat-nationale-wetgeving-doork-ruist.

④ See Janneke Gerards, The Netherlands: Political Dynamics, Institutional Robustness, in Patricia Popelier, Sarah Lambrecht & Koen Lemmens (eds.), *Criticism of the European Court of Rights*, Cambridge: Intersentia Ltd, 2016, p.329; Motie van het lid markuszower (May 11, 2017), available at ht-tps://zoek.officielebekendmakingen.nl/kst-34235-9.html. (在议会辩论《欧洲人权公约第 16 号议定书》的过程中,部分议员提出退出《欧洲人权公约》)。

⑤ See Laurent Bernhard, Three Faces of Populism in Current Switzerland: Comparing the Populist Communication of the Swiss People's Party, the Ticino League, and the Geneva Citizens' Movement, *Swiss Political Science Review*, 2017, Vol.23, No.2, p.509.

⑥ See Tilamnn Altwicker, Switzerland: The Substitute Constitution in Times of Popular Dissent, in Patricia Popelier, Sarah Lambrecht & Koen Lemmens (eds.), *Criticism of the European Court of Rights*, Cambridge: Intersentia Ltd, 2016, pp.398-399; Constance Kaempfer, Sophie Thirion, & Evelyne Schmid, Switzerland Rejects a Popular Initiative "Against Foreign Judges", opinio Juris (Dec 17, 2018), available at http://opiniojuris.org/2018/12/17/switzerland-rejects-a-popular-initiative-against-foreign-judges/.

⑦ Thierry Baudet, The Anti-democratic Impulses of the ECHR, SPIKED (Jan 19, 2011), available at https://www.spiked-online.com/2011/01/19/the-anti-democratic-impulses-of-the-echr/.

⑧ See Ivanne Trippenbach, CEDH: Marine Le Pen veut sortir de la《camisole》des droits de l'homme, l'opinion (Jan 18, 2019), available at https://www.lopinion. fr/edition/politique/cedh-marine-pen-veut-sortir-camisole-droits-l-homme-174826.

例如,英国小报《太阳报》(*The Sun*)中一篇报道欧洲人权法院欧洲的文章的标题就是"邪恶势力的胜利——欧洲法官所宣称的终身任职是'不人道的'",并将欧洲人权法院改称为"恐吓人类的法院"(Court of Human Frights)。① 在有关于欧洲人权法院判决的文章中,瑞士媒体使用了诸如"人权黑手党"(human rights mafia)和"民主的阉割"等词语进行极端性描述。② 有时,民粹主义者对欧洲人权法院的批评是完全恶意的。作为对欧洲人权法院涉及极权主义的判决的回应,匈牙利议会议长称欧洲人权法院的法官是"斯特拉斯堡的白痴"③。意大利民粹主义党联盟的马泰奥·萨尔维尼(Matteo Salvini)甚至指出:"我将关闭欧洲人权法院,这个机构毫无用处,我们还得花钱支持他们接二连三地作出白痴的判决。"④

通常,民粹主义者仅在特定的案件中批评欧洲人权法院。由于人权法经常限制"严打犯罪"的政策,所以涉及安全的判决经常会引起对欧洲人权法院的批评。例如,英国独立党的宣言就提出要英国退出《欧洲人权公约》并废除《人权法案》,以保障"守法公民和受害者的利益始终优先于罪犯的利益"。⑤ 同样,匈牙利总理奥尔班(Orbán)批评欧洲人权法院,认为它在无假释的制度下判处罪犯无期徒刑,违反了《欧洲人权公约》第3条。⑥ 他认为该判决是"无法容忍的",并进一步指出在欧洲机构中"犯罪者的权利高于无辜者和受害者的权利"。⑦ 在欧洲人权法院宣布意大利政府纵容警方对反全球化抗议者实施酷刑的判决后,萨尔维尼谴责其"无用"。⑧ 在 Provenzano 案的判决中,欧洲人权法院认定黑手党集团的幕后老板有权因健康危机,要求改变严格的监禁刑制度。萨尔维尼作出了同样的反应,⑨称该裁定为"欧洲马戏团无用之举的又一例证"⑩。

---

① Graeme Wilson, Victory for Evil, The Sun (Jul 9, 2013), available at https://www.thesun.co.uk/archives/politics/857957/victory-for-evil/; Graeme Wilson, Court of Human Frights, The Sun (Jan 26, 2012), available at https://www.thesun.co.uk/archives/politics/329478/court-of-human-frights/.

② Tilamnn Altwicker, Switzerland: The Substitute Constitution in Times of Popular Dissent, in Patricia Popelier, Sarah Lambrecht & Koen Lemmens (eds.), *Criticism of the European Court of Rights*, Cambridge: Intersentia Ltd, 2016, pp.392-393.

③ Eszter Polgári, Hungary: "Gains and Losses". Changing the Relationship with the European Court of Human Rights, in Patricia Popelier, Sarah Lambrecht & Koen Lemmens (eds.), *Criticism of the European Court of Rights*, Cambridge: Intersentia Ltd, 2016, p.308.

④ Strasbourg Court "Useless" Says Salvini, Ansa (Apr 9, 2015), available at http://www.ansa.it/english/news/politics/2015/04/09/strasbourg-court-useless-says-salvini_07b1abed-c340-443f-b073-776d80562b81.html.

⑤ Roger Masterman, The United Kingdom: From Strasbourg Surrogacy Towards a British Bill of Rights?, in Patricia Popelier, Sarah Lambrecht & Koen Lemmens (eds.), *Criticism of the European Court of Rights*, Cambridge: Intersentia Ltd, 2016, p.464.

⑥ See Magyar v. Hungary, App. No.73593/10, Judgment 20 May 2014.

⑦ See Eszter Polgári, Hungary: "Gains and Losses". Changing the Relationship with the European Court of Human Rights, in Patricia Popelier, Sarah Lambrecht & Koen Lemmens (eds.), *Criticism of the European Court of Rights*, Cambridge: Intersentia Ltd, 2016, p.300.

⑧ Strasbourg Court "Useless" Says Salvini, Ansa (Apr 9, 2015), available at http://www.ansa.it/english/news/politics/2015/04/09/strasbourg-court-useless-says-salvini_07b1abed-c340-443f-b073-776d80562b81.html.

⑨ See Provenzano v. Italy, App. No.55080/13, Judgment 25 October 2018.

⑩ Italy Violated Human Rights of Mafia Boss, THE LOCAL (Oct 25, 2018), available at https://www.thelocal.it/20181025/italy-violated-human-rights-of-mafia-boss-eu-court.

　　与恐怖主义相关的安全问题是民粹主义领导人经常对欧洲人权法院进行批评的另一个领域。法国国民联盟中的政治活动者们经常痛斥"欧洲人权法院对法国法律体系造成了严重影响,它禁止法国按自身意愿进行反恐斗争"。① 在这个领域,土耳其政府与欧洲人权法院的矛盾也表现得十分突出。在 Demirtas 案的判决中,欧洲人权法院认为,尽管本案原告是亲库尔德党的人士,对其进行逮捕是基于其参与有关恐怖主义的不法行为的合理怀疑,但是对其进行长期拘留关押是不合理的,况且土耳其政府作出此项决定的目的是限制本案原告的政治参与权。因此,欧洲人权法院要求土耳其政府应该"尽早终止对申请人的审前羁押"。② 针对这一判决,土耳其总统埃尔多安认为欧洲人权法院的判决是对恐怖主义的支持,并质问道:"您会赞同这个《欧洲人权公约》? 您会作出这类的判决吗? 任何支持葛兰主义者(译者注:葛兰为土耳其总统埃尔多安的政敌)的国家或机构都无权谈论民主。"③埃尔多安否认欧洲人权法院对此案判决的有效性并表示其与《欧洲人权公约》第 46 条第 1 款明显冲突,欧洲人权法院的裁决不具有约束力。④

　　移民问题是民粹主义者攻击欧洲人权法院缺乏合法性的另一领域。匈牙利的几个相关例子都证明了匈牙利政府与欧洲人权法院的紧张关系。2017 年,奥尔班总理发表讲话,要求欧洲人权法院必须立即进行改革,因为它的判决"会导致移民涌入并且威胁到欧盟人民的安全"。⑤ 匈牙利国务卿将诉讼争议称为"国际移民势力"用来拆除保护欧洲法律的"特洛伊木马",以此回应欧洲人权法院认为的"驱逐两名寻求庇护者违反了公约权利保障标准"。⑥

　　另外民粹主义者并非总是谴责欧洲人权法院。有时,他们会以自己的喜好利用欧洲人权法院,甚至在必要时会求助该司法机构以维护自身的利益。2018 年,由萨尔维尼(Salvini)领导的民粹主义政党联盟党在意大利最高法院宣布查封其财产后,宣布将向欧洲人权法院提出诉讼。意大利联盟党的律师也表示政府行为明显违法,所以有必要向欧洲人权法院寻

---

　　① Ivanne Trippenbach, CEDH: Marine Le Pen veut sortir de la《camisole》des droits de l'homme, l'opinion (Jan 18, 2019), available at https://www.lopinion.fr/edition/politique/cedh-marine-pen-veut-sortir-camisole-droits-l-homme-174826.

　　② Demirtas v. Turkey (no. 2), App. No.14305/17, 20 November 2018, para.283.

　　③ See Turkey's Erdogan Says ECHR Ruling on Jailed Politician Supports Terrorism, Reuters (Nov 21, 2018), available at https://www.reuters.com/article/us-turkey-security-demirtas/turkeys-erdogan-says-echr-ruling-on-jailed-politician-supports-terrorism-idUSKCN1NQ1C2.

　　④ See Erdoǧan Rejects European Court's "Non-binding" Decision over Demirtaş, Hurriyet Daily News (Nov 20, 2018), available at http://www.hurriyetdailynews.com/european-court-urges-turkey-to-free-demirtas-139022.

　　⑤ Orban Attacks the European Court of Human Rights, EURACTIV.com (March 30, 2017), available at https://www.euractiv.com/section/global-europe/news/orban-attacks-the-european-court-of-human-rights-at-epp-congress/.

　　⑥ State Secretary Says ECtHR Lawsuit Is the New Method of Soros and His Network to Undo the European Legal Syste'm, About Hungary (Apr 23, 2018), available at http://abouthungary.hu/news-in-brief/state-secretary-says-ecthr-lawsuit-is-the-new-method-of-soros-and-his-network-to-undo-the-european-legal-system/.

求正义。① 另一个例子涉及捷克共和国的民粹主义总理安德烈·巴比什(Andrej Babiš)。因为在历史档案中被描述为与前捷克斯洛伐克政权的秘密警察有着合作,巴比什在斯洛伐克提起了诉讼。斯洛伐克宪法法院裁定其败诉后,他向欧洲人权法院提出诉讼,要求欧洲人权法院为其伸张正义,但最终未能成功。②

总体而言,民粹主义意识形态和政治风格的结合为挑战欧洲人权法院提供了极其强大的基础。民粹主义者对欧洲人权法院的真正挑战可以总结为以下几点。首先,非常重要的是发起挑战的一方不只是民粹主义政府。③ 在技术进步(尤其体现在社交媒体)的背景下,民粹主义者对技术的熟练运用与人民的"认知性动员"④的结合提高了民粹主义领袖的领导能力和民粹政党与人民直接沟通的能力,从而能够对公共领域施加影响,并且对欧洲人权法院等法治机构进行去合法化的攻击,即便民粹主义者尚未掌权。因此,民粹主义对欧洲人权法院去合法性的攻击并不限于诸多由民粹主义者掌权的东欧国家,而同时存在于欧洲的其他地区。虽然民粹主义势力在部分欧洲国家尚未掌权,但仍占据着举足轻重的地位。⑤ 因此,我们可以说民粹主义时代增大了抵制国际性法院的可能性——我们不仅应该对政府行为者予以关注,也应该对更广泛的跨国性民粹主义行为者进行关注。

其次,民粹主义对欧洲人权法院合法性的攻击印证了前文对民粹主义实践的论述,民粹政治甚至有着机会主义的性质。⑥ 民粹主义通常对触及特定政策的欧洲人权法院的判决进行批判。这些领域是地方性民粹主义者进行叙事的核心内容(例如匈牙利的移民)。民粹主义者在这些领域可以使用民粹主义意识形态的立场轻易动员民粹主义支持力量根据民粹意识形态讨论话题(例如安全问题)。民粹主义的批评有时仅是向欧洲人权法院传达谴责的信息,有时也包含提出纠正措施与建议。这些意见通常包括缔约国政府应该从欧洲人权法院的影响中解放出来,忽略或不遵守欧洲人权法院的判决,或对欧洲人权法院进行结构性限制("限制其职权"和"关闭欧洲人权法院机构")。更为重要的是民粹主义者利用修辞手段增强动员能力。他们会在宣传中强调情感因素,使用富有表现力的语词来侮辱欧洲人权法院,增

---

① See Fondi sequestrati, Lega ricorre a Corte diritti Ue, Adnkronos (Nov 10, 2018), available at https:// www.adnkronos.com/fatti/politica/2018/11/10/fondi-sequestrati-lega-ricorre-corte-diritti_ XdwnD 5wtx7jQ4GNHy0cdqL.html.

② See Ivana Svobodová, Babiš zůstane v registru agentů STB. Štrasburk odmítl jeho stížnost. Respekt (Dec 10, 2018), available at https://www.respekt.cz/politika/strasburk-odmitl-babisovu-stiznost-jeho-jmeno-v-registru-agentu-stb-zustane.

③ See Heike Krieger, Populist Governments and International Law, *European Journal of International Law*, 2019, Vol.30, No.3, p.971.

④ Ronald Inglehart, Cognitive Mobilization and European Identity, *Contemporary Politics*, 1970, Vol.3, No.1, p.45.

⑤ 此外,即便民粹主义者未能掌权,他们也会将主流的政党推到难堪的地位。参见 Martin Eiermann, Yascha Mounk, & Limor Gultchin, European Populism: Trends, Threats and Future Prospects, Institute for Global Change (Dec 29, 2017), available at https://institute.global/insight/renewing-centre/european-populism-trends-threats-and-future-prospects.

⑥ See Jan-Werner Muller, Populism and Constitutionalism, in C. Rovira Kaltwasser et al. (eds.), *Oxford Handbook of Populism*, New York:Oxford University Press, 2017, p.598.

加人民的恐惧和焦虑,并通常将这些负面的情感与欧洲人权法院和人权相挂钩,以此说服民众。这种方式提高了民粹主义者的动员能力,增加了攻击欧洲人权法院的合法性。

问题的关键是:这种去合法性的挑战是否真的会对欧洲人权法院构成威胁?首先,正如本文第二部分第二节所阐释的,民粹主义的某些批评意见并非空穴来风。拓展公约权利内容范围的演化性解释,忽视缔约国的特殊性,欧洲人权法院判决的质量都会成为对《欧洲人权公约》未来体制辩论的合理话题。忽略这些问题会对欧洲人权法院造成实质性的损害。但是,民粹主义行动者似乎并未对改革现有制度或者重新平衡自由和民主提出认真的意见。民粹主义的观点似乎是由旨在煽动情绪和谴责欧洲人权法院的"贬低性言语策略"①在驱动。

但是,一条批评性推文或一段抨击性的言论是否能成为威胁这个世界上最为有效的国际性法院途径呢?欧洲人权法院所面临的挑战不仅是单一的推文和修辞性言语,而是这些内容可能引发的话语框架的渐进性变化,特别是在欧洲人口和社会经济发生重大变化的时代背景下。正如詹姆斯·克劳福德(James Crawford)所说:"针对国际法的怀疑主义修辞与日俱增……可能促使人们大规模撤回到本土主义和单边主义。"②意识形态基础和政治风格的结合使民粹主义者可以有效地利用前文中提及的人民对社会、经济和身份认同的焦虑。甚至,这种手段具有潜在的跨国性质。民粹主义者的责骂叙事为人民的焦虑赋予了实际意义,并更普遍地引起了对欧洲人权法院和人权的不满。③ 如上所述,激发恐惧和愤怒在民粹主义攻击欧洲人权法院合法性的过程中起着重要的作用,这进一步激起了人民在批判欧洲人权法院上的共鸣。

欧洲人权法院话语框架的转变可能会扭曲其独立性和权威性的社会和政治渊源,所以有着危险的长期影响。民粹主义运用去合法性策略可以大大降低欧洲人权法院的社会合法性,而这反过来会开始逐渐侵蚀欧洲人权保障领域,并为缔约国政府不遵守判决的做法提供支持。这一策略违反了不得干涉欧洲人权法院独立性的政治规范,而且会进一步约束和限制欧洲人权法院。

在某种程度上,我们可以将《哥本哈根宣言》——欧洲理事会制定的有关欧洲人权法院未来的最高级别文件——解释为朝这个方向迈出的步伐。2017 年 11 月,丹麦成为欧洲理事会主席国。在国内民粹主义者发起的关于驱逐外国罪犯的讨论中,作为主席国的丹麦宣布了其改革《欧洲人权公约》体系的目标和限制欧洲人权法院动态性解释公约的

① Tilamnn Altwicker, Switzerland: The Substitute Constitution in Times of Popular Dissent, in Patricia Popelier, Sarah Lambrecht & Koen Lemmens (eds.), *Criticism of the European Court of Rights*, Cambridge: Intersentia Ltd, 2016, p.392.

② James Crawford, The Current Political Discourse Concerning International Law, *Modern Law Review*, 2018, Vol.81, No.1, p.22.

③ See Bart Bonikowski, Ethno-nationalist Populism and the Mobilization of Collective Resentment, *British Journal of Sociology*, 2017, Vol.68, No.S1, p.S181; Tomasz Koncewicz, The Role of Citizen Emotions in Constitutional Backsliding, Reconnect (Mar 29, 2019), available at https://reconnect-europe.eu/blog/ koncewicz-citizen-emotions-constitutional-backsliding/.

权利的司法实践。① 部分评论者将后续的宣言草案描述为对欧洲人权法院施加政治压力的制度化工具，"试图给人权法院法官戴上手铐"②。然而，最终的宣言文本则是一份解决欧洲人权法院核心问题的更为平衡的文件。③ 尽管《哥本哈根宣言》尚未被广泛提及，但宣言草案表明了对欧洲人权法院不断变动的话语甚至可以影响到欧洲理事会的政治最高层面。

民粹主义政府实施的不履行欧洲人权法院判决的国内政治可以强化对欧洲人权法院进行去合法化所采取的语言渲染性策略。就执行判决的实效性而言，国际性法院始终依赖着国内机构的遵守和与诸缔约国间的合作。④ 但是，威权民粹主义"占领"⑤了整个国家机关并限制公民社会的策略，增加了解决问题的难度。仅举几个例子：匈牙利和波兰的民粹主义政府最近更换了先前履行和落实欧洲人权法院判决的国内宪法法院成员，并设法转变他们意识形态的立场。⑥ 这也对匈牙利遵守《欧洲人权公约》产生了影响。艾斯特·波尔加里（Eszter Polgári）撰写的有关于匈牙利的报告指出，由奥尔班之前的议会所任命的法官与新任命的法官在如何对待欧洲人权法院的判例上产生了分歧。一位新任命的宪法法院法官甚至否认欧洲人权法院的判决具有约束力，反对多数法官将欧洲人权法院判例作为考虑事项

---

① See Jacques Hartmann, A Danish Crusade for the Reform of the European Court of Human Rights, European Journal of International Law: Talk! (Nov 14, 2017), available at https://www.ejiltalk.org/a-danish-crusade-for-the-reform-of-the-european-court-of-human-rights/.

② Alice Donald & Philip Leach, A Wolf in Sheep's Clothing: Why the Draft Copenhagen Declaration Must be Rewritten, European Journal of International Law: Talk! (Feb 21, 2018), available at https://www.ejiltalk.org/a-wolf-in-sheeps-clothing-why-the-draft-copenhagen-declaration-must-be-rewritten/. 对宣言草案的不同观点，参见 Mikael Rask Madsen & Jonas Christoffersen, The European Court of Human Rights' View of the Draft Copenhagen Declaration, European Journal of International Law: Talk! (Feb 23, 2018), available at https://www.ejiltalk.org/ the-european-court-of-human-rights-view-of-the-draft-copenhagen-declaration/.

③ See Geir Ulfstein & Andreas Føllesdal, Copenhagen—Much Ado about Little? European Journal International Law Talk! (Apr 14, 2018), available at https://www.ejiltalk.org/copenhagen-much-ado-about-little/.

④ See Karen Alter, The New Terrain of International Law, Princeton: Princeton University Press, 2014, pp.20-21.(书中区分了掌握正式权力且遵守欧洲人权法院判决的合作伙伴和可以向其他机构施加压力的支持性伙伴)。

⑤ See Jan-Werner Muller, What is Populism?, Philadelphia: University of Pennsylvania Press, 2016, p.44.

⑥ See Jan Petrov, Unpacking the Partnership: Typology of Constitutional Courts' Roles in Implementation of the European Court of Human Rights' Case Law, European Constitutional Law Review, 2018, Vol.14, No.3, p.526.

的判决意见。① 俄罗斯宪法法院甚至被明确授予权限审查欧洲人权法院的判决与宪法的融合性。② 同样,作为支持欧洲人权法院判决的人权非政府组织也受到了来自民粹主义者的压力,其社会活动能力受到了严重的限制。③ 因此,民粹主义支持者限制了遵守欧洲人权法院判决的合作者的国内改革,这可能加剧遵守《欧洲人权公约》的困难性,也会降低欧洲人权法院的社会合法性。

(四)小结:民粹主义对欧洲人权法院有着独特的挑战性?

笔者认为当下的民粹主义"爆炸"的现象不仅是主权主义对欧洲人权法院进行批评的另一例证。④ 最近的民粹主义浪潮一直在重写欧洲政治势力的版图,⑤将民粹主义对欧洲人权法院的抵制提高了一个层次。正如本文所阐述的,民粹主义对欧洲人权法院的挑战并不仅停留在发明新的遏制法院权力的技术手段。相反,民粹主义有着独特的扭曲欧洲人权法院合法性和权威性的强大能力。对欧洲人权法院的批评不再局限于学术辩论或小报媒体,批评的结果会影响许多国家的最高政治层级与公共辩论。

因此,民粹主义的意识形态所产生的宪法视野和解释当下人民所面临问题的责骂叙事与民粹主义者广泛应用这种沟通、引起大众共鸣,这二者的结合使得民粹主义者可以专门挑战人权法院的独立性和权威性。另外,民粹主义者拥有极高的动员人民的能力(且这种动员可能是跨国性的),使人们产生对欧洲人权法院的憎恨,并改变围绕欧洲人权法院裁决的讨论框架。

换句话说,民粹主义仅是相对薄弱的意识形态,但是它对民主的运作方式有清晰的定

---

① See Eszter Polgári, Hungary:"Gains and Losses". Changing the Relationship with the European Court of Human Rights, in Patricia Popelier, Sarah Lambrecht & Koen Lemmens (eds.), *Criticism of the European Court of Rights*, Cambridge: Intersentia Ltd, 2016, pp.317-318.

② See Jan Petrov, Unpacking the Partnership: Typology of Constitutional Courts' Roles in Implementation of the European Court of Human Rights' Case Law, *European Constitutional Law Review*, 2018, Vol.14, No.3, p.517; Marina Aksenova & Iryna Marchuk, Reinventing or Rediscovering International Law? The Russian Constitutional Court's Uneasy Dialogue with the European Court of Human Rights, *International Journal of Constitutional Law*, 2018, Vol.16, No.4, p.1322. 由于部分学者认为俄罗斯是一个民粹主义政体,所以笔者需要提及俄罗斯的状况,以确保完整地分析欧洲民粹主义。See Neil Robinson & Sarah Milne, Populism and Political Development in Hybrid Regimes: Russia and the Development of Official Populism, *International Political Science Review*, 2017, Vol.38, No.4, p.412.

③ 一些例证请参见 Antoine Buyse, Squeezing Civic Space: Restrictions on Civil Society Organizations and the Linkages with Human Rights, *International Journal of Human Rights*, 2018, Vol.22, No.8, p.966.

④ 参见 Ran Hirschl, Opting Out of "Global Constitutionalism", *Law & Ethics of Human Rights*, 2018, Vol.12, No.1, p.2.作者将民粹主义的挑战视为一种独立形态并且指出这种意识形态不同于早期对全球化和全球立宪主义的仇恨。

⑤ See Martin Eiermann, Yascha Mounk & Limor Gultchin, European Populism:Trends, Threats and Future Prospects, Institute for Global Change (Dec 29, 2017), available at https://institute.global/insight/renewing-centre/european-populism-trends-threats-and-future-prospects.

义,并解释了为什么挑战欧洲人权法院具有正当性和必要性。然后,民粹主义用特殊的方式传递信息,这种方式建立在人民的恐惧和焦虑之上。民粹主义指出了经常被忽视的问题,并在责骂叙事中提供了简单的解释和解决方案。由于民粹主义提倡多数者优先,并在宣传中加入民族主义因素、情感因素与道德主义腔调,因此民粹主义者有着极高的动员能力。民粹主义者可以用这些特征武装自己,因此动员听众,并引导人民对欧洲人权法院产生恐惧。因此,许多社会阶层对责骂叙事的共鸣明显使得民粹主义对欧洲人权法院的渐进性腐蚀变得极有风险性,特别是当欧洲人权法院已经显现出自身很容易受到合法性挑战的伤害。作为国际性法院,欧洲人权法院不具有像民粹主义政客那样与大众沟通的资源和获得大众支持的能力,即便欧洲人权法院近期发展出了教育的能力。欧洲人权法院近期发挥了教育的作用,与之相反,民粹主义者拥有更好的资源和现实中不断获得媒体报道的机会。另外,欧洲人权法院在时间(案件数量)、财务自由(预算问题)和沟通技巧等方面的资源有限。寻求民众的支持并非欧洲人权法院的首要目标。由于民粹主义对欧盟的批评而加剧,《欧洲人权公约》体系也明显受到牵连,因此问题更加严重。缺乏对欧盟与欧洲理事会间关系的一般性了解,以及对欧洲人权法院不属于欧盟机构的常识,导致了对欧盟批评的溢出效应。[①] 此外,由于民粹主义政府倾向于改变制度环境并减少对自身权力的限制,所以对欧洲人权法院进行去合法化攻击仅是第一步,也是渐进性腐蚀的开端。降低欧洲人权法院的社会合法性意味着降低不遵守欧洲人权法院判决的成本,而广泛的漠视欧洲人权法院判决的现象为进一步遏制和边缘化欧洲人权法院开启了大门。

需要说明的是,笔者不认为国际性法院不应该受到批评。对欧洲人权法院判例法和职能的辩论对欧洲人权法院是重要的反馈机制。[②] 如上所述,对欧洲人权法院能动主义的批评、扩大动态性解释以及国际司法机构对民主和认同性缺陷的裁决属于辩论合法性问题的焦点。但是,正如本文第三部分第三节所展示的,民粹主义制造了一种与众不同的挑战。它的批评并未讨论《欧洲人权公约》体系内的正确平衡,而是恶意地将欧洲人权法院描绘成"紧身大衣"和"妖怪";民粹主义者并未提供相应的理性分析,而是用阴谋论般的词语将人权法院描述为"人权黑手党""特洛伊木马",并用对欧洲人权法院的批判进行政治动员,而且强调"我们"与"他们"的区分(请参照有关移民和罪犯权利的评论)。

---

① See Johan Karlsson Schaffer, Andreas Føllesdal, & Geir Ulfstein, International Human Rights and the Challenge of Legitimacy, in Andreas Føllesdal, Johan Karlsson Schaffer, & Geir Ulfstein (eds.), *The Legitimacy of International Human rights Regimes*, Cambridge: Cambridge University Press, 2014, p.11.

② See Mikael Rask Madsen, Bolstering Authority by Enhancing Communication: How Checks and Balances and Feedback Loops Can Strengthen the Authority of the European Court of Human Rights, in Joana Mendes & Ingo Venzke (eds.), *Allocating Authority: Who Should Do What in European and International Law?* Hart Publishing, 2018, p.77.

四、结论

欧洲人权法院已经在很长的时间内受到了多个角度的批评。本文认为最近的欧洲民粹主义的大爆发给欧洲人权法院带来了巨大的挑战。民粹主义的兴起不仅意味着对欧洲人权法院批判的加剧。民粹主义意识形态和政治风格的结合逐渐导致欧洲人权法院话语框架的改变，并引发了对《欧洲人权公约》中主要理性因素的质疑。鉴于民粹主义者倾向于改变制度性格局并消除对行政权力的限制，民粹主义者对欧洲人权法院形成了重大且急迫性的挑战。

不过，后续对欧洲人权法院制度设计的审视表明欧洲人权法院可以很好地保障自身，避免受到针对司法人员和法院结构特征的攻击。欧洲人权法院在预算和法官遴选方面存在严重的问题，但《欧洲人权公约》缔约国数量和程度的多样性（分散性）、欧洲人权法院较高程度的司法自治以及独立司法的制度性保障，使得欧洲人权法院能够相对有效地突破缔约国阻止其审查国内政策合约性的障碍或防止自身被民粹主义者"驯服"。

但是，还有另一种挑战欧洲人权法院的策略——通过去合法性以及渐进性腐蚀其权威和社会合法性的途径使欧洲人权法院边缘化，这在民粹主义情境下给欧洲人权法院带来了极其特殊的困扰。民粹主义者的最大优势是对反多数主义机构的责骂叙事，这为攻击法院提供正当性理由。这一优势恰恰遇上了欧洲人权法院的最大弱点，即很难面对合法性挑战。民粹主义的意识形态（形成了相对应的宪法视野和对当下人民的问题和解决方案的责骂叙事）、其吸引人的政治交流风格、民众的共鸣三者相结合，使得民粹主义的挑战特别体现在威胁欧洲人权法院的独立性和权威性。因此，民粹主义有着极高的动员人民的能力，引起了人们对欧洲人权法院的憎恨，并改变了针对欧洲人权法院判决的讨论框架。这可能会导致欧洲人权法院社会合法性的下降，从而破坏禁止干涉欧洲人权法院独立性的政治规范，并进一步遏制法院。简而言之，民粹主义的去合法化战略可能会通过侵犯欧洲人权法院的独立性和权威性的社会和政治来源而使其逐渐受到腐蚀。

本文着重于诊断民粹主义对欧洲人权法院的挑战。本文目的不在于找到解救欧洲人权法院的方法，而是在讨论欧洲人权法院未来的过程中，提出前期准备的步骤，建议在民粹主义时代下我们应该关注何种焦点。未来研究的关键问题是欧洲人权法院、欧洲理事会和其他参与者应如何应对民粹主义的渐进性侵蚀。一种可能的发展是支持欧洲人权法院的参与者将建设性地使用民粹主义的批评意见——将其作为一面"镜子"①——引导欧洲人权法院朝着解决一些被忽视的问题的方向发展，并认真对待导致许多人支持民粹主义者的原因。另一个使人忧虑的远景是民粹主义领导人将在渐进性侵蚀欧洲人权法院的情境下取得成功，并且将会降低欧洲人权法院的权威性和独立性。很难将后一种情

---

① David Landau，Populist Constitutions，*University of Chicago Law Review*，2018，Vol.85，No.2，p.532；Jan-Werner Muller，*What is Populism?*，Philadelphia：University of Pennsylvania Press，2016，p.543.

景解释为人民与民主的胜利。这将消灭威权民粹主义政府的最后约束之一，并进一步释放由威权民粹主义者统治的国家所具有的典型的"强化行政权威"[1]，这与对人民负责的民主体制相距甚远。

---

[1] Tarunabh Khaitan，Executive Aggrandizement in Established Democracies：A Crisis of Liberal Democratic Constitutionalism，*International Journal of Constitutional Law*，2019，Vol.17，No.1，p.342.

《厦门大学法律评论》总第三十四辑　2022 年第一卷
《论行政举报的宪法依据》
第 124 页～第 140 页

论行政举报的宪法依据*

李凌云**

摘要：为保障行政举报法律体系的融贯，破解因权利模糊所导致的实施难题，有必要通过法律解释确立行政举报的宪法依据。关于行政举报宪法依据的诸多争论中，主流观点是将《宪法》第 41 条的"公民监督权"解释为权源基础。但由于行政举报不具有纠错的基本意涵以及权力制约的核心功能，且将此视作监督权会脱离宪法权利的功能定位，故从该条款进行推导值得商榷。行政举报的本质是公私合作背景下的信息规制工具，其作用是为相对封闭的行政科层制提供违法信息与民主资源。依循人民主权、表达自由等基础理论的推演，可将《宪法》第 2 条"参与管理"条款、第 27 条"国家机关倾听意见"条款以及第 35 条"言论自由"条款解释为行政举报宪法依据的规范群，构建举报人与行政机关受宪法支配的参与性秩序。

关键词：行政举报；检举；宪法依据；公民监督权；言论自由

On the Constitutional Basis of Administrative Reporting
Li Lingyun

Abstract： In order to ensure the integration of the normative system of administrative reporting and solve the implementation problems caused by the ambiguity of rights，it is necessary to establish the constitutional basis of administrative reporting through legal interpretation. Among the many debates on the constitutional basis of administrative reporting，the mainstream view is to interpret the "citizen's right of supervision" in Article

---

　　* 文章 DOI：10.53106/615471682022100034007。
　　本文系 2021 年中国法学会部级重点课题"法治政府建设中的行政举报法律制度研究"[项目编号：CLS(2021)B09]的阶段性成果。
　　** 李凌云，北京物资学院法学院讲师、法学博士，研究方向：行政法学。电子邮箱：lilingyunlaw@163.com。

41 of the constitution as the source of power. However, because administrative reporting does not have the basic meaning of error correction and the core function of power restriction, and seeing that as a supervision right will deviate from the functional orientation of the constitutional rights, it is debatable to deduce from this clause. The essence of administrative reporting is an information regulation tool under the background of public-private cooperation. Its role is to provide information of illegal acts and democratic resources for the relatively closed administrative bureaucracy. According to the deduction of basic theories such as people's sovereignty and freedom of expression, Article 2 "participation in management", Article 27 "state organs listen to opinions" and Article 35 "freedom of speech" of the Constitution can be interpreted as a regulation group of administrative reporting based on the constitution, so as to build a participatory order in which informants and administrative organs are governed by the constitution.

Key Words：Administrative reporting；Report；Constitutional basis；Citizen's right of supervision；Free speech

一、引言:探讨行政举报宪法依据的背景与必要性

近年来,社会公众向行政机关举报的现象非常突出,政府规制活动日益重视举报所反映的违法线索。例如 2018 年崔永元实名举报演员范某冰偷税漏税,国家税务总局督促有关部门开展调查;经调查,税务机关依法对范冰冰进行处罚。① 又如,多地交警部门创设了"随手拍"微信小程序,市民通过手机拍摄举报包括闯红灯、违停等各类机动车违法行为,经查实的可以获得奖励。② 由于举报事项涉及行政机关的介入处理,不妨用"行政举报"对这类法律现象加以概括。此类行政举报之所以能得到行政机关的鼓励与认可,主要是因为众多法律规范进行了授权,且契合政策导向的理念。在政策文件方面,2021 年 8 月中共中央、国务院印发的《法治政府建设实施纲要(2021—2025 年)》明确提出:"畅通违法行为投诉举报渠道,对举报严重违法违规行为和重大风险隐患的有功人员依法予以奖励和严格保护。"在法律规范层面,《中华人民共和国食品安全法》《中华人民共和国环境保护法》《中华人民共和国生物安全法》《市场监督管理投诉举报处理暂行办法》等都对行政举报作了规定。③ 需要说明的是,鉴于不少法律规范中"举报"易与"投诉"等概念混用,为明确行文论域,本文所述"举报"

---

① 参见《崔永元举报范冰冰涉税事件 税务总局发话了》,https://new.qq.com/omn/20180603/20180603A0YQ98.html,最后访问日期:2021 年 12 月 4 日;张朝华:《税务部门依法查处范冰冰"阴阳合同"等偷逃税问题》,http://www.xinhuanet.com/2018-10/03/c_129965300.htm,最后访问日期:2021 年 12 月 4 日。

② 参见熊志:《随手拍交通违法:配套措施是关键》,载《中国青年报》2020 年 8 月 7 日第 2 版。

③ 《食品安全法》第 12 条、《环境保护法》第 57 条、《生物安全法》第 8 条等法律条款,都对举报作出了明文规定。《排污许可管理条例》第 31 条、《市场监督管理投诉举报处理暂行办法》等涉及举报的法规、规章更是不胜枚举。

是指公民等私主体为维护公共利益去披露第三人的违法行为,举报事项一般不牵涉举报人自身权益。

理论与实务界围绕行政举报的法律要点展开了激烈讨论,其中观察视角大多着眼于司法审查维度。[①] 其实,有必要将视野提升至宪法层面,而宪法依据即是一项亟待研究的课题。一方面,确立行政举报宪法依据是实现法律体系统一的需要。宪法规范能够通过成文法形式确立最高法律效力,对不同主体起到价值观的规训功能。宪法作为改革的框架秩序,可持续检视不断发展的法律实践。[②] 虽然诸多法律规范对行政举报作出了明确规定,不过目前我国欠缺统一的《举报法》,行政举报类规范体系的内在协调与位阶融贯还有待加强。尽管学界已经意识到了综合性举报立法的重要性,[③]但基于宪法层面的关注仍明显不足。甚至,由于缺乏高位阶法律规范的塑造,行政举报类规范性文件也有泛化的倾向。如有地方政府发文规定,公民举报在辖区内居住的新冠疫苗"应接未接"人员,政府一次性奖励人民币50元。[④] 当前新冠疫苗接种属于自愿行为,该类行政规范性文件将此纳入行政举报事项值得质疑。行政举报类规范性文件处于规范链条的末端,实际上不能忽视宪法这一上位法的价值统摄。

另一方面,探寻行政举报宪法依据是厘定权利范围的需要。行政举报之宪法意涵的含混,将可能出现权利淡漠或滥用的情形。实践中,行政举报遭遇"冷"与"热"的悖论,其外延的模糊性导致法律实施效果不彰。现实生活中存在公民即便知晓举报事项也不向行政机关举报的现象,这属于举报权的消极不用。公民对自身利益比较重视,而对那些与自身关联性不强的举报权利则疏于行使。[⑤] 但在某些场合,公民实施行政举报的行为却过于火热。譬如,出于激励需要而被推崇的举报奖励机制,滋生了举报人借助制度漏洞谋取私人利益的活动,职业举报人现象即是例证。尽管理论上对职业举报人的认定尚存争议,但举报权滥用的讨论已形成某种共识。而行政举报的权利范围之判断,很难绕开宪法权利的阐释。部门法权利必须与宪法权利保持互动,倘若欠缺宪法上的宏观界定,行政举报的权利存续将没有稳固的规范依托。

有不少观点指出,行政举报是宪法赋予的一项权利。[⑥] 该类论断是以宪法已经设定或蕴含该权利为立论前提,似乎认为这属于不证自明的事实。令人不禁疑惑的是,行政举报在

---

① 相关论述可参见伏创宇:《行政举报案件中原告资格认定的构造》,载《中国法学》2019 年第 5 期;李凌云、刘芙彤:《行政举报及相关法律问题辨析》,载《行政与法》2021 年第 10 期;彭涛:《举报人的行政诉讼原告资格》,载《行政法学研究》2019 年第 2 期;周雷:《投诉举报人原告资格认定的司法理性》,载《当代法学》2021 年第 3 期;等等。

② 参见[德]施密特·阿斯曼:《秩序理念下的行政法体系建构》,林明锵等译,北京大学出版社 2012 年版,第 13 页。

③ 参见王贵松:《论公益性内部举报的制度设计》,载《法商研究》2014 年第 4 期;余彦、雷瀚林:《环境告发立法探析》,载《地方立法研究》2017 年第 4 期。

④ 参见《南昌经开区关于自报、举报新冠肺炎疫情防控线索的奖励办法》,2021 年 8 月 13 日发布。

⑤ 参见章志远:《食品安全有奖举报制度之法理基础》,载《北京行政学院学报》2013 年第 2 期。

⑥ 代表性的观点可参见赵宏:《保护规范理论在举报投诉人原告资格中的适用》,载《北京航空航天大学学报(社会科学版)》2018 年第 5 期;黄先雄、皮丹丹:《公益性投诉举报类行政案件的诉讼救济问题探究》,载《中南大学学报(社会科学版)》2017 年第 6 期。

我国宪法上是何种地位？有哪些现行《宪法》条款可作为权源依据？鉴于此，下文将梳理学界关于此论题的观点及其理由，通过法律解释揭示行政举报在《宪法》上的具体依据。只有在宪法意义上展开深入探讨，才能实现以根本法价值为引领的行政举报秩序之构建。

二、行政举报宪法依据的争论及其反思

（一）行政举报宪法依据的争论

行政举报没有直接规定于我国宪法之中，这并不表明其缺少规范依据。尽管宪法学界很少有针对行政举报宪法依据的专门阐释，但依然能够从诸多论述中发现一鳞半爪。学者们基于不同的观察视角为行政举报探寻了多个宪法条款，概括起来大致有五种观点。

1.行政举报从《宪法》第 41 条的检举权"溢出"

该种学说认为，行政举报从《宪法》第 41 条的检举权"溢出"。所谓"溢出"，大体是将其视为检举权的有机延伸，或将之视作检举权的具化适用。《宪法》第 41 条规定："对于任何国家机关和国家工作人员的违法失职行为，有向有关国家机关提出申诉、控告或者检举的权利。"由于"举报"不是明确的宪法概念，人们经常将其与"检举"等概念相互等同。有论著明确表示，第 41 条的检举权条款奠定了举报的法律基础。① 有观点更是详细论证了公民向行政机关举报违法行为，是源于第 41 条的公民举报权以及国家保护义务，即作为宪法权利的举报权溢出至行政管理领域的结果。② 虽然第 41 条没有出现"举报"一词，但其中的检举能够推导出公民举报他人违法行为的权利。申言之，这是一种政治权利的延伸，一种当公民让渡部分权利给国家之后由宪法赋予其享有的根本权利。鉴于此，有行政执法人员参见表示，举报人以公民身份举报企业的违法行为，是行使宪法、法律赋予的检举控告权利。③ 类似观点提出，举报作为宪法赋予公民行使检举揭发违法事项的基本权益，切实呈现出本土性的民主监督图景。④ 该观点虽没有提及宪法哪个具体条款，但不难发现其就是指向第 41 条。此观点得到宪法学者普遍认可，即将行政举报界定为检举权的组成部分。

2.行政举报是《宪法》第 41 条推定的权利

该论点认为基本权利不仅限于宪法的文本规定，所暗示或隐含的权利也属于公民基本权利之列，不应否认推定权利的存在。⑤ 行政举报是对公权机关以外的其他人的违法行为进行监督，公民运用举报方式督促行政机关履行查处义务，亦为针对国家机关及其工作人员

---

① 参见和鸿鹏、王聪、李真真：《美国科研不端举报人保护制度研究》，载《中国科学基金》2015 年第 4 期。

② 参见黄锴：《行政诉讼中举报人原告资格的审查路径——基于指导案例 77 号的分析》，载《政治与法律》2017 年第 10 期。

③ 参见高丛林：《浅论医疗投诉之法律监督与权利救济》，载《中国卫生法制》2020 年第 3 期。

④ 参见曾哲、梭娅：《行政举报答复行为可诉性的规制路径探析》，载《河北法学》2019 年第 12 期。

⑤ 参见赖彩明、赖德亮：《加强公民举报权的制度保障》，载《法学》2006 年第 7 期。

监督权的合理推定。如有观点所述,公民对其他私主体违法行为的举报,属于社会监督权的具体应用,亦为《宪法》第41条所设定权利的实际应用。① 查处其他人违法行为是行政机关及其工作人员的职责,而违法事实继续存在往往是由行政机关的失职所致,行政举报可督促行政机关执法,举报权源于此种逻辑进路。该类宪法权利推定的主要理由,是认为举报人协助行政机关掌握、查处违法行为,乃是监督行政机关依法行政的重要方式。

3.行政举报源自《宪法》第41条的建议权

持这一观点的学者提出,宪法上的"建议权"可划分为"提议权""提请权""敦促权"等,其中的"敦促权"在理论上包括公民对违法行为的"举报权"。② 从举报人角度而言,行政举报的宗旨是敦促行政机关及其工作人员尽快查处违法行为,故属于宪法上建议权的范畴。虽然第41条未明确提到"举报"二字,但举报权利隐含于批评、建议的形式之中,当行政机关因各种原因(如资源紧缺、人力有限)未能尽到查处义务时,公民能够以举报形式协助其查处违法行为,这是行使监督权的应有之义。③ 类似观点亦体现在著作权领域。有学者表示,公民对著作权违法行为行使"举报权"的宪法依据,是公民对行政机关及其工作人员的建议权。④ 简言之,此类观点认为行政举报这种"建议权"属于督促行政机关履行职权的宪法权利。

4.行政举报是《宪法》第35条的言论自由之体现

有论者表示,"举报不法事由,事实上是公民行使监督权、言论自由权。"⑤这类观点不囿于上文各项宪法依据凸显的监督因素,而且还从言论自由这一独特视角进行论证。与此类似的观点在谈及内部举报时认为,举报人所进行的公益告发(举报)就是一项言论自由权,以确保公民都享有畅所欲言的条件。⑥ 言论自由通常被视为现代民主社会中一个不可或缺的概念,乃是公民按照自身意愿表达意见和想法的基本权利。也有观点在论述内部举报时提出,雇员向行政机关举报雇主组织内部的违法情况,属于收集和传播各种事实和意见的行为,显然在言论自由的范畴之内。⑦ 可见,这类观点认为《宪法》第35条有关言论自由的规定是行政举报的权源依据。

5.行政举报不具有宪法依据

持此观点的学者认为,行政举报难以从宪法的某个条款进行推导。如有观点认为,《宪法》第41条虽规定公民的申诉、控告、检举权等,但宪法权利不针对第三人,劳动者对用人单

---

① 参见李盼强、曾长秋:《突发重大疫情网络舆论的生成逻辑、演进特征与治理机制》,载《重庆邮电大学学报(社会科学版)》2020年第6期。

② 参见滕祥志:《公法视域的涉税"举报—答复"法律关系探讨》,载《涉外税务》2013年第6期。

③ 参见孟倩:《行政执法有奖举报制度的理论基础分析》,载《福建行政学院学报》2013年第5期。

④ 参见陈绍玲:《著作权行政处罚中的举报权定性》,载《中国版权》2015年第4期。

⑤ 参见于洋:《突发公共事件的内部举报制度之构建》,载陈金钊、谢晖主编:《法律方法》(第30卷),研究出版社2020年版,第392页。

⑥ 参见李飞:《法律如何面对公益告发?——法律与制度的框架性分析》,载《清华法学》2012年第1期。

⑦ 参见王倩:《保护"吹哨人"的劳动法分析——基于德国司法经验的考察》,载《当代法学》2016年第5期。

位违法行为的举报并非直接源自宪法,而是《劳动合同法》的相关条款。① 该观点论及劳动违法行为领域的行政举报,反映出论者对宪法依据的否定态度。有学者将环保领域的举报分为两类,即针对公权力机关及工作人员违法失职行为的举报和针对其他组织或个人一般违法行为的举报,并认为两类举报形式的法律依据不同,前者源自《宪法》第 41 条的规定,后者依据环境法的设定。② 由此观之,该论者同样未将宪法视为行政举报的直接依据。

(二)行政举报宪法依据的争论之评述

根据上述多种观点可知,虽然学者们对行政举报的宪法依据存在一定分歧,但主流观点普遍是将《宪法》第 41 条作为创设行政举报的规范基础。换言之,是以宪法解释的路径将行政举报纳入宪法权利范围。尽管第四、第五种观点认为行政举报不具有宪法依据或第 41 条不能够纯粹作为依据,但论证过程基本上是根据该条款进行的阐释。除学理分析之外,司法实践亦有不少论点会将该条款看作行政举报的权源依据,如多位法官表示:"举报是宪法赋予公民的权利。"③又如,有法院认为:"原告以普通公民身份行使宪法、法律赋予的检举权,对当事人的违法行为进行举报,要求行政机关予以查处……"④固然有观点认为,部分行政领域的举报事项在宪法上找不到依据,但往往也是围绕第 41 条展开论证。因而,该宪法条文的规范内涵是亟待明晰的论点。

那么,行政举报能否从《宪法》第 41 条推导呢? 上述观点或隐或现地将该条款规定的权利概括为监督权。的确,还有不少宪法学者将此解释为监督权与请求权,其中控告权属于请求权的一种。同时,亦有很多宪法学者进行了讨论,将控告权归为监督权的范畴。⑤ 一言以蔽之,学界主流意见是将该条款规定的六项权利归纳表述为"监督权"。⑥ 或者更具体地从学理上表述为一种"公民监督权"。笔者以为,虽然"公民监督权"条款在某些侧面为行政举报提供了证成,但将此视为规范依据却值得商榷。理由主要有如下两点。

第一,《宪法》第 41 条的规范内涵没有涵盖行政举报。首先有必要探讨这一条款的规范内涵。林来梵教授认为,公民监督权其实是请愿权的一种观念演变形态。⑦ 该类权利的实质,是公民对国家或其他公权力就一定事项表达不满、要求及希望。第 41 条属于综合而丰富的权利体系构成,具体包含批评、申诉、建议、控告、检举及取得国家赔偿等六项核心内容。这些权利具有高度同质性,但依然存在一定差异。比如,批评、检举、控告等蕴含着浓厚的参

---

① 参见戴加佳:《劳动违法行为举发人行政诉讼原告资格探查——基于保护规范理论的分析》,载《中国劳动关系学院学报》2020 年第 1 期。

② 虽然该文在概念上使用的是"检举",但遍观全文论述可知,此处"检举"的内涵与本文的"举报"一致。参见沈跃东:《环境保护检举权及其司法保障》,载《法学评论》2015 年第 3 期。

③ 湖南省湘潭市中级人民法院(2015)潭中行终字第 124 号行政裁定书;广东省梅州市中级人民法院(2014)梅中法行终字第 38 号行政裁定书。

④ 溧阳市人民法院(2019)苏 0481 行初 120 号行政判决书。

⑤ 参见胡锦光、韩大元:《中国宪法》,法律出版社 2016 年版,第 272~276 页。

⑥ 参见许崇德:《中国宪法》,中国人民大学出版社 1996 年版,第 414 页。

⑦ 参见林来梵:《宪法学讲义》,清华大学出版社 2018 年版,第 394 页。

政权色彩,而获得国家赔偿与申诉权不属于政治性权利的范围。可以确定的是,这些权利构成了严密的公民对公权力的监督及权利救济体系。首先,批评权、建议权是公民出于对国家机关公共活动的关心而生发出的权利申诉权,体现了公民向公权力陈述意见、表达诉求的特征。不管是批评还是建议,行使目标皆是督促国家机关及其工作人员改善工作。其次,控告权、检举权的品性又不一致。控告权侧重于对损害自身利益的违法失职行为表达不满;检举权着眼于披露公权力的违法失职,是公民以监督方式参与政治生活的权利。最后,申诉权、要求国家赔偿权都具有目的上的救济性,是对自身权利的维护。这类公民监督权是公民享有的政治性权利,属于一种具有明显刚性色彩的集合性权利。

行政举报调整的对象,与"公民监督权"条款确立的对象要件完全不同。《宪法》第41条在对象要件上规定得很明确,就是针对国家机关及其工作人员。不管这六项权利的属性如何,行使对象都存在一致性,因而明显存在"内部性""对公性"的特点。概言之,该宪法条文调整的是公民与国家(公权力)之间的权利义务关系,也是一种自下而上的监督关系,为促进公权力运行的民主化提供了重要的宪制渠道。而行政举报涉及举报人与被举报人之间的私人关系,与公民对抗公权力的意涵并不相同。举报人与被举报人同为授予公权力的私主体,二者之间不具备监督关系的基础,将私主体的举报行为界定为公民监督权很难自洽于现有规范。

行政举报不具有公民监督权的纠错性意涵。经由宪法解释,可以发现公民监督权条款的基本内涵,即对于国家机关执行公共事务时的违法失职行为予以纠错。这一条款的内涵并未包含公民对其他公民违法行为进行纠错的权利,对于第41条直接推断出行政举报是存在疑问的。公民对国家机关及其工作人员的违法失职行为进行监督,是为了提出建设性意见,具有目的上的纠错性。而行政举报的目的,是协助行政机关纠正其他私主体的违法行为。概言之,公民监督权对象与行政举报对象的规范目的存有不同,该宪法条款的纠错意涵没有覆盖行政举报。

第二,《宪法》第41条的根本功能、实现方式与行政举报无涉。除探究文义上的公民监督权概念外,还应分析该权利的权源出处与功能考量。该条款是否有可能在宏观理念上能够涵盖行政举报呢?笔者认为,宪法功能上依然没有提供依据。公民监督权中的各项子权利虽有不同之处,但作为同类基本权利,共同的特性决定了共同功能,即为公权力机关启动调查提供了监督模式,是一种以权利制约权力的方式。这种形式是在国家与社会分立之后社会对国家公权力监督的必然机制。显然,《宪法》第41条规定的公民监督权具有较强的政治参与性,凸显了公民与公权力之间的政治关系。宪法与政治密切相关,主轴是关于国家权力与公民权利的关系。[1] 宪法集中体现各种政治力量的对比关系,此种力量之间的对比亦体现为私权利对公权力的监督。公民监督权的根本目标,是经由公权力的约束来确保公民免受其侵犯,进而实现权力规范、自由保障的宪制价值。[2] 否则,脱离有效的公民监督,该条款体现的人民主权原则势必会被虚化。第41条的实质是私权利对公权力的制约监督,究其根源解决的是权利与权力的碰撞问题。这是社会权利对国家权力的一种监督,对于预防和

---

[1] 参见喻中:《中国特色社会主义法治理论:思想根基、主要特性与学科定位》,载《法学论坛》2020年第1期。

[2] 参见王月明:《公民监督权体系及其价值实现》,载《华东政法大学学报》2010年第3期。

规制公权力颇有益处。

进一步来说，《宪法》第 41 条主要是保障公民的宪法权利与合法权益。宪法一般是处理公民与国家之间关系的基本性契约，第 41 条的根本功能是制约公权力，即以积极方式对公权机关施加约束或以消极形式保证私人领域免受侵犯。对于第 41 条的功能定位，宪法学者认为该条款体现了公民对国家权力的政治监督和自身权益的救济。① 从权利的历史脉络而言，第 41 条的六项权利都源于人民民主专政下公民对公权力的监督，呈现出加强对公权力约束力度的价值取向。宪法上规定公民监督权条款的本意，是为了畅通公民抵制不当公权力的救济渠道，以对可能失范的权力进行威慑与制止。就《宪法》第 41 条的语义范围而言，是从基本政治制度与公民基本权利等角度进行的界定，保障公权力的行使领域、方式与程序都遵守宪法和法律的规定。因而，契合了宪法的根本目标——规范国家权力与保障公民权利。为加强社会主义法治建设，这一条款也是对"一切权力属于人民"的具象表述。总的来说，第 41 条的规范对象是以公共政治生活背景为凭据。

然而，行政举报不具备公权力制约的根本性功能，而是一种参与性功能。所谓参与性功能，是指公民聚焦于公共领域，为公共决策提供民意基础、信息聚集和意见参考，为相对独立的科层制体系补充民主资源。② 公民向行政机关举报违法行为，为行政机关提供了源源不断的违法信息基础，改善行政管理活动中信息不对称的问题，无疑有助于行政执法活动的有效展开。进言之，行政举报主要是公民与公民之间的平行法律关系，不具备国家与社会分野后的"以权利制约权力"之理论功用。即使不提及根本功能，光从政治功能上来看，公民监督权是为了维护稳定的政治秩序。而行政举报不具有政治秩序方面的功能考虑，故将其认定为公民监督权的延伸并不妥帖。

从功能实现方式来看，第 41 条的实现路径是以自下而上的方式排除公权力的不当行使，无法概括行政举报的实现方式。行政举报的功能实现路径，是请求公权力排除其他人的不当行为。行政举报事项牵涉公共利益，但举报人对其他人的举报事项能否提炼为公民监督权是值得商榷的。这一条款引起的法律效果往往是运用特别权力关系加以解决，而非其他渠道。而行政举报不能生发出这样的特别权力关系。因此，第 41 条的根本目标及实现方式很难与行政举报契合。

三、确立行政举报宪法依据的理论基础

行政举报反映的宪制理念及价值是探寻宪法依据的指南。若想对"行政举报的宪法依据"这一命题作出更为合理的解释，可分析行政举报本身在宪法上具有哪些意涵或理念。即是说，法律制度反映的宪制机理或法理是找寻宪法根源的基础。笔者认为，行政举报主要存在以下两种宪制理念：

---

① 参见韩大元、林平梵、郑贤君：《宪法学专题研究》，中国人民大学出版社 2008 年版，第 464～473 页。

② 参见秦小建：《论公民监督权的规范建构》，载《政治与法律》2016 年第 5 期。

（一）人民主权是行政举报的逻辑起点

宪法作为民主制度化的产物，势必要以民主的实现为根本目标。公民向行政机关的举报行为，不是公民监督权的具体化，而是人民主权原则所衍生的参与民主。人民主权是民主国体的权力基础。人民主权也称为主权在民，旨在阐明国家权力由全体公民共同享有。人民主权作为国家权力的一项基本原则，解决的是国家权力的合法性问题，意味着主权归人民所有。① 人民主权在我国宪法上的规范性表达即为一切权力归属于人民，人民是各类公共事务的有权管理者。行政举报承载着作为国家主权的最终拥有者的主张，凝聚着公民参与公共事务的现实诉求，是人民主权理论的逻辑延伸。选举与参与，乃是民主政治之下人民参与国家事务管理的基本途径。"参与是民主政治的核心"，这一权利的最终目的是以公民的外部视角去督促公权力在法治轨道上运行。行政举报即起源于人民主权理论，宪法的民主原则表明了公民举报违法行为的正当性。这要求行政机关在行政执法过程中确保公民能够有效参与。举报人的有效参与又能够巩固国家的政治基础，实际回应了《宪法》文本中"一切权利属于人民"的规范要求。

鉴于参与民主的宪法定位，行政举报需要符合人民主权之下的参与权逻辑。人民主权原则集中表现为公民直接参与国家和公共事务，是人民主体性的权威脚注。参与权是一个富有活力的概念，2006 年 10 月中国共产党第十六届中央委员会第六次全体会议通过的《中共中央关于构建社会主义和谐社会若干重大问题的决定》指出，巩固人民当家作主的政治地位，依法保障公民的参与权。该种参与权既富有政治性的意义，也蕴藏着行政性的含义，能作为举报人参与行政活动的宪法根源。公民向行政机关举报违法行为就是一种直接参与的形式，基于人民主权的价值元点而产生。之所以是直接参与方式，是因为公民没有将全部权利委托给代议机关，而是对相关权利进行了保留。其中，行政举报便属于这种保留权利的范畴。公民向行政机关实施举报，是人民主权理论的必然逻辑衍生，举报人行使其不曾交托给其他代表的属于自己的举报权，以保障自我主权得以实现。

这里的参与民主，属于参与到社会公共事务当中去。民主不仅表现了一种价值理念，而且还表明公民对于公共议题的参与。行政举报的本质是举报人向行政机关传递违法线索的信息规制工具，具备公众参与的民主正当性。行政举报体现了社会成员的公共利益，是使全社会都获益的事项。此种社会事务的特征集中表现为公共属性，由社会公众参与、关涉社会大众的公共利益。因而，公民向行政机关举报其他公民违法行为的权源，不是作为宪法权利的公民监督权的具体化适用，而是人民主权理论在公共事务上的实际应用，是举报人等私主体对其他私主体的主权属性。

（二）表达自由是行政举报的实现途径

表达自由也称为意见自由或表现自由，学界对其内涵与外延有不同的解说。表达自由

---

① 参见刘练军：《人民主权理论的思想史叙事》，载《政法论坛》2020 年第 3 期。

的核心含义比较明确,即公民运用各种方式依法公开发表意见、主张、观点、信息等内容而不受干涉与限制的权利。表达自由中的"表达"主体应当是每一个公民,任何人都有权寻求表达自由的运用。表达自由是民主社会的重要指标之一,已成为国际和地区人权条约承认和保护的一项基本人权。如 1948 年联合国《世界人权宣言》第 19 条宣示:"人人有权享有主张和发表意见的自由。"随后的《公民权利和政治权利国际公约》第 19 条专门对此作出规定。当前,表达自由得到了许多国家宪法或宪法性法律的承认,是一项被普遍确认的框架性权利或自由权利。由于表达自由极大助益了民主自治的发展,所以在诸多宪法权利中位居前列。其中,表达自由包括在公开场合,尤其是在享有公共管理职权的行政机关面前发表自己观点的权利。从逻辑上来看,行政举报是举报人使用各种方式、不分国界地传递多类信息的自由,似乎可作为表达自由权下的子权利而获得宪法保障。此种宪法权利框架下,举报人将享有尽可能自由的表达空间,以加强行政机关的合法性与责任担当。

表达自由存在积极的意义,往往具有目的价值与手段价值的双重理论指向。目的价值指的是每个公民都具有通过表达自由去实现自我发展与完善的权利,手段价值认为表达自由能够在发现真理、实现民主政治、保护多元价值等方面产生有益价值。不过,"表达自由的主流理论还是手段价值"①。当然,有学者尝试将表达自由的目的价值与手段价值相统一。如日本宪法学者芦部信喜认为,表达自由价值由自我实现与民主政治这两方面的内容来支撑。② 不管是从何种理论侧面叙述表达自由,它都关涉社会的发展与进步,对于民主政治建设的意义影响比较深远。优良的公民表达机制是实现国家高度善治的条件之一。表达自由总是以特定的方式呈现出来,此亦为基本形态的自由。根据方式不同,表达自由可划分为不同形态,如比较典型的游行、示威等表达自由都需要借助一定的公共空间。除此之外,表达自由既要体现出表达的内容,也要表现出表达的手段与媒介。③ 随着社会发展,包含若干因素的表达自由还有多种表现形态,如出版自由、新闻自由、艺术自由、集会自由等。其实,行政举报就是公民向行政机关表达意见的方式,显然属于表达自由的范畴。表达自由的实现必须依赖于媒介进行传播,而行政举报即是公开表达自由的承载渠道,全面具备了汇聚民智的手段价值。由此可见,行政举报较为符合表达自由的意旨,可纳入举报人"表达行为"的自由维度。

表达自由在某种意义上属于信息自由,此为数字时代下推动行政举报实现的关键途径。在数字化时代表达自由同时存在于物理世界与网络空间两个领域,④新时代行政举报的建构性价值离不开线上线下的信息获取。信息意味着权力或权利,举报人信息自由的空间越大,表明其与行政机关的合作程度越高。行政举报需要实现途径,这便是信息自由的管道。举报人基于道德责任心或正义感,能够依据自由意志对生活中的违法行为作出判断并予以披露。信息自由既能够满足举报人自我完善的需要,也可以实现社会正义的目标。公民向

① 闫海:《表达自由、媒体近用权与政府规制》,载《比较法研究》2008 年第 4 期。
② 参见[日]芦部信喜:《宪法》(第 3 版),林来梵、凌维慈、龙绚丽译,北京大学出版社 2006 年版,第 152 页。
③ 参见王锋:《表达自由及其界限》,社会科学文献出版社 2005 年版,第 5 页。
④ 参见郭春镇:《作为中国政法话语的表达权》,载《法学家》2021 年第 5 期。

行政机关进行举报,符合表达自由所基于的民主制度。举报人向行政机关举报违法行为,促使行政机关从信息自由中受惠,此过程可视为一种增进公共福祉的违法"信息"之披露。《公民权利和政治权利国际公约》第 19 条表明,表达自由包括了公民"寻求、接受和传播各种消息和观点的自由"。具体而言,表达自由在行政举报上的勾连,其实能够借助信息"权利链"进行表达。信息"权利链"的建构,与信息的产生、发送、传递、接受的全过程具有内在逻辑联系。① 提起行政举报,不能脱离这种信息产生与传递的规律。举报人享有表达自由之后,他对违法信息的掌握才能进入公共领域。只有当举报人享有表达自由并充分行使信息权利,才能够在物理世界或网络空间有效行使举报权,继而及时将违法信息向外传递。

从参与民主入手,举报人就举报事项这一公共领域的信息加以表达,期待行政机关回应来自公民的呼声,在这个维度上论证表达自由亦可。只有当表达自由的权利得到充分行使,违法信息才能够得到顺畅流通,举报人对公共事务的民主参与权利才能得到最大程度的保护。立基于表达自由的宪制理念,举报人能够与行政机关就违法行为的规制搭建沟通渠道,由此实现违法信息的自由流动与公共呈现。总而言之,基于表达自由的信息交流是行政举报实现的重要渠道,将之视作基础理念是可行的。

四、通过法律解释确立行政举报的宪法依据

本部分尝试对行政举报宪法依据作出纠偏。在《宪法》第 41 条无法为行政举报提供充足的依据之后,根据基础理论的论证与推演可知,行政举报的宪法"支撑"并非局限于某个条款。《宪法》第 2 条"参与管理"条款、第 27 条"国家机关倾听意见"条款以及第 35 条的"言论自由"条款,一同构成了推导行政举报宪法根基的规范群。

(一)"公民监督权"条款不宜扩张解释为行政举报

或许有人会认为,尽管公民监督权的意涵与功能不能等同于行政举报,但不妨将《宪法》第 41 条扩张解释或泛化解释为行政举报,重新赋予该条款新的活力,避免舍近求远寻找其他依据。比如有观点提出,第 41 条仅局限于国家机关及其工作人员不太合适。公民监督权的本质是实现人民当家做主,只要是与国家和社会公共利益有关系的事务,只要不违反"私法自治"原则都属于该权利的范畴。② 这种观点依照公共利益理论去论证行政举报的宪法依据,但笔者认为值得商榷。首先,将公民监督权条款扩张解释为行政举报,会有跳脱出制宪者原意的嫌疑。对宪法措辞的理解应秉持严谨态度,一般是根据最显而易见的含义去作出解说。谨慎对第 41 条作扩张解释,并非要绝对恪守宪法文本的字面规定。文义解释之下第 41 条的含义规定的仅仅是检举公权力,限定于针对国家机关及其工作人员的职务行为,无法囊括行政举报所指向的其他私主体。倘若将对其他公民违法行为的行政举报囊括在

① 参见陈欣新:《表达自由的法律涵义》,载《环球法律评论》2009 年第 1 期。
② 参见宁立成、黄睿:《公民检举权研究》,群众出版社 2015 年版,第 33 页。

内,有随意对公民监督权扩张解释之嫌,弹性不免过大。其次,我国宪法权利显然缺乏对整体法秩序的"放射性效果"。① 至少在文义范围内,所谓的"溢出"或宪法权利推导至行政举报,都不属于第 41 条的规范原旨。"公民监督权"条款有特定"射程"边界,应避免该条款规范意涵的变动不居。因此,对"公民监督权"条款的解释应当将宪法原旨视为重要的权衡因素。

将"公民监督权"条款泛化解释为行政举报,可能会混淆宪法权利体系的价值目标。根据体系解释方法,公民监督权的六项权利之间具有一定关联性,都可纳入公民基本权利的范围,共同表现为公民对公权力实施的监督。公权力是由人民赋予的,所有公权力的运作都应当受到外在监督。在当代宪法理论中,宪法权利被认为具有"主观权利"与"客观法"的双重性质。② 即是说,从个人向国家主张的意义上,宪法权利属于一种"主观权利";从约束公权力的"客观法"角度而言,宪法权利要求公权机关应尽可能创造和维系权利实现的条件。从功能体系角度看,宪法权利对公民个人和社会整体具有防御权、受益权功能和客观价值秩序功能。③ 其中,公民监督权更多体现为公民对于公权力的一种防御权功能。作为宪法权利的公民监督权承载着重要的宪制功能,发端于公民享有排斥不当公权的对抗性权利。这表达了公民对公权力失范行为予以矫正的政治诉求,由此发挥着防御权功能。而行政举报是举报人反映违法信息并引发行政机关的积极处理行为,更多体现为受益权功能和客观价值功能,表现了举报人通过协助行政权启动以享受一定利益的价值取向。每一种宪法权利类型都具有自身的系统特质,强行将行政举报嵌套为公民监督权不免会导致权利体系的破碎,妨碍宪法权利的体系化。对宪法权利界限的划定有助于消除权利冲突,使不同的权利能够和平共存。④ 假如将行政举报界定为公民监督权,将引发对客观价值秩序及其国家保护义务功能关照不足的问题,即无法应对行政机关的举报处理义务。故不宜将该条款泛化或扩大解释为行政举报,如此才能保障宪法权利的价值秩序之均衡。

另外,其他法律的修改能够印证行政举报与《宪法》第 41 条的区分。这里以举报与检举的区分为例。1987 年《海关法》第 58 条涉及行政举报的规定,采用的是"检举"这一概念,似与宪法保持一致。但是,2000 年修法之后在第 13 条中采用"举报"代替原先的"检举"字样。其实,"举报"与"检举"概念的关系可谓错综复杂。在有些法律中,"举报"与"检举"会被视为同一范畴。如《产品质量法》第 10 条规定:"任何单位和个人有权……向市场监督管理部门或者其他有关部门检举。"该法律条文使用的"检举",与本文所述的行政举报并无差异。正是因为这些概念之间的扭结,才加深了人们对行政举报之宪法依据的认知困惑。基于语义学的要求,宪法意义上的检举等公民监督权具有严格的范围限度,而宪法在法律位阶上优于普通法律。为克服法律概念及日常用语的笼统概念,本文认为应该从宪法意义上严格理解

① 参见赵宏:《原告资格从"不利影响"到"主观公权利"的转向与影响——刘广明诉张家港市人民政府行政复议案评析》,载《交大法学》2019 年第 2 期。

② 参见张翔:《基本权利的规范建构》,法律出版社 2017 年版,第 37 页。

③ 参见王晓新、刘太宗、江涛等:《检察举报制度的宪法定位与立法完善》,载《人民检察》2012 年第 10 期。

④ 参见刘权:《比例原则的中国宪法依据新释》,载《政治与法律》2021 年第 4 期。

"检举"一词。此外,根据官方汇编资料的解释,"举报"与"检举"这两个概念也应区别对待。① 鉴于此,应当将"举报"与"检举"等概念予以区分,后者应严格被限定在第41条的语义范围之内。综上所述,除非有权机关对该条款作出扩大解释,否则行政举报不宜纳入公民监督权的规范领域。

(二)"参与管理"条款:行政举报的功能目标依据

我国宪法最大的特点之一,是在基本权利与国家机构的两重结构之外,还有宪法总纲的原则性规范体系作为"第三种结构"②相对独立存在。从功能角度来说,宪法总纲条款确立了国家意欲达成的目标,呼应了公共利益保障的宪法追求。《宪法》总纲第2条规定:"人民依照法律规定,通过各种途径和形式,管理国家事务,管理经济和文化事业,管理社会事务。"该条款属于宪法上的"参与管理",具有政策性与原则性的规范特征。该条款以概括的赋权方式体现权利之义,为行政举报提供了总体上的依据,展示了当代宪法对公民参与管理公共事务、不断提升治理能力的政策性要求。从规范意义而言,公民与行政机关是一种参与和保障参与的关系,该项规范是宪法作为根本法在行政举报事务上的宏观体现,亦为举报人参与其中的宪法规范之源头。行政举报的创设能够动员社会力量参与行政执法,属于畅通公民参与管理公共事务的渠道的生动实践。

在人民主权的宪制理念下,公众享有广泛的参与民主权利。《宪法》第2条被普遍认为规定了"人民主权"原则——国家的一切权力最终源于"人民"。③ 民主包含了间接民主与直接民主的有关内容。而"参与管理"条款蕴含了直接民主的内涵,显示出公民可通过不同形式参与管理各项公共事务,彰显了社会主义民主的特点及优越性。该条款明确了公民享有通过合理合法渠道参与管理国家、经济文化事业和社会事务的权利,属于人民主权原则的实现路径。除了选举等传统的间接民主形式外,直接民主形式亦逐步得以推行。行政举报便是社会力量直接参与国家治理的民主方式,是对违法行为的批评与不满,彰显了举报人参与公共事务管理的主动性。此种参与权属于支配权,是个体与其他主体必须合作努力方能实施的合作性权利。④ 举报人将所获得的违法信息等告知行政机关,行使了宪制理念上的参与权,实质上是国家机关吸取民间力量参与治理活动的制度安排。在公共事务管理中,客观上存在着国家整体与公民个人之间的二元合作关系,公众可通过参与权推动公共事务管理的有效运作。

行政举报是一种公私合作机制下的权能,宪法维度的参与权亦延伸至地方性立法中。

---

① 据权威资料解释,检举是指公民将国家机关及其国家工作人员的违法失职行为向有关机关予以报告并要求依法处理的行为。参见《中国大百科全书·法学》,中国大百科全书出版社2006年版,第316页。

② 许育典:《宪法》,元照出版有限公司2006年版,第379页。

③ 参见张千帆:《从"人民主权"到"人权"——中国宪法学研究模式的变迁》,载《政法论坛》2005年第2期。

④ 参见[英]恩靳·伊辛、布雷恩·特纳:《公民权研究手册》,王小章译,浙江人民出版社2007年版,第24页。

如《湖南省行政程序规定》第 6 条规定："公民、法人或者其他组织有权依法参与行政管理。"此处的行政管理自然包含行政机关对行政举报所反映的违法行为的管理。行政举报就是参与社会公共事务的治理,公共属性要求公民成为其中的要素。行政举报为公民参与管理违法行为提供了通道,彰显了公民对于公共事务管理的积极身份。如有观点所述,行政举报是公众参与权在民生政策中的具体彰显。① 公民汇聚到公共领域,基于表达自由的宪制理念,为公共事务管理提供信息资源与意见参考,从而为科层化的行政系统增添民主化因素。在社会事务日益复杂化的背景下,行政管理主体理应多元化,行政举报显然有助于提升行政治理水平。行政举报事项作为一项公共事务攸关广大公民的公共利益,具有允许广大公民参与的空间。明确行政举报的"参与管理"条款之宪法依据,凸显了行政机关与社会主体在应对公共事务时的态度和行动力。

(三)"言论自由"条款:公民实施行政举报的权利依据

《宪法》第 35 条是行政举报的基本权利条款。该条款规定:"中华人民共和国公民有言论、出版、集会、结社、游行、示威的自由。"从举报人角度而言,第 35 条"言论自由"条款赋予其行政举报的权利。表达自由作为一项框架性的权利,最经典的可分为言论自由与出版自由。② 其中,言论自由是最具本原性的表达自由。举报人有权从言论自由层面上向行政机关反映违法行为。言论自由的核心意旨是人人拥有以口头、书面等形式获取或传递各类思想、信息的权利,乃是公民参与公共事务的有效形式。我国宪法上的基本权利条款中,大致可划分为平等权、选举权、自由权及社会权等。其中,自由权更有可能成为行政举报的宪法基础。行政举报基于表达自由的宪制理念,而言论自由是其他形式的表达自由不可分离的核心与母体。实际上,将"言论自由"条款认定为行政举报的宪法依据较为妥当。虽然不可能所有的言论行为都能够划入这一基本权利之列,但行政举报作为使用语言表达意见的特殊方式,且涉及与行政机关之间的信息传递,故纳入第 35 条的规范领域是符合权利范围的。言论自由是不受他人影响而自主表达自己的观点,公民举报违法行为等事项当然属于行使言论自由的范畴。可能会有观点认为,《宪法》第 41 条的"批评和建议权"可视为针对国家机关及其工作人员的言论自由。诚然,言论自由与公民监督权存在密切关联,但后者的规范内涵并非保障公民"批评和建议"的言论自由,而是侧重于经由批评、建议权优化公权机关的决断,属于行动之工具,二者不在一个话语层面。因而,行政举报蕴含于言论自由这一宪法权利条款之中。

"言论自由"条款不仅有防御属性,而且存在受益性面向。言论自由作为全体公民的权利,可服务于保障人民当家作主这一政治目标的实现。言论自由这种"为公"的表达自由,有

---

① 参见许玉镇、赵忠学:《我国食品投诉举报中公众参与的价值与现实回应——基于长春市 2015—2017 年投诉举报数据的实证分析》,载《学习与探索》2018 年第 6 期。

② 学者甄树青梳理了各种国际人权文件、各国宪法、法律以及专家学者关于表达自由的观点,认为表达自由大体可划分为狭义、中义、广义三类,狭义仅指言论自由,中义包括言论自由、出版自由、新闻自由、艺术表现自由,而广义还包括集会自由、游行自由、示威自由、结社自由等。参见甄树青:《论表达自由》,社会科学文献出版社 2000 年版,第 27～34 页。

助于民主协商而应受到重视。① 或许有人还会疑惑,言论自由往往是公民向国家的主张,具有协调公权力与公民权利的功用,是侧重于政治权利上的讨论。将第 35 条解释为源自人民主权理论的政治自由条款既符合历史上制宪者的规范意图,也符合强化对国家公权力的民主监督和制约的客观目的。② 那么,普通公民能否就其他私主体的违法行为产生言论自由呢? 或者说,言论自由在传统上更多是一种防御权,属于消极权利的范畴,其能否视作一种非政治性权利呢? 在现代福利国家发展过程中,自由权不能受限于对公权力侵害的防御,还有必要肯定其根据自由权参与到公共事务中的权利。从言论自由推导出行政举报,只是对言论自由一个初步的突破而非否定,有助于丰富言论自由的理论形态。如有观点认为,言论自由意在促使人们在意见交流中修正错误,着眼点是人的自主性与人格健康发展。③ 对此,欧洲人权法院的回答是肯定的,比如英国雇员虽然没有向公权机关举报其所任职企业违法行为的宪法权利,但能够根据《欧洲人权公约》第 10 条规定的表达自由来找到理据。④ 从民主政治角度来看,言论自由分为建议的自由与反对的自由。如科恩教授所述,建议自由是要求公民直率表达以供社会考量。⑤ 言论自由作为现代宪法所设定的基本权利,赋予了公民一种说话的资格权,对于保证社会成员与政府共同参与公共事务发挥了重要功能。举报人基于言论自由这项宪法权利,可通过各种渠道向行政机关传送违法信息,实现对公共事务的参与权适用。因而,不能将言论自由仅仅归结为政治权利,而把非政治性的言论排除在外,故将行政举报这一非政治性言论纳入《宪法》第 35 条的保障范围具有解释余地。

另外,可能还有学者会质疑,单位、组织等法人成为举报人时是否享有言论自由呢? 言论自由作为一种"人"权,似乎不需要考虑法人的人格尊严与个体自主。一般来说,言论自由属于宪法权利体系中的基本性权利,传统学理是以自然人视角去探讨这个论点。其实,将言论自由的"人"之主体扩展至法人亦不是问题。单位作为公共生活的重要参与人,其言论自由可视作一种独立的、特殊的类型。言论自由具有非常广泛的规范结构范围,它包括以任何方式表达信息及意见的自由,核心意涵之一是允许社会各类主体就公共事务展开自由讨论。尤其在数字信息化时代,此种言论自由的重点不仅在于促进民主,而且在于促进民主文化发展,即"参与到使他们成为个体的文化意义的创造和阐释之中"⑥。法人本身具有一种"自治权",可不受拘束地表达本部门的观点,继而达到本单位利益的自我实现,以及参与式民主文化的自我创造。从这个维度看,法人言论自由与公民言论自由不存在本质性差异。只要涉

---

① See Saul Levmore, Martha Nussbaum, *The Offennsive Internet : Speech , Privacy and Reputation* , Cambridge : Harvard University Press, 2010, p.7.

② 参见孟凡壮:《中国宪法学言论自由观的再阐释——与徐会平先生商榷》,载《政治与法律》2018 年第 2 期。

③ 参见石毕凡:《诽谤、舆论监督权与宪法第 41 条的规范意旨》,载《浙江社会科学》2013 年第 4 期。

④ See David Lewis, Whistleblowers and Job Security, *The Modern Law Review* , 1995, Vol.58, No.2, pp.208-221.

⑤ 参见[美]卡尔·科恩:《论民主》,聂崇信、朱秀贤译,商务印书馆 1988 年版,第 125 页。

⑥ 参见[美]杰克·M.巴尔金:《表达自由在数字时代的未来》,敖海静译,载《苏州大学学报(法学版)》2021 年第 1 期。

及信息的交流,都属于言论自由规范的领域。① 因而,行政举报成为公民、法人等各种举报人就公共事务发表意见的方法,遂成为言论自由的表现形态。

(四)"国家机关倾听意见"条款:保障行政举报实现的职权依据

一般而言,宪法关系发生于公民与国家及国家机关之间。人民与国家是一种相互依存、互为促进的关系,国家是宪法权利实践的保护主体。② 作为"客观法"的宪法权利的功能之一是进行制度性保障,即建构相关法律制度以塑造宪法权利的内涵,为权利的保障提供制度性支撑。此为宪法权利所呼应的国家保护义务功能。行政举报的法效果很大程度上取决于行政机关的回应态度。举报人与行政机关的公私合作关系,离不开后者忠实履职的制度性保障。而《宪法》第27条即是实现行政举报的制度性保障条款,是以职权折射行政举报的权利之意。第27条规定:"一切国家机关和国家工作人员必须依靠人民的支持,经常保持同人民的密切联系,倾听人民的意见和建议,接受人民的监督,努力为人民服务。"从行政机关角度而言,第27条作为"国家机关倾听意见"条款,设定了行政举报的处理义务。"国家机关倾听意见"不仅是国家机关密切联系群众的有效工作方法,而且还是宪法对于国家机关提出的一项积极义务。就行政机关来说,听取公民的举报意见,与举报人保持充分的信息交流乃是密切联系群众的应有之义。保障行政活动的科学民主性,离不开行政机关对民意的接收、整理、消化及采纳。③ 这一条款赋予了行政机关积极受理与处理行政举报的义务,背后隐藏着宪法层面上公民对国家义务的主张。而实现举报事项的有效管理既是宪法实施的重要目标,也是行政机关的宪制责任。

行政机关需要与公民保持经常性联系,认真倾听举报人的意见和建议,畅通双方之间的沟通交流渠道,才能更有效地履行行政职权。行政机关的对应义务是保障公民就违法行为畅所欲言,这是一种最低限度的保障性义务。行政举报意见需要被行政机关所受理乃至吸纳,否则容易折损举报人的积极性。行政机关执法效能的提升,需要行政机关认真了解、吸收公民合理的意见,适时构建良善的民意反馈机制。行政机关只有善于听取不同意见乃至质疑的声音,其行政活动方能消除公众顾虑。行政执法活动如果一直处于内部封闭状态,如行政机关对公民的意见充耳不闻,不充分吸纳民意与民智,便将无法发挥参与管理的积极作用。总之,"国家机关倾听意见"条款为行政机关与举报人之间的协作与沟通提供了依据,使行政活动之展开能够建立在充分的信息基础上。

五、结论

全面精确的宪法依据阐释,有助于夯实行政举报规范依据的认识基础,为部门法提供客

---

① 参见杜强强:《基本权利的规范领域和保护程度——对我国宪法第35条和第41条的规范比较》,载《法学研究》2011年第1期。

② 参见于文豪:《"五四宪法"基本权利的国家建构功能》,载《环球法律评论》2015年第2期。

③ 参见方世荣:《论行政立法参与权的权能》,载《中国法学》2014年第3期。

观合理的体系性界定。基于行政举报规范体系的融贯及举报权范围厘定的现实要求,从宪法角度检视行政举报的地位具有积极意义。虽然没有直接的明文规定,但行政举报具备充分的宪法文本依据。本文依循人民主权、表达自由等宪制理念,运用法律解释揭示了行政举报的宪法依据。需要指出的是,《宪法》第 41 条"公民监督权"条款的立法旨趣是公权力必须受到公民监督,行政举报不具有政治权利下的纠错属性,而是一种参与性的民主权利。因而,将"公民监督权"条款认定为行政举报的宪法权源恐怕有失妥当。

本文的分析表明,行政举报的宪法依据是《宪法》第 2 条"参与管理"条款、第 27 条"国家机关倾听意见"条款以及第 35 条"言论自由"条款,三者共同构筑了坚实的宪法根基。其中,"参与管理"条款设定了行政举报的目标依据,蕴含着举报人与行政机关公私合作的参与性功能理念。"言论自由"条款是公民实施行政举报的基本权利依据,而"国家机关倾听意见"条款是保障行政举报实现的职权依据,后两个依据相结合才有助于承载"参与管理"条款下的"公民举报—政府回应"之逻辑架构。进言之,以上三个宪法条款相互补充,构成了完整周密的宪法规范群,为公民向行政机关举报违法行为提供了最高法律位阶的规范支撑。举报人以参与权为逻辑起点,借助表达自由下的言论自由权,与行政机关倾听意见的履职行为及保障义务相连接,和行政机关构成参与性的宪法关系,继而为相对封闭的行政科层制提供信息来源、补充民主资源。由此,行政举报的宪法依据在学理与规范上得以廓清,普通法律、其他规范性文件在宪法价值支配下保障行政举报的具体实施,继而对举报人与行政机关所构建的参与性秩序进行塑造。

此外,"参与管理""言论自由"条款等宪法依据决定了行政举报的行使界限。行政举报应当确保合理的参与范围,此为宪法实施的应有之义。宪法权利规范的实施属于宪法实施的重点,需要公民依据宪法权利规范予以积极落实。[①] 任何权利的行使都不得违背宪法的基本精神,行政举报并非绝对权,公民进行举报时要受到一定限制。强化行政举报的关键,是宪法依据条款与其他条款的衔接适用。比如,针对职业举报人可能的权利滥用,应结合"言论自由"条款及相关法律条文进行界定。行政举报作为言论自由的切实体现,必然存在真实性考量,如不得虚构或歪曲事实进行诬告。行政举报传递的信息不仅要能自由流通,而且在某些领域还应确保准确可靠。[②] 总的来说,行政举报的三项宪法依据条款昭示:举报人应秉持理性态度,不逾越宪法设定的"禁区";行政机关应根据宪法设定的保障义务有效履职,双方在宪法价值的指引下实现良性合作。行政举报作为一项意涵丰富的宪法权利,应继续明晰主体、范围、方式等方面的限度要求,从而在宪法实施及违法行为矫正等方面发挥更大作用。

---

① 参见范进学:《论以人民为中心的宪法实施主体观》,载《学习与探索》2021 年第 7 期。
② 参见黄韬:《信息中心主义的表达自由》,载《华东政法大学学报》2020 年第 5 期。

《厦门大学法律评论》总第三十四辑 2022 年第一卷
《网络中默认规则的法律规制》
第 141 页～第 156 页

网络中默认规则的法律规制[*]

——一种温和家长主义的视角

谢小瑶^{**} 尤 飞^{***}

摘要：在网络空间中，默认规则作为一种"推定同意"形式存在的选择项，在降低消费者选择成本、提高行动效率的同时，也导致一些商家利用它恣意收集个人信息，侵害消费者平等权、知情权等难题。为此，家长主义与自由主义给出了不同规制思路。前者以强推方式来保护消费者权利，但商家与消费者或用户的自由选择则遭遇被削夺的窘境；后者尊重了商家与消费者或用户的意愿，然决策疲劳、盲目乐观则又使两者所希冀的美好愿望无法实现。要突破此两种思路的难题，温和家长主义是一种有益选择。其根植于个体自主价值，以保护和利用的平衡理念对默认规则进行利益衡量，确定"同意"的中立性地位，设立"选择退出"辅助性规则限制个人信息的任意收集，充分发挥信息披露在个人信息保护中的补充和替代作用，解决默认规则存在的不平等问题。

关键词：默认规则；温和家长主义；个人信息保护；同意；选择退出

Legal Regulation of Default Rules in Internet
—A Perspective of "Soft Paternalism"
Xie Xiaoyao You Fei

Abstract： In cyberspace，default rules，which serve as a "presumed consent" option，reduce the cost of consumers' choice and improve the efficiency of actions. While it may

* 文章 DOI：10.53106/615471682022100034008。

本文系教育部哲学社会科学研究重大课题攻关项目"大数据时代个人信息保护边界与策略"（项目编号：17JZD031）、司法部国家法治与法学理论研究项目"疑难案件中法官决策的认知风格研究"（项目编号：16SFB3006）的研究成果。

** 谢小瑶，法学博士，宁波大学法学院教授、博士生导师，研究方向：法哲学、权利理论等。电子邮箱：xiexiaoyao@nbu.edu.cn。

*** 尤飞，宁波大学法学院法学硕士，研究方向：网络规制法。电子邮箱：1537430263@qq.com。

also cause problems like willful collection of consumers' personal information and further infringement on consumers' rights to equality and to know. Under the very situation, different regulatory ideas are being discussed from both paternalism and liberalism. Paternalism protects the rights of consumers in a coercive way, but it causes the dilemma that the right of free choice of merchants and consumers (or users) is cut away. Liberalism respects the wishes of businesses and consumers (or users), but decision fatigue and blind optimism make the good wishes of both sides of the transaction impossible to realize. To break through the problems of these two ideas, soft paternalism might be a beneficial choice. Rooted in the individual independent value, it measures the interests of default rules with the balanced concept of protection and utilization, determines the neutral status of "consent", establishes the auxiliary rule of "opt-out" to restrict the arbitrary collection of personal information, and gives full play to the complementary and alternative role of information disclosure in the protection of personal information to solve the inequality existing in default rules.

Key Words: Default Rules; Soft Paternalism; Personal Information Protection; Consent; Opt-out

在生活中,人们的许多选择都是在一定社会背景下作出的,经济学家称之为"选择框架"(choice architecture)。在此之下,为了便于人们选择以及提升选择的效率,许多商家往往会提供一种默认选项(default option)——预设你对某样商品或某件事情的首要或倾向性选择。进入网络信息时代,默认选项被网络服务商广泛应用于不同场景。比如,人们在注册或首次使用某个搜索引擎的时候或者在网购的时候,网络服务者在《服务协议》中利用默认规则设置《隐私权政策》《Cookie 技术说明》等默认条款,收集、储存个人信息,猜测用户的喜好,在网站上或者平台上提供类似于"猜你喜欢""为您推荐"等服务,为消费者推荐类似商品。很多用户面对这些默认选项的时候,不会考虑这些选项是否对自己有利,但是都会勾选"同意",接受这些条款。行为经济学家将这种用户不考虑默认选项是否对自己有利,却同意保留它们存在且不愿意作出任何改变的倾向性行为称之为"默认效应"(default effect)。与之对应,网络服务商通过设置默认步骤,并借助"推定同意"平台,让用户不自觉选择"同意"的机制,行为经济学家称之为"默认规则"(default rules)。

在网络信息时代,网络平台利用默认规则收集、储存和使用个人信息帮助消费者选择,此一方面契合了消费者的消费需求,另一方面也可使生产制造商、销售商及时调整生产或销售策略,提供适合的产品,以此实现降低成本(生产经营、决策选择等),增加收益的目的。然而,美好的期许与实际景象总是存在差距。此集中表现在,一些商家(生产商、销售商等)往往会超范围读取用户浏览记录、超权限使用个人信息等,从中谋取利益。更为严重的是,如何判断"超范围""超权限",一直以来,不管是学界还是实务界少有给予关注和讨论,如此,有关默认规则的问题变成"法外空间"的问题。直至 2015 年发生的"中国 Cookie 隐私权第一案"，人们才对默认规则的问题进行考量。① 值得玩味的是，在该案中，一审法院认为，百度公司在网站中以默认同意方式收集网络用户信息侵犯当事人隐私权。而到二审，法院则认为百度公司信息披露和选择退出机制的正当性保护了当事人合法权益，为此，百度公司的收集行为不构成侵权。两级法院截然相对的判决，让人们陷入了沉思：法官对百度公司默认同意的设定行为的判断何以会有如此大的差异？而要回答这个问题，需解决一系列前设性问题，比如默认规则存在正当性的基础是什么；在实践中，存在何种难题；在改造默示规则时，应基于何种逻辑；等等。

一、默认规则有必要吗？

在认定和适用默认规则中，至少存在三大问题，值得特别关注。

(一)默认规则与成本问题

在审视默认规则时，执法者遇到的首要问题就是如何辨认它。而这种辨认过程又与两个难题密切相关。

第一，默认规则中"同意"效力的界定难题。一是针对同意条款的合法性提出疑问。在生活中，默认规则对个人信息的控制往往是较为积极主动的，而这常常以限制人们自由选择为前提。比如，在信息监管中的同意规则极有可能否认人们可以自由选择，如苹果公司的iTunes Store(音乐商店)里，《最终用户许可协议》会定期弹出，要求人们同意。如果有人想从商店下载应用程序，他们别无选择，只能同意。最终的结果是人们进行了无意义的选择或人们完全被拒绝选择。② 二是信息主体作出同意意思表示的效力问题。一方面，"同意"是实现个人信息自主价值的重要体现，个人在使用"同意"原则时，存在一个对同意的甄别过程，但是因为个体理性的有限性，通常不能充分预见到后果和风险，如此便会导致同意的质量下降。另一方面，在实践中，当用户面临太多的同意请求时，他/她就很容易产生"同意疲劳"，继而形成"同意迟钝"(consent desensitization)。③ 这就意味着本来用以防止信息泄露的同意规则，反而成为泄露个人信息的威胁。概言之，移用默认规则的初衷是为了降低争议问题的厘定难度，然而，用户的"同意迟钝"现象，不仅未减法官的识别难度，反倒还要让法官对争执双方的"同意真实性"先行鉴别。此外，随着科学技术的不断进步，网络中各种别样的"同意"方式不断涌现，如指纹认可、声像同意等，使得默认规则的"同意"更难以判断。

---

① 参见《中国 Cookie 隐私第一案终审：法院判网站不构成侵权》，http://china.cnr.cn/xwwgf/20150630/t20150630_519018110.shtml，最后访问日期：2020 年 10 月 16 日。

② See Daniel J. Solove，Introduction：Privacy Self-Management and the Consent Dilemma，*Harvard Law Review*，2013，Vol.126，No.7，pp.1880，1882-1884.

③ See Bart W. Schermer，Bart Custers & Simone van der Hof，The Crisis of Consent：How Stronger Legal Protection May Lead to Weaker Consent in Data Protection，*Ethics and Information Technology*，2014，Vol.16，No.2，pp.171-182.

第二,获取"同意"的高成本。默认规则中的"同意"生成是较为缓慢的,其中一个重要原因是这整个过程往往夹杂着烦琐的操作手续。具体表现为,在生活中,为获取消费者或用户的"同意",数据收集方往往会提供高信息量的隐私政策或者隐私声明。客观来看,一方面,这种做法是完全必要的。人具有自我决定权,这是现代社会对"作为主体的人"的基础性认知。此反映在商业交易中,不应也不能存在任何的欺诈、强迫,相反,对涉及交易的有关信息,交易双方应尽可能给予告知。这不仅会让交易成本降低,而且还呵护了交易主体尊严。另一方面,烦琐的手续,在一定程度上背离了信息社会所追求的交易"低成本,高效率"的本旨。在实践中,为了实现保护个人信息的合法性,这种声明或者通知带有大量的信息,往往是冗长、复杂的文本。这就增加了用户阅读成本(时间、理解等)。有数据统计,如果用户阅读完数据收集方所有隐私政策,每年需要 244 小时。如果换为略读,他们仍需要每年花费 154 小时。与完整阅读或略读隐私政策相关的交易成本分别估计为 3534 美元和 2226 美元。由于隐私声明的复杂性以及与阅读相关的高成本,因此,数据主体几乎不会阅读它们就不足为奇了。① 若任何信息披露都需要获得本人同意,那么信息交换的成本就会很高,甚至人们赖以生存和发展的信息社会都将不可能存在。希冀公司获得公众对使用数据的肯定同意,必然会让社会付出许多不必要的代价,阻碍数据在社会上的流通。基于此,即使有默认同意的条款,也是在削减了许多内容的基础上达成的。这种冀图寻求达成共识或几乎一致同意通过一项规则的做法,不仅导致了冗长的谈判,而且导致了高度模棱两可的问题,②破坏了确保建立有效的条款所需条件的法律制度。

(二)默认规则与平等原则

默认规则以"同意"的方式收集个人信息,保障了个人信息的自主性价值,但是默认规则在被广泛应用的同时也带来了许多负面影响。一个直观的经验是,当人们按提示操作下载安装软件时,商家便会使用以下几种方式收集个人信息:其一,默认勾选。在用户登录后界面会出现"温馨提示"的弹窗,在弹窗下方会有不容易被识别颜色的字体标示的:"我已阅读并同意'隐私政策'",字体左侧的方框里平台已经贴心地为用户打上了钩,表示默认用户同意以上条款。其二,使用平台或者软件即默认同意所有条款。在平台的注册页面,用灰色或浅色的小字提示"点击使用代表您和您的监护人已阅读并同意以上全部条款",若不同意,则只能退出平台。其三,在隐私协议中设置大篇幅的同意条款。某些网购平台在首页会弹出近万字的隐私协议,包括收集个人信息的条款,协议字体小,阅读量大,消费者或用户往往会因为难以识别和信息疲劳勾选同意,实际上并不知情。尽管在隐私协议中设置默认选项,用户会因为默认效应勾选同意协议中的所有条款,提升个人的上网体验,但是平台为了收集更多的用户信息,增加自身的竞争实力和优势,就衍生出各种各样的同意方式收集个人信息。

---

① See Aleecia M. McDonald & Lorrei Faith Cranor, The Cost of Reading Privacy Policies, *Journal of Law and Policy for the Information Society*, 2008, Vol.4, No.3, pp.545-551.

② See Robert H. Sloan & Richard Warner, Beyond Notice and Choice: Privacy, Norms, and Consent, *Suffolk University Journal of High Technology Law*, 2014, Vol.14, p.370.

加之默认规则的选项内容是由一方当事人单方制定,没有给予另外一方当事人协商或提出意见的余地。这样,默认条款制定方通常会从有利于自己的角度出发设置条款,优先考虑自身的利益,对条款上的风险和负担做出不合理的分配,从而以形式上的平等掩盖实质上的不平等。这样的不平等可分为以下两个方面:

第一,默认规则条款的不平等。从表面上看,默认规则的条款与私法中格式合同条款具有一定相似性,不过,两者的差异也是明显的。一般而言,格式条款是基于合同意思自治的原则,在未与另一方协商的情况下,重复使用已经拟定的条款,较完满地实现平等性。但是,不论是内容还是效力,默认规则所包藏的不平等性都是较为突出的。具体而言,一是执法者(如法院)对默认条款效力的审查往往是形式性的。一旦用户感到网络协议的默认规则对他/她的合法权益产生损害,而将其诉至法院时,在大多数情况下,除非该协议违反法律原则或政策,法院都会因彼此间存在"合意"内容而肯定该条款的效力。二是缺乏对默认规则的审查依据。就默认规则本身而言,不论是从合同的性质上、合同的制定程序上、合同的权利义务上、协议终止后的处理上,还是从合同订立到合同终止的各个环节,基本没有现行可靠的法律规范进行对接。我国《民法典》对有名合同有明确的指导规范,但是对于那些无名合同在法律适用上并没有明确规定,采用的是与其相类似的合同规范。三是对默认规则法律适用的责任分配失衡。默认条款组成的网络协议实际上涉及信息服务、信息获取等各个方面的内容。在法律实践中,执法者都是将默认规则下的网络协议以无偿合同加以处理,这样一来,势必会减轻网络服务提供者的责任,加重消费者或用户信息泄露的风险。四是条款内容的制定与变动存在隐秘性。默认规则都是由网络服务提供者单方拟定,主动权掌握在网络服务商手中,消费者或用户没有任何的话语权,更不用说参与到条款制定的过程中。是故,商家在默认规则运行过程中往往处于优势地位。更为严重的是,商家的默认条款并不是一成不变的,条款内容往往随着系统和网站的升级而更改和变化。在这个过程中,商家有时就会根据自己需要,删减或增加个别条款(有的是免责协议的修改,有的是个人信息使用方式的修改),以利于自己的经营活动。且此举不会以明显的方式告知用户,只有在用户退出平台再次登录时才会出现,用户的知情权未得到保障。

第二,当事人之间"议价情境"的不平等。一是消费者或用户浏览默认选项后,认为该选项没有损害其实质利益而勾选"同意"。当然,也有可能存在消费者或用户出于无法正确识别默认条款而勾选"同意"的情况。二是当事人之间谈判能力失衡。一方面,在一般情况下,电子的隐私协议内容冗长、条款众多,加上协议的字号极小(即使采用加粗或者下划线提示,也很少会有人耐心读下去),这很容易让消费者或用户产生视觉疲劳;另一方面,隐私协议常常在消费者打开软件或者注册账号时跳出来,而同意协议只需要勾选就可以,为了尽快完成注册、使用软件,消费者或用户往往会勾选"同意"(实际上很多人都不知道自己同意了哪些事项)。相反,如果用户不接受隐私协议,就不能使用该平台,因此消费者或用户只能被迫接受,否则无法使用。较之网购平台,消费者的谈判能力明显处于弱势地位。三是消费者或用户之间权利救济能力的失衡。消费者或用户会因为经济和认知能力的不足无法识别隐私条款中的各种漏洞和缺陷,此带来的后果是,作为平等条款的隐私协议在不同消费者或用户之间形成了分配利益和风险的差异(对熟悉网络操作的消费者或用户就更为有利)。

(三)默认规则与权利冲突

除却"同意"的识别成本问题以及隐含的不平等问题外,默认规则在具体运作中,还会引来一系列的权利冲突问题。第一,经营者商业言论自由(主要是信息获取自由)与个人隐私权的冲突。如今,网络已成为生活的重要组成部分。无论是主动寻找信息、被动接收信息,还是传播思想和消息,都是通过网络传播活动来完成的。网络传播是信息获取自由的一种主要表现方式和实现途径。但是,如果人们使用网络传播行使信息获取自由权,则不可避免地会与隐私权发生冲突。比如,我们在网上购物浏览各种商品时,经营者通常会在其网站上弹出许多信息;对于这样的信息,或许人们会比较反感,但却不能指责经营者。因为经营者会以这属于商业言论作为抗辩的理由。第二,消费者或用户知情权与经营者自主权的冲突。按照有关规定,经营者的经营自主权是指在法律规定的框架内决定其事务的权利,即享有商业管理的选择权,能够自主决定经营范围、公司名称、服务对象、价格等。经营自主权的实质是经营者有权独立确定其商业事务,不受其他单位和个人的非法干涉。社会市场经济的发展赋予了经营者权利并准予其实施、独立行动。但是,在经营者行使经营自主权、排除主管机关的无端干涉同时,相伴而来的是另一问题:经营者为了追求利润,有时会打着经营自主权的旗号无限扩张经营自主权,侵害处于弱势的消费者的权利。典型体现在,一些特别关乎商业利益的信息,如部分商品或服务存在的固有瑕疵、免责等情形,经营者往往不希望通过直接方式让消费者知晓,便采取一种消费者或用户可能近乎忽略的方式加以告知,如在默示规则的长条信息中夹带有关商品的瑕疵说明、免责事项。如此,消费者或用户的知情权便会在不知不觉以至"无奈"中受到限制。

二、改造默认规则的两种取向及其检讨

就制度发生的动因而言,默认规则之所以会出现,同人们的需求与行动选择密切相关。随着互联网技术等科技的发展,电子交易盛行带来了线上服务的多样性,以默认规则条款的形式作为当事人合意的预见性替代无疑适应了网络信息时代人们快节奏生活的需要,契合了人们一般的认知规律。与此同时,默认规则也遭遇达成"同意"的高成本、适用不平等以及与不同主体的权利冲突等实践困境。为了解决这些问题,学界提出了多种措施方案。比如通过政府强行干预,改造默认规则的程序设置;强化信息获取自由;提升商家与用户的协商能力;等。这些措施究竟是否可行?要回答此问题,我们首先必须知晓它们所立基的理论取向,在此基础上,审视各自的妥适性。既有的这些措施主要蕴含两种理论:一是家长主义,二是自由主义。

(一)家长主义取向

"家长主义"又称"父爱主义"(paternalism),就词源上考究,最早可追溯至 17 世纪末到

18 世纪初的一些经典思想家的著作与文章,比如约翰·洛克(John Locke)的《政府论》①、边沁(Jeremy Bentham)的《道德与立法原理导论》②等。当代家长主义,概括地讲,主要是指政府认为人们无法作出促进自身福利的选择,便以自己认为"好"的方式采取措施去影响和改变人们的选择。受此影响,在改造默认规则时,政府惯常于强行介入,并以自己认为对公众有利的方式重新设计或重塑规则内容,典型体现在,政府提供默认规则的内容,商家只是简单移用即可。显然,默认规则若设计得足够合理,且契合了公众需求,那么,政府的干预行为或家长主义的行为便能达到预期效果,保护公众的合法权益。然而,一旦这种干预无法满足公众的需求,它所产生的弊端将是难以预料的。也由于此,一些学者对其给予了激烈的批判:

1. 来自"伤害原则"(the harm principle)的质疑。在批判以家长主义来改造默认规则的意见中,一个立基点就是约翰·斯图尔特·密尔(John Stuart Mill)的"伤害原则"。如果政府的目的是保护人们免受伤害,并且一个人的行为不伤害另一个人,则政府无权干预。一个人的行为要是伤害到了他人,就要对社会负责。每个个体才是他/她自己身体和心灵的最高主权者,只有自己才是最了解自己的人。"个人对自身幸福是最了解的。普通人,无论男女,拥有有关自身的信息远远超过其他任何人所拥有的。"③社会寻求对个人判断施加影响,是基于对个体的"一般假设"进行的,即使尽量避免被例外个案所影响,这些假设也有可能是完全错误的。概言之,现代政府要保障人们的福祉,最好的解决办法就是允许人们去寻求自己的道路。

2. 来自知识分工论的诘问。与家长主义针锋相对的另一种理论是弗里德里希·奥古斯特·冯·哈耶克(Friedrich August von Hayek)提出的"知识分工论"(the division of knowledge)。此论认为,知识以分工的形式存在,并呈现出分散化的状态,无论政府规划者或某领域专家的专业素养如何,也不可能像社会一样对全局了如指掌。与之不同,公众整体上比某个领域的一个专家或者多个专家掌握了更多的信息。在此之下,对个体生活或行动的干预,实则是偏颇或偏激,甚至无知的横行。④ 返回至默认规则问题,由于网络系统设计师缺乏相关信息,他们设计的默认规则就可能对一些人或许多人是有害的。人类知识的去中心化和市场使用去中心化知识的优势比最聪明、最勤奋的计划者更重要。即使官员们意识到市场失灵并具有公共利益,他们也无法与自由市场相提并论。这是因为自由市场提供了大量产品,并且可以对消费者变化的口味和需求作出快速反应。⑤ 基于此,如果对市场采取家长式的管理,则可能会产生许多意想不到的后果。即使是最聪明和最友好的设计师也无法预见到这些后果。⑥ 的确,在私人机构提供许多活动、商品、服务时,都有可能设置有利于自己而有害于消费者的条件或门槛。对此,政府的干预是必要的。然而,若政府一味采取家长主义的管理,那么,政府官员就可能更关注自己的偏好,忽视问题的复杂性和技术性,从

① 参见[英]洛克:《政府论》(下篇),叶启芳、瞿菊农译,商务印书馆 2017 年版,第 77~80 页。
② 参见[英]边沁:《道德与立法原理导论》,时殷弘译,商务印书馆 2015 年版,第 123~132 页。
③ John Stuart Mill, *On Liberty*, Dolphin: Penguin, 2001, pp.11-12.
④ 参见[英]哈耶克:《个人主义与经济秩序》,邓正来译,复旦大学出版社 2012 年版,第 92~95 页。
⑤ 参见[英]哈耶克:《个人主义与经济秩序》,邓正来译,复旦大学出版社 2012 年版,第 92~100 页。
⑥ See Cass R. Sunstein, Deciding By Default, *U. Pa. L. Rev.* 2013, Vol.162, No.1, pp.44-45.

而做出错误的判断。

3.立足"非均衡谈判"的质疑。对于如何选择默认规则,会有很多不同的答案。其中,凯斯·R.桑斯坦(Cass R. Sunstein)的"不完全理论化协定"(incompletely theorized agreement)是一个典范。在桑斯坦看来,不完全理论化协定之所以有效,在于它能够吸引许多不同的人的支持,包括那些有不同承诺的以及一些不确定何者是真实承诺的人。此理论的基本思路是:有时候人们可以通过回答或解决某些重大的、抽象的问题,找到一种不限于解决这些问题的办法,从而获取处置类似事情的最佳方案。欲达此目标,首选方法是"信息灵通的选择者方法"(informed-chooser default)。默认规则是此方法的规则呈现形式。[①] 不管我们的价值观是什么,我们都有充分的理由去选择默认规则,而那些与大多数人的理解不同的人则会选择退出。[②] 对此现象,我们不妨称之为"非均衡谈判"。对此,人们提出质疑:在这样的语境下,会不会导致"强弱的两极化",即选择更有利于谈判能力强的一方,而弱势的另一方则不得不选择一个不公平的协议?具言之,在签订契约的情况下,谈判能力更强的一方可以提出对其更有利的条款,处于弱势的一方便成了真正的损失者。而这就背离了默示规则设置的初衷。[③]

4.来自"人格理论"的检讨。心理学中的"人格理论"对家长主义的也给予了否定。在前者看来,后者"对个人的学习能力、个性的形成起到的是反向作用"[④]。这种反向作用表现为:第一,阻碍人们学习。在家长主义的世界里,个体通常是被动型的成长。尽管这种做法会省却人们决策或选择的难题,但其存在的问题是不能小觑的。当人们的成长依赖的不是自己的选择,他们就容易滋生懒惰。长此以往,人类一些重要的能力将无法发展甚至消失。比如,人们学习和发展的能力就会受到严重影响,反过来,最终社会的发展也将受到钳制。事实上,人们的生活如同电影,而非照片,需要从错误中学习,在错误中不断完善自己,而不应该总是僵化在既有的已设定好的生活框架中。自由选择可以提高人们的幸福感,塑造自己的价值。尽管这种价值有时不免极端,甚至错误,但多样的社会总能提供矫正的机会和可能。相反,如果人们凡事都别无选择,那么,这个世界就不会出现"最佳"这个词。

第二,对人的异质性(heterogeneity)的钳制。每个人感兴趣的事物是不同的。这种不同源于不同人的不同品味,以及不同的情况下人们权衡相关价值的分殊。[⑤] 然而,我们不能依赖总体印象,必须通过调查细节以及相关的实证问题去了解异质性是否重要及其重要程度。然而,在默示规则中,这些因素往往是被忽略的。许多商家通常会通过家长主义赋予自己一系列权利,如规则制定权、使用用户信息的特别许可权、责任限制或者免责权等,却很少为自己设定义务。出于个体对生活中海量信息的"认知负荷",当我们身边出现默认选项,且其内容与自己大致吻合(有时凑合)时,多数人都会不假思索地选择同意。加之平台无法识别是不是无民事行为能力人或限制民事行为能力人使用默认规则,主体之间不平等的地位

---

① 参见[美]凯斯·R. 桑斯坦:《选择的价值》,贺京同译,中信集团出版社 2017 年版,第 6～7 页。

② See Richard Craswell, Efficiency and Rational Bargaining in Contractual Settings, *Harv. J. Law Public Policy*, 1992, Vol.15, pp.805-807.

③ 参见[美]凯斯·R. 桑斯坦:《选择的价值》,贺京同译,中信集团出版社 2017 年版,第 32～35 页。

④ 参见[美]里赫曼:《人格理论》,高峰强译,陕西师范大学出版社 2005 年版,第 50～152 页。

⑤ See Cass R. Sunstein, Choosing Not to Choose, *Duke L. J.* 2014, Vol.64, No.1, pp.36-39.

和认知能力无法判断。在网络环境中,除了专业技术人员和兴趣爱好者以外,大多数人对网络知识的认知能力都是有限的,没有考虑到平台收集个人信息会产生的后果和影响。如此一来,个体间的异质性便会因默示规则的存在或"强制实施"而受到钳制。进而,基于个体的异质而构成的社会多样性及社会发展的活力将不可避免地受到不利影响。

综上所述,立足于家长主义的模式规则设置,在实践中,容易形成"一刀切"的做法。特别是人们的情况随着时间的推移而发生变化,即使他们在最初实施该规则的时候是明智的,也只能让人变得更加迟钝。① 某个默认规则或许适用一个人,但不一定适用所有人。在很多情况下,强行使用单一标准不利于人们的整体福利。

(二)自由主义取向

对默示规则的改造的另一种立场则是出于"自由主义"(liberalism)的考量。持该立场者认为,人总是有权选择自己的道路,即使他们是愚蠢的,或采取冒险行为,其他人也无权干涉。但是,人是有限理性的动物。这使得人们在许多时候会犯错误。反映在事物的认知上,如果一个事物缺乏显著特征,人们有可能会忽略它。不唯如此,人类有时又是容易冲动的,会因为过分关注眼前行为而忽略需要认知的事物。自由主义倾向会产生以下两种缺陷:

1.决策疲劳与信息依赖性对个体自主性的威胁。当某人特别忙碌时,一旦有事情出现,让他作出选择或不选择的决定时,人们通常倾向于不选择。此现象被称之为"决策疲劳"(decision fatigue)。概括之,它是指人们在一个特定的时间内只能有一定量的认知工作。一旦超出这个量,接下来人们的选择和行为都将受到影响。尤其在这种情况下做选择时,人们所选择的路径往往是阻力最小的一条。② 其次,惯性(inertia)或者拖延症(the tendency to procrastinate)可能成为一种"努力税"(effort tax)。在经济学上,通常用"交易成本"来表示对人们行动所施加的阻力。比如在签订合同时需花费大量时间和精力收集大量信息,人们可能不愿意在这方面有所消耗。即使交易成本为零或接近于零,人们也会因为惯性或者拖延症不愿从事。在默认规则中,大量信息的事先设置,只能进一步催化"决策疲劳"的过早出现,从而使人们丧失对自己行动决策的自主抉择。

2.盲目乐观对个体自由选择的阻碍。丹尼尔·卡尼曼(Daniel Kahneman)认为,人类大脑系统中包含两个"认知系统",即系统Ⅰ(systemⅠ)和系统Ⅱ(systemⅡ)。系统Ⅰ是自动系统,其动力是人们的习惯,既可以是感情也可以是人们的直觉。但是系统Ⅰ会有拖延、冲动等弊端,是一个行动者而非计划者。系统Ⅱ则更偏好于审慎和反思,是一个计划者而非行动者。③ 在具体认知实践中,人们许多时候依赖系统Ⅰ作出判断。然而,系统Ⅰ往往由于思维或行动惯性导致某种盲目自信、情感预测错误而使人们遭受损失。回到默认规则中,人们

---

① 参见傅宏宇:《论网络环境下未成年人的个人信息保护》,载《首都师范大学学报(社会科学版)》2019 年第 4 期。

② 参见[美]罗伊·鲍迈斯特、约翰·蒂尔尼:《意志力》,丁丹译,中信出版社 2017 年版,第 231~242 页。

③ See Daniel Kahneman, *Thinking, Fast and Slow*, Dolphin: Penguin Random House, 2011, pp.4-20.

对默认规则的过分仰仗通常会导致某种近乎盲目的乐观或信任,一旦默认规则的运作出现了危机或风险,人们往往就会陷入不知如何是好的窘境中。

三、温和家长主义下默认规则的逻辑

在改造默认规则的过程中,一方面,家长主义的"一切安排就绪"让人们只要按部就班,无需过多考虑,但是家长主义对个体自主性的限制可能使人们的生活变得更糟。另一方面,自由主义虽尊重了个体的自主选择,不过,个体在选择面前的盲目自信、决策疲劳等主观因素也会增加决策的错误成本。如何最小化决策成本和错误成本是改造默认规则的关键。在此之下,选择一种合理的思路就成为必然。晚近以来,作为家长主义和自由主义中间道路的"温和家长主义(libertarian paternalism)",为改造默认规则提供了一种有益思路。概言之,温和家长主义就是通过降低当事人自主或自治决策的成本和错误,提高社会福利,最终实现个体与社会收益的最佳结果。

(一)温和家长主义的理论架构

家长主义可根据不同标准区分为不同类型。立足管理的手段与目标,家长主义可分为两种:"手段型"和"目标型"。前者在尊重人们的目标前提下,影响人们对手段的选择。后者则试图影响人们对目标的选择。若着眼于个体自由的维护,家长主义又有"硬"家长主义与"软"家长主义。① 前者如监狱、司法判决,后者如机动车中安全带的设置等。有别于这两种分类,温和家长主义一方面展现了对个体权利的保护以及对个体选择的尊重,另一面,它与伤害原则不冲突。就此意义上,温和家长主义融合了"手段型"和"软"家长主义,旨在保护个体免受"认知错误"的影响;通过构建一种有利于当事人的选择框架,人们可以更轻松地实现自己所认同的目标。② 如果有人问你,如何到达最近的地铁站,你给他指了正确的路,按照此定义,你就是一个温和家长主义的支持者。从本质上,温和家长主义是一种对"行动"的推动,以更有利于"行动的展开"。为此,其与"助推"(nudge)不谋而合。助推的核心理念是"小而明显无关紧要却可能对人们的行为具有重要意义的细节"③。助推可以让人们自由地做他们想做的事,在成为自由主义者的同时,在改变行为方面取得惊人的成功。如果说前述揭示的是选择温和家长主义是理论的必然性,那么,它的现实必然性为何?

第一,选择框架的不可避免性。在日常生活中,我们深受选择设计师的影响。选择框架是人们作出决定的环境。无论我们是否意识到它的存在,它都无处不在,并且可能对结果产

---

① 参见[美]理查德·泰勒、卡斯·桑斯坦:《助推》,刘宁译,中信出版社 2009 年版,第 86～90 页。

② 参见[美]理查德·泰勒、卡斯·桑斯坦:《为什么助推》,马冬梅译,中信出版社 2016 年版,第 35～40 页。

③ 参见[美]理查德·泰勒、卡斯·桑斯坦:《为什么助推》,马冬梅译,中信出版社 2016 年版,第 25～32 页。

生深远的影响。有时,选择框架可以发挥关键作用,引导人们朝某个方向发展,并有效地帮助人们作出决策。第二,家长主义管理的必要性。在某些情况下,受限于人的有限理性,人们往往关注眼前,在乎短期利益,很少能考虑到未来可期待利益。这就势必要求政府进行必要的引导或干预。然这并不意味着允许公共领域内的选择设计师完全按照自己的喜好设计选择框架,影响他人的决策。但是,如果让自由市场的商家来设计选择框架,他们便可以有效保护人们不犯缺乏理性的认知错误,因为竞争会阻止商家利用我们的偏好诱导我们犯错。[1]

(二)默认规则与人的认知系统

温和家长主义有以下几种功能。第一,加强系统 II 的理性功能。在经济学家眼中,人们是能够理性思考并作出最佳决策的"经济人",只要人们的自由得到保障,就可以作出最适合自己利益的选择。但是,事实上,人们不是"经济人",而是"社会人"。人们是明智的,但不是完全理性的。[2] 如前所述,人类大脑有两个认知系统,"系统 I"和"系统 II"。温和家长主义的一个显著特征就是减少系统 I 所犯的错误,加强系统 II 的理性功能。必须承认,温和家长主义可能影响个体选择权,但不能进行完全的干预。这是因为,它所采取的措施旨在影响和改变人们的决定,同时,它并未强迫任何人去做任何事,而是保证人们的选择自由。不管人们选择进入还是选择退出,只要自己觉得合适,都是被允许的。在认知上,温和家长主义能保证系统 I 在作出判断时保持某种警惕。

第二,克服经验法则的消极影响。在生活中,我们经常感受到,许多选择只是一个经验问题。虽然不同领域的人针对同个问题常会有不同看法,而这种不同看法常常依赖"经验法则"(heuristics)展开。一般而言,经验法则包含三项内容:代表性法则(representativeness)、可得性法则(availability)锚定法则(anchoring),这三者之间存在着相互的联系,后来被人们看作是判断问题的"启发和偏见"(heuristics and biases)。以锚定法则、可得性法则和代表性法则为基础经验法则可能会导致系统偏见,继而让人们得出错误的判断。[3] 当然,经验法则只有在频繁使用一个商品或服务时才会有效。一旦出现新的或者未知的场合,此法则就会失灵,甚至导致严重后果。详言之,当面临一个问题且不太清楚答案时,人们往往会运用认知系统 II 进行判断。此时,大脑往往会诉诸过往的经验,以及从经验中获取答案。当眼前的问题和经验的答案有关时,人们就会运用这个答案。受可得性法则的影响,脑海中能想到的事件会影响对概率的判断。如果某件事在大脑直觉或者记忆中可得,我们就会高估其风险。如果这个事件在大脑直觉或者记忆中不可得,我们会低估其风险。受此影响,人们对事情的判断就会产生偏见,这种偏见会以一种自满的情绪表现出来。温和家主义下的经验法

---

[1] See Cass R. Sunstein, *Choosing Not to Choose : Understanding the Value of Choice*, New York: Oxford University Press, 2015, pp.19-25.

[2] 参见[美]理查德·泰勒、卡斯·桑斯坦著:《为什么助推》,马冬梅译,中信出版社 2016 年版,第 17~25 页。

[3] See Edward L. Glaeser, Paternalism and Psychology, *The University of Chicago Law Review*, 2006, Vol.73, pp.133-156.

则既要重视人们这样的观念,又要采取措施改进或影响人们在特定情况下的决定。①

第三,克服不切实际的乐观。生活中,相当一部分人对自己的行为和未来的预测总是持有一种乐观的偏见。必须承认,乐观与自信对于人们的实践展开能够发挥举足轻重的作用(可以振作精神、提升适应力等)。不过,一旦乐观与自信缺乏了某种反思即系统Ⅱ的矫正,它对人们的实践不仅无益,反而造成了阻抑。② 温和家长主义下的默认规则一方面正视了系统Ⅰ的认知作用,另一面也重视系统Ⅱ对系统Ⅰ潜在风险的预防与克服。

(三)默认规则与社会福利

温和家长主义下的默认规则有利于促进和提升社会福利。问题是,什么是福利?从广义上说,福利包含了功利的内容,是对静态与动态意义上"利好"的概括性表达。于前者,它涵盖了生活中很多并不能算作"幸福"的因素,也包括人们所持有的未必建立在"不断发展进步的人类的永恒的利益(如严守正义的基本权利)"③。然而,对福利的理解,不同立场的主体经常存在差异。比如,同样一件事或物品,对于有些人来讲,可能是福利,而对其他人来讲,可能是无价值的。温和家长主义利用福利对默认规则进行改造时,一方面认同选择者的目标——能够让选择者的生活变得更好的一切事物,并采取某种措施来确保他们能够真正实现自己的目标;④另一方面,一旦选择者的目标不当,如没有能够足够重视健康、让生活充实,便采取措施来确保人们正确的目标得以实现。

(四)个体选择及其自治能力

1.自治性对默认选项的改造。在自由主义者眼中,个体选择自由是无可替代的。不过,细究起来,此主张显然是苍白无力的。第一,个体主动选择本身也是一种家长主义管理。或许有人认为家长主义管理和个体主动选择之间存在明显的对立,但是实际上这种对立是一种错觉。当人们偏好不选择,但被要求选择时,由于人们自己的不选择遭到了拒绝,此时,个体的主动选择可以看作是非自由的家长主义。第二,温和家长主义的选择框架赋予了人们更多自治。在实践中,有些平台表面上提供了诸多方案供人们选择,然而,由于人在精力、时间等各方面的有限性,若将所有问题付诸人们的仔细考量,显然是不可能的。如果没有显性或隐性的代表为他人决策,所谓选择,有时就难免成为一种随机性的抉择,最终,人们也无法从中受益。此外,自治本身依赖于社会背景,其中很多基本因素我们应视为理所当然。如果没有这一背景,个体的自治亦无从谈起。基于此,借由家长主义的管理的事先干预与安排,

---

① See Cass R. Sunstein, People Prefer System 2 Nudges(Kind of), *Duke Law Journal*, 2016, Vol.66, pp.122-130.

② See Lauren E. Willis, Why Not Privacy by Default, *Berkeley Technol. Law Journal*, 2013, Vol.29, No.1, pp.64-78.

③ John Stuart Mill, *On Liberty*, Dolphin: Penguin, 2001, p.16.

④ See Cass R. Sunstein, *Why Nudge? The Politics of Libertarian Paternalism*, New Haven: Yale University Press, 2014, pp.59-80.

人们在作出选择时，就可少走弯路，个体的自治才能真正得到保障。第三，温和家长主义通过信息披露提高人们的注意力。注意是一种稀缺资源。要实现专注，人们只能着眼于有限的事物，忽略没有特殊特征的事物。在日常生活中，与商品价格相比，很多重要的成本或者收益显得并不突出，容易被人们忽略。而这种忽略实质上反过来强化了人们对一些事情或信息的理解。①

2.自治性对"同意困境"的改造。例如在网购中，许多平台为了提高交易效率，通常会利用默认规则为消费者提供个性化服务和推荐。平台通过网络用户协议，基于对消费者的了解和消费者之前所做选择的记录来提供符合潜在消费者所需求的各种服务。网络用户协议往往会以隐私政策的"同意条款"形式让收集、使用或披露个人信息的条款合法化。但是，由于个体可能存在错误认知，信息收集者可能存在不合理的收集方式，导致信息主体不能权衡信息被披露、使用和转让的好处与坏处。此被称为"同意困境"（consent dilemma）。② 对此，温和家长主义通过设置合理的默认选项，克服个人不可避免的认知偏见和决策不当的干预措施，助推人们作出理性选择。

四、温和家长主义下重塑默认规则的技术与方案选择

默认规则是以"推定同意"的方式设置选择框架，当消费者或用户无意思表示即推定为同意。从实际情况看，默认规则虽降低了合同订立与执行的成本，然它存在的许多问题不容小觑：一方面，因为网络平台中电子协议的特殊性，如果用户不接受隐私协议，那么他/她就不能使用该平台，或者他/她就只能被迫接受"选择权"被侵犯。在此，用户不明白协议的内容或者不知道某些条款的存在，往往无法对相应的条款提出异议，继而导致其处于弱势地位。另一方面，个人信息保护中的同意规则存在着消极防御和积极使用的矛盾冲突。要解决这些问题，温和家长主义需整合以福利和自主价值为核心的默认规则，通过应用信息主体拒绝权、设置个性化默认规则和信息披露重塑默认规则。

（一）适用"同意原则"的利益衡量

对当事人之间进行利益衡量是为了实现当事人权利与义务的平衡。在默认规则中，由于双方当事人生活背景、经济实力和注意力等方面的差异，导致以合同自由为原则的当事人之间的利益平衡状态被打破，为此，就需重设利益衡量机制来纠正双方之间同意的偏差。主要有以下三种措施：

1.排除不公平的默认规则。为了在网络平台电子协议订立中平衡双方利益，特别是处

---

① See W. David Slawson，The Futile Search for Principles for Default Rules，*The Southern California Interdisciplinary Law Journal*，1993，Vol.3，No.29，pp.31-32.

② See Daniel J. Solove,Introduction：Privacy Self-Management and the Consent Dilemma，*Harvard Law Review*，2013，Vol.126，No.7，pp.1880-1882.

于"劣势"的消费者或用户的利益,一方面应当对依据默认规则订立的隐私协议进行解释,限制不公平的条款加入合同,调和形式上的平等和实质上不平等的冲突、补救契约自由的失衡。另一方面平台公布的默认选项应使消费者或用户能够识别,同时将是否设置"合理审阅默认选项"作为默认规则是否合理的判断标准。换言之,平台服务提供者可以设置默认规则,但规则的选项,特别其内容设置,消费者或用户要有合理的时间、机会浏览,并能够识别,否则,该默认规则就不能对消费者或用户生效。

2.向不利于规则制定者倾斜。在对默认规则进行解释时,应对规则制定者的权益给予特别关注。第一,作为默认规则的制定者,应当制定明确的权利义务关系规则,如果权利义务关系不明确,使用人应当承担后果。第二,使用默认规则的双方地位不平等。默认规则的制定者往往处于垄断地位或者处于优势地位,而消费者或用户处于极不利的地位,如此,若消费者或用户未接受默认规则并作出意思表示,那么,该规则就不应对他/她产生约束力。第三,默认规则在制定时应有一定的利益倾向性。以利于消费者或用户利益为设置规则的初衷,减少或减轻不合理分配规则给消费者或用户带来的负担或风险。譬如,在责任承担方面,对规则制定者一般采取严格责任,而对消费者或用户则采取过失责任。

3.修正同意原则。第一,完善告知义务。许多网络平台提供者都会利用隐私政策虚化同意规则,使得同意变得可有可无且缺乏实际效果。隐私政策协议过长的篇幅和艰涩的法律术语,使得数据主体产生严重的畏难情绪,即使数据主体有时间完整阅读隐私政策,也会深陷泥潭、云里雾里。因此,就需要完善告知义务:一方面让隐私政策中的内容简洁易懂,另一方面,充分告知用户信息使用的范围。第二,以积极的行为作为同意的要件。在网络服务中,以"同意"收集个人信息的方式很多:有的是采用默认勾选的方法,用户还没有选择同意,平台就已经体贴地为人们勾选了同意;有的是已经准备好预设选项,只要用户在预选框内点击同意即可;有的平台则采用"使用即同意"的方式,一旦使用该网络服务就要接受平台的服务协议和隐私政策。事实上,无论采用哪种形式,都是以形式上自愿的同意掩盖实质上强迫的同意。同意原则作为个人信息保护的基石,应涵盖与信息使用相关的所有方面,充分考虑信息处理的不同目的,并应就所有目的寻求同意。第三,个人信息处理上的同意作为意思表示,不应适用统一化标准。例如,未成年人的理解能力和判断能力与成年人不同,因此,适用默认规则时,应采取差异化标准。同时,将当事人同意视为"被害人承诺"的基本要素,并将其作为个人信息违法处理的阻却事由。进一步说,只有当消费者或用户默认同意网购平台对个人信息进行收集和使用,并将自己信息的可支配和处分的权益转移给平台,平台才可以降低甚至免除该行为的违法性。

(二)信息披露的"前置性"与"适切性"

在网购中,信息收集者往往利用签署"同意书"来收集个人信息。这种方式蕴含着许多风险。一方面用户看到"隐私政策"一词,往往会相信他们的个人信息将受到特定保护。但实际上,隐私政策通常更多地作为企业的免责声明,而不是保护信息主体的隐私。另一方面,随着信息共享范围的扩大与共享程度的加深,①事事时时要求人们在短时间内诉诸对"同意"的全知全解,显然不太可能。因此隐私政策中设置持续的信息披露,可以让用户在充分知情的条件下作出同意选择,实现个人信息保护和利用的平衡。这种信息披露主要有以下三点要求:

1.提高默认规则识别度。在默认规则中,设计更恰当的信息披露可改善披露对象的决定。首先,在人们做决定时,需要通过信息披露获取与信息本身相关的情况。公众整体上比某个领域的专家掌握了更多的信息。因此,政府在做决策时,要利用机会从公众身上学习,预判决策后果,减少失误概率。其次,由于人们容易扭曲、过滤和误解信息,错误估计风险,因此信息披露需详细描述各种风险,并通过改善选择框架呈现方法,导引人们的行为。

2.规范信息披露的内在要求。信息披露的目的是让消费者或用户了解相关信息。因此,信息披露必须具体、直接、简洁、及时、明显并具有意义。其一,使用消费者能够理解的直白的语言。其二,包含清楚的格式和呈现方式,比如容易辨识的字体。其三,清晰的说明。信息披露分为全面披露和部分披露。全面披露是在网上提供各种信息,方便私人、企业主体,尤其是技术革新者以有效的方式进行应用、包装或者改装;部分披露则是帮助消费者或用户直接通过产品上的简介信息来获取信息,比如很多食品包装上面都标有营养成分的说明。

3.平衡信息披露与对个人信息的收集、使用。信息披露须遵循两个原则:其一是自由市场原则。众所皆知,如果买方充分知悉相关信息,市场就容易以最佳的状态运行;而信息披露制度能使人们知悉信息,遏制卖方的"无止境利益追求"及"买者自负"(caveat emptor)之类的条款带来的风险。信息披露既能保护消费者或用户的利益,又能避免限价、限购等管制措施带来的市场扭曲。其二是个体自治原则。"人们有权对影响到自己生活的事宜做出选择、决断,这是他们的道德性权利,也是支配个人事务的一种可行性方式。"②信息披露为人们自主决策提供了条件。在隐私政策中,简化信息披露是平衡隐私政策中个人信息收集与利用的最佳路径。当然,仅是信息披露可能是不够的,重要的是如何披露。当下,"概括性披露"(summary disclosure)可以说是一种最理想的选择。③ 这是因为:其一,文字简化。简化的只是文字而不是思想。如果选择很复杂,那么,简化便徒有虚名。其二,形式和格式上的简化。简化格式的方法是将它们标准化,用一般化代替细节,让信息披露"标准化和清晰"。其三,大幅缩减信息。一方面,简化的信息披露以标准化、机器可读的形式快速传播信息,使得公众能作出明智决定;另一方面,简化的信息披露能让大众直接查阅关键信息和数据,并且为人们所使用。

---

① See Aleecia M. McDonald & Lorie Faith Cranor,The Cost of Reading Privacy Policies,*Journal of Law and Policy for the Information Society*,2008,Vol.4,No.3,pp.550-551.

② See Robert H. Sloan,Richard Warner,Beyond Notice and Choice:Privacy, Norms, and Consent,*Suffolk University Journal of High Technology Law*,2014,Vol.14,p.370.

③ 参见[美]欧姆瑞·本·沙哈尔、卡尔·E. 施奈德:《过犹不及:强制披露的失败》,陈晓芳译,法律出版社 2015 年版,第 133~140 页。

(三)信息同意撤销权与个性化默认规则

为了保障消费者或用户对自己信息的控制权,应当允许他/她有权随时撤回其同意,此为信息同意撤销权。[①] 同时,针对个体的不同需求,允许消费者或用户设置个性化的默认规则。

信息同意的撤销权在默认规则中主要体现为"选择退出"(opt-out)。具体而言,就是通过改变默认规则的选择背景,保留人们不选择的权力,让人们可以更好地选择。[②] 此对于防范那些不恰当的选择规则,保障个体的自由和福利价值具有重要作用。随着社会的发展、科技的进步,人们在购买商品时会面临被收集或获取信息的情况,对此,可以选择加入也可以选择退出。因此,当人们对平台或服务提供商收集使用某些数据有异议,或察觉到有人正在试图获取隐私的时候,就需要通过"退出机制",拒绝信息被收集,避免其受有害使用。选择退出与隐私保护条款相结合,可以更好地实现消费者或用户对个人信息的自我调节和使用。而这就要求保护个人信息的隐私条款必须具备以下特点:第一,必须足够简单,普通人可以很容易理解它;第二,必须具有一定的透明度,减少晦涩难懂的隐藏的术语,这样用户就可以更好地阅读和理解这个隐私政策。

关于个人信息保护问题,可以通过设定个性化默认处理机制(personalized default rules)来解决。如果你非常重视隐私,而你过去的选择也体现了这个倾向,那么你就有可能利用自己的个性化默认设置来强化自己对隐私的保护。个性化默认规则的关键优势是它比大众化的默认规定更加精准细致。适用个性化默认规则至少应注意以下几点:第一,个性化默认规则是否体现了个体真实意志。就初衷而言,设定个性化默认规则就是为了体现与保护不同个体的不同需求与利益。是故,若需求与利益并没有体现个体的意愿,那么,所谓个性化也就不存在了。第二,个性化默认规则的设置是否增进了商家或平台与消费者或用户之间的福利。详言之,个性化默认规则的设置是否降低了人们选择的认知成本和决策成本,是否根据特定情况允许消费者或用户调整选择的结果,从而提高最终选择的精确度,等等。

默认规则作为一种"推定同意"形式存在的选择项,在降低消费者选择成本、提高行动效率的同时,也导致一些商家利用它恣意收集个人信息,侵害消费者平等权、知情权等难题。作为一种家长主义和自由主义的中间道路,温和家长主义提供了可能的破解之道。基于此,在改造默认规则时,应充分考量社会福利与个体自治价值,借助对消费者或用户利益的倾斜,充分利用信息披露,发挥其前置性与适切性功能,允许信息同意撤销权和个性化默认规则在实践中的应用,最终达致可欲的目的。

---

① 参见项定宜、申建平:《个人信息商业利用同意要件研究——以个人信息类型化为视角》,载《北方法学》2017 年第 5 期。

② 参见[美]凯斯·R. 桑斯坦:《选择的价值》,贺京同译,中信集团出版社 2017 年版,第 155~160 页。

《厦门大学法律评论》总第三十四辑 2022年第一卷
《论中国司法实践中信赖原则法理适用之可能》
第157页～第182页

论中国司法实践中信赖原则法理适用之可能[*]

——以医疗垂直分工及其过失犯罪为视角

刘跃挺[**]

摘要:在医事法律运用与临床医疗实践相互影响的过程中,基于职业立场、知识背景、实践经验等因素的不同,对于医疗分工、医事监督、信赖原则适用等问题,法律专业工作者与医疗专业工作者可能持有彼此各异的实务观点与实践认识。除了对相关法学文献以及司法判决案例等进行理论分析与研究外,有必要通过法律实证分析方法进一步加以研究。这是刑法理论界首次在全国范围内对相关专业人员进行问卷调查。从所示的数据来看,大多数参与的医务工作者对医疗过关相对宽容,而司法实务界却持谨慎态度。此次问卷调查及统计分析,更加深刻地揭示了目前中国司法实务界与医学界对于同一问题之处理,依据不同立论基础所采用的不同思维、方法与态度,并阐释了其原因。

关键词:信赖原则;实证调查;医事分工;医疗行为;监督过失;刑事政策

On the Possibility of Applicability of the Principle of Reliance in Chinese Judicial Practice
—On the Basis of Medical Negligence
Liu Yueting

Abstract: Here is about the empirical legal study on the application of the principle of reliance in medical malpractice. Because of the difference in background, knowledge and experience, in the process of interactions between the application of the medical laws and clinical practice, the legal and health professionals can hold different practical ideas and

　*　文章 DOI:10.53106/615471682022100034009。

　本文系德意志联邦洪堡基金会科研资助项目《现代医疗技术中的生命伦理及法律问题研究》(项目编号:Ref 3.5 - CHN-1164467-HFST-P)部分研究成果。

　**　刘跃挺,西北政法大学刑事法学院教授,主要研究方向:比较刑法学。电子邮箱:leoyueting@gmail.com。

points when they talk about the medical division, supervision as well as the application of the principle of reliance. Therefore, in addition to the analysis and research of related legal literature and judicial decisions, we should conduct an empirical legal study to find more value that can be found and acquired only by the objective analysis of statistics. With the survey in Chinese Mainland, we firstly found that the majority of participants hold a relatively large tolerance toward a medical negligent offender. Nevertheless, Chinese legal professionals are prudent in accepting the application of the principle of reliance in medical malpractice. Through the survey and the objective analysis of statistic, we found that the judicial and medical groups have very different thoughts, thinking methods as well as attitude, even if they face the same problems.

Key Words: the Principle of Reliance; Empirical Legal Study; Medical Coordination; Medical Behavior; Supervisory Negligence; Criminal Policy

一、相关理论基础

信赖原则这一概念孕育在德国,出现在有关交通事故的判例中,通过学者们的归纳、演绎与反复论证,逐渐成为交通事故中限制过失犯罪成立的一种理论。[①] 详言之,其是指行为人与他人共同维系社会活动正常运转的过程中,该行为人信赖他人能够实施合乎现有法律、惯常性社会规则或行为准则的行为,只要该种信赖具有明显的社会相当性,即使危害结果是由于他人的不当行为所引起的且与行为人之行为存在某种事实上的因果关系,该行为人对此也不应予以客观归责之评价。[②] 详言之,"所谓信赖原则乃意味着行为人信赖被害人或第三者应回避危险为适切行动,而实行一定行为时,只要该信赖被认为系合乎社会相当性,纵然第三者违反该信赖为不适切行为,对结果惹起某些加害,行为人对于该种加害亦不必负过失责任之原则。"[③]

信赖原则可以说是现代社会中组织分工与团体行为形成与发展的基础性准则。随着现代社会分工日益精细,"陌生人社会"开始走进我们的生活,并且改变了我们的生活。在"陌生人社会"里,人类的相互交往,包括经济生活中的相互交往,都依赖于某一种信任。[④] 没有信赖,无以建立现代生活。换言之,基于现代社会发展的必要条件,信赖原则及其理论建构有着不断扩大自身适用范围的趋势。

信赖原则之适用主要是源于人类社会技术之更新与进步以及与其相伴的社会组织之分

---

① 参见刘跃挺:《论刑法中的信赖原则》,载《西南交通大学学报(社会科学版)》2009 年第 5 期。

② See Carolin Wever, *Fahrlässigkeit und Vertrauen im Rahmen der arbeitsteiligen Medizin*, Dr. Kovac, 2005, S.2-7.

③ [日]川端博:《刑法总论二十五讲》,余振华译,中国政法大学出版社 2003 年版,第 128 页。

④ 参见[德]柯武刚、史曼飞:《制度经济学——社会秩序与公共政策》,韩朝华译,商务印书馆 2000 年版,第 3 页。

工。详言之，只有当社会分工达到一定程度，不同组织间的人们才能对于某些因分工产生的危险予以容许，即肯定具有可容许性危险的行为具有社会相当性；而这些具有社会相当性的行为，虽然其本身具有危险，但依然不被认为具有可处罚性；在认定该行为之危险是否为可容许性危险时，人们所运用的规则，即为信赖原则。基于此，信赖原则之适用依据则是行为之社会相当性。① 进言之，社会相当性的判断要素系行为人之特定行为能力（譬如注意能力等）、行为本身的危害程度及其行为之结果的危险性。其中，行为本身之危险程度的判断最为重要。行为本身之危险程度的判断主要依据在于社会防卫的需要。具体而言，行为本身之危险程度的判断依据涉及社会分工程度、经济发展与文化进步程度以及行为所在地之具体刑事政策。同时，值得注意的是，信赖原则适用之结果体现为刑罚适用的宽容化。② 接下来，笔者将对信赖原则之适用与社会分工和刑事政策之关系进行详实梳理。

(一)社会分工与信赖原则之适用

首先，社会分工存在的前提是社会组织之"合理化生产"，而"合理化生产"并不仅仅意味着"机械化"，"因为（合理化生产中）不是所有的'机械'都由金属或木料构成，它们可以由人构成"③。因此，社会分工并不是完全与技术进步同步，而是取决于合理化生产的步伐。详言之，社会存在自身的进化。对于社会进化论而言，"技术的进步其实可以视为一种隐喻说法，因为一个工具不会产生另一个工具，这与一个物种内发生的事情大不相同：如果说，不言而喻社会制造自己的工具，而且在自身繁衍的时候复制这些工具，那么顺理成章地，一个工具之于一个社会就是一副骨架之于某个生物物种的关系。在技术方面，效率可以描述客观可见的差距，但是这并不是说技术进步和社会进步、道德进步是同步前进的。"④换言之，即使技术已进步，社会自身，尤其是建立在合理化生产基础上的社会分工也未必得以形成。

其次，"在社会分工的情况下，一部分人从事维持人们生存所必需的生产劳动，就有可能使一部分人从生产劳动中解放出来，去从事商业服务、科学文化创造、社会管理等其他方面的工作，从而增加了社会劳动的种类，扩大了生产力。"⑤基于此，社会分工形成后，反而又会作用于社会生产，使其更加趋于合理化。其中，就社会分工本身而言，其判断标尺存在"广度"与"深度"之二维性。"所谓社会分工的广度，是指具体劳动分类的多少，即各种具体劳动的独立化和专业化程度。社会分工的广度是随着人类最基本的生产活动的发展，在基本的生产单位和社会阶层不断的独立化的过程。所谓社会分工的深度，是指分别承担各自不同

---

① 参见刘跃挺：《论刑法中的信赖原则》，载《西南交通大学学报(社会科学版)》2009 年第 5 期。

② 参见刘跃挺：《对风险社会中刑罚价值立场的整体性反思》，载《西南科技大学学报(哲学社会科学版)》2013 年第 6 期。

③ ［英］约翰·V. 皮克斯通：《认识方式——一种新的科学、技术和医学史》，陈朝勇译，上海科技教育出版社 2008 年版，第 95 页。

④ ［法］马塞尔·德吕勒：《健康与社会——健康问题的社会塑造》，王鲲译，译林出版社 2009 年版，第 25～26 页。

⑤ 徐国民：《社会分工的历史衍进与理论反思》，华东师范大学 2009 年博士学位论文。

功能的社会分工的生产环节相互之间的联系的紧密程度。"①因此,"合理化生产"即意味着社会分工已经达到一定的"广度"与"深度",其外在表现为经济(仅指商品经济)的活跃度与市场之独立化。譬如,依我国人均 GDP 来看,东部地区之经济发展明显优于中西部地区,从而可知,比起中西部地区,东部地区之"合理化生产"程度或者说社会分工之广度与深度就会明显更大。

最后,不同组织之社会成员间的"信赖"存在的前提即为社会分工之存在。然而,值得注意的是,依上述社会进化论之观点,从"信赖"必要性观念的产生,经过"信赖"存在,再至作为社会分工之基本原则即信赖原则的形成,这个过程并非与"合理化生产"或者"社会分工"的发展同步进行,确切地说,信赖原则作为"合理化生产"或者"社会分工"之基本行为准则,其形成滞后于后者。详言之,在"合理化生产"或者"社会分工"发展之前期,即使社会成员意识到了"信赖"的必要性,也未必会放心大胆地去"信赖";也许,实际情况会完全相反:由于社会发展经验之不足,伴随社会分工之不充分,人类所面临的未知风险也愈发增大,"风险越高,其损害后果发生概率就越大,相对应地,公众的反应也是越强烈的。无论是基于理性逻辑的思辨,还是依靠常态情感的宣泄,人们都感到现有体制的调控力度的不足,并近乎一致地希望规范尤其是惩罚性规范能够发挥更大的作用。"②基于此,在此期间,作为"可容许风险"法理③之适用准则的"信赖原则"就不会有其自身存在的合理基础;相反地,基于对风险的恐惧,人们可能更会将相关危险行为诉诸重刑,同时强化社会生产中所有必要之行为准则所规定的注意义务,譬如监督义务等。从而可知,即使一个国家或者一个地区的经济发展已达一定程度,社会分工已有一定规模,社会生产已近一定合理化,但是,信赖原则依然可能未成为该国家或地区之社会分工的基本行为准则。

(二)刑事政策与信赖原则之适用

刑事政策是指立法机关与司法机关根据本国国情或者本地区情况和犯罪状况制定或运用的预防犯罪、惩罚犯罪以及矫治犯罪的各种刑事对策。"其首要任务在于如何有效地预防、控制和惩治犯罪。"④详言之,"现代科学的刑事政策是建立在对犯罪现象科学认识基础之上的关于犯罪的处理与预防的价值、策略与手段的总和。其本质上是一种犯罪预防对

---

① 刘秉龙、张鹏飞:《社会分工与循环经济》,载《理论月刊》2006 年第 3 期。

② 刘跃挺:《对风险社会中刑罚价值立场的整体性反思》,载《西南科技大学学报(哲学社会科学版)》2013 年第 6 期。

③ "被允许的危险的法理,只是一种价值判断,不是必然结论。在危险增加的社会,有的人会重视危险行为的危险性,有的人会重视危险行为的有用性;重视的内容不同,便会形成不同的价值判断。在一种社会现实导致人们作出两种相反的价值判断时,我们对其中任何一种价值判断形成的结论,都必须持特别慎重的态度。我们既要对所谓风险刑法观保持警惕,也要谨慎对待被允许的危险的法理;动辄以进入危险社会为由扩大处罚范围的观点与做法,或者动辄以被允许的危险为由为行为人开脱罪责的观点与做法,都是相当危险的。"参见张明楷:《论被允许的危险的法理》,载《中国社会科学》2012 第 11 期。

④ 杨春洗:《刑事政策论》,北京大学出版社 1994 年版,第 22 页。

策"。① 在国家或者地区之具体司法实务中,刑事政策所发挥的作用实则往往影响着司法者,使他们更加关注犯罪的预防,譬如我国实施的数次"严打"行动。

"从司法实践活动来看,体现出刑事政策对刑事司法的基本价值导向作用。具体的刑事司法活动本应严格依据法律进行,既惩治犯罪,又保护公民权益,但是在'重在控制犯罪、打击犯罪'刑事政策的影响下,实践中总会出现司法机关对'打击'注重有余,但是对'保护',尤其是对'犯罪嫌疑人、被告人'权利却设法限制的价值取向。"②换言之,刑事政策决定刑事司法的基本价值取向,尤其是对具体的司法实践活动有直接的指导作用。简言之,刑事政策是以犯罪之预防理念来最大程度地指导着刑事法律在刑事司法中的诠释与运用,"最大可能地实现着刑事司法抑制犯罪、保护人民的最终目的"③。

基于此,作为"出罪"准则之一的"信赖原则"之确立与适用容易受到具体刑事司法政策的影响,确切地说,是一种反作用。这是因为"信赖原则"创制的目的在于对部分危险行为予以"除罪化",并视之为"可容许之危险行为",而这尤其又与"最大程度地抑制犯罪、保护人民为最终目的"的刑事司法政策是相互背离的。假设刑事立法已经明确信赖原则,但也可能在司法实务中受到国家或地区之具体刑事司法政策的影响,使其"除罪化"的功能弱化。

综上所述,信赖原则之适用与否或者如何适用均与社会分工程度以及具体刑事司法政策之实施有着紧密的关系。

对上述三者之内在关系所进行的论述,旨在为下文信赖原则这一"舶来品"是否可以在当代中国之现实土壤生根发芽以及医疗过失犯罪中信赖原则适用判断之法律实证研究提供必要的概念说明与理论阐释。

二、研究数据之基本信息

(一)研究目的

从信赖原则概念在德日刑法理论、刑事立法、司法判例发展中来看,信赖原则"目前已不限于交通事件,而有扩及所有共同作业(如医师与麻醉师及护士暨药剂师等之间共同作业)"④。换言之,信赖原则的适用并不仅限于交通运输之领域,还包括医疗事业、食品卫生质量监督领域等等。这种趋势的发展归根到底的原因在于社会发展与分工精细化。在社会共同作业形式逐渐占据人类生产模式主要地位的情况下,作为这部社会生产机器之"单一零件"的个人彼此之间的相互监督至关重要。但是,若人们彼此监督力度过大,则会适得其反,

---

① 王牧、赵宝成:《"刑事政策"应当是什么?——刑事政策概念解析》,载《中国刑事法杂志》2006 年第 2 期。

② 陈卫东、石献智:《刑事政策在刑事司法中的地位和作用》,载《江海学刊》2002 年第 5 期。

③ 陈卫东、石献智:《刑事政策在刑事司法中的地位和作用》,载《江海学刊》2002 年第 5 期。

④ 洪福增:《刑事责任之理论》,台湾刑事法杂志社 1988 年版,第 359 页。

阻碍社会生产的发展。而这也就影响到刑事立法中监督义务的范围及其信赖原则的地位。

与此相应,信赖原则理论的出现与适用就与刑法过失犯罪之"危险分配"理论直接有关。危险分配是在过失犯罪之刑事处罚予以合理减轻的诉求下提出的一种理论。详言之,在交通事业、医疗事业及其他类似的社会成员共同参与其中并伴有危险的领域中,参与个体之间应当予以相互信赖,并以此为组织分工准则之根基,对所参与业务之危险,在彼此间予以合理分配;个体仅在其分工领域内,独自担当责任,避免危险发生或减少,消除危险发生之法益损害。

而上述之行为准则尤其体现在组织医疗分工过程中。"在组织医疗之体系,参与之成员有医师与医师辅助人员、各种医疗技术员,各人所负之任务并不相同,其中以医师所负之医疗责任最重,此尤以进行手术之主刀外科医师为然。从业务分配影响责任分配之观点而言,医师所从事之医疗业务既最具关键性,则医师为执行其业务,对于其他人员所从事之业务,不能不寄予关心,不可因其不属于其所分担之业务,即可漠不关心。虽然如此,但其他人员亦系合格之责任人员,故对于其所从事之行为,应可予以信赖,故在信赖原则之情况下,即使其他人员有过失,但医师毋庸同负过失责任。"[①]然而,值得注意的是,医疗行为本身具有伤害性、高危性与复杂性,其所直接涉及之利益又为人的生命安全与身体健康之法益,基于此,在医疗过失行为之构成要件判断过程中,对信赖原则的适用,应持更为谨慎之态度。

在医事法律运用与临床医疗实践相互影响的过程中,基于职业立场、知识背景、实践经验等因素的不同,对于医疗分工、医事监督、信赖原则适用等问题,法律专业工作者与医疗专业工作者可能持有彼此各异的实务观点与实践认识。因此,除了上述对相关法学文献以及司法判决案例等进行理论分析与研究外,有必要通过法律实证分析[②]的方法,即问卷调查与SPSS数据统计方法[③]等,对该两种职业群体对相同问题之不同观点与认识,进行 T 检验、均数比较、频数分析、交互分析、方差分析等,以期通过一种客观中立的态度,"发现规范形式背后的价值内容,发现形式理性中的实质理性,发现实证法中所彰显的自然法,总之,发现确定性内含的正确性"[④]。这里的"正确性",尤其指信赖原则适用判断标准的实用性,而这又能为构建医疗过失犯罪中的信赖原则适用之规范体系奠定科学化的实务基础。同时,通过大样本之数据分析,尽量减少统计结果偏离现实社会总体情况所产生的误差,[⑤]以期摆脱"有理无数畅谈学术"之困境,为进一步区分相关问题研究之应然与实然提供必要的实践与理论依据,并为"真理"之发现铺平道路。

---

① 黄源铭:《刑法上信赖原则演变之研究》,辅仁大学 1997 年硕士学位论文。

② "所谓法律实证分析,是指按照一定程序规范对一切可进行标准化处理的法律信息进行经验研究、量化分析的研究方法。"参见白建军:《法律实证研究方法》,北京大学出版社 2008 年版,第 3~4 页。

③ 本论文的全部数据统计分析均采用北京大学提供的正版 SPSS ⓒ 20.0 "统计产品与服务解决方案软件"完成。SPSS ⓒ 为国际商业机器公司的注册商标。

④ 白建军:《法律实证研究方法》,北京大学出版社 2008 年版,第 6 页。

⑤ 参见白建军:《刑法规律与量刑实践——刑法现象的大样本考察》,北京大学出版社 2011 年版,第 4~5 页。

(二)研究时间及地域范围

自调查问卷投放起至调查结束(即 2016 年 8 月 1 日至 2019 年 12 月 17 日),历时约 40 个月,调查地域遍及中华人民共和国 34 个省级行政区①中 24 个省、自治区、直辖市,收到的问卷数量及占比如表 1 所示:

表 1　各省级行政区问卷数量及占比

省份	份数	占比(%)	省份	份数	占比(%)	省份	份数	占比(%)
贵州	472	10.55	广东	244	5.45	上海	93	2.08
海南	419	9.36	山东	212	4.74	湖北	84	1.88
陕西	340	7.60	青海	168	3.75	安徽	80	1.79
四川	302	6.75	河南	164	3.66	辽宁	76	1.70
北京	293	6.55	宁夏	148	3.31	福建	76	1.70
山西	280	6.26	江苏	143	3.20	云南	72	1.61
重庆	268	5.99	河北	124	2.77	广西	40	0.89
新疆	252	5.63	浙江	100	2.23	湖南	25	0.56

注:因四舍五入,表中百分比之和约为 100%。

同时,基于全国各省级行政区经济发达程度以及相应政策②影响之不同,依 2012 年各省级行政区人均国内生产总值(GDP)实况,③本文将各省级行政区再次进行分类。这是因为在中国各省级行政区地理分布中,最显著的特点即为沿海省级行政区经济发达,内陆省级行政区经济欠发达。如表 2 所示:

表 2　全国各省级行政区排名、分类及人均 GDP

排名＋省级行政区	地区分类	人均 GPD/元
1 天津	A 东部地区	95094
2 北京	A 东部地区	88167

① 《中华人民共和国宪法》第 30 条、第 31 条分别规定:"中华人民共和国的行政区域划分如下:(一)全国分为省、自治区、直辖市;(二)省、自治区分为自治州、县、自治县、市;(三)县、自治县分为乡、民族乡、镇。直辖市和较大的市分为区、县。自治州分为县、自治县、市。自治区、自治州、自治县都是民族自治地方。""国家在必要时得设立特别行政区。在特别行政区内实行的制度按照具体情况由全国人民代表大会以法律规定。"全国共有 34 个省级行政区,即 4 个直辖市、23 个省、5 个自治区、2 个特别行政区。

② 将全国划分为东部、中部、西部三个地区始于 1986 年全国人大六届四次会议通过的"七五"计划。2000 年在西部大开发中享受优惠政策的省级行政区又增加了内蒙古和广西。目前,西部地区包括的省级行政区共 12 个,分别是四川、重庆、贵州、云南、西藏、陕西、甘肃、青海、宁夏、新疆、广西、内蒙古;中部地区有 8 个省级行政区,分别是山西、吉林、黑龙江、安徽、江西、河南、湖北、湖南;东部地区包括 11 个省级行政区,分别为北京、天津、河北、辽宁、上海、江苏、浙江、福建、山东、广东和海南。

③ 参见《2012 年 31 省份 GDP 含金量大排名》,载《中国经济周刊》2013 年第 8 期。

续表

排名＋省级行政区	地区分类	人均 GPD/元
3 上海	A 东部地区	85647
4 江苏	A 东部地区	68363
6 浙江	A 东部地区	63346
7 辽宁	A 东部地区	56582
8 广东	A 东部地区	54260
9 福建	A 东部地区	52962
10 山东	A 东部地区	51897
15 河北	A 东部地区	36701
22 海南	A 东部地区	32098
	A 东部地区平均值	62283.36
11 吉林	B 中部地区	43426
13 湖北	B 中部地区	38642
16 黑龙江	B 中部地区	36515
19 山西	B 中部地区	33712
20 湖南	B 中部地区	33587
23 河南	B 中部地区	31956
25 安徽	B 中部地区	28841
26 江西	B 中部地区	28632
	B 中部地区平均值	34413.88
5 内蒙古	C 西部地区	64464
12 重庆	C 西部地区	39257
14 陕西	C 西部地区	38608
17 宁夏	C 西部地区	36411
18 新疆	C 西部地区	33952
21 青海	C 西部地区	33178
24 四川	C 西部地区	29627
27 广西	C 西部地区	28202
28 西藏	C 西部地区	23135
29 云南	C 西部地区	22263
30 甘肃	C 西部地区	21720
31 贵州	C 西部地区	19608
	C 西部地区平均值	32535.42
	总计平均值	43575.90

如表 2 所示,东部地区人均 GDP 平均值为 62283.36 元,极高于中部地区的 34413.88 元和西部地区的 32535.42 元。然而,中部地区和西部地区的平均值则相差较小。基于此,为了方便统计结果之显著性,将中部与西部地区之相关数据合并为中西部地区数据,统一进行下述有关情况的统计分析。

(三)参与调查主体

参与此次问卷调查的主体是在上述 24 个省级行政区内工作的法官、检察官、律师(合称法律工作者)与医师、药剂师、护士、助产士(合称医务工作者),①共 4475 人。从问卷有效完成情况来看,②法律工作者共 3314 份,占 74.06%,医务工作者共 1161 份,占 25.94%。

三、数据分析

(一)对"问题一"的数据分析

1."问题一"的主要内容及调查意图

问题一:"医师甲指示病房护士乙对患者 A 以正确的方法注射预防针,而病房护士乙于注射时错将针剂打给患者 B,终致医患纠纷,您觉得医师甲是不是也要负责?"要求被调查人员对此问题回答"是"或者"否"以及具体是"民事责任"或是"刑事责任"。

(1)护士行为的性质

护士行为"是医师诊疗的辅助工作,是护士本身的业务行为,诊疗辅助是依医师的指示

---

① 参与问卷调查的单位:最高人民法院、最高人民检察院、海南省高级人民法院、浙江省高级人民法院、青海省高级人民法院、中共福建省纪律检查委员会、福建省高级人民法院、广西壮族自治区人民检察院、陕西省人民检察院、上海市第一中级人民法院、西安市中级人民法院、银川市中级人民法院、大连市中级人民法院、成都市中级人民法院、晋城市中级人民法院、北京铁路运输法院、贵阳市中级人民法院、佛山市中级人民法院、安庆市中级人民法院、株洲市中级人民法院、海口市琼山区人民法院、海口市美兰区人民法院、海口市龙华区人民法院、北京市海淀区人民法院、北京市朝阳区人民法院、北京市门头沟区人民法院、西安市雁塔区人民法院、南京市玄武区人民法院、广州市海珠区人民法院、武汉东湖新技术开发区人民法院、晋城市城区人民法院、琼海市人民法院、澄迈县人民法院、沂南县人民法院、青龙满族自治县人民法院、巫山县人民法院、巫溪县人民法院、云阳县人民法院、开县人民法院、成都市人民检察院、北京市昌平区人民检察院、海口市秀英区人民检察院、盐城市人民检察院、富平县人民检察院、宁津县人民检察院,云南卓永律师事务所、山西本和律师事务所、河南信永律师事务所、中国人民解放军第二六四医院、中国人民解放军第四七四医院、北京大学第三医院、贵州省人民医院、山西医科大学第一医院、山西省肿瘤医院、太原市中心医院、太原武警医院、海南省人民医院、海南医学院第一附属医院、海口市人民医院、西安医学院第一附属医院、西电集团医院、河北医科大学第三医院、绵阳市人民医院。

② 值得强调的是,为防止被调查人员对问卷中的个别问题产生理解偏差,组织者特在问卷调查前对被调查人员予以培训。

施行,没有医师在场无法施行医疗行为"①。详言之,在具体的护理过程中,护士运用护理专业知识,在自身护理执业范围内,完成护理评估、护理诊断、护理指导等护理行为,以此确认及处理相关既存或者潜在的健康问题,向医师报告并辅助医师完成相关医疗行为。《医院工作制度与人员岗位职责》人员岗位职责部分第 24 条第 2 项规定:"参加病房的护理临床实践,指导护士正确执行医嘱及各项护理技术操作规程,发现问题,及时解决。"因此,护士之护理行为,实为医师医疗行为之辅助行为。进而,在向病人提供护理服务时,护士应注意护理业务的范围,不得逾越。

然而,基于护理工作之特性,护士对其业务之执行具有独立性,并在自身护理业务范围内自负责任。换言之,护理行为虽然本质上是医师医疗行为之辅助行为,但不乏具有其独立性,即护士与医师之间具有一定的责任分际。基于此,护理行为可分为自主性护理行为与从属性护理行为。相对于医师医疗行为而言,自主性护理行为是指"护理人员依其专业知识、技术所作的护理行为",而从属性护理行为则是指"在医师指示下,护理人员依其专业知识、技术所作的医疗行为"②。但是,值得注意的是,由于医疗常规甚至是医疗习惯存在时间和空间上的差异,③因此,要清楚界定自主性与从属性护理行为各自之范围,实属不易。

(2)医师之指示行为

《医院工作制度与人员岗位职责》人员岗位职责部分第 12 条第 7 项规定:"认真执行各项规章制度和技术操作常规,亲自操作或指导护士进行各种重要的检查和治疗,严防差错事故。"基于此,护士之从属性护理行为必须在医师指示下才能实施。

(3)调查意图

医师之指示行为一般以明示为必要。然而,医师是否需要在其指示后目击护士之具体操作行为,"应视指示的事项有无造成医疗卫生上危险的可能为判断的标准,如所指示的医疗辅助行为,且有高度的危险性时,医师于指示后仍需监督其他医师人员为如何的执行,以维护安全"④。而这对于医师监督护士注射行为之尤为重要。基于注射部位的不同,注射行为可分为皮内注射(譬如青霉素"皮试")、皮下注射(譬如该问题中的"预防疫苗"注射)、肌肉注射、静脉注射、腰椎注射、神经节注射、胸骨腔注射、小脑延髓池注射。注射作为"侵入性治疗行为"⑤,会导致身体伤害,譬如,疼痛、感染、动脉阻塞、神经损伤、预防接种不良等。因此,护士注射时,应当接受医师的指示,医师应当按照相关"危险性"判断是否要在指示后采

① [日]中村敏昭、齐藤静敬:《医疗纷争与法律》,蔡笃俊、谢瑞智译,文笙书局 2004 年版,第 51 页。

② 刘文瑢:《护理人员与其他医师人员的责任分际》,载台北市护理师护士公会、台湾医师法律学会:《护理业务与法律实务》。

③ See Beate Wendling & Inken Felderhoff, *Der Vertrauensgrundsatz in der Pflege: Die rechtliche Reichweite im Bereich pflegerischer Arbeitsteilung*, VDM Verlag Dr. Müller, 2010, S.19-60.

④ 黄丁全:《医师法》,中国政法大学出版社 2005 年版,第 84 页。

⑤ "根据(台湾地区)卫署医字第 0900017655 号文内容,护理人员第 24 条第 1 项第 4 款所称的医疗辅助行为之范围如下:(一)辅助施行侵入性检查。(二)辅助施行侵入性治疗、处置。(三)辅助各项手术。(四)辅助分娩。(五)辅助施行放射线检查、治疗。(六)辅助施行化学治疗。(七)辅助施行氧气疗法(含吸入疗法)、光线疗法。(八)辅助药物之投与。(九)辅助心理、行为相关治疗。(十)病人生命征象之监测与评估。(十一)其他经卫生主管机关认定之医疗辅助行为。"参见黄惠满:《论护理人员在医疗过失中之刑事责任》,高雄大学 2012 年硕士学位论文。

取目击指导等监督行为。一般而言,医师作为医疗行为的主体,对一切辅助医疗行为及其辅助人员均负有监督义务,此在法律上为当然之理。

然而,由于医院存在病人众多、医师人手不足等客观情况,因此,在医疗实践中,医师经常在指示护士相关注射要求后,由护士独立完成注射行为。如前所述,若这种存有"不予以重视之主观态度"的医师医疗行为在实际情况中经常发生并(可能是无意识地)成为某种医疗惯例,那么,即使客观上存在注意义务之违反,也依然不能归责判断。这是因为,在这种惯常行为过程中,医师与其辅助人员建立了这种特殊的"信赖"关系,医师则可以在此时主张信赖原则。但是,"若人们基于某些明确的事实存在而认为引证组织关系中的信赖原则来排除'客观归责'的做法是不合理的,那么,就必须对该医师的注意义务之违背进行归责评价。"[①]进言之,这种"医疗惯例"或对于"某些明确事实"的认识存在"时空性"与"判断主体性"上的差别,而这种差别又会必然影响护士之从属性护理行为的范围以及医师监督责任之承担与否。

2. 数据分析

(1)不同职业对问题中的医师是否承担法律责任的选择

调查显示,法律工作者中,认为医师要承担法律责任的占30.8%,医务工作者中该比例为27.6%,卡方值x^2为0.036(<0.05)。可见,职业差别对上述选择之结果明显产生了统计学意义上的影响。进言之,在司法实务与医疗实践中,相对于医务工作者而言,法律工作者较多认为医师应当承担法律责任。

(2)不同地区对问题中的医师是否承担法律责任的选择

调查显示,东部地区人员中,认为医师不需承担法律责任的占71.0%,中西部地区人员中该比例为69.4%,卡方值x^2为0.235(>0.05)。可见,地域差别对上述选择之结果未产生统计学意义上的影响。进言之,无论东部还是中西部地区,70.0%的专业人员认为医师不应当承担法律责任。

(3)不同职业对问题中的医师是否承担刑事责任的选择

调查显示,法律工作者中,认为医师要承担刑事责任的占6.8%,医务工作者中该比例为4.8%。卡方值x^2为0.017(<0.05),可见,职业差别对上述选择之结果产生了统计学意义上的影响。进言之,在司法实务与医疗实践中,相对于医务工作者而言,法律工作者较多认为医师应当承担刑事责任。

(4)不同地区对问题中的医师是否承担刑事责任的选择

调查显示,东部地区人员中,认为医师不需承担刑事责任的占92.9%,中西部地区人员中该比例为94.3%,卡方值x^2为0.055(>0.05)。可见,地域差别对上述选择之结果未产生统计学意义上的影响。进言之,在司法实务与医疗实践中,无论东部还是中西部地区,93.7%的专业人员认为医师不应当承担刑事责任。

(5)不同职业对问题中的医师是否承担民事责任的选择

调查显示,法律工作者中,认为医师要承担民事责任的占27.5%,医务工作者中该比例为24.5%,卡方值x^2为0.047(<0.05)。可见,职业差别对上述选择之结果产生了统计学意

---

① Hans Kamps, *Ärztliche Arbeitsteilung und strafrechtliches Fahrlässigkeitsdelikt*, Duncker & Humblot,1981,S.233.

义上的影响。进言之,在司法实务与医疗实践中,相对于医务工作者而言,法律工作者较多认为医师应当承担民事责任。

(6)不同地区对问题中的医师是否承担民事责任的选择

调查显示,东部地区人员中,认为医师不需承担民事责任的占 73.9%,中西部地区人员中该比例为 72.9%,卡方值 x^2 为 0.450(>0.05)。可见,地域差别对上述选择之结果未产生统计学意义上的影响。进言之,无论东部还是中西部地区,73.3%的专业人员认为医师不应当承担民事责任。

(二)对"问题二"的数据分析

1."问题二"的主要内容及调查意图

问题二:"外科医师甲于手术前,指示麻醉护士乙以正确的方法对患者 A 实施麻醉,但麻醉师却不在现场,而麻醉护士乙在实施麻醉时错将麻醉剂打给患者 B,终致医患纠纷,您觉得医师甲是不是也要负责?"要求被调查人员对此问题回答"是"或者"否"以及具体是"民事责任"或是"刑事责任"。

(1)麻醉行为之独立性

《医院工作制度与人员岗位职责》医疗管理部分第 17 条第 1 项规定:"麻醉应由麻醉专业的执业医师担任,实施授权范围内的临床麻醉、疼痛治疗及心肺复苏。"从中可知,麻醉医师之麻醉行为具有独立性,不受外科医师的监督,即两科医师"自应就其各自领域内,对其违反注意义务分别负其责任"[1];同时,外科医师不得取代麻醉医师实施麻醉手术。然而,虽然外科医师无权干涉麻醉医师实施麻醉之具体操作及方式等事宜,但是,在同一手术中,外科医师对手术是否实施、如何实施以及手术整体性风险评估具有最终决定权,"麻醉医师不得拒绝配合,除非麻醉医师认为麻醉的风险明显高于手术风险,或外科医师显然无法胜任其任务。而在这些例外情境中,在手术参与者中为'优势者'的麻醉医师若不顾此特殊情况而仍然配合为麻醉行为,则可能发生刑事责任,而且也可能危及自身的工作,因为违反这样的义务已经构成特殊终止契约事由。"[2]

另外,在麻醉手术中,麻醉护士只能实施麻醉手术之辅助行为。[3] 同时,麻醉护士之辅

---

① 黄丁全:《医事法》,中国政法大学出版社 2005 年版,第 439 页。

② Klaus Ulsenheimer, *Arztstrafrecht in der Praxis*, Müller, C F in Hüthig Jehle Rehm, 2008, §1, Rn.151.

③ 《医院工作制度与人员岗位职责》人员岗位职责部分第 13 条规定:"手术室护士职责:1.在护士长领导下担任洗手、供应、巡回护士等工作,负责手术前准备、手术中配合和手术后整理工作。2.严格执行无菌操作及其他技术操作规程,严防差错事故发生。3.负责手术后病人的包扎、保暖、护送及手术标本的保管、送检工作。4.负责器械、敷料的打包消毒及药品、仪器设备的保管工作。5.指导进修、实习护士的工作。6.负责分管手术患者的术前访视和术后随访。7.做好手术期间患者的心理护理。8.严格执行对患者的识别制度,做到正确的患者、正确的部位与体位、施行正确的术中配合、正确核对手术器材敷料、正确交接手术患者。"参见苏梅玉、林梅兰、黄雪莲:《麻醉中麻醉护士与麻醉医生的配合》,载《中国当代医药》2011 年33 期。

助行为受到负责医师的监督,即麻醉护士必须在麻醉医师指示下执行麻醉医疗辅助行为。

(2)调查意图

此题中,麻醉护士无权实施麻醉注射行为,但在外科医师的要求下,该麻醉护士实施了麻醉注射行为。虽然麻醉医师不在现场,但该护士的行为依然属于医疗辅助行为,外科医师对其负有监督义务。基于此,此题所涉及的问题就是:在手术中,外科医师是否有权实施麻醉行为?以及对于麻醉护士的麻醉注射行为的特殊性(即麻醉注射行为必须由麻醉医师亲自来实施)是否予以重视?笔者认为,答案均为否定,此在法律上为当然之理。

然而,撇开此问题的法学理论性分析,单就临床医疗实践来看,我国麻醉学科刚进入发展阶段,学科受重视程度不足;学科建设障碍多、培育体系不完善;同时,"当前麻醉师与手术科室医生的配置比例,国际一般是1∶3,国内达到1∶6"[1];加之我国1983年才正式确立麻醉学为"临床二级学科",[2]学科发展有待提高。可见,目前实践中我国麻醉医师地位及其麻醉行为的独立性受到了来自现实发展资源之困境与自身学科建设之滞后两个方面的限制,因此,在某些医院中,会出现允许外科医师代替麻醉医师实施麻醉的情况,这是可以理解的。基于此,有必要掌握相关问题的实况数据,以求进一步研究。

2. 数据分析

(1)不同职业对问题中的医师是否承担法律责任的选择

调查显示,法律工作者中,认为医师要承担法律责任的占56.6%,医务工作者中该比例为51.5%,卡方值 x^2 为0.036(<0.05)。可见,职业差别对上述选择之结果产生了统计学意义上的影响。进言之,在司法实务与医疗实践中,相对于医务工作者而言,法律工作者较多认为医师应当承担法律责任。

(2)不同地区对问题中的医师是否承担法律责任的选择

调查显示,东部地区人员中,认为医师要承担法律责任的占53.2%,中西部地区人员中该比例为56.6%,卡方值 x^2 为0.024(<0.05)。可见,地域差别对上述选择之结果产生了统计学意义上的影响。进言之,在司法实务与医疗实践中,相对于东部地区而言,中西部地区人员较多认为医师应当承担法律责任。

(3)不同职业对问题中的医师是否承担刑事责任的选择

调查显示,法律工作者中,认为医师要承担刑事责任的占16.0%,医务工作者中该比例为9.5%,卡方值 x^2 为0.000(<0.05),可见,职业差别对上述选择之结果明显产生了统计学意义上的影响。进言之,在司法实务与医疗实践中,相对于医务工作者而言,法律工作者较多认为医师应当承担刑事责任。

(4)不同地区对问题中的医师是否承担刑事责任的选择

调查显示,东部地区人员中,认为医师要承担刑事责任的占16.0%,中西部地区人员中该比例为13.2%。卡方值 x^2 为0.009(<0.05)。可见,地域差别对上述选择之结果产生了统计学意义上的影响。进言之,在司法实务与医疗实践中,相对于中西部地区而言,东部地

---

① 刘进:《让麻醉医师更受重视》,载《医药经济报》2013年5月29日第5版。

② 参见曾因明:《我国麻醉学科建设的过去与未来》,载中华医学会、中华医学会麻醉学分会:《中华医学会第二十次全国麻醉学术年会论文汇编》,第36~43页。

区人员较多认为医师应当承担刑事责任。

（5）不同职业对问题中的医师是否承担民事责任的选择

调查显示，法律工作者中，认为医师要承担民事责任的占 50.8%，医务工作者中该比例为 53.7%，卡方值 x^2 为 0.088（>0.05）。可见，职业差别对上述选择之结果未产生统计学意义上的影响。进言之，无论法律工作者还是医务工作者，48.5% 的专业人员都认为医师应当承担民事责任。

（6）不同地区对问题中的医师是否承担民事责任的选择

调查显示，东部地区人员中，认为医师要承担民事责任的占 47.0%，中西部地区人员中该比例为 49.5%，卡方值 x^2 为 0.097（>0.05）。可见，地域差别对上述选择之结果未产生统计学意义上的影响。进言之，无论东部还是中西部地区，48.5% 的专业人员都认为医师应当承担民事责任。

（三）对"问题三"的数据分析

1."问题三"的主要内容及调查意图

问题三："医师甲对病患 A 以正确的方法实施手术，而手术室护士乙未清点纱布数量，事后患者体内发现有纱布遗留，终致医患纠纷，您觉得医师甲是不是也要负责？"要求调查人员对此问题回答"是"或者"否"以及具体是"民事责任"或是"刑事责任"。

（1）异物留置问题之法律解读

"异物留置"问题所涉及的是，在手术医师对护士行为负有监督义务时，是否可以主张信赖原则？以及手术中清点纱布的行为是护士之自主性护理行为，还是从属性护理行为？

首先，《医院工作制度与人员岗位职责》护理工作制度部分第 34 条第 1 项第 2 款规定："(手术)清点内容：手术中无菌台上的所有物品。清点时机：手术开始前、关闭体腔前、体腔完全关闭后、皮肤完全缝合后。清点责任人：洗手护士、巡回护士、主刀医生。清点时，两名护士对台上每一件物品应唱点两遍，准确记录，特别注意特殊器械上的螺丝钉，确保物品的完整性。手术物品未准确清点记录之前，手术医生不得开始手术。关闭体腔前，手术医生应先取出体腔内的所有物品，再行清点。向深部填入物品时，主刀医生应及时告知助手及洗手护士，提醒记忆，防止遗留。"其次，自主性护理行为由护理人员依其专门知识技术与经验应独立自动行使，其包括"护理评估、护理诊断、护理计划、护理措施、护理评值(衡量病人对护理措施之反应、评价护理措施是否达到预期效果和目标)以及护理记录"[1]。基于此，手术中清点纱布的行为不是护士之自主性护理行为，该行为应当处于主刀外科医师的监督之下。

（2）调查意图

虽然相关法规规定了主刀医师在手术整个过程中都负有监督义务，但是，在临床手术实践中，医师本身手术任务繁重、手术程序烦琐、手术器材与耗材(譬如消毒棉花等)繁多；同时，医师不仅要监督护士之护理行为，还要监控整个手术的风险(其中还包括麻醉风险)；若在这种情况下，还要求医师具体负责清点工作，难免超过医师的实际工作能力。因此，基于

---

① 黄惠满：《论护理人员在医疗过失中之刑事责任》，高雄大学 2012 年硕士学位论文。

组织分工原理,上述法规要求"洗手护士"与"巡回护士"参与负责具体清点工作,医师通过提示告知方式,负责监督,以此减轻医师手术中过重的工作负担,提高手术质量。然而,当出现"异物留置"情况时,以前文所述,基于组织医疗之合理分工,若医师本身没有能力预见"体积较小"物体之留置情况,加之护士已经履行相关注意义务,那么,刑法此时就只能忽略对医师注意义务的要求,即认定此时医师对"体积较小"物体没有监督义务,即医师可以主张信赖原则。若医师有能力对一些"体积较大"的异物予以分辨而实际没有取出该异物,也没有提示与监督相关护士准确清点,那么,该医师一方面违反了自身所要履行的救治义务,另一方面也违反了对护士的监督义务,基于此,医师是不能主张信赖原则的,此在法律上为当然之理。

上述分析过程在理论思辨中是合理的,但是,在真实的手术操作中,该理论判断规则可能会遇到困难,譬如,何为"体积较大"? 手术中忙碌的医师是否具有合理监督的能力,以及判断该能力有无的依据是什么? 简言之,上述理论思辨之结论是否符合实践理性,则需要统计数据与实证分析的支持。

2. 数据分析

(1)不同职业对问题中的医师是否承担法律责任的选择

调查显示,法律工作者中,认为医师要承担法律责任的占 70.0%,医务工作者中该比例为 67.0%,卡方值 x^2 为 0.088(>0.05)。可见,职业差别对上述选择之结果未产生统计学意义上的影响。进言之,无论法律工作者还是医务工作者,69.3%的专业人员认为医师应当承担法律责任。

(2)不同地区对问题中的医师是否承担法律责任的选择

调查显示,东部地区人员中,认为医师要承担法律责任的占 70.2%,中西部地区人员中该比例为 68.6%,卡方值 x^2 为 0.280(>0.05)。可见,地域差别对上述选择之结果未产生统计学意义上的影响。进言之,无论东部还是中西部地区,69.3%的专业人员认为医师应当承担法律责任。

(3)不同职业对问题中的医师是否承担刑事责任的选择

调查显示,法律工作者中,认为医师要承担刑事责任的占 19.2%,医务工作者中该比例为 13.8%,卡方值 x^2 为 0.000(<0.05)。可见,职业差别对上述选择之结果明显产生了统计学意义上的影响。进言之,在司法实务与医疗实践中,相对于医务工作者而言,法律工作者较多认为医师应当承担刑事责任。

(4)不同地区对问题中的医师是否承担刑事责任的选择

调查显示,东部地区人员中,认为医师要承担刑事责任的占 24.0%,中西部地区人员中该比例为 13.7%,卡方值 x^2 为 0.000(<0.05)。可见,地域差别对上述选择之结果明显产生了统计学意义上的影响。进言之,在司法实务与医疗实践中,相对于中西部地区而言,东部地区人员较多认为医师应当承担刑事责任。

(5)不同职业对问题中的医师是否承担民事责任的选择

调查显示,法律工作者中,认为医师要承担民事责任的占 60.7%,医务工作者中该比例为 64.7%,卡方值 x^2 为 0.015(<0.05)。可见,职业差别对上述选择之结果产生了统计学意义上的影响。进言之,在司法实务与医疗实践中,相对于法律工作者而言,医务工作者较多认为医师应当承担民事责任。

(6)不同地区对问题中的医师是否承担民事责任的选择

调查显示,东部地区人员中,认为医师要承担民事责任的占 60.8%,中西部地区人员中该比例为 62.3%,卡方值 x^2 为 0.308($>$0.05)。可见,地域差别对上述选择之结果未产生统计学意义上的影响。进言之,无论东部还是中西部地区,61.7% 的专业人员都认为医师应当承担民事责任。

(四)对"问题四"的数据分析

1."问题四"的主要内容及调查意图

问题四:"主任医师乙制定了在该科内惯行的医疗处置操作方法,住院医师甲依据此医疗处置操作方法于实际操作时发生了医疗事故,后来发现该事故的主要原因系此医疗处置操作方法不符合一般认可的医学常识,您觉得甲乙两位医师是不是需要负责?"要求调查人员对此问题回答"是"或者"否"以及具体是"民事责任"或是"刑事责任"。

(1)"垂直分工"中主任医师与住院医师责任关系之法律解读

《医院工作制度与人员岗位职责》卫生技术人员岗位职责部分第 9 条第 1 项、第 3 项分别规定:"临床主任医师职责:在科主任领导下,指导全科医疗、教学、科研、技术培养与理论提高工作。""指导本科主治医师和住院医师做好各项医疗工作,有计划地开展基本功训练。"第 12 条第 1 项:"临床住院医师(士)职责:在科主任领导和主治医师指导下,根据工作能力、年限,负责一定数量病员的医疗工作。新毕业的医师实行三年二十四小时住院医师负责制。"从而可知,主任医师对其下级的住院医师之医疗行为负有法定的监督、指导义务,若其不履行或者不认真履行自身之救治义务以及监督义务,那么,其应承担相应的刑事与民事责任。

另外,住院医师只有在自己工作能力所及的范围内,即其具有注意能力的前提下,才能实施主任医师所要求或指示的医疗行为。进言之,若该住院医师能够认识到主任医师所交付之医疗任务违反相关医疗常规,那么,其有义务向主任医师反馈意见。此时,若其发现问题却没有及时汇报问题,那么,其行为与所导致的法益侵害结果之间具有法律上的因果关系,即符合客观归责之要求,该住院医师不得主张对主任医师的信赖而排除客观归责,换言之,其行为构成超越承担过失。反之,依执行上级命令的义务,身为下级的住院医师完成主任医师所交付的任务,但是,由于其没有相关具体事项的结果预见与回避能力,因此,其对行为所造成的法益侵害结果也不负刑事过失责任。然而,无论属于上述何种情况,该下级住院医师的实际行为毕竟造成了法益侵害的结果,因此,基于《中华人民共和国侵权责任法》,该住院医师须承担一定的民事责任。①

(2)调查意图

作为能力较高的主任医师本应承担更多的注意义务,尽其所能,避免病人法益侵害结果的发生;相比之下,对于执业能力与水平较低的住院医师而言,其注意义务之履行应与自身实际的注意能力相匹配,否则,不承担法律责任,尤其是刑事责任,此在法律上为当然之理。

---

① 参见任茂东:《侵权责任法:缓解医患矛盾的良方》,载《中国人大》2010 年第 7 期。

然而,对于住院医师之注意能力,在理论上,其认定标准为"当时当地之医疗水平",即以该住院医师实际所在地之一般住院医师所能达到的医疗水平为准。基于此,笔者认为,有必要对注意能力认定标准的实际差异进行数据统计与分析。

2. 数据分析

(1)对于第一个问题的数据分析

①不同职业对问题中的住院医师是否承担法律责任的选择

调查显示,法律工作者中,认为住院医师要承担法律责任的占 75.4%,医务工作者中该比例为 68.3%,卡方值 x^2 为 $0.000(<0.05)$。可见,职业差别对上述选择之结果明显产生了统计学意义上的影响。进言之,在司法实务与医疗实践中,相对于医务工作者而言,法律工作者较多认为住院医师应当承担法律责任。

②不同地区对问题中的住院医师是否承担法律责任的选择

调查显示,东部地区人员中,认为住院医师要承担法律责任的占 78.3%,中西部地区人员中该比例为 70.5%,卡方值 x^2 为 $0.000(<0.05)$。可见,地域差别对上述选择之结果明显产生了统计学意义上的影响。进言之,在司法实务与医疗实践中,相对于中西部地区而言,东部地区人员较多认为住院医师应当承担法律责任。

③不同职业对问题中的住院医师是否承担刑事责任的选择

调查显示,法律工作者中,认为住院医师要承担刑事责任的占 31.4%,医务工作者中该比例为 16.9%,卡方值 x^2 为 $0.000(<0.05)$。可见,职业差别对上述选择之结果明显产生了统计学意义上的影响。进言之,在司法实务与医疗实践中,相对于医务工作者而言,法律工作者较多认为住院医师应当承担刑事责任。

④不同地区对问题中的住院医师是否承担刑事责任的选择

调查显示,东部地区人员中,认为住院医师要承担刑事责任的占 34.7%,中西部地区人员中该比例为 22.9%,卡方值 x^2 为 $0.000(<0.05)$。可见,地域差别对上述选择之结果明显产生统计学意义上的影响。进言之,在司法实务与医疗实践中,相对于中西部地区而言,东部地区人员较多认为住院医师应当承担刑事责任。

⑤不同职业对问题中的住院医师是否承担民事责任的选择

调查显示,法律工作者中,认为住院医师要承担民事责任的占 63.8%,医务工作者中该比例为 64.2%,卡方值 x^2 为 $0.803(>0.05)$。可见,职业差别对上述选择之结果未产生统计学意义上的影响。进言之,在司法实务与医疗实践中, 63.8% 以上的专业人员认为住院医师应当承担民事责任。

⑥不同地区对问题中的住院医师是否承担民事责任的选择

调查显示,东部地区人员中,认为住院医师要承担民事责任的占 68.1%,中西部地区人员中该比例为 61.1%,卡方值 x^2 为 $0.000(<0.05)$。可见,地域差别对上述选择之结果明显产生了统计学意义上的影响。进言之,在司法实务与医疗实践中,相对于中西部地区而言,东部地区人员较多认为住院医师应当承担民事责任。

(2)对于第二个问题的数据分析

①不同职业对问题中的主任医师是否承担法律责任的选择

调查显示,法律工作者中,认为主任医师要承担法律责任的占 79.6%,医务工作者中该比例为 79.8%,卡方值 x^2 为 0.909(>0.05)。可见,职业差别对上述选择之结果未产生统计学意义上的影响。进言之,无论法律工作者还是医务工作者,79.6%的专业人员认为主任医师应当承担法律责任。

②不同地区对问题中的主任医师是否承担法律责任的选择

调查显示,东部地区人员中,认为主任医师要承担法律责任的占 78.5%,中西部地区人员中该比例为 80.4%,卡方值 x^2 为 0.118(>0.05)。可见,地域差别对上述选择之结果未产生统计学意义上的影响。进言之,无论东部还是中西部地区,79.6%的专业人员认为主任医师应当承担法律责任。

③不同职业对问题中的主任医师是否承担刑事责任的选择

调查显示,法律工作者中,认为主任医师要承担刑事责任的占 34.6%,医务工作者中该比例为 24.9%,卡方值 x^2 为 0.000(<0.05)。可见,职业差别对上述选择之结果明显产生了统计学意义上的影响。进言之,在司法实务与医疗实践中,相对于医务工作者而言,法律工作者较多认为主任医师应当承担刑事责任。

④不同地区对问题中的主任医师是否承担刑事责任的选择

调查显示,东部地区人员中,认为主任医师要承担刑事责任的占 34.1%,中西部地区人员中该比例为 30.8%,卡方值 x^2 为 0.019(<0.05)。可见,地域差别对上述选择之结果产生了统计学意义上的影响。进言之,在司法实务与医疗实践中,相对于中西部地区而言,东部地区人员较多认为主任医师应当承担刑事责任。

⑤不同职业对问题中的主任医师是否承担民事责任的选择

调查显示,法律工作者中,认为主任医师要承担民事责任的占 64.3%,医务工作者中该比例为 69.9%,卡方值 x^2 为 0.001(<0.05)。可见,职业差别对上述选择之结果产生了统计学意义上的影响。进言之,在司法实务与医疗实践中,相对于法律工作者而言,医务工作者较多认为主任医师应当承担民事责任。

⑥不同地区对问题中的主任医师是否承担民事责任的选择

调查显示,东部地区人员中,认为主任医师要承担民事责任的占 66.5%,中西部地区人员中该比例为 65.3%,卡方值 x^2 为 0.426(>0.05)。可见,地域差别对上述选择之结果未产生统计学意义上的影响。进言之,无论东部还是中西部地区,65.8%的专业人员都认为主任医师应当承担民事责任。

(五)对"问题五"的数据分析

1."问题五"的主要内容及调查意图

问题五:"若主治医师甲于实施手术时,指示住院医师乙对患者 A 以正确的方法完成相应手术步骤(如缝合腹腔等),而住院医师乙于施行该步骤时发生过失,终致医患纠纷,您觉得主治医师甲是不是也要负责?"要求调查人员对此问题回答"是"或者"否"以及具体是"民事责任"或是"刑事责任"。

(1)"垂直分工"中主治医师与住院医师责任关系之法律解读

《医院工作制度与人员岗位职责》卫生技术人员岗位职责部分第 10 条第 1 项、第 2 项、第 3 项分别规定:"临床主治医师职责:在科主任领导和主任医师指导下,负责本科一定范围的医疗、教学、科研、预防工作。""按时查房,具体参加和指导住院医师进行诊断、治疗及特殊诊疗操作。""掌握病员的病情变化,病员发生病危、死亡、医疗事故或其他重要问题时,应及时处理,并向科主任汇报。"从而可知,对于同一科室之同一医疗行为,主治医师须按照注意义务的要求,完成科主任或主任医师所交付的医疗任务;在该医疗任务中,实际参与并监督、指导住院医师实施具体医疗行为。同时,住院医师则有义务接受主治医师的监督并认真按照注意义务的要求完成具体医疗任务。换言之,当主治医师将具体医疗任务交付于住院医师时,若其认真、充分履行自身之救治义务与对住院医师的监督义务,那么,基于组织分工合理性,该主治医师有充分理由主张其信赖接受具体医疗任务的住院医师;若在此过程中,住院医师违反注意义务导致病人法益侵害结果发生,那么,基于信赖原则,可以排除主治医师行为的客观归责。

然而,在垂直分工中,主治医师所主张的信赖原则之适用会受到严格的限制,这是因为:主治医师之注意能力高于住院医师;同时,他要承担更多的注意义务,以保证医疗质量。基于此,在将相关医疗任务转交于住院医师予以完成时,主治医师除了完成自身必要的医疗行为外,还须监督甚至是全程监督住院医师的医疗行为之具体操作;在此期间,若其发现住院医师之医疗行为存有瑕疵,必须及时予以纠正,并在必要时及时汇报上级医师。

其次,住院医师,尤其是新进住院医师,需要在主任医师及其主治医师的指导下,完成岗位职业培训学习。进言之,若该住院医师能够认识到主治医师所交付之医疗任务违反相关医疗常规,那么,其有义务向主治医师反馈意见。此时,若其发现问题却没有及时汇报问题,那么,其行为与所导致的法益侵害结果之间具有法律上的因果关系,即符合客观归责之要求,该住院医师不得主张对主治医师的信赖而排除客观归责,换言之,其行为构成超越承担过失。反之,依执行上级命令的义务,身为下级的住院医师完成主治医师所交付的任务,但是,由于其没有相关具体事项的结果预见与回避能力,因此,其对行为所造成的法益侵害结果也不负刑事过失责任。然而,无论属于上述何种情况,该下级住院医师的实际行为毕竟造成了法益侵害的结果,因此,基于《侵权责任法》,该住院医师须承担一定的民事责任。

(2)调查意图

虽说主治医师可以主张信赖原则,但是,对于注意能力较高的主治医师而言,对其适用的信赖原则会受到更多条件的限制。譬如,在该问题中,主治医师"以正确的方法"指导住院医师,但是,这种正确的指导只是其"应为"行为的一部分,并不能替代事后进一步的监督行为。若主治医师在此也履行了监督义务,但住院医师依然发生了医疗事故,那么,此时,对主治医师之监督能力与实际监督程度的判断就成了认定信赖原则是否成立的依据。然而,对于主治医师之监督能力,在理论上,其认定标准为"当时当地之医疗水平",即以该主治医师实际所在地之一般主治医师所能达到的医疗水平为准。基于此,笔者认为,有必要对注意能力认定标准的实际差异进行数据统计与分析。

2. 数据分析

(1)不同职业对问题中的主治医师是否承担法律责任的选择

调查显示,法律工作者中,认为主治医师要承担法律责任的占 52.8%,医务工作者中该比例为 67.3%,卡方值 x^2 为 0.000(<0.05)。可见,职业差别对上述选择之结果明显产生了

统计学意义上的影响。进言之,在司法实务与医疗实践中,相对于法律工作者而言,医务工作者较多认为主治医师应当承担法律责任。

(2)不同地区对问题中的主治医师是否承担法律责任的选择

调查显示,东部地区人员中,认为主治医师要承担法律责任的占 55.4%,中西部地区人员中该比例为 57.3%,卡方值 x^2 为 $0.210(>0.05)$。可见,地域差别对上述选择之结果未产生统计学意义上的影响。进言之,无论东部还是中西部地区,56.5% 的专业人员认为主治医师应当承担法律责任。

(3)不同职业对问题中的主治医师是否承担刑事责任的选择

调查显示,法律工作者中,认为主治医师要承担刑事责任的占 13.2%,医务工作者中该比例为 14.6%,卡方值 x^2 为 $0.262(>0.05)$。可见,职业差别对上述选择之结果未产生统计学意义上的影响。进言之,在司法实务与医疗实践中,86.4% 的专业人员认为主治医师不应当承担刑事责任。

(4)不同地区对问题中的主治医师是否承担刑事责任的选择

调查显示,东部地区人员中,认为主治医师要承担刑事责任的占 19.7%,中西部地区人员中该比例为 9.6%,卡方值 x^2 为 $0.000(<0.05)$。可见,地域差别对上述选择之结果明显产生了统计学意义上的影响。进言之,在司法实务与医疗实践中,相对于中西部地区而言,东部地区人员较多认为主治医师应当承担刑事责任。

(5)不同职业对问题中的主治医师是否承担民事责任的选择

调查显示,法律工作者中,认为主治医师要承担民事责任的占 49.5%,医务工作者中该比例为 63.7%,卡方值 x^2 为 $0.000(<0.05)$。可见,职业差别对上述选择之结果明显产生了统计学意义上的影响。进言之,在司法实务与医疗实践中,相对于法律工作者而言,医务工作者较多认为主治医师应当承担民事责任。

(6)不同地区对问题中的主治医师是否承担民事责任的选择

调查显示,东部地区人员中,认为主治医师要承担民事责任的占 52.4%,中西部地区人员中该比例为 53.7%,卡方值 x^2 为 $0.369(>0.05)$。可见,地域差别对上述选择之结果未产生统计学意义上的影响。进言之,无论东部还是中西部地区,53.2% 的专业人员都认为主治医师应当承担民事责任。

四、总结性数据评析

(一)"问题一"数据评析

(1)无论东部还是中西部地区,70.0% 的专业人员都认为医师不应当承担法律责任,而 30.0% 的专业人员则认为医师应当承担法律责任。其中,26.7% 的专业人员认为医师应当承担民事责任,6.3% 的专业人员认为医师应当承担刑事责任。

(2)70.0% 的专业人员认为医师不应当承担法律责任,而 30.0% 的专业人员则认为医师应当承担法律责任。其中,相对于医务工作者而言,法律工作者较多认为医师应当承担法律责任。

93.7%的专业人员认为医师不应当承担刑事责任,而6.3%的专业人员则认为医师应当承担刑事责任。其中,相对于医务工作者而言,法律工作者较多认为医师应当承担刑事责任。

73.3%的专业人员认为医师不应当承担民事责任,而26.7%的专业人员则认为医师应当承担民事责任。其中,相对于医务工作者而言,法律工作者较多认为医师应当承担民事责任。

综上所述,对于"问题一"中的医师是否应当对护士"打针失误"承担刑事责任的问题,大部分的专业人员认为该医师不应当承担刑事责任。其中,医务工作者要求相关医师之医疗行为"除罪化"的诉求较高。

(二)"问题二"[①]数据评析

(1)44.7%的专业人员认为医师不应当承担法律责任,而55.3%的专业人员则认为医师应当承担法律责任。其中,相对于东部地区而言,中西部地区人员较多认为医师应当承担法律责任。

85.7%的专业人员认为医师不应当承担刑事责任,而14.3%的专业人员则认为医师应当承担刑事责任。其中,相对于中西部地区而言,东部地区人员较多认为医师应当承担刑事责任。

无论东部还是中西部地区,51.5%的专业人员都认为医师不应当承担民事责任,而48.5%的专业人员都认为医师应当承担民事责任。

(2)44.7%的专业人员认为医师不应当承担法律责任,而55.3%的专业人员则认为医师应当承担法律责任。其中,相对于医务工作者而言,法律工作者较多认为医师应当承担法律责任。

85.7%的专业人员认为医师不应当承担刑事责任;而14.3%的专业人员则认为医师应当承担刑事责任。其中,相对于医务工作者而言,法律工作者较多认为医师应当承担刑事责任。

无论法律工作者还是医务工作者,51.5%的专业人员都认为医师不应当承担民事责任,而48.5%的专业人员都认为医师应承担民事责任。

综上所述,对于"问题二"中的外科医师是否应当对麻醉护士"打针失误"承担刑事责任的问题,首先,大部分的专业人员认为该医师不应当承担刑事责任,其中,医务工作者要求相关医师之医疗行为"除罪化"的诉求较高。其次,东部地区人员较多认为医师应当承担刑事责任,这说明:由于东部地区较之中西部地区社会分工更发达,东部地区人员意识到麻醉医师地位的独立性,更重视相关麻醉注射行为的特殊性(即不得由外科医师或者麻醉护士替代

---

① 值得注意的是,"问题二"涉及外科医师、麻醉医师与麻醉护士之间的关系,故该问题不只涉及医师与护士之垂直分工关系,还涉及外科医师与麻醉医师之水平分工关系,此为该问题的特殊之处。

完成),因此,在麻醉医师不在场的情况下,对于外科医师要求麻醉护士实施麻醉注射的行为,东部地区人员较多认为此时外科医师应当承担刑事责任。

(三)"问题三"数据评析

(1)无论东部还是中西部地区,30.7%的专业人员都认为医师不应当承担法律责任,而69.3%的专业人员则认为医师应当承担法律责任。其中,61.7%的专业人员都认为医师应当承担民事责任。

82.2%的专业人员认为医师不应当承担刑事责任,而17.8%的专业人员则认为医师应当承担刑事责任。其中,相对于中西部地区而言,东部地区人员较多认为医师应当承担刑事责任。

(2)无论法律工作者还是医务工作者,30.7%的专业人员都认为医师不应承担法律责任,而69.3%的专业人员则认为医师应当承担法律责任。

82.2%的专业人员认为医师不应当承担刑事责任,而17.8%的专业人员则认为医师应当承担刑事责任。其中,相对于医务工作者而言,法律工作者较多认为医师应当承担刑事责任。

38.3%的专业人员认为医师不应当承担民事责任,而61.7%的专业人员则认为医师应当承担民事责任。其中,相对于法律工作者而言,医务工作者较多认为医师应当承担民事责任。

综上所述,对于"问题三"中的外科医师是否应当对"异物留置"承担刑事责任的问题,首先,大部分的专业人员认为该医师不应当承担刑事责任,其中,医务工作者要求相关医师之医疗行为"除罪化"的诉求较高。其次,东部地区人员较多认为外科医师应当承担刑事责任,这说明:即使存在明显的组织分工,但是东部地区人员依然强调外科医师在手术整个过程中的监督义务,甚至是过高的监督义务,而这似乎又不符合组织分工原则之期待①。笔者认为,这或许与当地之实际刑事政策有关,即强调社会分工中之上级医师的监督义务,而不重视信赖原则的具体适用;另外,这或许也与东部地区整体医师的实际注意能力较强有关,因为医师实际注意能力较强则承担监督职责亦可较多。

(四)"问题四"数据评析

1."问题四"之第一个问题数据评析

(1)26.4%的专业人员认为住院医师不应当承担法律责任,而73.6%的专业人员则认为

---

① 依《医院工作制度与人员岗位职责》护理工作制度部分,手术中负责清点的护士应遵循严格的清点程序。加之在临床医疗实践中,"若确认发现仍有短少,则常需另以手术室内之移动式 X 光机(又称 C-Arm)再次确认或探查(即使纱布含有阻力线,也可于 X 光下显影),手续繁复而严谨。"因此,基于临床分工之合理与相关设备之先进,为提高手术本身之质量,手术中外科医师可不必履行过度的监督义务。参见苏嘉瑞:《信赖原则在医纠适用之类型化与法学实证研究》,载《科技法学评论》2010 年第 1 期。

住院医师应当承担法律责任。其中,相对于中西部地区而言,东部地区人员较多认为住院医师应当承担法律责任。

72.4％的专业人员认为住院医师不应当承担法律责任,而27.6％的专业人员则认为住院医师应当承担刑事责任。其中,相对于中西部地区而言,东部地区人员较多认为住院医师应当承担刑事责任。

36.1％的专业人员认为住院医师不应当承担法律责任,而63.9％的专业人员则认为住院医师应当承担民事责任。其中,相对于中西部地区而言,东部地区人员较多认为住院医师应当承担民事责任。

(2)26.4％的专业人员认为住院医师不应当承担法律责任,而73.6％的专业人员则认为住院医师应当承担法律责任。其中,相对于医务工作者而言,法律工作者较多认为住院医师应当承担法律责任。63.8％以上的专业人员认为住院医师应当承担民事责任。

72.4％的专业人员认为住院医师不应当承担法律责任,而27.6％的专业人员则认为住院医师应当承担刑事责任。其中,相对于医务工作者而言,法律工作者较多认为住院医师应当承担刑事责任。

无论法律工作者还是医务工作者,63.8％以上的专业人员认为住院医师应当承担民事责任。

综上所述,对于"问题四"中的住院医师是否承担刑事责任的问题,首先,大部分的专业人员认为该医师不应当承担刑事责任,其中,医务工作者要求相关医师之医疗行为"除罪化"的诉求较高。其次,东部地区人员较多认为住院医师应当承担刑事责任,这说明:除了强调主任医师之监督义务之外,东部地区人员更加重视下级医师自身责任的承担,这或许与当地之实际刑事政策有关;另外,这或许也与东部地区整体医师的实际注意能力较强有关,因为医师实际注意能力较强则承担监督职责亦可较多。

2."问题四"之第二个问题数据评析

(1)无论东部还是中西部地区,20.4％的专业人员都认为主任医师不应当承担法律责任,而79.6％的专业人员则认为主任医师应当承担法律责任。其中,65.8％的专业人员都认为主任医师应当承担民事责任。

67.9％的专业人员认为主任医师不应当承担刑事责任,而32.1％的专业人员则认为主任医师应当承担刑事责任。其中,相对于中西部地区而言,东部地区人员较多认为主任医师应当承担刑事责任。

(2)67.9％的专业人员认为主任医师不应当承担刑事责任,而32.1％的专业人员则认为主任医师应当承担刑事责任。其中,相对于医务工作者而言,法律工作者较多认为主任医师应当承担刑事责任。

34.2％的专业人员认为主任医师不应当承担民事责任,而65.8％的专业人员则认为主任医师应当承担民事责任。其中,相对于法律工作者而言,医务工作者较多认为主任医师应当承担民事责任。

综上所述,对于"问题四"中的主任医师是否承担刑事责任的问题,首先,"相对"大部分的专业人员(值得注意的是,这个数字低于第一个问题"认为住院医师不应当承担刑事责任"的72.4％,其为67.9％)认为该医师不应当承担刑事责任,其中,医务工作者要求相关医师之医疗行为"除罪化"的诉求较高。其次,依然是东部地区人员较多认为主任医师应当承担刑事责任,这说明:即使存在明显的组织分工,但是东部地区人员依然强调主任医师在整个医疗行为过程中的监督义务,甚至是过高的监督义务,而这似乎又不符合组织分工原则之期待。① 笔者认为,这或许与当地之实际刑事政策有关,即强调社会分工中之上级医师的监督义务,而不重视信赖原则的具体适用;另外,这或许也与东部地区整体医师的实际注意能力较强有关,因为医师实际注意能力较强则承担监督职责亦可较多。

(五)"问题五"数据评析

(1)无论东部还是中西部地区,43.5%的专业人员都认为主治医师不应当承担法律责任,而56.5%的专业人员则认为主治医师应当承担法律责任。其中,53.2%的专业人员认为主治医师应当承担民事责任。

86.4%的专业人员认为主治医师不应当承担刑事责任,而13.6%的专业人员则认为主治医师应当承担刑事责任。其中,相对于中西部地区而言,东部地区人员较多认为主治医师应当承担刑事责任。

(2)43.5%的专业人员认为主治医师不应当承担法律责任,而56.5%的专业人员则认为主治医师应当承担法律责任。其中,相对于法律工作者而言,医务工作者较多认为主治医师应当承担法律责任。

无论法律工作者还是医务工作者,86.4%的专业人员都认为主治医师不应当承担刑事责任,而13.6%的专业人员则认为主治医师应当承担刑事责任。

46.8%的专业人员认为主治医师不应当承担民事责任,而53.2%的专业人员则认为主治医师应当承担民事责任。其中,相对于法律工作者而言,医务工作者较多认为主治医师应当承担民事责任。

综上所述,对于"问题五"中的主治医师是否承担刑事责任的问题,首先,大部分的专业人员认为该医师不应当承担刑事责任,其中,医务工作者更是倾向于认为相关医师应当承担民事责任,即其对相关医疗行为之"除罪化"的诉求依然较高。其次,东部地区人员较多认为主治医师应当承担刑事责任,这说明:即使存在明显的组织分工,但是东部地区人员依然强调主治医师在整个医疗行为过程中的监督义务,甚至是过高的监督义务,而这似乎又不符合组织分工原则之期待。② 笔者认为,这或许与当地之实际刑势政策有关,即强调社会分工中之上级医师的监督义务,而不重视信赖原则的具体适用;另外,这或许也与东部地区整体医

---

① "此因医疗实务之运作情形,在传统之'师徒制'与医疗父权体系的影响下,低阶的医师对于上级医师服从性高,即便该操作步骤不符医疗常规,然要求其不依上级制定之操作步骤实较无期待可能性,故对于下级医师因遵照上级指示而造成的过失,较上级医师而言,其非难性少。"参见苏嘉瑞:《信赖原则在医纠适用之类型化与法学实证研究》,载《科技法学评论》2010年第1期。

② "在我国医疗实务界,因传统之师徒制与医疗父权体系的影响,在医学伦理层面上,上级医师(主治医师)常自认须一肩扛起而负起全责,对于低阶医师(如住院医师)之过失则常加以宽容,故反而对于该主治医师之责任要求较高。"参见苏嘉瑞:《信赖原则在医纠适用之类型化与法学实证研究》,载《科技法学评论》2010年第1期。

师实际的注意能力较强有关,因为医师实际注意能力较强则承担监督职责亦可较多。

(六)数据评析之总结

通过此次问卷调查,我们可以明确以下几点:

第一,对于组织型医疗垂直分工而言,在临床医疗实践中的"组织架构"之形式与特点以及所涉医疗过失行为之法律处理方式,法律工作者内部或者医务工作者内部均形成了属于自身群体的固定认识。

第二,在刑法还保留"医疗事故罪"之际,无论是法律工作者还是医疗工作者均主张对医疗事故罪之认定采取宽容之态度,而这对于那些一直主张医疗过失"除罪化"的医务工作者而言,无疑会带来一丝欣慰。其中,法律工作者尤其主张对医疗事故罪之认定采取宽容之态度;不过,值得注意的是,这种宽容之刑罚态度,并非基于对信赖原则适用之肯定,而是因为我国历年所秉承的对业务过失犯罪之刑事政策,即"对于过失危害行为,应以预防为主,惩罚为辅;在造成同样危害结果的情况下,对业务上的过失犯罪的处罚应轻于一般过失犯罪"①。

第三,或许是基于充分保障病人法益不受侵害之必要性,或许是由于积极提高医疗质量之迫切性,或许是源于传统师徒制及医疗父权体系的影响,或许是因为地方性的刑事政策之调整,在临床医疗实践中,尤其是东部地区,部分法律工作者与医务工作者过度强调医师所要履行的注意义务的强度与广度,而这又不符合医疗组织分工原则与信赖原则创制之期待。

第四,无论是民事责任还是刑事责任,超过半数的法律工作者和医务工作者(平均为52.23%)均认为上述六个问题中的医师需要承担法律责任。而这种"过失责任主义"强调的是在医疗伤害发生后,对于有过失的医师及其辅助人员课以法律责任,譬如损害赔偿、刑事处罚等;其目的除了补偿受害病人的损失之外,更是期望能透过此一责任的规范,使得相关医师及其辅助人员,甚至是医疗机构提高自身之注意程度,减少医疗事故的发生。然而,部分法律工作者过度强调医师及其辅助人员的刑事责任,而忽略"医疗组织分工"及其信赖原则适用之判断,则会与现代社会医疗发展水平所要求的处理相关问题的方式、方法与原则相背离,甚至会造成医师及其辅助人员实施"防御性治疗",而此种行为更会危害病人之生命安全及身体健康之法益,不利于病人法益之保护。详言之,现代医疗制度与医疗技术的日新月异使得医疗专业分工与相互合作成为一种常态。在此过程中,任何一种医疗处置早已非个别医疗人员所能单独实施,而是需要分工合作。但是,随着医疗分工持续精细化与复杂化,

---

① "在造成同样危害结果的情况下,对业务上的过失犯罪的处罚应轻于一般过失犯罪。其理由是:(1)业务上的过失犯罪尽管造成的后果严重,但毕竟属于工作上的失误。(2)业务上过失犯罪的发生,与多方面的客观因素有关,如我国国民经济不够发达,生产设备条件差,职工素质低,工作、交通等环境比较落后,规章制度不够健全,管理水平不高等,有的还与领导上的指挥、安排、计划不当有关。(3)现代技术革命虽然减轻了人们体力劳动的强度,但却使工作更加紧张,节奏加快,大大加重了人们的心理负荷程度,要求个人作出准确而又敏捷的反应和判断的场合越来越多,也使得致险源数量增多,破坏程度加大,不以犯罪论不行,但一味强调重判,也不利于科技的进步和社会生产的发展。(4)预防、减少业务上的过失犯罪,主要的应当靠加强对职工的遵纪守法教育,提高企业的管理水平,刑罚处罚只应作为辅助手段。"参见马克昌:《犯罪通论》,武汉大学出版社 2005 年版,第 346~367 页。

加之医疗行为本身之伤害性与不确定性以及组织分工本身之危险性,必然造成在医疗组织分工中医疗行为之风险增大。基于此,医疗组织分工中相关医疗人员之间的信赖变得尤为重要。若此时忽略信赖原则适用的必要性并过度强调刑事责任之实现,那么,刑法过度介入医事领域的结果必会造成"防御性医疗"的出现。譬如,许多容易引起医事纠纷的科别渐渐被视为畏途,形成"内外妇儿,四大皆空"的现象,这非但不是病患之福,而且更是社会的一大隐忧。

最后,值得注意的是,在医疗过失犯罪行为之认定中,对于信赖原则适用问题,从问卷调查所提示的数据来看,司法实务持谨慎态度,或者说,现实中国司法实践中直接适用信赖原则来分析案情与判断结果的可能性较低。可以说,"信赖原则在医疗过失案件中要获相当的认同,此恐怕还是一条遥远之路。"①不过,笔者认为,本文通过此次问卷调查,借由相关数据统计分析之方法,更加深刻地了解到目前中国司法实务界与医学界对于同一问题之处理,系依据不同立论基础所采用的不同思维、方法与态度。基于此,该问卷调查之结论必然会为后续医疗过失犯罪中信赖原则适用问题的研究提供充实的数据支持,并进一步奠定扎实的实践依据与理论基础。

---

① 郑淑屏:《医疗过失案件中过失之类型与证据之判断》,台湾大学 1996 年博士学位论文。

《厦门大学法律评论》总第三十四辑　2022 年第一卷
《论民法典时代担保财产被盗的受害主体与定罪数额》
第 183 页～第 213 页

论民法典时代担保财产被盗的
受害主体与定罪数额[*]

——来自民法学人的思考

李定邦^{**}

摘要：担保财产被盗的受害主体与定罪数额在《民法典》尚未通过的时期，无论在实务界还是理论界就均产生了巨大争议。随着民法典担保制度大力吸收英美功能主义担保观念，使得财产权本身的谱系发生变化，此争论只会愈演愈烈。于宏观视角，我们须反思财产犯罪中既有的学术观点，借鉴民法学的最新研究，结合实证统计一般民众的法意识，进而构造出更为动态、全面的民刑关系，即"损害流程场域区分"的适用关系；于微观视角，我们还须严肃讨论针对担保财产之犯罪的保护法益，借鉴霍菲尔德权利术语和司法实务中涌现的珍贵观点，望让刑法保护之抽象法益始终保持对复杂多样之具体民事权利的涵摄、包容力度，而非先验地肯定或否定某种权利是刑法之保护法益，更要尝试从独立与从属的辩证态度中建构"民法请求权"这一产生保护法益的本源。上述两方面的反思和重构其实是殊途同归，均是立足于寻找"受害主体"与"定罪数额"这两个关键点，帮助揭示实务中不同裁判背后的机理和困惑疑难。刑法完整担保物权的时机已经成熟，加强理论研究，进而在今后的刑事立法中，设立专门针对担保财产犯罪的罪名，也是必要而迫切的，这有助于促进担保制度的正常运转，也助力优化营商环境。总之，在《民法典》时代，应将"积极回应型"刑法作为未来持续的发展方向，而不是惰性地断言"谦抑型"刑法时代也已经到来。

关键词：担保物被盗；功能主义担保；损害流程场域区分；请求权说

* 文章 DOI：10.53106/615471682022100034010。

** 李定邦，中国政法大学研究生院民商法学硕士研究生，研究方向：民商法学。电子邮箱：lidingbang2021@163.com。

On the Victims and the Conviction Amount of the Stolen Collateral in the Age of the Civil Code
——Thoughts from a Scholar of Civil Law
Li Dingbang

Abstract：In the period before the Civil Code was passed，the victims of the stolen secured properties and the conviction amount caused huge debates in both practical and theoretical circles. As the guarantee system of the Civil Code vigorously absorbs the Anglo-American functional guarantee concepts，the pedigree of the property rights itself has changed，and these controversies will further intensify. On the one hand，we must reflect on the existing academic viewpoints in property crimes，draw on the latest research experience of civil law and combine the legal consciousness of the general public under empirical statistics to construct a more dynamic and comprehensive civil-criminal relationship，that is，the "field distinctions of damage process". On the other hand，it is necessary to seriously discuss the legal interests of protection against crimes of secured properties，take lessons from Hohfeld's rights terminology and the precious opinions emerging in judicial practices and hope that the abstract legal interests of criminal law protection will always remain relevant to the complexity and variety of the specific civil rights，rather than transcendentally affirming or denying that a certain right deserves the protection of the criminal law，but also try to construct the screening and evaluation of civil claims under criminal logic from the dialectical attitudes of independence and subordination，putting forward the deeper notion that the generation of a specific "civil law claim right" is a prerequisite for the existence of legal interests. The two above-mentioned aspects of reflection and reconstruction actually achieve the same goal by different routes，both of which are based on finding the two key points of "victim" and "conviction amount"，helping to reveal the mechanism and confusion behind different judgments in practice. It is also necessary and urgent to strengthen theoretical researches and in future criminal legislation to set up charges specifically for secured property crimes，which will help to promote the normal operation of the security system and optimize the commercial environment. In short，in the "Civil Code Era"，the "positively responsive" criminal law should be the future direction of sustainable development，rather than inertly asserting that the "modest and restrained" criminal law era has also arrived.

Key Words：Theft of the Collateral；Functional Guarantee System；Field Distinctions of Damage Process；Claim Theory

　　担保是经济交易中常见而重要的社会现象,其对营商环境的影响已无须赘述。进言之,担保制度于民事制度固然重要,但于财产犯罪体系如何却一直是个未解之谜。由于担保制度十分复杂,通常认为担保物权涵盖了抵押权、质权、留置权,囿于智识、精力以及问题的典型性(质权设立要移转占有,而传统观点认为移转占有与盗窃密切相关),本文拟先从质物被盗的情形出发,观察传统的质权在盗窃罪中的运作情况。这一来可以对传统担保物权刑法保护的路径和范围进行明确,二来可以对后文研究民法典功能主义担保制度下的相关内容张本,尤其希望通过以往处理质物被盗的案型而为功能主义下担保物被盗的案型处理提供参引和经验,也与后文笔者自己假想出来的案型处理形成整体排列与对照,进而更为清楚地展现民刑关系在民法典时代下的复杂"纠葛",亦为笔者自身的观点展示做好铺垫和预热。

总之,本文首先将展示《中华人民共和国民法典》(以下简称《民法典》)实施之前的真实案例及其争论,进而比照《民法典》实施之后可能发生的案例,随后分别从宏观上民刑关系的动态适用和微观下内在法益的重构与筛选这两个观察视角对相关问题进行论述,分别在其中对相应代表学者的观点进行一定的善意批驳,亦结合笔者对自身的观点之反思。为了体现严谨而彻底的问题意识,最后再回到案例,试图对相应案例作出一定解答,供读者研究和批判。

一、问题的提出:质物被盗及论争

(一)典型案型引入

实务中个案的程序虽有正式终结之日,但在理论上的反思却未能有停止之时。哲学家威廉·詹姆斯说,"新的真理是新经验和旧真理之间相互结合、彼此修改后的产物"[①],而法院的判决正是"新真理""旧真理""旧经验""新经验"的融合、博弈的绝佳平台,如何让"质物被盗"这一旧经验、旧事实成为勾连这些新、旧真理的关系纽带? 这是本文探究相关研究课题的一个起点。由此,笔者通过查阅有关质物被盗的案例,惊讶地发现犯罪数额的认定方法基本上存在着"质物数额型""债权本金损失型"和"未明确态度型"三种模式,代表性案例如下:案例一和案例二分别由法院在诉讼中依照前两种方法直接作出明确选择;而在案例三中,法院在说理中柔性地回避选择争议,但在量刑时隐形地表明了态度。具体案情梳理如:

【案例一】[②]被告人郑某富熟知其雇主庄某海以杜某花之名在中国银行福建泉州市分行按揭贷款购买的车牌号闽CXXXXM"宝马"牌X6小车已多次易主。被告人郑某富、张某昌等人来到沱江镇"冯都"小区将伍某勇从"敖丰"名车公司以租代购的上述小车盗走。经物价鉴定,被盗"宝马"牌X6小车价格为64.1万元。法院认为,盗窃质押物的行为不仅使质权人丧失对质押物的质权,还会使质权人承担因保管不善导致质押财产被毁损、灭失的民事赔偿责任,所以盗窃质押物的犯罪数额应以质押物的实际价值64.1万元认定。

---

① 〔美〕威廉·詹姆斯:《实用主义———一些旧思想方法的新名称》(第1版),王怡然、陈蓥译,北京理工大学出版社2019年,第112页。

② 参见湖南省永州市中级人民法院刑事判决书(2018)湘11刑终90号。

【案例二】① 2019 年 3 月 7 日,被告人纪荣军向被害人陈某借款 5 万元,并以与被害人陈某签订车辆买卖协议的方式将其名下的白色雪佛兰迈锐宝轿车做抵押交给被害人陈某,被害人陈某遂给付被告人纪荣军 4.2 万元。后被告人纪荣军在被害人陈某不知情的情况下,使用其备用钥匙将其抵押给被害人陈某的车辆盗走。经鉴定,被盗汽车价值为人民币 12 万元。法院认为,被告人纪荣军作为涉案车辆所有人将被害人陈某合法占有的车辆秘密窃走,客观上造成车辆在质押期间灭失的既成事实,导致被害人陈某为此要承担质押物灭失的责任,并因质押物的灭失而无法通过回赎收回之前的借款,遂认定盗窃数额 4.2 万元。

【案例三】② 2013 年 7 月 23 日,被告人杨益、邱谢谢共同出资人民币 10.13 万元从二手车交易市场购得总价值 37 万元的沃尔沃 C70 轿车 1 辆,后将其质押给被害人邹某灏借款 20 万元。同年 10 月,被告人杨益、邱谢谢纠集姜剑锋、范允帅、徐帅锋、陆阳四人使用轿车备用钥匙和钢锯等实施盗窃,后由被告人邱谢谢、姜剑锋驾驶盗得的沃尔沃 C70 轿车返回浙江省天台县,案发后被害人多次追问被告人杨益、邱谢谢,他们对盗车事实矢口否认。经古田县价格认证中心鉴定,被盗沃尔沃 C70 轿车的价值为人民币 36.26 万元。二审法院认为,上诉人杨益、邱谢谢、姜剑锋、范允帅以非法占有为目的,伙同同案人采取秘密手段窃取他人合法占有的财物,数额巨大,其行为均已构成盗窃罪。判处主犯杨益有期徒刑七年二个月。③

(二)质物被盗之定罪数额的论争

要解决上述质物被盗的定罪数额问题,还必须先回到盗窃罪所保护的法益中来。关于盗窃罪的保护法益存在着"本权说""占有说"以及各种"中间说",我国学界和实务界长期坚持"所有权说",即盗窃罪所侵犯的是公私财产的所有权,但现今刑法学界主流观点倾向于采取一种折中的态度,即既包括财产权利,也包括占有。④ 而作为担保物权之一的质权,对于相应质押财产的占有属于有权占有,属于民法合同或侵权的保护范畴,⑤根据民事违法性、可罚性与刑事违法性的发展轨迹来看,⑥基于质权产生的占有亦应属于盗窃罪的保护法益。

---

① 参见天津市西青区人民法院刑事判决书(2019)津 0111 刑初 839 号。

② 参见福建省宁德市中级人民法院刑事判决书(2014)宁刑终字第 196 号。

③ 根据浙江省高级人民法院、浙江省人民检察院印发的《关于确定盗窃罪数额标准的通知》来看,浙江省规定盗窃公私财物价值人民币 3 千元以上、8 万元以上、40 万元以上的,应当分别认定为刑法第 264 条规定的"数额较大""数额巨大""数额特别巨大"。在案例三中,轿车的价值接近 40 万元,在没有其他量刑情节时按常理应当判处接近 10 年有期徒刑的刑罚,由此笔者初步推断法院此时是以债权数额为定罪数额,但是在判决书中并未仔细涉及量刑的考虑因素。

④ 参见张明楷:《刑法学》(下),法律出版社 2016 年版,第 942 页;高铭暄、马克昌主编:《刑法学》,北京大学出版社 2019 年第 9 版,第 425 页;陈兴良:《教义刑法学》,中国人民大学出版社 2017 年版,第 470 页;周光权:《刑法各论》,中国人民大学出版社 2016 年第 3 版,第 85 页。

⑤ 参见[德]鲍尔、施蒂尔纳:《德国物权法》(上册),张双根译,法律出版社 2004 年版,第 113 页;程啸:《担保物权研究》,中国人民大学出版社 2017 年版,第 478 页。

⑥ 参见王昭武:《经济案件中民刑交错问题的解决逻辑》,载《法学》2019 年第 4 期。

从现有数据看,实务中的大多数案件,对于将侵害质权人占有的行为定性为盗窃罪是不存在较大疑问的,但是盗窃罪犯罪数额的认定却有较大争议,存在以下两种依据:

1. 被担保之债权本金数额

笔者检索了将近 100 个类似判决,最后发现有将近 80 个判决以质权人与债务人之间约定的债权本金数额作为盗窃犯罪数额,即案例二的处理方式。其主要理据在于:第一,从犯罪构成即损害的角度出发进行论证,认为刑法应保护受害人真实存在的损失,而质权人真实的损失实际上就是债权本金的数额;①第二,从责任阶层即量刑轻重的角度看,由于盗回的是自己的物品,从预防必要性出发存在着隐形的酌减情节;②第三,直接阐明盗窃罪的保护法益应是物之所有权,对其他权利进行保护但遇到所有权时应予一定克减;③第四,亦有观点从行为人主观故意的范畴即对非法占有目的进行限定,认为行为人仅对债权损失具有非法占有目的。④ 甚至有论者略带有"主观归罪"的嫌疑从行为人主观恶性出发,建议司法政策对此行为进行规制。⑤

2. 被盗质物的价值

在笔者检索的近 100 个类似判决中,有近 20 个判决认定应按照被盗质押物的现实价值来进行定罪处罚,即案例一的处理方式。经归纳,其主要理据在于:⑥第一,从文理解释出发,斟酌目的解释,参照 1998 年施行的、现在已经失效的《最高人民法院关于审理盗窃案件具体应用法律若干问题的解释》第 1 条第 1 款"盗窃数额,是指行为人窃取的公私财物的数额"以及 2013 年《最高人民法院 最高人民检察院关于办理盗窃刑事案件适用法律若干问题的解释》第 4 条"盗窃的数额,按照下列方法认定:(1)被盗财物有有效价格证明的,根据有效价格证明认定……",进而认为出质人窃回质押财产与其窃取质权人所有的等值财物在行为性质上没有差异,质权人合法占有的质押财产失窃与其所有的等值财物失窃在法益损害上也没有区别。所以盗窃数额应当以被盗质押物实际价值计算;第二,从一般预防与特别预防的角度出发,认为基于法律面前人人平等原则,被害人对被盗质押物的合法占有应当受到平等保护,对于侵犯其合法占有的犯罪行为应予打击制裁;第三,认为仅用债权本金数额认定犯罪数额会导致被害人损害计算的不精确,甚至认为应完整保护受害人的全部损失;第四,有判决在结论上赞同以被盗质押物的价值定罪,指出质权人享有类似于所有权的一种权利即期待权,所以也应参照物之所有权本身所附加的市场价值来认定犯罪数额。⑦

---

① 参见江苏省盱眙县人民法院刑事判决书(2016)苏 0830 刑初 449 号。

② 参见内蒙古阿拉善左旗人民法院刑事判决书(2015)阿左刑二初字第 85 号。

③ 参见浙江省杭州市江干区人民法院刑事判决书(2015)杭江刑初字第 337 号。

④ 参见邵帅:《盗窃与诈骗交织行为定性研究——以王某盗回质押物案分析》,西南政法大学 2018 年硕士学位论文。

⑤ 参见王密:《出质人秘密取回质押物的行为应如何定性处罚 ——以余某盗窃案为例》,西南政法大学 2017 年硕士学位论文。

⑥ 参见程岚:《出质人窃回质押物的司法认定》,载《中国检察官》2016 年第 11 期。

⑦ 参见杨红梅、武宁:《窃回当物的相关司法认定》,载《中国检察官》2017 年第 3 期。此论文中,二位法官似将让与担保误认为质押担保,此点值得商榷!

3. 小结

除了以上两种定罪数额,还存在着本文所称的"未表明态度型",即虽然认定盗窃犯罪的数额存在着模糊不清的状况,但大体上依旧是在"债权本金数额"与"质物价值"之间由法官进行自由裁量。而在自由裁量中,我们通过上述判决的说理可以看出,基于同样的思考维度,例如法益保护、预防必要性、期待可能性、司法政策等,竟然会得出如此大相径庭的司法观点,实在是令人深思。仅质押这一种案型就会产生如此争议,在面对很大程度上已经被实质化的民法典之其他担保类型时,尤其是在相关担保财产的权利主体被进一步模糊化处理时,争议恐怕只会愈加激烈,所以民刑关系在后民法典时代该何去何从? 答案是:必须借助民法、刑法体系进行综合分析,充分吸纳民法学者的观点,方可一试究竟。而《民法典》担保制度中新增的规范对于民、刑法学界而言便是一个难得的反思既有理论、实务现状的新契机。

二、新背景:民法典功能主义担保制度

1949 年以来第一部以"法典"命名而统合相应法律法规、司法解释等规范的部门法,是已经于 2021 年 1 月 1 日正式生效并实施的《民法典》,其通过增、减、改的方式,使适用于民事关系的法律规范更加体系化、科学化。而关于刑法,有关学者对其定位有着中肯评价,"刑法是保障法,需要动用刑法来定罪处刑的行为,一定是违反其他法律,且其他法律的处理难以和行为的危害性相当,难以达到预防效果的情形"[1]。所以我国理论通说也基本会赞同:民事法律作为刑事法律的前置法,在发生变动时,自然也会或多或少地影响刑事法律的解释与适用。而在《民法典》诸多创新之处中,担保制度的规范变革在很大程度上已经影响到了具有体系建构意义的基础概念,[2]这便给了思考上述"质物被盗"的案例及类似延伸案型以新的知识背景。笔者拟先抛开学者、实务工作者有关定罪量刑的争论,梳理民法典担保制度中与质押担保有关的规范问题,初步展现担保制度运行的新背景,进而供刑事法律借鉴最新的民事立法精神。

具体而言,《民法典》第 388 条规定了广义的担保概念,即担保合同包括抵押合同、质押合同和其他具有担保功能的合同。这意味着《民法典》意在统合抵押权、质权和留置权,以及所有权保留、融资租赁、保理、让与担保等非典型担保方式。[3] 随后颁布的《最高人民法院关于适用〈中华人民共和国民法典〉有关担保制度的解释》,在其第一条规定中亦开宗明义地呼应了、贯彻了民法典的立法精神,[4]这标志着我国民法担保体系从借鉴大陆法系形式主义开

---

① 周光权:《刑法公开课》(第 1 卷),北京大学出版社 2019 年版,第 260 页。

② 参见高圣平:《动产担保交易的功能主义与形式主义——中国〈民法典〉的处理模式及其影响》,载《国外社会科学》2020 年第 4 期;谢鸿飞:《〈民法典〉实质担保观的规则适用与冲突化解》,载《法学》2020 年第 9 期。

③ 参见王利明:《担保制度的现代化:对〈民法典〉第 388 条第 1 款的评析》,载《法学家》2021 年第 1 期。

④ 参见刘贵祥:《民法典关于担保的几个重大问题》,载《法律适用》2021 年第 1 期。

始一定程度上吸收英美功能主义担保的制度内涵。更进一步说,从哲学史看,来源于英美法系的功能主义担保观念,尤其是美国《统一商法典》中有关动产担保的内容,深受其官方哲学实用主义的影响,如实用主义代表人物皮尔士认为:"一个概念,即一个词或其他表达式的理性意义,完全在于它对生活行为产生的一种可以想象的影响;这样,由于任何来自实验的东西都明显地与行为有着直接的联系,如果我们能够精确地定义对一个概念的肯定和否定可能包含的一切可设想的实验现象,那么我们也就得到这个概念的完整定义。"①由此,应该问的是:到底什么是功能主义的担保观念? 答案是:它就是不管当事人如何设计交易结构,只要起着担保功能,即应适用相同的设立、公示、优先顺位、违约救济和实行规则,以此使动产担保交易制度具有足够的灵活性,兼顾现有的融资方式以及未来可能发展起来的创新方式。② 通过归纳可知,功能主义担保的核心特征有二:一是摆脱形式主义的传统担保概念束缚,将所有具有担保功能的交易一体化地视为担保;二是以登记优先为原则,就担保事项适用相同的设立、公示、优先顺位和实现规则。但在笔者看来,功能主义担保使得原有的财产权利体系发生了重大变化,包括所有权在内的某些财产权利在观念上可能已经发生了法律层面与经济层面的双重裂变,权利的固有定性与原有范畴已经逐步模糊,尤其是在优化营商环境的目标下,担保的含义会愈加泛化,③担保的意义也更加凸显。在部分学者的眼中,更加直观的含义就是在所有权保留、融资租赁、让与担保等非典型担保中虽有所有权归属的公示与变更,但所有权本身只是担保手段,即将所有权"贬低"为担保物权,④如上述司法解释第 56 条明确将所有权保留的出卖人、融资租赁合同的出资人确定为担保权人,第 68 条明确让与担保中即使已经完成财产权利变动公示,债权人也无权请求确认其对该财产享有所有权。如果按此逻辑推理,相应标的物的所有权人是谁? 在功能主义的担保制度中,所有权的含义是否还是如从前那般重要? 这些争论在现如今的民法学界有愈演愈烈之势。

由此,带来的问题便是:对于民法将传统上认为是"所有权"而现将其作为担保物权进行保护的情形中(如融资租赁⑤、所有权保留⑥等),财产犯罪的受害人是否发生了相应的变化? 盗窃担保物的定罪数额是直接依照该物的价值,还是要回到实质,依照相应被担保之债权本金数额? 于其他类型的担保又如何? 暂就以下述笔者假想的六则案例为例:

【案例四】(转质) A 为一家合法的小额贷款公司,B 为普通自然人。为了融资,B 与 A

① ［美］查尔斯・桑德斯・皮尔士:《皮尔士文选》,涂纪亮、周兆平译,社会科学文献出版社 2006 版,第 3、4、17、44、100、152 页。

② See United Nations Commission on International Trade Law,*UNCITRAL Legislative Guide on Secured Transactions* ,New York: United Nations,2010,pp.13-20.

③ 反对担保的泛化意见参见崔建远:《"担保"辨——基于担保泛化弊端严重的思考》,载《政治与法律》2015 年第 12 期。

④ 参见黄海涛:《"担保制度司法解释"对功能主义担保的借鉴与发展》,载《人民法院报》2021 年 3 月 18 日第 7 版。

⑤ 《民法典》第 745 条规定:"出租人对租赁物享有的所有权,未经登记,不得对抗善意第三人。"如果此时真是所谓的"所有权",那么何来"不得对抗善意第三人"呢? 从语义逻辑上反证其实质上是担保物权。

⑥ 《民法典》第 641 条第 2 款规定:"出卖人对标的物保留的所有权,未经登记,不得对抗善意第三人。"如果此时真是所谓的"所有权",那么何来"不得对抗善意第三人"呢? 从语义逻辑上反证其实质上是担保物权。

签订了借款合同以及质押合同,随后便交付了一辆汽车给 A。后 A 亦需要融资,与 C 公司签订借款协议并将汽车质押给 C。B 得知后十分生气,便将汽车从 C 处偷回。问:谁是受害人? 犯罪数额是多少? 反复转质的话,结论又有何不同?

【案例五】(所有权保留、融资租赁) A 为一家合法的融资租赁公司,将一辆挖掘机以融资租赁的形式交付给 B 进行使用,并约定在 B 未付清租金之前此挖掘机的所有权仍归 A。曾在 B 处工作的员工 C 因对其离职后的现状不满而与他人共谋将挖掘机盗走。原融资租赁合同约定 B 应当支付的租金为 35 万元人民币,该挖掘机被盗走时的市场价值为 20 万。问:认定 C 及其同伙犯盗窃罪的数额应是多少? 受害人是谁? 是否因 A 登记了其权利而有不同结果?

【案例六】(动态质押、所有权保留、浮动抵押) A 为银行,B 为家具加工的生产商,C 为合法的担保公司,D 为木材原材料的供货商。B 与 D 约定将现有及将有的木材原材料、半成品及成品家具作为所有权保留的对象,但未登记;A 与 B 约定将一定期间内反复提供的木材原材料、半成品及成品家具由 A 委托的 E 进行看管,设立质权;C 与 B 签订动产浮动抵押合同,但未登记。后某一日,在仓库内的原材料、半成品及成品均被 F 盗走。问:受害人是谁? 盗窃的数额如何计算?

【案例七】(让与担保) A、B 均为自然人,A 出借 10 万元给 B,B 将其所有的价值 100 万元的玉石以移转所有权的意思交付给 A 并约定当债务履行完毕后可以回购,否则 A 可以一直享有所有权。后 A 将玉石放在家中并长期居住于国外,B 与 A 失去联系。现 B 已成为亿万富翁,想回购该玉石但玉石却被 C 入室盗走,C 明知 A 与 B 有此让与担保约定。问 B 能否成为此财产犯罪的受害人? 如果能,受害数额是多少? 但如果是以占有改定的方式交付了此玉石,结论又如何?

【案例八】(抵押权与债权的表面分离) A 为公司经营向自然人 B 借款 100 万,将 A 的某一价值 300 万的特殊机器作抵押,自然人 B 由于政策原因无法登记为抵押权人,A 与 B 遂共同委托一公司 C,将机器登记至 C 名下。与 C 有竞争关系的 D,得知该事之后,为了破坏 C 的抵押权业务遂盗走了该机器,导致 B 无法完全得到清偿。问受害者是谁? D 的罪名为何?

【案例九】(预告登记) A、B 均为自然人,签订了特定房屋买卖合同并办理了所有权移转的预告登记,约定如果 A 及时清偿债务那么 B 应当及时配合申请注销预告登记。而不动产登记机构的工作人员 C 盗窃了该房屋(如果承认不动产可以被盗窃),现出让人 A 被法院宣告失踪,预告登记权人 B 能否主张 C 盗窃了其房屋进而报案? 如果可以,请问受害数额是多少?

经检索发现,由于我国担保制度转型的时间较短,尚未有中文文献对此进行系统性的梳理和论证。① 与此类似的是,日本学界在处理让与担保(有关让与担保的规则有类推适用于所有权保留的余地,二者的交易结构极为类似②)这一交易模式对刑法提出的问题时亦未形成多数说的有力观点,要么认为刑法上的所有权随之移转给了让与担保权人,要么认为设定

① 笔者于 2021 年 9 月 2 日在"中国知网"上检索,未发现类似文献。
② 二者的类似性分析参见[德]鲍尔、施蒂尔纳:《德国物权法》(上册),张双根译,法律出版社 2004 年版,第 784 页;[德]曼弗雷德·沃尔夫:《德国物权法》,吴越、李大雪译,法律出版社 2002 年版,第 426 页。

人保留了所有权,但是在关键点上仍未达成统一观点。① 而且,巧合的是,日本民法学界主流观点是将让与担保定性为担保权,②当然也有其他不同主张,例如所有权说③、期待权说、物权变动二阶段说等等④,其中我妻荣教授将其定性为法律与经济的价值分属。⑤ 由此可见,该问题并非我国独有,并且民法与刑法确实存在很多对话空间。尽管学说上有巨大争议,但这些案例在我国现实的语境下的确也是需要解决的,尤其是在追求营商环境优化的今天,特别要引起我国学者的高度重视。由此,综合上述民法典施行前后的实际案例以及假想案例的多变情况,民、刑学界一致渴望融合新经验、提出新理论,甚至追求一个较为新颖、论证性更强、包容性更高的理论体系,这也是一件顺理成章并且符合科学认识规律的事,笔者正意欲为此商谈过程提供些许拙见。

三、宏观适用关系:损害流程场域区分

"'同案同判'作为一项法律原则,对裁判者提出了义务性的要求"⑥,而同案不同判的背后,尤其是在说理不够、依据模糊情况下的同案不同判,往往是理论基础不够,学术提供的滋养不强,一定程度上反映了我国法治建设处于阶段性的转型期中的彷徨与犹豫。基于个案的不同情况,赋予法官一定的自由裁量权也是灵活应对社会变迁的较好手段,但还需要进一步论证此处的"自由裁量权"从何而来,又有何必要。对于司法者在处理担保物被盗的定罪数额时所具备的自由裁量空间,笔者持客观态度:现实的不同认定值得被认真对待,不应一概批判现状的非理性,反而可以从现状出发,反思旧说,进而找寻一些新观念去解释现状。简言之,澄清以下问题有助于解决质物被盗的数额认定难题,亦会对处理有关新型担保模式的盗窃犯罪有所助益。但需注意,该部分重点解决的是财产犯罪中如何衔接民事受害主体与刑事受害主体,至于出现多个可能的受害主体时如何具体筛选、评价的问题,将交由下一章来解决。

(一)形式民法抑或实质刑法? ——与陈兴良教授之商榷

笔者认为,首先要厘清的、涉及民刑关系基础理念的便是在学界中颇为流行的"形式与实质"这对概念。陈兴良教授就指出:"民法是形式思维,强调法律关系。但刑法与之不同,具有实质判断的性质。因此,在处理刑民交叉案件的时候,应当注意民法和刑法在法律思维方法上

---

① 参见[日]佐伯仁志、道垣内弘人:《刑法与民法的对话》,于改之、张小宁译,北京大学出版社 2012 年版,第 92 页。

② 参见向篷春:《让与担保制度研究》,法律出版社 2014 年版,第 19 页。

③ 参见[日]药师寺正光:《物权法概论》,法政大学出版局 1926 年版,第 234 页。

④ 参见王闯:《让与担保法律制度研究》,法律出版社 2000 年版,第 161~189 页。

⑤ 参见[日]我妻荣:《我妻荣民法讲义Ⅲ:新订担保物权法》,申政武、封涛、郑芙蓉译,中国法制出版社 2008 年版,第 593 页。

⑥ 孙海波:《"同案同判":并非虚构的法治神话》,载《法学家》2019 年第 5 期。

的差异。"他进一步说明:"我们说刑法更强调实质判断,并不是否定形式判断的重要性和优先性,而是指在认定犯罪的时候不像民法那样拘泥于法律关系,而是直接考察行为是否具备犯罪的构成要件,而不受民事法律关系的制约。"①陈教授得出了刑法相比民法更注重实质判断的结论,这种观点也在很大程度上从理论抽象的角度对实务中以"被担保债权数额"认定犯罪数额的做法予以支持,认为质权人最终损失的实质上就只是借贷债权的数额,不需考虑形式上民事法律关系的难题,学界中亦有相当有力的支持论据。② 但问题在于,民法真的只从形式上、法律关系上的权利出发进行思考而刑法进行的却是实质化思考吗? 其实不然!

首先,从形式与实质这对辩证的概念关系来看,形式与实质本身就是人类在认识世界中用概念切割生活支流的手段之一,并不能穷尽和涵摄生活的全部,而且形式与实质的概念内涵也会因主体观察视角、利益主张的转换而存在着流动变化。例如在现代生物医学范畴中,男人、女人的基因,生理表征等医学特质存在着相当程度的重合,假如一个男生喜欢穿着女生的衣服并且他从心理上习惯性地认为自己是女生,那么请问此时他在形式上是男人还是在实质上是男人? 由此可见,仅用形式与实质这对概念去描摹社会事物是容易碰到难题的,在理论上是不周延而逻辑上又是模糊不清的。

其次,实质与形式的语义本身也是多义、多层次的。如果从个人利益保护的角度出发,允许把"直接影响个人利益的手段"视为"实质",把"间接影响个人利益的手段"视为"形式"的话,那么民法的保护手段原则上是更为直接、细致和具体的;而刑法更注重从保护公共秩序和公共利益出发,尤其保护由个人利益抽象提取出的合理的共性部分所组成的公共利益,因此存在着抽象提取这一过程而且只有在损害发生后才能间接进行利益调整甚至在损害发生后个人的诉求依旧会受到克制(如刑事追诉便宜主义与法定主义的争论)。正如民法学者所指,"私法以'抽象人'为典型人像"③,这种人像就是更为人性、包容、理性的体现,更加注重普通个人的思想情感和利益诉求,甚至会用赋予民事权利的方式去捍卫一般民众的核心私人生活领域;所以也有刑法学者恰当地回应,"人性民法有助于强化刑法的人性色彩,并据以形成人道化的刑法立法、人本化的刑法制度、人文化的刑法解释,实现对物性刑法的人文化成"④。进而更为妥当的判断应该是:因为形式判断往往意味着更小的思维成本,在效率和安定性上有其优势,所以民法更为实质,刑法更为形式。

再次,如果当民法开始吸收一些实质观念进而变得更为实质后,那么刑法到底应该继续保持所谓的实质还是应予调整而走向形式? 此次民法典中的部分担保制度进行实质化变革,将债权人所享有的"所有权"降格为担保物权来进行保护。例如在所有权保留买卖中,现行民法中尚不认为出卖人具有所有权的地位,如果不进行登记都无法对抗特定债权人(善意的承租人、查封扣押、破产等),那么行为人在盗窃该标的物时刑法是在保护谁的所有权? 是否还是在保护所有权? 并且在一定程度上民法内部对于此时权利的享有、分配状况都争论

① 陈兴良:《刑民交叉案件的刑法适用》,载《法律科学(西北政法大学学报)》2019 年第 2 期。
② 参见杜邈:《刑民交叉型诈骗犯罪的司法认定》,载《中国刑事法杂志》2020 年第 3 期。
③ 易军:《私人自治与私法品性》,载《法学研究》2012 年第 3 期。
④ 刘艳红:《人性民法与物性刑法的融合发展》,载《中国社会科学》2020 年第 4 期。

不清,①刑法又该如何回应?

由此可知,实质与形式仅仅是体会部门法关系的一个维度,并不能绝对化,尤其不能将其作为民法或者刑法的固有内在特征来进行简单划分,关于这点拉伦茨恰当地指出:"无论是公法还是私法,其宗旨都不仅仅在于促进或保护某些公共的或个人的利益,而在于恰当地平衡各方面的利益,创造正义和公正的局面。"②而且实际上,民法既保护个人利益又保护公共利益,只是在多数情况下通过保护个人利益这一较为间接的方式来实现对公共利益的保护,少数情况下也会直接保护公共利益(如民法典中的公序良俗原则、绿色原则等)。拙见以为,我们在理论上还需要进行更深入的思考,寻找更为妥当的立论根基。

(二)民刑之别,恰在"民"字

1. 归来的实证调查

民刑关系近年来成为学界讨论的热门话题,研究成果较为丰富,已经形成了相应的代表学派,③但其基本问题还是在"如何处理民事违法性与刑事违法性之间的关系,亦即,在法秩序统一性的视野下,不同法域之间的违法判断究竟是必须保持统一(违法一元论),还是应当具有相对性(违法相对论),甚至彼此独立(违法多元论),就属于具有共性且亟待解决的问题"④。但以上研究材料的共性便是未对现实中普通民众、实务人士的看法予以过多关注。笔者认为,对于民法和刑法这样高度贴近生活情境、体系化、结构化极为清晰的部门法,尤其不能忽视相关的实证调查;如果缺乏此类调查,久而久之,民法、刑法只会沦为"法学家的法",非"民众之法"。就此,笔者就以质物被盗这一事例为调查方向,通过统计问卷的形式来回归生活、倾听民众的心声。

笔者于 2021 年 1 月在广州荔湾区新世界凯粤湾小区对 100 名居民发放了调查问卷,该问卷的问题是"如果您作为债权人,债务人给您押了一台电视机,随后债务人或者第三人将其偷走,您觉得您损失了什么? A、债权 B、电视机 C、其他";笔者又于 2021 年 2 月在广东格林律师事务所向 20 名律师发放了调查问卷,该问卷的问题同前述问卷,询问律师如何看待债权人的损失问题;最后,笔者向广州市中级人民法院的 10 名法官(未区分民事、刑事法官)发放了调查问卷,询问法官遇到此类案件依何种数额(即问题中的三个选项)进行判决。最终发现,小区居民中三个选项的人数分别为:12 人、78 人、10 人;律师群体中三个选项的人数分别为:8 人、8 人、4 人;法官群体中三个选项的人数分别为:5 人、3 人、2 人。参见图 1:

---

① 参见李永军:《论民法典形式意义与实质意义上的担保物权——形式与实质担保物权冲击下的物权法体系》,载《西北师范大学学报(社会科学版)》2020 年第 6 期。

② [德]卡尔·拉伦茨:《德国民法总论》(上册),王晓晔、邵建东、程建英等译,法律出版社 2013 年版,第 5 页。

③ 参见王昭武:《法秩序统一性视野下违法判断的相对性》,载《中外法学》2015 年第 1 期;于改之:《法域冲突的排除:立场、规则与适用》,载《中国法学》2018 年第 4 期。

④ 王昭武:《经济案件中民刑交错问题的解决逻辑》,载《法学》2019 年第 4 期。

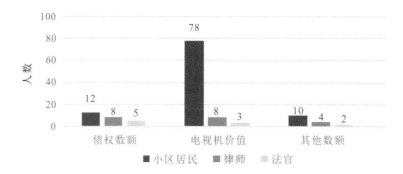

图 1 问卷"质物被盗的犯罪数额"调查结果

注:(1)本次统计调查的总体样本数有限,会对结果的精确性产生一定影响;

  (2)本次统计调查未详细询问选择的理由,不排除会有非理性因素如受访者的情绪等影响选择结果。

通过上述调研可以至少得到以下三条信息:

(1)关于质押物被盗所产生的损失数额,特定选项在具体人群中的比例会有较大变化,但从总体上而言,认为损失数额为质物价值的占了大多数(约 68%);

(2)对于将损失数额确定为质物的价值,法律职业群体相比普通民众显得更为保守;

(3)法官群体最倾向于将损失数额确定为债权本金数额。

2."民"之民法

学者齐佩利乌斯曾指出:"正是在其所处时代的具有公认力的正义观念的引导下,通过对案例类型的比较性评价,一代代的法律人在认识法和正义并使之精确化方面一步步摸索着前进。"①进一步说,民法之所以能够产生、发展、繁荣,在很大程度上也就是因为其一如既往、似慈母般地关照着民众的现实生活,注重一般民众的法感情,尽可能地容纳民众的利益诉求,在遵循正义观念的前提下将这些利益诉求的合理部分归入体系化的架构内,并不断使之精确化。由此,上述的调研结果说明了大多数民众认为质物被盗窃,应处罚的犯罪数额应是质押物本身的价值,此点在民法分析上是否能够得到印证? 笔者分析如下:

首先,从民法请求权基础检索的角度看,即从具体规范出发,对于质物提供人自身偷取质物的行为,可以依照《民法典》第 577 条请求相对人继续履行质押合同、返还质物;也可以依照《民法典》第 390 条依据担保物权之物上代位主张因损毁、灭失产生的相应赔偿金、保险金等代偿利益;亦可主张《民法典》第 980 条、第 983 条的规定适用"准无因管理",请求质物提供人转交财产;担保物权作为物权的一种,也能依照《民法典》第 238 条的规定("侵害物权,造成权利人损害的,权利人可以依法请求损害赔偿,也可以依法请求承担其他民事责任")得到保护;②最后亦可再结合《民法典》第 1165 条侵权责任一般条款以及《民法典》第 29

---

① [德]齐佩利乌斯:《法学方法论》,金振豹译,法律出版社 2009 年版,第 111 页。

② 多数观点赞同此种判断,只是在与其他请求权基础适用的先后顺序上有不同观点,参见谢在全:《民法物权论》(中),中国政法大学出版社 2011 年版,第 648 页;崔建远:《物权法》,中国人民大学出版社 2017 年第 4 版,第 124 页;黄薇主编:《中华人民共和国民法典释义》(上),法律出版社 2020 年版,第 520 页等。不同意见参见[日]我妻荣:《我妻荣民法讲义Ⅲ:新订担保物权法》,申政武、封涛、郑芙蓉译,中国法制出版社 2008 年版,第 267 页。

章"不当得利"之相关规定请求返还质物或者相当于质物的价值。对于第三人盗窃质押物的情形也可参照上述请求权基础进行检索。总而言之,尽管存在《民法典》第 433 条这样不依照质押物价值承担责任而仅有"要求增加担保请求权以及提前清偿形成权"的设置,但在《民法典》中也能够找到要求盗窃者承担质押物价值的责任形式,以上几条路径构成了选择竞合关系,当事人有选择的余地。如果刑法只是单纯刻板地依照债权本金数额来认定犯罪数额,可能在一定范围内就此会形成刑法对民事权利保护的真空状态,后置法的角色定位在一定程度上似乎会给民众带来缺位之感,民众可能会问:为什么刑法不完整保护担保利益?

其次,结合商事交易习惯以及抽象的民事法律原则进行分析,特别会发现这其中存在着所谓的"刑事处罚的逻辑怪圈"。担保交易中存在着抵押率、质押率等信贷指数,即借贷债权与担保物的价值的比率,一般不会低于 70%,也即质押物价值较大为交易中的常态。质押物的价值越大,留置清偿效果就越明显,只要不存在质押合同无效的情形,就可以认为此系双方正常的商业交易诉求,符合双方交易目的。如果相对人随后又盗取了质物,此系严重违反诚实信用原则之行为,因为他对质权人的利益照顾义务要比无关第三人更高。也基于"任何人不得因自己违法之事实主张权利"之法理,如果认为损失只是债权数额那一部分的话,就会使得当事人对交易增值的那一部分期待落空,不利于维护交易秩序和权利保护。甚至特别是当无关交易的第三人偷盗质物时,不管当事人之间的交易关系如何,实际所有方是谁,所有权是作为担保而呈现还是作为正常转让而呈现,只要从公民法秩序规范意识出发,均会发现没有充分理据能成为优待第三人的酌定减轻责任之情节,不会进入《民法典》第1173 条"与有过失"的调整范畴。而从刑法的角度看,此也就类似于一般预防与特殊预防的问题了。但颇为吊诡的是,在这里却产生了逻辑怪圈,即如果不发生担保交易,所有权人自己占有标的物而被盗时犯罪数额简单明了地就以标的物的价值认定;一旦发生了担保交易,在担保物权人占有的标的物被盗时,刑法一方面认为担保物权受到了侵害,担保物权人是最为直接的受害人,且由于在现阶段的刑事追诉中原所有权人还无法继续追究,那么担保物权人还是唯一受害人,但另一方面又可能只以远低于担保物价值的债权本金数额量刑,这种差异保护便意味着担保交易的发生使得对同一标的之法律保护降低,但实际上担保的发生往往会促进经济,带来正外部性,可为何法律秩序对其的保护却在削减?而且,传统民法认为担保物权还是所谓的定限物权,它的存在优先于原所有权人,但为何对侵害它的刑事处罚却要轻于直接侵害所有权? 真正的理由何在? 就盗窃者的外在客观行为和主观故意来说,民法当中的所有权与质权的差别真就那么大,以至于无法享有同等保护吗?

所以还是可以看出,现阶段民法对偷盗质物的行为规制较刑法而言更为全面、具体、多样,在调整利益冲突关系上较刑法更能符合民意、民情。但另一方面,笔者主张也要警惕民事法律中权利泛化的现象,例如有人主张所谓的"亲吻权"等。正如法学家耶林表明的那样,"世界上一切权利都是经过斗争而得来的"[1],在民法的权利世界中一切都是灵动而充满活力的;而刑法作为后置法,须保留相当的谦抑性,甚至在一定空间、一定时期内对民事权利形成"保护漏洞"也可以理解成是从消极面出发对民众个人自由、个人自决的尊重(上述统计调研亦能在一定程度上反映出民粹与精英、感性与理性之自由、自决利益诉求冲突)。不过,总

---

[1] [德]鲁道夫·冯·耶林:《为权利而斗争》,刘权译,法律出版社 2019 年版,第 1 页。

而言之,刑法作为制裁最严厉的法,在容纳民意、民情时虽不能跟着民法"亦步亦趋",但也应做到民刑保护范围之间合乎比例的弹性空间,协调民事权利和法律原则,尽量避免价值判断和逻辑适用的误区。

(三)民刑之合,似在"损害"

1. 学说梳理

民刑关系争论的素材,往往是一个又一个典型的案例,从早些年的"帅英骗保案"到"司机盗卖房产案""偷换二维码案"再到最近发生的"冒名购买飞机延误险案",每一起案件的发生都会给学界带来新的灵感和思考。尤其是牵涉到无权代理、表见代理、无权处分、善意取得时,民刑关系就会显得尤其复杂,学者的观点就会更加多样,司法判决也就会愈加难以预测。例如,在表见代理或善意取得构成的同时是否意味着构成要件的不该当或是违法阻却的产生?有学者认为,"行为是否构成犯罪以及构成什么罪,都需根据行为时的犯罪构成要件进行判断"[1],其直接否认民刑在损害认定方面的联系;亦有学者采纳较为极端的观点来指出,"不管民法理论对无权处分采取何种解释,无权处分行为是否构成财产犯罪,只能根据刑法规定的相关犯罪的成立条件作出判断。这是因为,《合同法》第 51 条的规定,只是基于民事上的考虑,而且主要考虑的是所有权人与相对人的利益,而不是基于刑法目的的考虑"[2];有学者隐晦地对民事分析的功用进行"矮化",反对用事后产生的民事损失倒推被害人及借款人刑事责任的思考方法。[3] 上述观点可能存在的通病便是:不承认民刑关系在一定情形下确实会相互影响,兼顾民刑关系的做法无论在理论上还是在实务中都包含着极为关键的法治思想和观念;民刑之间各说各话可能会阻碍实体正义,降低程序效率,过度消耗司法资源,影响公众对司法权威的公信力,[4]正如拉伦茨所说,"在公法与私法之间,并不能用刀子把它们准确无误地切割开,就像我们用刀子把一只苹果切成两半一样。"[5]

另有学者在前述基础上,进一步将研究主题涉及民刑法秩序统一的原理,认为应区分事实认定与法律评价,主张"在事实认定上,应当遵循实质重于形式原则,不能仅以民事法律行为的外观作为判断依据;在法律评价上,应当遵循法秩序统一性原则,确保刑法、民法等法领域构成的法秩序之间互不矛盾"[6]。其从民事合法性、违法性和刑事违法性的关系出发,但也未能进一步阐释法秩序统一的真正核心点;更为重要的是,对于民法研究者而言,是否肯

① 游成婧:《表见代理与诈骗罪的民刑并行分析》,载《法学杂志》2019 年第 5 期。
② 张明楷:《无权处分与财产犯罪》,载《人民检察》2012 年第 7 期。
③ 参见钱叶六:《担保贷款双重诈骗案刑民交叉实体问题研究》,载《法商研究》2018 年第 5 期。
④ 例如帅英一案,抗诉、再审多次,如果单纯考虑刑事关系便不会产生如此波折的司法过程,但正因为要考虑到处理的妥当性才会有如此反复的过程。类似情形参见山西省太原市中级人民法院刑事裁定书(2014)并刑终字第 327 号:检察机关起诉、抗诉中指控的犯罪数额与法院最终认定的犯罪数额相差近 3 倍之多,并且否认民刑关系之间的互动也可能容易陷入自问自答的循环论证中。
⑤ 〔德〕卡尔·拉伦茨:《德国民法总论》(上册),王晓晔、邵建东、程建英等译,法律出版社 2013 年版,第 7 页。
⑥ 杜邈:《刑民交叉型诈骗犯罪的司法认定》,载《中国刑事法杂志》2020 年第 3 期。

认"民事合法性"这一概念①以及"民事违法"能从侵权法扩充到多大的适用范围亦是难题（民法的世界中"违法"始终是异态，大多数规则均不是建立在"违法"的形态上）。有学者注意到了此类兼容性的问题，进而主张"法秩序统一的内涵不是'违法'概念的统一，而是法目的之间的统一"②；但此论断较为抽象，外延较为宽泛，实践指导意义较弱，因为如何将法目的具体落实到个案中也有一个艰辛而又充满争议的过程，不同主体基于不同的利益定位、不同的情感目标，对于法规范意旨的解释也是多样的。在这其中较为可取的观点就是从损害发生和损害分配这两个视角对民刑关系进行分析。③ 其一方面看到了"损害"对于民刑关系的重要性，另一方面将损害进行了具体功能划分。但值得商榷之处也不少：首先，该学者将此分析工具仅限于民事权利外观责任中，在理论上还存在着适用性范畴较小的问题，无力描述整个复杂的财产犯罪中的民刑关系；其次，其主张刑法的评价截至损害发生，但这一观点本身是否"掩盖"了预防刑法、功能刑法的"光芒"④进而"矮化"了刑法？并且刑法事实上也必须对损害分配作出评价，因为事后通过刑事审判、执行程序去对当事人进行救济时，必然要与民事审判、执行程序的运行相协调，例如在刑事诉讼中认定的被害人与民事程序中的最终损失承担者在原则上应是相一致的，否则会抵触一般民众的法情感，预防犯罪、传递规范信息的效果也会大打折扣；还应予注意的是，在民事上最终承担损失的主体往往有着最为强烈的积极性去启动民事、刑事诉讼进行救济，那么基于及时打击犯罪、恢复社会秩序的法政策目标，损害分配和损害发生往往就有了一拍即合、一体两面的关系。

2."损害"流程的前后主导

综上所述，笔者认为，财产犯罪中民刑关系的核心要点似乎并非存在于以上相关学者所称之"违法性"的概念中。通俗地讲，在发生财产犯罪后人们通常会问两个核心问题：谁是受害者？受害的数额是多少？由此，笔者断言：前置法与后置法的配合就在于对这一损害发生后的特定功能切分中，民刑相互影响的发展流程大致就是：损害的主体→损害的定量。笔者将其命名为"损害流程场域区分理论"，其具体阐述及理由如下：

首先，笔者认为在确定财产犯罪中谁受到了最终损害时，必须借助民法的分析，此时民法的分析占据了这个流程的主导地位。民法近现代发展的历史，就是不断更新、完善其于当事人之间请求权的历史，简言之，民法分析十分看重也十分善于寻找请求权的当事人主体。而且能容忍基于同一事实但财产犯罪中的受害人与民事损害承担人非为同一人吗？答案是不能。此时刑法须绝对从属于民法：从工具理性来讲，民法用于调整平等主体之间利益分配问题，它是各个部门法中最为价值中立、政治中立的法律，⑤其大多数规范的意旨都能较为精确地处理各种利益主张、需求及冲突。这种带有权衡、折中色彩的法治工具，借由运用较

---

① 参见易军：《"法不禁止皆自由"的私法精义》，载《中国社会科学》2014 年第 4 期。

② 简爱：《从"分野"到"融合"——刑事违法判断的相对独立性》，载《中外法学》2019 年第 2 期。

③ 参见陈少青：《权利外观与诈骗罪认定》，载《法学家》2020 年第 2 期。

④ 预防刑法的概念及功能参见何荣功：《预防刑法的扩张及限度》，载《法商研究》2017 年第 4 期；劳东燕：《风险社会与功能主义的刑法立法观》，载《法学评论》2017 年第 6 期。笔者认为预防刑法要实现其提前预防社会风险的目标，就必须对损害的具体分配进行明确指引，明确其保护的社会主体，给其他主体以明确警示，才能够发挥恫吓的效果。

⑤ 参见苏永钦：《走近新世纪的私法自治》，中国政法大学出版社 2002 年版，第 12 页。

刑法更为灵活、自由的民法法学方法论，给司法和政策运作带来了较大空间。充分遵循较为"温和"的民法规范去解决刑事犯罪问题，最符合在和谐稳定的社会环境中谋求变革的现代中国之国情。再从民法发展的历程来看，民法有关确定损害主体的规范往往能代表一个法域中绝大多数人的正义观念和法感情。法谚云：损害原则上应停留在发生之地，而如果要让损害发生移转也必须考虑这个损害发生之地的一般社会公众的预见程度和接受程度，来源于市民社会的民法又与损害移转的道德正当性发生了亲密关联，① 并且现如今民法典已成，法、国家权威、情理、道德等均已经在一定程度中注入了法典，规范意识的传导也有了较为可靠的路径。又从民事损害与刑事处罚的关系来看，民法在确定有关损害主体时本身往往就会有一定的政策考量，例如"将损害分配给以最小成本防止损害发生之人"，刑法作为保障法，其也应该对此有所呼应、支持（例如银行卡在被盗刷后，最终民事责任承担者已经被相关判决明确确定为银行，② 因为在实际生活中不难发现银行所享有的救济平台、资源相比普通存款者要快捷、高效得多③）。某一主体承担着最终的民事损害后果，在不借助保险等其他损害转移机制时往往在启动刑事追诉方面比其他主体有着更强的激励，这有利于提早打击犯罪，维护社会秩序。最后，从程序运行角度看，民事上受损者同时也是刑事犯罪受害人，有利于协调民事赔偿、刑事赔偿的关系，形成合力，进而共同发挥好损害补救的作用，这也有利于执行程序的顺利开展，尽可能一次性地解决纠纷（例如被害人残疾赔偿金、精神抚慰金支持与否的问题）。在这里，一个值得借鉴的例子便是日本最高裁于平成 15 年 12 月 9 日作出的一个判决：被害人让信用公司垫付了因诈骗而支付的金钱，就这一笔损失而言在确定谁是受害者时，判决主张"假装进行商品买卖而使信用业从业人员交付垫付金的行为，是否对信用业从业者构成另一个诈骗罪，并不左右本案诈骗罪的成立与否"，对于这种模棱两可、不知谁是受害人的说理方式，日本学者山口厚大为不解。④ 模糊的被害人形象对于学者来说都是不解的，更何况对于普通民众呢？于法的安定性何益？

其次，民法的分析侧重于发现特定主体对其他主体存在着的例如返还原物请求权等请求权基础（例如帅英骗保一案中，保险合同的履行利益已被民商事法律所肯定，粗看之下似应不存在被害主体，但是考虑违反诚实信用原则而违背保险合同的附随义务所产生的缔约过失责任，在民法理论上依旧可能存在着请求权基础，只是可能涉及下文笔者所称的"综合场域"之因素，而最终影响了法院对此定罪与否的判断）；但如果经过民法的分析存在着有两个以上同顺位的受害人（如民事判决中经常出现的 A 承担 40% 的责任，B 承担 60% 的责任）、民法学界内部有极大争议等无法准确得出具体的损失主体的情形时（例如民法中的撤销权、解除权等形成权就受除斥期间的影响会导致既有利益状态发生变化），民事分析便应

---

① 市民社会中的道德演变与民法成长的亲缘性关系参见徐国栋：《民法哲学》（增订版），中国法制出版社 2015 年版，第 389～419 页。

② 参见"王永胜诉中国银行股份有限公司南京河西支行储蓄存款合同纠纷案"，载《最高人民法院公报》2009 年第 2 期。较新判例参见"宋鹏诉中国工商银行股份有限公司南京新门口支行借记卡纠纷案"，载《最高人民法院公报》2017 年第 12 期。

③ 参见周江洪、陆青、章程主编：《民法判例百选》，法律出版社 2020 年版，第 356～360 页。

④ 案例分析具体参见［日］山口厚：《从新判例看刑法》（第 3 版），付立庆、刘隽、陈少青译，中国人民大学出版社 2019 年版，第 212～225 页。

主动让出此主导地位,让刑事法律从其自身的考虑出发,综合诸如犯罪有形性①、一般预防与特殊预防、保证刑事法律关系的稳定、追诉程序的效率、证据的收集等因素,再重新梳理相应的民法请求权,进而确定财产犯罪的具体受害人。由此,一旦要让刑法来确定财产犯罪中遭受损害的主体,考虑到刑法与民法各自所具有的独特功能内涵,不如让民法承担更多的抽象思维负担,而刑法则基于其法益内涵、立法意旨、刑事政策等多种标准对其进行后续筛选(详见下文)。并且以上这种带有"补足、合作"关系性质的民法、刑法,与有关学者主张的"前置法定性与刑事法定量"②之较为僵化的民刑关系模式相比,体现了一种更为动态、实用的规范适用理念,也即意味着前置法与后置法的这两个定义仅仅只是一种相对的概念,就确定财产犯罪中的主体而言不存在绝对的前置法,也不存在绝对的后置法,而是相互合作之协调关系。

最后,如果经过民法单独分析或者民刑共同分析确定了损害主体,民法便要渐渐"功成身退"了。正如日本学者所言,"如果刑罚不适应于国民的'规范意识''正义感',刑罚制度就不能有效地起作用"③,民法只是这其中"规范意识""正义感"的来源之一,因为刑事犯罪的数额设定与刑事处罚力度有关,正是由于处罚力度往往不是由民法所能单独决定的,而是由一国的文化传统、社会的治安现状、政治局势、政策、程序执行、国际环境等诸多因素而综合决定的,所以在这里,民法只是作为其中的综合因素之一发挥作用,民法理念无力也无意在此运作的领域内"一枝独秀"。例如,发生于近亲属之间的盗窃数额如何认定? 除了近亲属之间特别是夫妻之间财产相互混同难以计算具体数额,我国的文化传统是否也影响了数额的认定? 案件数量是否未到影响刑事政策改变的地步? 再如在认定敲诈勒索罪时,行为人如果存在着民事权利,是否能考虑免除、减轻刑事责任或是阻却违法,甚至是构成要件不该当? 又如诈骗罪的构成要件中,学者讨论"重大目的之缺失"时,是否要参照民法典合同编对合同目的重大偏移的认定? 由于受综合因素的影响,在对财产犯罪损害进行定量认定的时候,在没有刑事法律、刑事司法解释时,刑事法官个人在法定程序内相应地享有一定的价值判断便是可以理解的(在上述质物被盗的案例中,笔者的确也发现了所有权人本人和无关第三人分别盗窃同一质物对定罪量刑有着不同影响,通过法官的说理也间接发现了当地的治安环境、营商环境也会在一定程度上影响定罪量刑④),所以该理论也能从一定程度上描述出上述有关质物被盗中盗窃犯罪数额不同认定的背后运作机理。当然,笔者赞成限缩此种自由裁量权最恰当的方式是通过修订刑法、增加专门盗窃质物或其他担保物的特殊罪名,使得刑罚判决更具确定性。但不可否认的是,笔者这一分析视角一定程度上能阐释为何当今的司法裁判有着认知差异。

进言之,在没有专门罪名对此进行规制的情况下,此类犯罪的定罪数额类型是否有且仅有两个? 笔者认为不然。由于损害的定量由综合因素(例如一定时期内该类盗窃频发的情

---

① 参见陈兴良:《刑法哲学》,中国人民大学出版社 2017 年第 6 版,第 252 页。

② 田宏杰:《以前置法定性与刑事法定量原则判断行为性质》,载《检察日报》2019 年 5 月 24 日第 3 版。

③ 〔日〕前田雅英:《刑法总论讲义》(第 6 版),曾文科译,北京大学出版社 2017 年版,第 135 页。

④ 参见新疆维吾尔自治区高级人民法院民事判决书(2019)新民终 333 号;安徽省滁州市中级人民法院民事判决书(2019)皖 11 民终 913 号。

形)决定,基于法律政策的考虑,结合一般预防的原理,当质物价值大于债权数额时将定罪数额的指针向"质物价值"这一边偏移(虽是小概率事件不具较多讨论意义,但也会发生的是:如果质物价值小于债权数额,自然应直接以质物价值定罪处罚),根据民法典的规定,即将法定规制内的利息、一定数量的违约金、损害赔偿金、保管质物的费用等一并①或选择部分计入,也就是说在没有明文规定时自由裁量权在理论上可以指向无数个不确定的定罪数额。但总计也应以质物价值为限,因为从担保物权实现以及其与一般普通债权之区别的角度看,其优先权的范围也仅仅限于行为人所提供的质物的现实价值,担保物权优先权边界的突破便也就意味着刑法所保护的担保物权的法益核心已经缺失,如果刑法还要保护担保物权之优先权以外的民事法益(如所有权人盗窃质物后不履行债务而产生逾期利息或者罚息等),便需要其他更强、更多的理由(如政策)来论证惩罚的必要性;而且刑法如果突破了民事权利本质部分太多,也存在影响判断行为人主观上是否具有相应的非法占有目的以及相关的法律政策是否肯认的问题,甚至引起刑事惩罚力度是否符合当时的商业文化、诚信伦理的质疑。由此可知,综合场域一方面对于刑事处罚的定量有着支撑作用,另一方面也对刑事处罚的肆意扩张有着一定的限定、制约作用,能防止刑罚处罚范围过宽、打击面过大,限制其介入国民生活及自由的力度。简言之,勇敢跳出形式与实质的争议"怪圈",我们似乎就能清晰地看见民法和法内、法外因素一同走进了"综合场域"这样一个巨大的利益博弈平台(见图2)。

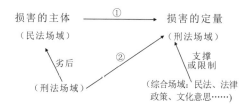

说明:刑法对民法的从属性就体现在(1)路径②的适用顺序劣后于路径①;(2)综合场域中民法对刑法的支撑或限制。

图2 损害流程场域区分理论图示

四、微观法益重构:"请求权说"

本部分的写作内容欲从财产犯罪的法益层面对上一部分的内容予以更深层次的说明。在解决了宏观而表层的民刑适用关系之后,现处理微观的法益区分、请求权筛选的问题,旨在应对担保财产被盗情形之特殊性和解决犯罪中存有多个民法上或可并存或冲突之请求权的协调难题,进而借此厘清担保财产被盗的所谓法益之内容。笔者拟先提出一个立论即"请求权说",随后便对相关新近的代表观点予以重点讨论,由此从正、反两个方面展示财产犯罪中民刑关系中"法益"的复杂结构,以期使学界更好地展开对话和交流。

---

① 担保物权的优先受偿范围见《民法典》第389条:"担保物权的担保范围包括主债权及其利息、违约金、损害赔偿金、保管担保财产和实现担保物权的费用。当事人另有约定的,按照其约定。"

(一)请求权说的初步提出

在之前的学术研究中,遇到质押物被盗之类的案件时,有学者在分析显著量刑差异时说道:"通过对 132 份裁判文书的考察,可以发现,司法上对所有权人取回被他人合法占有的财物行为定性,可谓是五花八门。其呈现出的问题,定罪不统一、量刑不均衡、理由不自洽、甚至违反罪刑法定原则,令人困惑不已。造成这些问题的原因,就在于对财产犯罪的保护法益认识不清。"①的确,这个说法切中了问题的要害,即不同的量刑区分在实质上就是有关新型财产犯罪之法益指向的不同。而在我国学术界,有关财产犯罪所保护的法益除了传统见解即所有权说外,②还有因学术交流与法治建设的深入,受到日本刑法学说的影响而逐步引入的本权说、占有说和各种中间说:本权说认为,财产犯罪的保护法益是所有权及其他本权;③占有说则主张,财产犯罪的保护法益是占有制度。④ 除此以外,在本权说与占有说之间形成了各种中间说。例如,张明楷教授认为,财产犯的法益首先是财产所有权及其他本权,其次是需要通过法定程序恢复应有状态的占有。⑤ 黎宏教授也持类似观点。⑥ 周光权教授在其最新版的《刑法各论》中主张,财产犯罪的保护法益是合理占有的权益,即指民法上对这种占有加以承认的可能性极大或者在占有的背后存在值得刑法保护的其他实质利益。⑦

也有不少学者转换思路,借鉴德国财产犯罪的法益保护经验,主张法律—经济财产学说⑧、修正的经济财产说⑨等等。这在学术界也产生了较为激烈和持久的论战,但面对如此纷繁复杂的学说,笔者认为,如果贯彻实用主义的哲学态度,不考虑先验的立论渊源、学者权威资历等其他因素的话,哪一种学说最能灵活面对现实的案情、最能对新型事物保持解释力,那么哪一种解释就在现时现地最具科学性。⑩

具体而言,在处理非典型担保财产被盗,例如让与担保、所有权保留、融资租赁等情形时,既有的刑法理论在一定程度上均无法解释相应的犯罪现象,就以在让与担保中担保物被盗为例:于所有权说而言,在非典型担保中由于在观念上存在法律的所有权与经济的所有权二分,双方当事人为了融资而有意地"虚置"了所有权概念,在具体交易中往往无法确定谁是真正的所有权人,反而强调的是具体制度、利益之间的协调,如破产程序中的取回权问题。

---

① 黎宏、王琦:《财产犯罪保护法益的实务选择》,载《国家检察官学院学报》2018 年第 2 期。

② 参见高铭暄主编:《新编中国刑法学》(下册),中国人民大学出版社 1998 年版,第 756 页。

③ 参见高翼飞:《侵犯财产罪保护法益再探究——为本权说辩护》,载《中国刑事法杂志》2013 年第 7 期。

④ 参见郭泽强、邵劭:《对传统盗窃罪客体要件的追问》,载《鄂州大学学报》2001 年第 1 期;陈洪兵:《财产罪法益上的所有权说批判》,载《金陵法律评论》2008 年第 1 期。

⑤ 参见张明楷:《法益初论》,中国政法大学出版社 2000 年版,第 596 页。

⑥ 参见黎宏:《论财产犯罪的保护法益》,载顾军主编:《侵财犯罪的理论与司法实践》,法律出版社 2008 年版,第 50 页。

⑦ 周光权:《刑法各论》,中国人民大学出版社 2021 年第 4 版,第 101 页。

⑧ 江溯:《财产犯罪的保护法益:法律—经济财产说之提倡》,载《法学评论》2016 年第 6 期。

⑨ 参见付立庆:《再论刑法中的财产概念:梳理与回应》,载《政治与法律》2021 年第 8 期。

⑩ 参见舒国滢:《法哲学沉思录》,北京大学出版社 2010 年版,第 275 页。

进一步说,即使是在采取"所有权信托让渡＋债务约束"的德国民法通说中,①也无法完全、彻底得出债权人所得到的是所有权人之权利,债权人仅暂且被称为"名义所有权人"而已的结论,至于提供担保的设定人到底丧失的是不是所有权、保留的到底是什么权利也有极大争议,暂且以所谓"期待权"试图平息争议。本权说以及所谓的权益说也面对着同样的质疑,一方面,如果要使用权利这个概念,那么应该明确指明是何种权利,是否与法律体系相匹配,是否属于法律秩序内生的权利。某种权利的提出往往附带着论证负担,不清不楚的权利或者似是而非的权利均不应该成为制度建构的基准,此于刑法更甚。另一方面,诸多权利也存在着先后顺位或多数叠加的问题。在担保物权设定中,担保权人的权利优于原所有权人的权利,原所有权人须对优位于自身的权利保持谦抑,当担保物被第三人盗窃时,不容躲避的问题便是谁的权利受损了? 谁的权利能成为刑法中的法益保护对象? 又如在转质甚至是多次转质的情况下担保物被盗时,多个担保物权的并立也是一个问题,多个担保物权人不禁要问:谁的权利受损了? 刑法到底要保护哪一个担保物权人的权利? 筛选机制和原理为何? 最后,不少学者企图用"占有"来对财产犯罪的法益进行"兜底",但现实情况是,占有于财产体系而言的作用也已日益趋微,有限责任公司的股权能占有吗? 普通的债权能占有吗? 专利权、商标权能占有吗? 那些无法以传统占有为公示要件呈现的财产,似乎无法用占有来进行兜底。商法学者王涌教授尖锐地指出,占有制度是借传统有体物为标的的建构逻辑,是早先人类幼稚思维的典型产物。② 而在众多学者眼中,保护占有的目的就是维护禁止以私力改变现状之法律秩序,但笔者认为此为学界长期以来的一种误解,此时更为合理的是应当区分民法与刑法对占有的不同保护,也即刑法应当保护具备较高利益层次的占有,但民法却会去关照更低利益层次的占有。理由在于:第一,占有仅是一种工具,它背后可能承载着更具法律意义和价值的法律关系(登记公示也是如此),对不附加任何法律关系的纯粹占有或是对基于违法犯罪行为产生的占有之法律关系进行保护,无异于是在保护一座"空中楼阁"、一幕"海市蜃楼"。具体来说,如果仍坚持占有是一种事实状态的话,那么纯粹的事实状态就意味着没有出现任何个体之间利益的流动、移转,刑法对纯粹的占有进行保护也人为地切割了由民法等其他法律部门营造的利益关系。而在违法犯罪行为产生的无权占有中,因矫正正义的存在,个体利益的恢复性移转必然会发生,对在民法上本就不稳定的、暂时的利益状态,刑法自不应先入为主地定性谁是受害者、受害数额是多少。第二,民法与刑法对某一行为的危险容忍度及在道德上的谴责性不一样。王泽鉴教授说,"所谓民事,某种程度上说就是损害赔偿"③,但刑法一旦启动制裁,就不仅仅是损害赔偿那么简单了,它牵涉到犯罪预防、刑事政策、犯罪人再社会化等诸多方面,这也是刑法学界始终对例如本权人从无权占有人那里盗回财产之情形是否要定罪有所犹豫的重要原因。第三,从刑法罪名体系和设置来看,如果刑法定要保护此种占有所代表之抽象秩序利益而不关照具体利益归属的话,此种态度即是过度"拔高"甚至是"异化"盗窃罪,使其变成了维护社会管理秩序之罪名,脱离了维护个体财

---

① 参见王闯:《让与担保法律制度研究》,法律出版社 2000 年版,第 215 页;谢在全:《民法物权论》(下),中国政法大学出版社 2011 年版,第 1018 页。

② 参见王涌:《私权的分析与建构:民法的分析法学基础》,北京大学出版社 2020 年版,第 280 页。

③ 王泽鉴:《损害赔偿》,北京大学出版社 2017 年版,第 14 页。

产权益之所谓个人法益,此也与现今盗窃罪的体系设置和通说理论不符。所以在这种困顿之中,也能理解有刑法学者的大胆反思,主张破坏占有本身并不必然具有刑事违法性,因而占有并不是财产犯罪的保护法益。① 综上所述,以上多种学说所考虑的都有相当程度的合理性,但在研究视角和理论建构上还需要在现代环境中继续摸索。

由此,笔者斗胆提出一个观察财产犯罪之法益的新视角,即请求权视角。该灵感的产生来源于两个维度:第一,历史维度。时延安教授在 21 世纪初曾主张:"刑法意义的所有权不限于民法意义的所有权的范围,即不限于对物的直接的、独占的、排他性的支配,也包括具有物质利益以某种有形方式为证明的请求权。"②第二,现实维度。民法典担保制度致力于优化营商环境,吸收了英美功能主义的担保制度,表面上仅是制度的借鉴,实则在法哲学的观念层面,尤其是英美法哲学的权利谱系建构方面也会一并吸纳相关内容,那么何不"追本溯源"? 所以,虽然早前就有学者注意到了民法所有权与刑法所有权之间的不同区别,进而提出刑法意义上的"所有权"应包括一定的请求权,但这一观点没有得到应有的重视,值得在现实语境下进一步挖掘;尤其这种观点可以在相当程度上与英美分析哲学中的霍菲尔德(Hohfeld)权利术语相协调,其价值要得到重新衡量。简言之,除了传统大陆法系对权利的分析框架,以法学家霍菲尔德等为代表的民法分析哲学家们在另一条道路上建构了权利基础,将权利谱系解构为"权利(right)、特权(privilege)、权力(power)、豁免(immunity)、无权利(no right)、义务(duty)、无权力(disability)、责任(liability)"这八个术语,所有的法律概念和法律关系都是以上术语的组合。③ 笔者在此对上述部分术语进行分析:权利(right)与义务(duty)为相关联方,是一对具备法律拘束力的权利义务链接,自然可以产生相应的第一性或第二性的请求权关系;特权(privilege)仅是单纯的自由,无法律拘束力,无请求权的发出主体和接收主体;权力(power)的深层意义在于"自在变动"法律关系,类似于形成权,其本身就与请求权无关;豁免(immunity)意义甚为消极,亦无请求权产生。④ 由此可见,产生相应请求权的基本关系就是狭义的权利(right)与义务(duty)关系,简单说就是 A 对 B 享有为或不为一定行为的请求并可借由法律强制力去实现。那么民法与刑法既然是同一法律秩序下的救济法,受害的主体与施害者自然要工整对应,所以也要共同遵循这种狭义的权利义务关系,共享这一套权利术语。进言之,刑法如果宣称其保护法益是某某具体权益,一来其本身就会陷入传统大陆法系财产权谱系的泥沼之中,二来没有找到一个更抽象的概念来涵摄变动不居的民事权利,从而导致刑法在回答有关财产犯罪之保护法益的问题时始终语焉不详。如果大胆承认财产犯罪的保护法益就是能由权利(right)与义务(duty)产生之请求权关系,那么在一定程度上,刑法中的法益概念就有了较为稳定的根基,不受民事权利内在裂变、组合、分属(如让与担保)以及外在变形的影响。但是由于刑法本身作为保障法,其无法自生一

---

① 参见车浩:《占有不是财产犯罪的法益》,载《法律科学(西北政法大学学报)》2015 年第 3 期。

② 时延安:《论民法意义的所有权与刑法意义的所有权之间的关系》,载《中国刑事法杂志》2003 年第 1 期。

③ 参见王涌:《寻找法律概念的"最小公分母"——霍菲尔德法律概念分析思想研究》,载《比较法研究》1998 年第 2 期。

④ 详细解读参见王涌:《私权的分析与建构:民法的分析法学基础》,北京大学出版社 2020 年版,第 122～140 页。

套独立的财产权利谱系，于是财产犯罪的保护法益也就应从关注多变的民事权益转向关注其他。

那么，应关注什么？其实，在实务案例中，早已经有法官有意识地在用其他思路来辅助原有以所谓民事权利或其他权益作为财产犯罪保护法益的做法，只是学界并未深刻总结和察觉而已。例如在案例一中，法官在处理质物被盗时并非单纯借由财产犯罪的法益概念去言明本案中质物的所有权或质权是行为人侵害的对象，而是进一步采用"质物被盗会使质权人承担因保管不善导致质押财产被毁损、灭失的民事赔偿责任"这一依照质押担保合同在两个权利人之间产生的损害赔偿请求权来进行裁判说理。因该案中质物整体被盗，所以赔偿请求权的数额就为质物本身的价值，而且法官也很明显地将质权人认定为受害人。但此于传统观点来看，他人之间的损害赔偿请求权似不应影响第三人的定罪数额，仅仅依循外观上存在的具体权益即可得出固定答案。

这启示我们，财产犯罪之保护法益继续关注民法上的请求权似是一条可行性较高的途径，因为除了财产权利谱系与民法权利哲学在历史渊源上密不可分外，[1]还有其他值得探讨的理由：第一，从民事侵权与财产犯罪的演进关系，特别是结合自然法的角度看，在财产犯罪中，因为行为人的违法行为侵犯了相应主体的财产权益，因而相应的主体对行为人产生了一定的抽象请求权，即恢复原状、赔偿损失等具体请求权，这种请求权不由民法产生，甚至可以说不由法律秩序产生，而是源于一定的自然法规则和原理（如以牙还牙、以血还血等），只是现代国家原则上垄断了暴力的救济路径，又将惩罚人性化和体系化，因而建构公法的深层目的就在于对实现此种请求权进行规范和指引，通俗地说刑事处罚与民法请求权在自然法意义的生成上具备相当的亲缘性。但不同于生成，二者在具体的运作过程中应明确的是，民事侵权是财产犯罪认定的必要前提，因为基于平等原则建立的民法市民社会都不赋予相应权利去启动救济、恢复原本法律关系的情形，国家与公民的权力社会结构就更无理据启动制裁程序去破坏自认为"平稳无事"的市民社会。由此也就决定了在确定财产犯罪之受害主体和定罪数额之前必须仔细分析相应的民法请求权及其范围的设置问题。进而，笔者断言，所谓财产犯罪的保护法益其实应产生于相应的民法请求权之后，无民事请求权亦无财产犯罪的保护法益，财产犯罪中的法益并非先验地存在。第二，从刑法、民法的演变来看，当单纯考虑财产的损失，如果它越过了一定的社会容忍界限、损害了一般法秩序的威严，那么此种情况就不单是个人之间私益的纠纷关系了，而旨在维护社会秩序的公法便有了启动的正当理由。在公法的眼中，对财产犯罪的规制应该就是为了保障这一请求权的实现，而不是追随着试图营造"五彩缤纷"权利色彩之民法的脚步，因为坚持"请求权"为财产犯罪的保护法益，能够在层出不穷、纷繁复杂的权利世界中找出一个可以一以贯之的初步思考线索；毕竟在民法的权利世界中，不管权利多么新兴，如霍菲尔德术语所阐释的那样，它终究还是要回到 A 对 B 的单一请求权中。民法可以围绕着某一标的衍生出无数的请求权，而且这些单个的请求权的范围还可以有不同变化。第三，从法律部门的运行排序及功能效用来看，因刑法的制裁性和惩罚性更强，它对权利的生发、演化的影响就更强。为了不过度介入国民正常生活，在财产受损而对相应行为进行矫正时刑法较民法而言是属于较"高位阶"的法律部门，"高位阶"便

---

① 参见易继明、李辉风：《财产权及其哲学基础》，载《政法论坛》2000 年第 3 期。

意味着"有所为,并有所不为"。在财产权益保护方面民法规范毕竟具备初始性及较完整性,进而对于民法中有关权利及其范围的界定,刑法一方面应借鉴、尊重,另一方面也不应盲目地全盘接收。众所周知,财产保护固然与财产权利意识相辅相成,源于本土自生自发的民法规范在长期的历史实践中不断熏陶着的民众,而吸收外法域的民法规范去影响本土权利意识的做法亦会通过司法裁判、新闻报道等诸多途径熏陶着民众,这种经法律文化、国家强制力熏陶后产生的不易成果,刑法自然要尊重。所以也能够理解,其实绝大部分的财产犯罪都是自然犯。总而言之,财产犯罪中刑法的保护法益必须依托于某一或诸多民事请求权,刑法不可能超越甚至是违背这些请求权及其范围而"另起炉灶"。在这里,笔者的观点就与通说产生了分歧。通说认为财产犯罪保护的法益是某种物上权利,而笔者的"请求权说"便产生了动态的理念,其中也蕴含着"某一法律关系"的独特内涵,盗窃质物或担保物的行为不仅建立了新的法律关系,同时也是破坏某一或某些特定法律关系的行为。这种理念有助于解决担保财产上存在权利先后、叠加的适用等疑难问题,至于盗窃的定罪数额也就变成了可以通过刑事犯罪独特的筛选机制和评价体系将请求权的价值转换为财产犯罪的数额问题。

具体以案例四(转质)为例,质权人 A 可以将质物转质给其他债权人,极端情况下可能出现无数个新的质权人,如果在第 N 个质权人之处质物被他人盗走,在民法上,根据占有的连锁和层次,基于物权请求权、占有回复请求权、侵权请求权、不当得利请求权的规则(分别见《民法典》第 238 条、第 462 条、第 985 条、第 1165 条),不考虑请求权实际成熟的条件,仅从存在意义上讲,我们会发现包括所有权人 B 在内的权利人可能会对盗窃者一共存在着(N+1)×4＝4N＋4 个不同的请求权,不具体细分,就仅以受害主体为基数也有 4N 个不同请求权,并且这些不同请求权中所代表的财产价值也可以完全不同,请求权成熟的条件也大相径庭。如果借鉴现代民事诉讼法一次性解决纠纷的理念,那么最为理想的情形应该是将所有的受害者一并纳入刑法适用、刑事诉讼之中,在刑法适用、刑事诉讼中解决其内部之间的损失分担问题,此时将所有的受害者视为一个整体,当然也不必追问犯罪所要保护的法益到底为何。但是,这种武断的做法会过度扭曲正常的民商交易,人为破坏交易预期和交易秩序,加之公法的启动具有强制性、公共性,所以公法的适用也更为强调效率和安定,简化认定受害者过程和个数对于程序的运作、刑法的适用有着极大的助益,而且集体行为总是会存有机会主义的倾向,进而也只得具体区分请求权,具体明确受害人是谁,以便对受害人进行排序,最后再具体确定特定的保护法益是哪一请求权。毕竟,犯罪的宣告对于制裁的明示效果更为显著,而民事损害的承担可以在不同主体之间根据法定或约定进行移转。简单来说,在确定担保财产被盗的诸多受害人时,如果无法整齐划一,那就不如按重要性进行排序,这是完整保护所有已存之合法担保物权、维护正当交易秩序与刑事追诉逻辑、刑法运行现实的相互妥协。由此,一旦进行筛选,我们就会发现,原所有权人与最后占有标的物的质权人是较为符合以上标准的。原因在于,所有权具有弹力性,①即物上负担一旦消失,所有权的完善性便自动恢复,原所有权人具备最深层次的期待价值,所以他是适格的刑事受害人;另一方面,由于占有有着独特的法律价值和人格尊严价值,基于简化思维过程、保障刑事追诉过程

---

① 参见王泽鉴:《民法物权》,三民书局 2018 年增订版,第 96 页;史尚宽:《民法物权论》,中国政法大学出版社 2011 年版,第 128 页。

稳定,以及证据的收集与固定较易、控制犯罪及时以维护社会秩序的考虑,距离损害发生最近的第 N 个质权人也是适格的刑事受害人。当然,以上是基于法律政策的价值评判,价值判断可能因时因地发生变化,自然合理性也会进一步上升,笔者提供了可供思考的几个因素。并且更为理想的是,可以将其他质权人作为后位、补充的刑事受害人,或者借鉴民事诉讼中多数人诉讼的公告登记加入诉讼的运行模式,这样既能应对特殊情况(如第 N 个质权人的债权已经得到实现,担保财产在返还给前一层次质权人之前被盗,此时第 N 个质权人"空有"占有,如果认为他是犯罪的受害人似与法感情不和,在经过漫长的刑事追诉程序之后最终又将赃款赃物返还给他似也增加了不必要的法律关系),也能向一般民众宣示对以上所有合法质权的刑法保护,安抚受损者的情绪,增强民众对其财产权的信心和预期。

同样对于案例七(让与担保)而言,让与担保权人享有名义上的所有权,他对盗窃者而言具备抽象的请求权,落实到民法中同样具备物权请求权、占有回复请求权、侵权请求权与不当得利请求权,而设定人同样具备此四种期待权利,只是附加了清偿债务、公示变动这一条件而已,因而最为理想的状态也是将让与担保权人与设定人一同作为刑事受害人。但基于上述类似的考量,从简化适用法律推理以及利于刑事运作程序的角度看,赋予表面上具备所有权的让与担保权人之较先顺位的刑事受害人地位具有相当程度的合理性,但在设定人完成债务清偿之后,他在内部关系中享有对让与担保权人的回转标的之请求权,并且实际享有对该担保物的最终利益,所以亦能作为犯罪的受害人。

随后,在确定刑法肯认的具体请求权行使主体之后,便是筛选和评价相关请求权的范围,这也就是财产犯罪的数额评价问题。刘明祥教授曾指出,"在德国有法律的财产说、经济的财产说和法律的经济的财产说之争,在日本则有本权说、占有说及各种修正说之论。争论的实质在于:是扩大、缩小、还是适当限制财产罪的处罚范围"①,所以请求权内部范围的问题也是刑事处罚范围的问题。侵害了标的物所有权的盗窃行为,原则上当然按照标的物的价值对定罪数额进行计算,而侵害了担保物权的盗窃与剥夺了占有的盗窃行为之定罪数额却有着极大争议。但结合民法原理与规则来看,担保物权的本质是对整个标的物享有变价权,②它的价值实现与标的物的全部具有不可分性(见《民法典》第 386 条、《最高人民法院关于适用〈中华人民共和国民法典〉有关担保制度的解释》第 38 条第 2 款③),即使在标的物损毁、灭失等情况下,仍然具备完整的物上代位性(见《民法典》第 390 条④),由此在民法上担保权人主张盗窃者恢复标的物价值之全部损失的请求权可以成立,只是具体实现担保物权

① 刘明祥:《德日刑法学中的财产罪保护法益问题之比较》,载《华中理工大学学报(社会科学版)》2000 年第 1 期。

② 《民法典》第 386 条:担保物权人在债务人不履行到期债务或者发生当事人约定的实现担保物权的情形,依法享有就担保财产优先受偿的权利,但是法律另有规定的除外。

③ 《最高人民法院关于适用〈中华人民共和国民法典〉有关担保制度的解释法释》(〔2020〕28 号)第 38 条第 2 款:担保财产被分割或者部分转让,担保物权人主张就分割或者转让后的担保财产行使担保物权的,人民法院应予支持,但是法律或者司法解释另有规定除外。

④ 《民法典》第 390 条:担保期间,担保财产毁损、灭失或者被征收等,担保物权人可以就获得的保险金、赔偿金或者补偿金等优先受偿。被担保债权的履行期限未届满的,也可以提存该保险金、赔偿金或者补偿金等。

具有或然性而已,但这并不能否认担保物权本身以及其替代利益所具有的完整性。仔细思考,我们发现对占有的保护依然有此物上代位性(见《民法典》第 461 条[①])。但是,刑法有其自身的评价标准,基于迅速确定损失、固定责任范围、及时打击犯罪、节省计算成本的综合考虑,出于确定性和安定性的目标,往往会将具有较强价值确定性的债权本金数额或者担保物本身的价值作为盗窃者的定罪数额。对比之下,根据《民法典》第 389 条的规定,担保物权的范围原则上包括主债权及其利息、违约金、损害赔偿金、保管担保财产和实现担保物权的费用,但利息和违约金却均具有相当的不确定性,而且在嗣后还可因当事人主张而由民事法官进行酌情调整,其他的费用亦是如此。且不从民法与刑法的规范目的出发,仅从计算的不精确性就不能完全肯定相应部分如利息、违约金等能计入财产犯罪范围,基于"存疑有利于被告人"的原理也应谨慎将某些不确定性事项计入财产犯罪的范围。但是,如果考虑到盗窃者持有标的物的时间长短、对担保物权人造成的实际损失多少、一定时期的法律政策、一般预防与特殊预防等因素,直接以担保物的价值认定财产犯罪的定罪数额也具有一定的合理性。因而,也可以理解,即使在承认法律—经济财产说的学者眼中,也会主张合理区分,即应当注意民法、行政法、刑法存在差异的只是保护手段不同,刑法以刑罚手段保护法益,在政策上要考虑"预防犯罪"。[②] 总之,笔者仍然坚持上文的观点,即要解决盗窃担保财产数额和受害主体之不确定性的问题,最佳的回应方式便是及时修订刑法、增设罪名,司法解释也不妨"先行先试",细化盗窃犯罪的具体情形,理论学说的觉醒只是这其中的第一步。(见图 3)

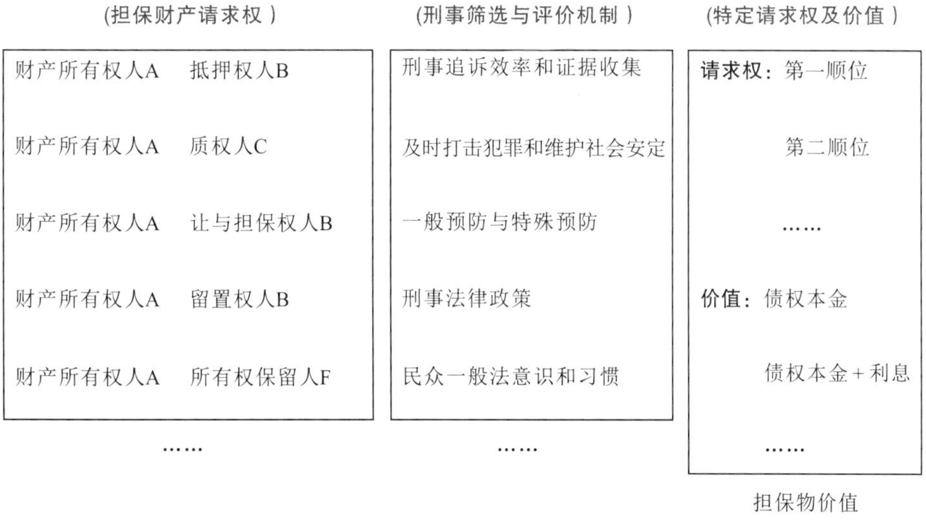

(担保财产请求权)	(刑事筛选与评价机制)	(特定请求权及价值)
财产所有权人A　抵押权人B	刑事追诉效率和证据收集	**请求权**：第一顺位
财产所有权人A　质权人C	及时打击犯罪和维护社会安定	第二顺位
财产所有权人A　让与担保权人B	一般预防与特殊预防	……
财产所有权人A　留置权人B	刑事法律政策	**价值**：债权本金
财产所有权人A　所有权保留人F	民众一般法意识和习惯	债权本金 + 利息
……	……	……
		担保物价值

说明:仔细对比,此图示其实是"损害流程场域区分理论图示"的横向具体展开

图 3　请求权说:筛选与评价

---

① 《民法典》第 461 条:占有的不动产或者动产毁损、灭失,该不动产或者动产的权利人请求赔偿的,占有人应当将因毁损、灭失取得的保险金、赔偿金或者补偿金等返还给权利人;权利人的损害未得到足够弥补的,恶意占有人还应当赔偿损失。

② 参见黎宏、王琦:《财产犯罪保护法益的实务选择》,载《国家检察官学院学报》2018 年第 2 期。

(二)同"病"相怜:从担保财产的特性出发

要具体确定盗窃担保财产的定罪数额,新近的一些学者便考虑从担保财产本身的特性出发进行探讨,例如付立庆教授在 2021 年第 8 期《政治与法律》发表了《再论刑法中的财产概念:梳理与回应》一文,其主要思路是:"本文原则上坚持经济财产说。这样既可以维持财产概念本身以及财产损害判断标准的明确性,又可以使得财产犯罪整体上共有统一的财产概念,以实现体系性的整合;例外地,在诈骗罪等场合,在必要最小限度之内考虑主观要素、考虑物与人的关系性,将其作为形成特殊财产犯罪法益侵害内容的要素加以考虑。"[1] 笔者在该篇文章中也的确看到了笔者自身理论的不足之处,深感相关问题之难解,但作如下论述:

第一,何为原则?何为例外?储槐植教授将原则等同于规律,它是事物内部的本质联系和发展的必然趋势,具有普遍的不断重复出现的特点;而他认为例外就是在一般规律或认定之外,并且个别例外的出现都具有偶然性。[2] 易军教授主要从民法的角度对此进行了更为深入的研究,他指出:原则/例外可被用来指称某种思维方式,也可被用来刻画不同现象的存在形态,亦可被用来描述不同规范间的关联,但都描述了一个体系中两类元素间具有一致性的脉络关系。[3] 由此可见,原则与例外之间存在着对立又统一的关系,没有无原则的例外,也没有无例外的原则。通过设置原则和例外去规制法律关系,看似存在着紧密的逻辑关联,但至少有以下几点值得商榷的问题:其一,人类在认识世界与接触世界的过程中,对于思考的追求、概念的演绎往往附着了过多令人生疑的理性与逻辑。比如,当量子力学在现代物理科学中的大行其道时,多变性的社会生活也随之能被概率论所辐射。而在法学中,如果采用原则/例外的分析架构去把握生活事实,就会人为地设定了主观意义较为浓重的发生概率,即"人为概率",原则与例外往往意味着发生概率的区分。例如,在易军教授的文章中,他认为财产的正常移转属于原则,善意取得属于例外,盗赃物取得属于例外之例外,那么是否意味着这三者发生的概率依次减小(正常移转的概率>善意取得的概率>盗赃物交易的概率)?如果某一事物从统计学上看发生的概率大是否就意味着它是原则,发生概率小是否就意味着它是例外?所以,用原则与例外去阐述法律规范还需要进一步借助实证统计数据才能得出最终结论,也要谨慎区分应然世界的原则/例外关系与实然世界的原则/例外关系。从更深的哲学层面看,原则/例外是理性主义的体现,经验主义往往可以对其进行批判。其二,一旦用原则与例外去分析法律事实,将暂时不符合思考者情感目标、价值追求、政策倾向的事实归于例外,便会产生一定的思考惰性,所以上述两位学者均赞成"例外在一定条件下可以原则化"以及"例外中蕴含着法律进步"的观点;而且一旦将原则与例外关系扩展开来,其带有的"不证自明"的高傲也会存在着机械性的宣扬,而例外一旦作为法律漏洞出现,它生存的空间往往很小(例如,将物权优先于债权视为原则,民事执行工作会简单许多,但是缺乏

---

① 付立庆:《再论刑法中的财产概念:梳理与回应》,载《政治与法律》2021 年第 8 期。
② 参见储槐植:《刑法例外规律及其他》,载《中外法学》1990 年第 1 期。
③ 参见易军:《原则/例外关系的民法阐释》,载《中国社会科学》2019 年第 9 期。

灵活性）。所以,在面对现实利益衡量时,原则/例外分析框架往往是一个傲慢、机械但又强大的阻碍。对例外的处理,往往就能够体现出一种学说的适应力和生命力,但随着例外的增多、情形的复杂化,原则与例外的逻辑理性撕扯只会更加严重;尤其是在刑法中,例外的设置与适用要比原则更加严格,例外的清晰与否也在一定程度上体现出罪刑法定原则的贯彻力度,借用拉德布鲁赫公式可知,原则/例外关系分别是法的安定性与个案公正的体现,但法的安定性与个案公正往往也是因时因地而变、言人人殊的价值判断,客观性还有待加强。简而言之,由于刑法具备天然的惩罚性,在处于原则/例外模式中的"例外"需要更强的道德谴责性和论证说服力,还应特别注意例外情形对罪刑法定原则和责任主义原则的潜在瓦解能力。其三,在法学方法论中,一般认为对于"例外规范不得扩大适用",甚至在操作自由度较高的民法学中,例外规范还较严格地禁止类推适用。① 由此,一旦采用原则/例外的论证模式,需要处理好法律与社会变迁、抽象规范与具体个案、立法与司法、刚性适用与自由裁量等诸多关系。笔者认为,付立庆教授的主张是站在立法论的视角上阐述相关命题的,而非对现有财物概念进行解释的解释论视角。

类似的是,笔者以上两个理论体系的说理也在对原则/例外的安放上存在不足之处,例如在确定被盗财产的受害人时,又如在担保财产的价值认定时,如何协调多种要素,如何协调多个顺位,这都牵涉到原则/例外的逻辑适用关系。所以要说明的是,笔者虽是实用主义哲学的推崇者,但也绝非排斥运用原则/例外的思考模式,因为它所蕴含的巨大理性、逻辑价值使其成为证立一个命题科学性的有力工具。但是,运用原则/例外关系去阐释法律事实仅仅是思考的起点,它是可废止、可变更的,从以上缺乏实证数据和灵活利益衡量等的多方面分析看,原则/例外关系仅具备思考上的初始性特征。

第二,具体而言,付立庆教授说道,"经济财产说并不会因为社会的变迁、公益事业蓬勃发展等原因而显得过于原始,其能够使得财产的判断标准尽可能客观化,正面价值是显而易见的。同时,例外场合考虑所有权人的主观情感等因素,也能体现财物对人的意义。"这种具有人文关怀的财产概念,实在具有相当的合理性和进步性。在民法上也有相当有力的观点赞同"人格物"的法律概念,②惟民法旨在损害填补,个殊性的感受也在法利益衡量的范畴内,私法就是以个人的正当诉求为调整前提的。但刑法在定罪阶段,即认定犯罪数额阶段是否要考虑主观情感价值? 这是值得考虑的。在财产损害中,物的真实价值实际上由客观价值与主观价值组成。③ 例如,A 购买了一条价值 10 万美元的德国牧羊犬,培训、养育 3 年后,市值 15 万美元,但 A 由于常年一人独居,对该宠物的主观价值高达 30 万美元。又如,B将其精子冷冻起来,现精子被盗,现问该精子值多少钱? 由此简单例子可见,与其将主观价值注入刑法中的财物概念,倒不如扩充财物犯罪的定罪情节,使其拥有"数额犯＋情节犯"的多样构成要件,摆脱单纯依靠犯罪数额对其相关犯罪进行处罚的弊端,既不遗漏犯罪,也尽可能得出妥当结果。

---

① 参见[奥]恩斯特·A.克莱默:《法律方法论》,周万里译,法律出版社 2019 年版,第 355 页。

② 参见冷传莉:《"人格物"的司法困境与理论突围》,载《中国法学》2018 年第 5 期;冷传莉:《"人格物"权利冲突的构成机理与裁判之道》,载《法商研究》2021 年第 3 期等等。

③ 参见曾世雄:《损害赔偿法原理》,中国政法大学出版社 2001 年版,第 394 页。

将刑法中的财物概念纳入过多的主观价值会导致定罪量刑的显著失衡，客观性的评判依托被严重压缩，所以刑法中有关数额犯的规定应当相对刚性；主观价值也往往带有巨大的裁判者自由裁量空间，民事领域的自由裁量仅仅是经济数额的赔偿问题，但刑事领域的自由裁量在司法公信力仍待提高的当下却些许令人胆寒。这同样也是笔者以上两个理论体系可能所具备的弊病，被盗财产的受害人可能存在着多个顺位，定罪的数额也存在着巨大裁量空间，相当一部分人无法接受也不理解。这可能源于笔者一方面在寻找解释现实的理论体系，同时又在描述个人理想的理论体系，纠结于实然与应然之间。总之，笔者初步建构了两个学说体系以及理论可能，展示出复杂的民法、刑法交融关系，为今后的理论深入研究和实务操作提供了新的视角。在民商事交易法律关系如此复杂精深的今后、在各种权益竞相演进的未来，唯坚持上文的观点即加强理论研究，进而修订刑法、增设具体的犯罪，尤其是明确财产犯罪的受害主体、数额之具体情形，才是解决问题的根本之道，不应怀着"某一问题仅是民法问题或刑法问题"的盲目自大又乐观之态度。

五、回归案例

综合上述宏观层面与微观层面的分析，这些停留在观念上的理论体系会在实践中产生何种效果呢？秉着实用主义的态度，现笔者分析如下：

（一）质物被盗

按照上述"损害"流程划分图以及法益概念的综合分析，笔者认为在质物被盗窃时应区分两种情形：如果是犯罪人是质物的所有权人，损害的主体经过民法评价后得出结论是质权人，随后综合其他因素进行考虑的话，那么犯罪数额应认定在债权数额至质物价值之间（当质物价值大于债权数额时，下同），该范围内的具体数额属于相应自由裁量权的范畴；如果是与交易关系无关的第三人，经过民法评价发现此时就同一笔损失而言存在着两个受害主体，无法得出准确判断，进而进入刑法场域即刑法筛选、评价机制，将距离实行行为较近的直接占有人的质权人作为本案的首位受害主体具备较强理据。综合其他因素进行考虑的话，犯罪数额亦应认定在债权数额至质物价值之间，该范围内的具体数额在现阶段未有明文规定的情况下属于相应根据综合因素而自由裁量的范畴。

（二）质物转质后被盗（案例四）

质物如果经过原出质人同意的话，转质权人相对于所有人都是有权占有，在民法上亦评价为是直接损失的受害主体，该刑事犯罪的受害人就为转质权人；如果未经出质人同意就转质，且转质权人明知或应知此情形时，相对于出质人为无权占有，出质人对于该转质权人有民法上的返还请求权，出质人单纯盗回质物的行为，不构成财产犯罪，构成其他犯罪行为时正常予以追究。如果是无关第三人盗窃质物，就算是恶意的转质权人亦在民法上存在着因占有而请求返还原物的请求权,①其亦可能作为盗窃犯罪的受害者,但需具体考虑利益状况。而盗窃犯罪数额的认定范围为转质债权本金数额至质物价值之间,该范围内的具体数额在现阶段未有明文规定的情况下属于相应根据综合因素而自由裁量的范畴。

(三)所有权保留、融资租赁与多种担保竞存(案例五、案例六)

虽然民法典规定的担保制度在很大程度上被实质化了,但结合笔者提出的"损害流程场域区分理论"来处理的话,由于已经按照《民法典》第 403 条②、第 414 条③、第 415 条④等规范对损害主体进行了确定,刑事犯罪的损害主体认定已经随着担保制度的实质化认定而进行了相应的调整。就算通过民法分析得不出具体损害主体是谁或有争议时,根据损害发生的远近也应将实际直接占有的买受人或租赁人作为第一顺位的损害主体,盗窃犯罪数额为买受人或租赁人已经向其债权人支出的价款范围至质物的价值之间,该范围内的具体数额在现阶段未有明文规定的情况下属于相应根据综合因素而自由裁量的范畴。

(四)让与担保、预告登记(案例七、案例九)

让与担保的法律构造主要有所有权构造与担保物权构造两种模式,如果遵循我国理论界和实务界的主流观点,认为让与担保权人实际上享有的是担保物权,但基于请求权的筛选机制,凭借占有外观(如案例七中盗窃者是进入 A 家中盗窃)可以认为让与担保权人在刑事财产犯罪中能作为适格的第一顺位受害人,盗窃的定罪数额在现阶段未有明文规定的情况下属于相应根据综合因素而自由裁量的范畴。但由于让与担保本身法律构造的争议以及 A 的现实情况,认为 B 是适格的第二顺位财产犯罪受害人亦具备一定理由,盗窃的定罪数额在现阶段未有明文规定的情况下属于相应根据综合因素而自由裁量的范畴。如果认为以占有改定的方式去交付标的物亦可成立让与担保的话,结论与上并无较大不同(或可认为让与担保权人更具刑事受害人的资格)。预告登记作为相应债权被赋予一定物权的手段,如果作为担保借款的形式出现,那么在担保实质化的今天,有关结论也与对让与担保之处理结论相类似。

---

① 占有人的返还请求权见《民法典》第 462 条:占有的不动产或者动产被侵占的,占有人有权请求返还原物;对妨害占有的行为,占有人有权请求排除妨害或者消除危险;因侵占或者妨害造成损害的,占有人有权依法请求损害赔偿。占有人返还原物的请求权,自侵占发生之日起一年内未行使的,该请求权消灭。

② 动产抵押权的设立时间见《民法典》第 403 条:以动产抵押的,抵押权自抵押合同生效时设立;未经登记,不得对抗善意第三人。

③ 抵押权及其他担保物权的优先顺位见《民法典》第 414 条:同一财产向两个以上债权人抵押的,拍卖、变卖抵押财产所得的价款依照下列规定清偿:(一)抵押权已经登记的,按照登记的时间先后确定清偿顺序;(二)抵押权已经登记的先于未登记的受偿;(三)抵押权未登记的,按照债权比例清偿。其他可以登记的担保物权,清偿顺序参照适用前款规定。

④ 抵押权与质权之间的优先顺位见《民法典》第 415 条:同一财产既设立抵押权又设立质权的,拍卖、变卖该财产所得的价款按照登记、交付的时间先后确定清偿顺序。

（五）抵押权与债权表面分离（案例八）

在该案中，从民法的请求权上看，存有三个不同主体可以行使的请求权。C 基于侵权请求权可以向 D 主张损害赔偿（C 因违约而必将遭到 A、B 索赔，D 属于以故意违背善良风俗的手段侵害他人经济利益），A 基于所有权受到侵害可以向 D 主张损害赔偿，B 基于抵押权受到侵害可以向 D 主张损害赔偿。但是刑法要选择哪一个请求权呢？选择谁成为刑法意义上的受害人呢？从笔者上述有关部分的分析可知，刑法的选择要体现惩罚犯罪和及时恢复社会秩序之目标，结合损害事实距离发生的远近、证据收集等因素，由于机器正常使用应在 A 处占有，所以确定原所有权人 A 为盗窃犯罪的受害者更为合适；C 虽然在登记机关登记了抵押权，在外观上他是抵押权人即"空有"抵押权登记，但标的物被盗这一事实的发生没有出现任何有关 C 的赔偿请求权（约定除外），作为仅是借名登记的 C 无法作为财产犯罪的受害人。

结　语

如何对待民刑关系是一个永恒的话题，前人的研究成果给了后辈"拾级而上"的工具和勇气，例如陈兴良教授就指出，"在《民法典》颁布实施以后，民法在社会治理中的作用会越来越大。这对我国法治发展具有重要的推动作用。对此，刑法应当积极予以回应，其主要表现为无论是刑法立法还是刑法司法都应当秉持限缩与谦抑的理念，避免刑法的过度扩张"[1]，一定程度上呼应了王利明教授在几年前提出的"民法要扩张，刑法要谦抑"之命题。[2] 笔者虽对两位学者所称之"谦抑"持保留态度，但这也是民法学人、刑法学人共同对民刑关系模式苦苦探寻的一个缩影。对于法学争议而言，法学家霍姆斯就曾恰当地指出，"不存在一劳永逸的判断方法，一项判断仅仅体现特定群体在特定时空条件下的偏好"[3]，而本文的理论也的确是在特定时间内、特定阶段内的有限思考，相关理论的自洽性和说服力还须在实践语境中进一步得到检验，在具体化、包容性方面还需进一步深化、改进。但亦不妨将相关拙见概括如下，收束全文：

第一，于宏观层面而言，在民刑关系前后适用中，损害的主体必须借助民法来确定。当发生财产损害时，民法的请求权基础分析既有传统的伦理支撑，也有现实的实用价值，刑法亦应遵循，无需也不应该"另起炉灶"。但在损害的评价阶段，刑法场域中有着综合的考虑因素，刑法的独特性亦有展现。二者前后相继、相辅相成。

第二，于微观层面而言，在法益的分析中，笔者尝试用英美分析哲学的权利术语重构财

---

① 陈兴良：《民法对刑法的影响与刑法对民法的回应》，载《法商研究》2021 年第 2 期。令人遗憾的是，在此篇文章中陈兴良教授依旧坚持用形式和实质这对概念去区分民刑关系。

② 参见王利明：《民法要扩张，刑法要谦抑》，载《中国大学教学》2019 年第 11 期。

③ ［美］奥利弗·温德尔·霍姆斯：《法律的道路》，李俊晔译，中国法制出版社 2018 年版，第 37 页。

产犯罪的法益内容,主张应当是先产生民事侵权请求权,后才显现财产犯罪的具体法益。而且既有的理论基本上受民事财产权利体系的制约,所以为了摆脱具象权益的不断变化,刑法自需立足于民事请求权的归纳,并且将其进行刑事实体与刑事程序的双重筛选、评价,具体确定请求权的主体和范围,甚至是规定一定的顺位,帮助财产犯罪之刑事分析形成自身的判断逻辑。民法于刑法而言,也仅是"他山之石"的存在。

第三,民法典时代,民法学人对刑法学人提出了最新的问题,这需要刑法理论对此予以有力回应。因为民事财产权谱系在《民法典》担保制度施行之后发生了较大变化,唯应加强理论研究,注重吸收制度与其背后的法哲学观念和话语体系。刑法也应充分与民法对话,并且在立法上完善相应的犯罪构成要件,进一步细化定罪量刑的标准或者直接及时增设另外相应的罪名(如借鉴《德国刑法典》第 289 条设置的"取回抵押物罪",而维持盗窃罪的传统模式①)。进言之,刑法是否保护担保物权以及保护的范围多大,这本质上是一个立法政策的问题。在强调营商环境优化的当下,刑法完整担保物权的时机已经成熟,因为营商环境的提升也需要刑法的悉心体察,这都是民事最新立法与时代发展所要求的。面对新情况、新问题,司法的不同裁判体现出了不同的典型观点,其实也契合笔者上述两个理论体系所推导出的结论,如需进一步追求确定性的裁判,尚需智慧与决断,此非一蹴而就。但最为理想的是:刑法惩罚了谁? 保护了谁? 保护了多大范围的利益? 这些问题应直接明示给大众,而非模糊对待。

第四,《民法典》的颁行的确让民法体系愈加科学,民法中的善意、公正、诚实信用等理念也会日益扩散,这同样给了宣称"根植于法制共同体的社会伦理上的价值观念"②的刑法以珍贵研究契机,仔细反思其于民法、于社会的角色定位,思考如何在坚持"罪刑法定主义"与"责任主义"的原则下,不断明晰民刑关系中"法益"的丰富、复杂的内涵,改造民刑之间的运作模式,进而更好地践行"法益保护主义"。③ 对于现今这个充满对抗的世界而言,合作才能共赢依旧是令人警醒的真理,此于民刑关系以及所有的法律部门而言亦不例外。

---

① 此问题将是笔者下一个阶段探究的主题,借鉴外法域的立法例对相关问题进行阐释,本篇文章具有锚定问题、开启讨论之功效。初步的探索参见徐凌波:《财产罪法益的讨论范式及其解构》,载《中外法学》2018 年第 1 期。

② [德]约翰内斯·韦塞尔斯:《德国刑法总论》,李昌珂译,法律出版社 2008 年版,第 6 页。

③ 三个主义之间的具体阐述及关系参见[日]山口厚:《刑法总论》(第 3 版),付立庆译,中国人民大学出版社 2018 年版,第 3~22 页。

《厦门大学法律评论》总第三十四辑 2022年第一卷
《犯罪化理论》
第 214 页～第 233 页

犯罪化理论[*]

［德］塔特雅娜·赫恩勒^{**}著 周遵友^{***}译

摘要：本文的研究对象为犯罪化理论。首先，本文讨论了宪法对犯罪化的影响，宪法法院避免宣布刑法条文违宪的倾向，民主作为犯罪化理论的替代物，以及犯罪化理论与宪法理论之间的联系。其次，本文讨论了法益说，损害原则，对于"他人权利"、道德价值和集体利益的保护。最后，本文探讨了在犯罪化理论下，应该预防什么样的行为，并重点讨论了涉及最后手段与犯罪归责的调和原则。

关键词：犯罪化；刑法；宪法；宪法法院；民主；宪法理论；法益说；损害原则；最后手段；归责

Theories of Criminalization
Tatjana Hörnle

Abstract：This chapter examines theories of criminalization. It first considers the impact of constitutional law on criminalization and constitutional courts' tendency to avoid declaring criminal prohibitions unconstitutional，democracy as a substitute for criminalization theory，and the link between criminalization theory and constitutional theory. It also discusses the doctrine of legal goods，the harm principle，and protection of the "rights of others，" moral valuse，and collective interests. Finally，the chapter explores what kind of

---

* 文章 DOI：10.53106/615471682022100034011。

本文译自 Tatjana Hörnle，Theories of Criminalization，in：Markus D. Dubber and Tatjana Hörnle (eds.)，*The Oxford Handbook of Criminal Law*，Oxford：Oxford University Press，2018。

** 塔特雅娜·赫恩勒（Tatjana Hörnle），德国"马克斯·普朗克犯罪、安全与法学研究所"（Max Planck Institute for the Study of Crime，Security and Law）刑法学所长，该所在 2020 年 3 月之前名为"马克斯·普朗克外国与国际刑法研究所"（Max Planck Institute for Foreign and International Criminal Law）。

*** 周遵友，中南民族大学法学院教授，德国弗莱堡大学法律系法学博士，研究方向：比较刑法、网络刑法。电子邮箱：zhzyou88@163.com。

conduct should be prevented under criminalization theory, with an emphasis on mediating principles regarding ultima ratio and attribution.

Key Words：Criminalization；Criminal Law；Constitutional Law；Constitutional Courts；Democracy；Constitutional Theory；Doctrine of Legal Goods；Harm Principle；Ultima Ratio；Attribution

一、绪论

立法机关对于刑法典(或刑法)分则中犯罪要件的决定,至少也与其对于刑事处罚的决定同样重要。刑法禁令(criminal prohibitions)的范围是政治共同体对公民自由态度的一个特别明显的标志。① 从规范刑法理论的角度来看,很明显,关于犯罪化讨论的指导原则非常重要。因此,令人惊讶的是,多年来,关于刑罚理论的文献层出不穷,但是(其孪生姐妹)犯罪化理论却未受到同等关注。尽管如此,人们对于犯罪化理论的兴趣似乎也在增加。

传统上,犯罪化理论是关注刑法禁令之目的的政治哲学家和刑法理论家的话题(参见哈特[H. L. A. Hart]与德富林勋爵[Lord Devlin]之间关于保护道德的著名论战)。② 英美法系和欧陆法系的作者们特别重视定义正当性目标(legitimate goals),排除非正当性目标(illegitimate goals),并将其总结为"损害原则"(harm principle)或"法益保护"(德语Rechtsgüterschutz,英语 protection of legal goods)。这些概念的基础奠定于 19 世纪(参见密尔[John Mill]的《论自由》[*On Liberty*]或者德国刑法理论家费尔巴哈[Paul Johann Anselm Feuerbach]或者比恩鲍姆[J. M. F. Birnbaum]等人的著作)。在过去几十年里,宪法学者越来越多地参与到有关犯罪化的讨论中。这一动向是有其明显的原因的。在 21 世纪进行全面讨论时,我们应当将宪法议题考虑在内。毕竟,大多数现代法律体系都是按照金字塔模式架构的,而宪法被置于塔尖。在众多的著名判例中,宪法法院已就犯罪化事项作出裁决。但是,仔细一看,我们发现犯罪化的宪法化(constitutionalization of criminalization)依然是支离破碎的,宪法的影响并未完成刑法理论和政治哲学领域的工作。

二、宪法层面

(一)宪法规范

任何对于特定法律体系的立法框架感兴趣的人,都应该从宪法文本开始(倘若成文宪法

---

① 参见 Douglas Husak, *Overcriminalization：The Limits of the Criminal Law* (2008), vii："除了发动战争外,国家作出的任何决定都不如它对什么行为应该被禁止以及如何严厉惩罚该行为的判断重要。"

② See Patrick Devlin, The Enforcement of Morals (1965); H. L. A. Hart, Law, Liberty and Morality (1963).

是其法律体系一部分的话)。宪政国家的一个决定性特征便是,宪法是最高级别的法律。[1]因此,刑事法律必须符合实定宪法。事实上,人们经常可以在宪法中找到对于刑事规范的一般要求,比如法律明确性原则和禁止事后法原则。宪法还可能包括禁止某些类型的刑罚,比如德国《基本法》便禁止使用死刑。[2] 然而,宪法规范通常只涉及刑法领域的几个要点。在模范宪法中,可能还有一些额外的宪法要求:"对于他人的损害"(harm to others)或"法益"等概念可能被包括在内(例如,"只有在防止对他人造成损害的必要情形下,刑法禁令才是被许可的");抑或,这样的基础性框架还会以一种否定的方式予以陈述(例如,"不得为了促进道德而制定刑法规范")。然而,这些指导原则通常不是宪法的组成部分(而且,从宪法理论的角度来看,对立法机关的决策进行详细而又有约束力的限制是否合适,这也是一个问题)。

接下来,我们应该转向宪法中以笼统方式规定了个人自由和权利的部分,而这些部分不是专为刑法设置的。此类自由和权利清单是现代宪法的重要组成部分。然而,它们能否有效地对刑法施加限制,这将取决于文本用语和宪法解释。宪法法院确实偶尔会因基本自由之故而判定犯罪条文违宪。例如,值得关注的是,美国宪法第一修正案(其内容为"国会不得制定……限制言论自由的法律")对言论自由秉持强硬立场,而且该立场得到了美国最高法院的支持。美国最高法院据此判定言论犯罪条文违宪。[3] 然而,除了此类具体特征外,我们通读美国宪法条文后也不太可能发现其对刑法施加了什么样的明确限制。要是有的话,那也只能以宪法宣示的方式出现,比如宪法可以指出:某某权利必须(几乎)总是得到保护。但是,对于大多数国家宪法中的大多数权利而言,要么是宪法包含允许以成文法的形式限制该权利的条款,要么允许人们在解释宪法条文时从中引申出一系列的豁免条款。这样,宪法文本通常只是为刑事立法提供了一个大致的框架。因此,对于宪法与犯罪化理论之间的关系的研究,通常都会转向宪法判例。

(二)宪法法院判决

关于犯罪化的宪法文献认定,刑事处罚侵犯了自由权利。公民享有不受惩罚的表面权利(prima facie right);[4]在重要的宪法法院判决中,这一命题是固有的。然而,[5]宪法审查的结果将取决于在推翻不受惩罚之表面权利时适用的标准。在阅读来自不同司法管辖区的

---

[1]   See Dieter Grimm,Types of Constitutions,in Michael Rosenfeld and András Sajó(eds.),*The Oxford Handbook of Comparative Constitutional Law*(2012),p.98,104.

[2]   参见德国《基本法》第 102 条。

[3]   See Ashcroft v. Free Speech Coalition,535 U.S. 234(2002);U.S. v. Alvarez,132 S.Ct. 2537 (2012).

[4]   See Douglas Husak,*Overcriminalization:The Limits of the Criminal Law*,2008,p.126;Dennis Baker,*The Right Not to be Criminalized:Demarcating Criminal Law's Authority*,2011.

[5]   德国联邦宪法法院承认刑法侵犯了《基本法》第 2 条第 1 款和第 2 条("大麻案",1994 年,BVerfGE 90,145,172);加拿大最高法院援引《加拿大权利和自由宪章》第 7 节(R. v. Malmo-Levine,R. v. Caine[2003]3 SCR 571);美国最高法院提到了第十四修正案中的自由条款(Lawrence v. Texas,539 U.S. 558[2003])。

裁决时,人们会有以下总体印象:宪法法院倾向于避免宣布刑法禁令违宪,因而也就无法有效地监督刑法禁令的内容。即使这些国家的宪法法院也像德国联邦宪法法院一样大胆地主张刑法只应作为"最后手段"(ultima ratio)使用,①这也不会转化为对于实体刑法进行的深入审查。

刑事立法上的控制可以在不同阶段进行。首先是门槛决定(doorway decision),即确定立法的正当目的。其次,即便存在着正当目的,(广义上的)比例原则理念也可被用来宣称某个刑法禁令违宪。当宪法法院将刑法禁令之正当目的交由立法机关确定时,它们也就打开了一扇大门。这扇大门可能会在宪法审查的第二阶段被缩小开口,但人们不应低估门槛决定的重要性。宪法法院越是不愿意论证某些目的是不可接受的,宪法审查产生限缩效果的可能性也就越小。

宪法法院如何对此作出裁判呢?它们倾向于认可在其本国的法律传统和学术传统中形成的理念:在英语国家,是指"损害原则";在德国,是指"法益保护"。比如,加拿大最高法院在"R. v. Malmo-Levine案"中讨论了"损害原则",②而德国联邦宪法法院在"大麻案"(Cannabis Case)中提到了"法益保护"。③ 然而,这些法院驳回了关于本国立法机关应当受到这些理念约束的论点。当然,从比较视角出发,人们确实发现了一些差异。例如,在一个涉及成年兄妹的乱伦案件中,德国联邦宪法法院拒绝批评立法目的。然而,在"劳伦斯诉得克萨斯州案"(Lawrence v. Texas)中,美国最高法院采取了更坚定的立场,宣布得克萨斯州的反鸡奸法违反了宪法。④ 对于是否可将道德保护作为刑法的正当目的的问题,德国法院明显地不作回答;⑤相反,美国最高法院拒不认为这是一个正当目的。⑥ 如果宪法法院不反对某个刑法禁令规范的目的,那么人们仍然可以选择使用比例原则来审查该规范。德国联邦宪法法院在论述宪法审查的一般原则时,强调了比例原则的重要性。

德国比例原则(即标准的违宪审查原则⑦)的一个要素便是要求刑法禁令规范是"必要的",这是指立法机关没有另一个同样有效但侵犯性较轻的法律方案。第二个要素是"狭义比例性"(proportionality in a narrower sense),这是指:侵犯潜在行为人之权利的严重性应该与正当目的的重要性相权衡。⑧ 然而,在判决具体案件时,德国宪法法院认可的比例原则被证明是不具强制性的。⑨ 替代方案的有效性难以被评估,这是因为人们对于何为较轻侵

---

① "堕胎案"(1975),BVerfGE 39,1,47;"乱伦案"(2008),BVerfGE 120,224,239-240.

② See R. v. Malmo-Levine, R. v. Caine[2003]3 SCR 571.

③ "大麻案",BVerfGE 173;"乱伦案",BVerfGE 240.

④ See Lawrence v. Texas, 539 U.S. 558(2003).

⑤ "乱伦案",BVerfGE 248.

⑥ 诚然,说美国最高法院是否就比他国法院更加大胆,这还是一个疑问。之所以有这样的不同结果,原因可能在于乱伦仍被广泛认为是令人反感的。相反,人们对同性恋关系的态度已经发生了很大变化。

⑦ See Dieter Grimm, Proportionality in Canadian and German Constitutional Jurisprudence, *University of Toronto Law Journal*, 2007, Vol.57, p.383.

⑧ "大麻案",BVerfGE 172-173;"乱伦案",BVerfGE 240-241.

⑨ See Sabine Swoboda, Die Lehre vom Rechtsgut und ihre Alternativen,(2010)122 ZStW 24, pp.46-49.

犯性并无定论,而且联邦宪法法院也坚信立法机关应该享有自由裁量权。基于此,"必要性"要素这一环节是能够审查通过的。"狭义比例性"要素也不可被用来限制立法机关,因为在违宪审查过程中,宪法法院在衡量不同立场上的重要性时享有较大的裁量权。只是,在适用严格审查程序的案件中,美国最高法院似乎允许自己享有推翻法律规则的更大裁量权;而适用此类程序的前提是:必须存在压倒性的国家利益(在其他案件中,并不需要这种压倒性的国家利益)。① 然而,美国最高法院也因不对刑事立法与非刑事立法之间的区分给予较多关注而受到批评。②

最后,发展犯罪化理论的最佳途径难道就是分析宪法法院的判决吗? 这倒不一定。区分法院的事后视角和立法机关的事前视角至关重要。笔者认为,强调事后视角,这是无济于事的。③ 即使是在同一个国家权力部门内,监督机构通常也是回避全面控制的。为了避免重复所有的决策过程,监管机构倾向于建议确定宽泛的边界。宪法法院干涉国家权力的另一个分支(即立法机关),这是一个事实。对这些法院来说,该事实和民主原则的重要性都充分说明了司法克制的必要性(后者尤是)。它不仅包含司法机关的自我克制(这关系到民选议会),而且还包含(感知到的)公众敏感性和(涉及具体事项的)政治议题,这些要素都影响了看似普遍之原则的制定和使用。这样,对宪法法院判决进行的解释和比较变得复杂,(为在犯罪化理论中所需的事前视角)总结适当原则的任务也变得复杂。出于这些原因,对于刑法的适当目标,以及对于施加给实现这些目标的过程的限制,我们还不能简单地从宪法法院的判决中推理出结论。

(三)作为犯罪化理论替代物的民主?

如果宪法文本和宪法判例都不是犯罪化理论的丰富来源,那么什么才是呢? 对一些宪法理论家来说,解决办法很简单:把这些相关事项交由民选议会决定。根据这种观点,刑法理论家不必再坚称立法机关要尊重哲学概念或理论概念。正当性(legitimacy)是由民主原则提供的。④ 在这一论证中,有一点必须承认:立法机关没有义务仅仅因为哲学概念受人尊敬且深植于该国的思想土壤中,就坚持哲学概念。当然,宪法法院正确地指出,在宪法制定前已经存在的原则(principles)或利益(goods)对民选议会没有约束力。⑤ 在一个法律体系内,理论家不能声称其拥有拍板权。⑥ 但是,虽然刑法理论不应凌驾于(民主政体特有的)政治进程和正当性叙事之上,但刑法理论家应该通过提出经过证实的指导方针与这些进程进

---

① See Douglas Husak, *Overcriminalization：The Limits of the Criminal Law* (2008),p.123.

② See Douglas Husak, *Overcriminalization：The Limits of the Criminal Law* (2008),p.125.

③ See Douglas Husak, *Overcriminalization：The Limits of the Criminal Law* (2008),p.131.

④ Klaus F. Gärditz, Strafbegründung und Demokratieprinzip, (2010) 49 Der Staat, p.331；Carl-Friedrich Stuckenberg, Grundrechtsdogmatik statt Rechtsgutslehre, (2011) 158 Goltdammer's Archiv für Strafrecht，pp.653,658-660.

⑤ "乱伦案",BVerfGE 241-242.

⑥ Frank Saliger，Was schützt der liberale Rechtsstaat?, in Ludwig Siep et al. (eds.)，Von der religiösen zur säkulären Begründung staatlicher Normen (2012)，pp.183-184.

行互动。犯罪化理论应该提供理性、连贯和有原则的论点，而这些论点在议会投票前的审议阶段是(或应该是)必要的。

(四)犯罪化理论与宪法理论之间的关系

在国家的刑事政策领域，宪法规范将被援引为重要的论据(其重要程度将取决于宪法文本和宪法解释的明确程度)。跨越法律制度的学术交流显然不能以这种方式进行，但这并不排除在更为普遍的意义上援引宪法理论，并将援引作为对现代宪法应该具备之共同特征的部分反思。在根本性的问题上，基于"自由主义政治哲学"(liberal political philosophy)文献的论证，以及从宪法理论中援引的论据，二者可以相辅相成。现代宪法通常建立在经典的自由主义假定之上，而这些假定涉及的是个人自治和个人自由权利的重要性，而不是(比如)个人对于集体或宗教的义务。如果有可能证明犯罪化理论提出的原则(例如，应避免家长式的直接干预)比替代方案更加符合宪法框架，那么这应该被视为接受该原则的一个重要原因。宪法分析不能包打天下。在政治哲学和刑法理论中形成的概念是犯罪化理论的根基，而这些根基是很重要的。

三、犯罪化理论

(一)导言

刑法专著的作者们有时认为，我们的话题应该被视为一个定义问题。他们想，对"犯罪"("犯罪的实质概念")的统一定义将有助于批评立法。① 然而，依赖于一个非常笼统的定义是一种"一步到位"的方法，这种方法不会带来令人满意的结果。在最终决定之前进行的关于犯罪化的论证必须是复杂的和多层次的。作出区分、进行分步的方法，才是更好的方法。第一步应该是确定一个目的或目标经由其他考虑因素予以补充。如下文所示，对于这些目的的讨论涉及对于法益的保护、对于个人免于损害的保护、对于个人权利的保护、对于道德价值的保护、对于集体利益的保护。这种讨论将我们带入了犯罪化理论的核心地带。

在此关口出现的一个初步问题是：犯罪化理论(即"什么样的行为应该被宣布为犯罪?")与刑罚理论(即"刑法和刑罚是如何被正当化的?")如何进行互动? 人们在对刑罚理论稍加梳理时便会发现两大门派：前瞻派和后顾派。前者是以预防效果来证明刑罚是正当的，后者则被标记为具有"报复性"。同样的基本区别也适用于刑法规范的目的：这些规范可以被视为威慑、防止不良后果的工具，或者，无论是否存在预防之效，它们也可被视为一种沟通信号，亦即在施加刑罚之前的适当警告。从表面上看，人们可能会认为，刑罚理论中对于前瞻理念或后顾理念的偏向性将决定保护的对象应该是什么。事实上，刑罚理论中的偏向性与

---

① 关于"犯罪的实质概念"，参见 Claus Roxin，Strafrecht Allgemeiner Teil，Vol. 1 (4th ed.，2006)，pp.13-14.

犯罪化理论中的偏向性之间经常存在着较大的事实相关性。例如,与法益应当受到保护的观念相对应的观点是,刑法具有前瞻性和预防性的功能。然而,人们在仔细观察后才会发现,刑罚理论和犯罪化理论之间的关系要复杂得多。"道德价值保护"(defense of moral values)是一种可能的刑罚目的,现以该说为例:有人可能会声称此类刑法在阻止不道德行为方面是有效的,也有人可能会承认它们并非有效,尽管如此,这样的不道德行为应当遭到刑事谴责(出于公平考虑,这种谴责应该被事先公布)。① 一旦在犯罪化理论中选择了"道德价值保护"说,对刑罚理论采取前瞻模式和后顾模式都是可能的。而且,选择报应刑罚理论的人也不一定会将法律道德主义(legal moralism)视为犯罪化理论。他们还可以辩称,忽视集体利益或损害他人之行为的可罚性应该促使立法机关制定刑法规范。归根结底,无论是刑罚理论还是犯罪化理论都无法相互推演。

(二)什么对象值得刑法的关注?

1.法益说

在德国和欧洲大陆的传统中,人们通常认为只有"法益保护"才能证明刑法禁令是正当的。② 有一点是无可争议的:"法益"(Rechtsgut)概念具有启发功能。它有助于使用简洁的口号总结立法机关的想法,并将犯罪行为进行类型化。此外,以这种方式界定议题有利于区分所谓的个人法益(包括健康、身体完整性、财产和性自主权等)和集体或普遍法益(包括自然环境、有效的货币体系和军事防御体系等)。对于何谓"他人"的问题,(与"法益说"处于竞争地位的)"损害他人说"语焉不详。至于"法益"概念除了启发目的之外,是否还具有评价刑法的关键功能,这是存在争议的。该术语出现于 19 世纪上半叶,通常被认为是刑法理论家比恩鲍姆(Birnbaum)的创造。至于该术语的诞生是否出于自由主义倾向,钻研思想史的作者们并未达成共识。③ 法益之评价功能的支持者们提到了德国刑法在 20 世纪 60 年代和 70

---

① See R. A. Duff, *Answering for Crime* (2009), p.84.

② See Markus D. Dubber, Theories of Crime and Punishment in German Criminal Law, (2005) 53 *American Journal of Comparative Law* 679, pp.682-696; Kimmo Nuotio, Theories of Criminalization and the Limits of Criminal Law: A Legal Cultural Approach, in R. A. Duff et al. (eds.), *The Boundaries of the Criminal Law* (2010), pp.238, 244-252. 对法益说的捍卫参见:Claus Roxin, Strafrecht Allgemeiner Teil, Vol. 1 (4th ed., 2006), pp.13-29; Claus Roxin, Der gesetzgebungskritische Rechtsgutsbegriff auf dem Prüfstand, (2013) 160 Goltdammer's Archiv für Strafrecht, p. 433; Bernd Schünemann, Das Rechtsgüterschutzprinzip als Fluchtpunkt der verfassungsrechtlichen Grenzen der Straftatbestände und ihrer Interpretation, in Roland Hefendehl et al. (eds.), Die Rechtsgutstheorie (2003), p. 133; Winfried Hassemer and Ulfrid Neumann, in Urs Kindhäuser et al. (eds.), Nomos Kommentar zum StGB, Vol. 1 (4th ed., 2013), Vor § 1 n. 62. 批判性分析参见 Carl-Friedrich Stuckenberg, Grundrechtsdogmatik statt Rechtsgutslehre, (2011) 158 Goltdammer's Archiv für Strafrecht, pp. 656-657.; Günther Jakobs, Rechtsgüterschutz? Zur Legitimation des Strafrechts (2012), p.16,21.

③ Knut Amelung, Rechtsgüterschutz und Schutz der Gesellschaft (1972); Luis Greco, Lebendiges und Totes in Feuerbachs Straftheorie (2009), pp. 316-333; José L. Guzmán Dalbora and Thomas Vormbaum (eds.), Johann Michael Franz Birnbaum, Zwei Aufsaetze (2011).

年代的自由化(例如同性恋行为的非罪化),并将其归因于"刑法必须保护法益"的观点。① 然而,从概念分析的角度来看,历史叙事并不令人满意。

的确,在某些时期,有影响力的自由主义运动将"法益"这个术语融入了它的词汇表中。然而,这只是一种偶然的术语偏好,还不能证明该术语本身具有限制刑法范围的潜力。许多事物形态(states of affairs)和行为期待(expectations of conduct)被认为是值得保护的"益"(good),因为它们在人际关系中令人愉快(例如守时),或者因为这样的安排对共同体有利。"益"的概念涵盖了无数种类的集体利益、道德要求和有用的社会习俗。至于人们如何在"益"(goods)和想必更加狭义的"法益"(legal goods)之间划清界限,仍有待决定。对"法益"的关键潜力赞不绝口的刑法理论家们,甚至还提出了他们自己的定义。例如,克劳斯·罗克辛(Claus Roxin)的定义为:"(法益是指)这样的特定条件或目的,它们对于个人自由发展、实现其基本权利或者基于这些目标的国家运作是必需的。"②然而,与其转弯抹角地引入"法益"一词,还不如直接研究罗克辛所描述的个人和集体利益。

2.对个人的保护(1):损害原则

在英语学术界,损害原则被广泛认为是犯罪化的主要原则。③ 人们在提到损害原则时,通常会引用约翰·密尔(John Mill)在《论自由》(*On Liberty*)一书中的说法:"以违背文明社会中任何成员之意志的方式,对其合法地行使权力,这里的唯一目的是防止对于他人的损害。"④损害原则是从政治哲学中发展出来的,而密尔企图将其作为一项一般原则,旨在既限制某个共同体(无论是通过法律措施还是通过道德压力)强迫个人的权力,也限制个人对他人生活的干涉。⑤ 刑法理论家在狭义的犯罪化理论中对此进行了探讨(例如参见乔·范伯格 [Joel Feinberg] 的四卷开创性专著⑥)。密尔的主要目标是提出反对意见:他想提醒人们警惕限制自由的错误理由。为此,他反对家长主义的论证(比如他认为,个人的"自身之益,无论是身体上的还是道德上的,都不是充足的正当理由"⑦),反对道德主义的思维(比如

① Claus Roxin, Strafrecht Allgemeiner Teil, Vol. 1 (4th ed., 2006), p.19.

② Claus Roxin, Strafrecht Allgemeiner Teil, Vol. 1 (4th ed., 2006), p.16.

③ See Joel Feinberg, *Harm to Others* (1984); Joseph Raz, *The Morality of Freedom* (1986), pp.418-419; Andrew Ashworth, *Principles of Criminal Law* (5th ed., 2006), Chapter 2; Douglas Husak, *Overcriminalization*: *The Limits of the Criminal Law* (2008),pp.65-72 (non-trivial harm or e-vil); A. P. Simester and Andreas von Hirsch, *Crimes*, *Harms*, *and Wrong* (2011), pp.35-88; Dennis Baker, *The Right Not to be Criminalized*: *Demarcating Criminal Law's Authority* (2011),pp.37-100.

④ John Stuart Mill, On Liberty, in *On Liberty and Other Essays* ([1859], ed. John Gray, 2008), p.14.

⑤ See John Stuart Mill, On Liberty, in *On Liberty and Other Essays* ([1859], ed. John Gray, 2008), p.14

⑥ See Joel Feinberg, *The Moral Limits of the Criminal Law. Harm to Others* (1984); Offense to Others (1985); *Harm to Self* (1986); *Harmless Wrongdoing* (1988).

⑦ John Stuart Mill, On Liberty, in *On Liberty and Other Essays* ([1859], ed. John Gray, 2008), p.14

他认为,行为不正确还不足以成为迫使他人停止该行为的正当理由①)。

但在这种对家长主义和道德主义的批评中,有一种赞成意见:如果存在保护个人免受他人有害行为的必要性,那么这种必要性就可以成为强迫的正当理由。这一思路可以被视为当代世俗国家犯罪化理论的最小核心。在政治哲学转向刑法理论时,许多细节需要确定下来。"损害他人"中的"他人"是谁?"损害"的含义是什么?这些问题都需要澄清。至于第一个问题,我们应将直接干涉他人个人领域的行为与涉及众多个人共同利益(比如廉洁政府、清洁空气以及无假币的货币体系等)的行为区分开来。这里的重点是对个人的损害,集体利益将在下文讨论。什么才是"对个人的损害"?许多刑法理论家都认为,这意味着某种损失或者境况变糟。范伯格(Feinberg)给出的定义是"阻挠、阻遏或阻止某种利益"②。约瑟夫·拉兹(Joseph Raz)的定义是:以一种影响其未来福祉的方式让他人境况变糟。③西迈斯特(Simester)和冯·赫希(von Hirsch)提出的定义是"使人生活顺利的事物的减少",以及在远期手段或远期能力意义上的"资源的损害"。④损害原则的支持者们一致认为,还有一个限定因素是必不可少的。从法律角度来看,仅仅是损失或境况变糟这一事实还不足够,消极影响必须是加害人的不法行为的结果(而且该影响还不能归因于加害人的本性、厄运或合法行为)。⑤

在大多数情况下,除了"不法性"这个过滤器外,面向未来的损害概念将较为充分地描述该行为的可谴责性。然而,这种正面评价并不适用于所有情况。越来越多的作者们提醒人们警惕损害原则的缺陷。⑥损害原则的批评者可以分为两个阵营。其中一个阵营之所以攻击损害原则,是因为他们认为:该原则被用来证明保护模糊和/或宽泛的集体利益是正当的。但是,也有人质疑针对个人的损害行为,这种质疑也不无道理。另一个阵营就批评说:如果有关行为不可能对受害者未来的生活产生任何不利影响,那么就不能称其为"损害";损害的

---

① See John Stuart Mill, On Liberty, in *On Liberty and Other Essays*（[1859], ed. John Gray, 2008）, p.14

② Joel Feinberg, Harm to Others (1984), p.33.

③ See Joseph Raz, *The Morality of Freedom* (1986), p.414.

④ A. P. Simester and Andreas von Hirsch, *Crimes, Harms, and Wrong* (2011), pp.36-37.

⑤ See Joel Feinberg, *Harm to Others* (1984), p.105; Gerald Dworkin, Devlin was Right: Law and the Enforcement of Morality, (1999) 40 *William and Mary LR* 927, p.930; Douglas Husak, *Overcriminalization: The Limits of the Criminal Law* (2008), p.71; R. A. Duff, *Answering for Crime* (2009), p.126; A. P. Simester and Andreas von Hirsch, *Crimes, Harms, and Wrong* (2011), pp.38-40, 另见 "harm-independent wrongs", pp.50-51; Dennis Baker, *The Right Not to be Criminalized: Demarcating Criminal Law's Authority* (2011), pp.45-49.

⑥ See Bernard E. Harcourt, The Collapse of the Harm Principle, (1999) 90 *Journal of Criminal Law & Criminology*, p.109; Arthur Ripstein, Beyond the Harm Principle, (2006) 34 *Philosophy & Public Affairs*, p.215; R. A. Duff, *Answering for Crime* (2009), pp.126-138; Alan Brudner, *Punishment and Freedom* (2009), p.9; Hamish Stewart, The Limits of the Harm Principle, (2010) 4 *Criminal Law and Philosophy*, p.17; Alessandro Spena, Harmless Rapes? A False Problem for the Harm Principle, (2010) *Diritto & Questione Publicche* 497, pp.514-524; Danny Scoccia, In Defense of "Pure" Legal Moralism, (2013) 7 *Criminal Law and Philosophy* 513, pp.517-519.

概念必然具有前瞻性。① 但在某些情况下,有的人蒙受不利,他们的资源或能力却不一定会在未来受到影响。这方面的例子包括:未被意识到的妨碍行为,或者与失去知觉的人发生的性行为。② 但是,如果将问题从"对他人的损害"改为"他人的权利",那么我们就可以避免这种批评了。

在"损害他人说"的支持者中,对于是否需要其他旨在保护个人的补充原则,人们仍有争议。一种选择便是包括"损害自己"。毕竟,真正家长主义的禁令旨在保护个人。他们自己的长期利益可能不同于他们的短期偏好。那么为什么要坚持"损害他人说"呢? 对家长主义理由的普遍反对是基于认识论上的考虑因素。众所周知,我们很难认定什么是"真正的"长期利益;因此,这样的决定应该留给当事人本人作出。③ 另一个反对意见表明了自治权的重要性。④ 即使从长远来看,行为人可能会严重损害自己的前景,并在事后后悔,但如果这种选择是自主决定的,那么刑法的干预也是有问题的。显然,自主决定的必备条件(包括知识,以及进行思考和判断所需的精神能力与智识能力)值得更多的关注。如果缺少这些条件,那么强制措施并不违背自治权;在这些软性家长主义(soft paternalism)情形下,⑤合法干预的空间要大一些。⑥ 说到硬性或真正的家长主义,人们对于自治权是否应当排除在所有情况下的任何干涉,仍在进行争论。为了我们的目的,调查范围必须缩小到这样的问题,即:这种家长主义的说理是否可以成为犯罪化的正当理由? 有人在某些条件下(即个人长期自主生活的能力受到威胁时),⑦接受了公民同胞和国家官员的家长式干预。即便如此,这对犯罪化理论的相关性也是有限的。至于严厉的刑事处罚,实施此类处罚不太可能符合人的利益。⑧ 如果"自我损害"会对每个人的生活造成灾难性影响(典型的例子包括佩戴座位安全带或机动车头盔的义务,以及类似的监管规范),那么我们应当对"自我损害"的犯罪化附加

---

① See Joseph Raz, *The Morality of Freedom* (1986), p.414.

② See John Gardner and Stephen Shute, The Wrongness of Rape, in Jeremy Horder (ed.), *Oxford Essays in Jurisprudence* (2000), p.193; Arthur Ripstein, Beyond the Harm Principle, (2006) 34 *Philosophy & Public Affairs*, p.218.

③ See John Stuart Mill, On Liberty, in *On Liberty and Other Essays* ([1859], ed. John Gray, 2008), pp.92-93.

④ 关于自治的定义,参见 Gerald Dworkin, *The Theory and Practice of Autonomy Rights* (1988), pp.3-33.

⑤ 关于软性和硬性家长注意的区分,参见 Joel Feinberg, Legal Paternalism, (1971) 1 *Canadian Journal of Philosophy*, p.105; Joel Feinberg, *The Moral Limits of the Criminal Law*, Harm to Self (1986), pp.12-16.

⑥ 关于更为慎重的模式,参见 Thomas Gutmann and Bijan Fateh-Moghadam, Governing [through] Autonomy. The Moral and Legal Limits of "Soft Paternism", (2013) 17 *Ethical Theory and Moral Practice*, p.383.

⑦ John Kleinig 的立场依赖于人格完整的保护,参见 John Kleinig, *Paternalism* (1983), pp.67-73.

⑧ See Douglas Husak, Legal Paternalism, in Hugh La Follette (ed.), *The Oxford Handbook of Practical Ethics* (2003), p.405; A. P. Simester and Andreas von Hirsch, *Crimes, Harms, and Wrong* (2011), pp.157-159.

较小的限制条件,并且施加较为轻缓的刑罚。①

　　另一个争论涉及的问题是:损害原则是否应当辅之以冒犯原则(offense principle)？范伯格提出了这样一个增补原则。② 这种观点认为,某些行为不会对见闻它们的人的生活产生持久的影响,但仍被认为是非常令人不安的。范伯格提到的例子包括:不得不在狭小的公共空间(他所设置的场景是公交车)里见闻他人吃下排泄物和呕吐物、实施性行为、发表种族主义言论。③ 根据范伯格的说法,这里的重点在于,受到冒犯的感觉是"真实的、可预测的、不愉快的,且毋庸置疑的"。④ 这种方法强调心理现象:人们在面对某些行为时确实会产生强烈的厌恶感和窘迫感。以心理学意义上"对他人的冒犯"(offense to others)为起点,理论家的主要工作是制定标准来限制冒犯原则的范围。范伯格依据的标准包括:冒犯的严重程度、合理的可避免性和犯罪行为的重要性等。⑤ 然而,仍然存在的问题是:为什么(开启犯罪化大门的)关键第一步应该取决于见证者的情绪反应？情绪可能基于偏见和反映错位的道德习俗。⑥ 因此,一些刑法理论家坚称:为什么某个行为冒犯情感,以及为什么他人可以理直气壮地声称他们不应该受到该行为的约束,这都需要给出理由。⑦ 然而,这样的论点背离了自然主义的范式,落入了规范分析的领域。一旦采取了这一步骤,人们最好要去避免令人困惑的"冒犯"类别,并直截了当地提问:人们有权不被以某种方式对待吗？

　　3.对个人的保护(2):他人的权利

　　刑法应该保护个人的权利不受他人侵犯,这种想法至少可以追溯到19世纪(参见德国刑法理论家费尔巴哈[P. J. A. Feuerbach],⑧法益概念是在此后出现的)。在当代法学理论中,有些人认为"他人权利"是更为可取的方法。⑨ 许多以损害原则为出发点的作者也在

---

① See John Kleinig, *Paternalism* (1983), p.73,90.; Douglas Husak, Legal Paternalism, in Hugh La Follette (ed.), *The Oxford Handbook of Practical Ethics* (2003), pp.403-404; A. P. Simester and Andreas von Hirsch, *Crimes, Harms, and Wrong* (2011), pp.160-161.

② See Joel Feinberg, *The Moral Limits of the Criminal Law*. Offense to Others (1985);关于修订版,参见 A. P. Simester and Andreas von Hirsch, *Crimes, Harms, and Wrong* (2011), pp.91-138;批判性意见参见 Dennis Baker, *The Right Not to be Criminalized: Demarcating Criminal Law's Authority* (2011).

③ See Joel Feinberg, *The Moral Limits of the Criminal Law*. Offense to Others (1985), pp.10-13.

④ Joel Feinberg, *The Moral Limits of the Criminal Law*. Offense to Others (1985), p.36.

⑤ See Joel Feinberg, *The Moral Limits of the Criminal Law*. Offense to Others (1985), pp.35-44.

⑥ See Ronald Dworkin, Lord Devlin and the Enforcement of Morals, (1965-66) 75 Yale LR, pp.986, 1000-1001;关于厌恶感的批判性分析,参见 Douglas Husak, Metaphysical and Empirical Speculations, in Andrew von Hirsch and A. P. Simester (eds.), *Incivilities: Regulating Offensive Behavior* (2006), p.91.

⑦ See A. P. Simester and Andreas von Hirsch, *Crimes, Harms, and Wrong* (2011), pp.95-107.

⑧ P. J. A. Feuerbach, Lehrbuch des gemeinen in Deutschland geltenden Peinlichen Rechts (1801), § 37.

⑨ Tatjana Hörnle, Grob Anstößiges Verhalten. Strafnormen zum Schutz von Moral, Gefühlen und Tabus (2005), pp.65-71; Alessandro Spena, Harmless Rapes? A False Problem for the Harm Principle, (2010) *Diritto & Questione Publicche* 497, pp.514-524; Hamish Stewart, The Limits of the Harm Principle, (2010) 4 *Criminal Law and Philosophy*, p.17.

其理论框架中加入了"他人权利"。① 然而,"他人权利"不应只是一个要素,这个观点不无道理。追问所涉行为是否侵犯他人权利,这可能会取代损害原则和冒犯原则。当然,"他人权利"并不是一个解决所有难题的灵丹妙药,因为涉及此类权利的理由仍存争议。至于"权利"的含义是什么,还需要进行一般性的解释。

最简单的理由涉及(成文宪法或其他法律文件中)特定法律体系明确承认的权利。然而,这种方法的一个缺点是,它没有为跨国犯罪化理论留出空间。② 即使人们一致认为该行为严重侵犯了他人,也不可能总是违反现有的法律规定。对于那些认为存在自然法和自然权利的人来说,③显而易见的做法是以自然权利说事。但是,如果一个人(有充分的理由)怀疑那些据称不经立法便已存在的权利,④一个显而易见的问题仍然存在:我们如何以一种超越现行实定法的一般方式来谈论"他人权利"? 如果将"先前存在的自然权利"与"政治法律程序中的权利主张"区分开来,这个难题就可以解决。这些"权利主张"是法律出台之前的审议对象。

犯罪化理论的任务是提供原则性的论据,以此论证什么权利应被保护为一种防御性权利(defensive right)。如果权利主张指向了人类利益,⑤那么就有必要解释为什么这些利益如此重要,以至于应当使其拥有"权利"这样的地位。以"他人权利"说事,这就让我们避免了损害原则中狭隘的后果主义偏向。人类的利益不限于资源保护,还包括别的内容(例如,未经同意不得进行性接触)。无论未来的需求为何,被他人侵犯总会产生消极影响。⑥ 例如,谈到针对身体完整性和性自主权的侵犯,我们应当承认防御权是刑法禁令的基础,即使所涉具体行为不会减少未来的福祉或妨碍未来的自主选择。

4.对道德价值的保护

从历史或宽泛的比较角度来谈论犯罪化议题,避免了对于个人的福祉或权利的重点关注。强烈的宗教理由或对传统的坚定承诺通常会促使人们认为:刑事规范应该保护道德价值和行为标准。只有在现代政治理论中,刑法才在世俗的和功能的模式下被证明是正当的,个人的需要和权利亦才成为关注的中心。在 20 世纪下半叶,犯罪化理论出现了功能主义的、个人主义的和反道德主义的转向,这一趋势反映在罗克辛教授对"法益"的定义中。⑦ 但是,道德主义未曾从刑事政策中消失,因为公民在凭直觉发现"不道德行为"时,就立即产生

① 参见 John Stuart Mill, On Liberty, in *On Liberty and Other Essays* ([1859], ed. John Gray, 2008), p.83:"无论是通过明确的法律规定还是通过默示的理解,某些利益都应该被视为权利";Joel Feinberg, Harm to Others (1984),p.144;Douglas Husak, *Overcriminalization:The Limits of the Criminal Law* (2008),p.71.

② See Hamish Stewart, Harms, Wrongs, and Set-Backs in Feinberg's Moral Limits of the Criminal Law, (2001-02) 5 *Buffalo Crim. LR* 47, pp.65-66;A. P. Simester and Andreas von Hirsch, *Crimes, Harms, and Wrong* (2011), p.134.

③ See John Finnis, *Natural Law and Natural Rights* (1980).

④ See John Leslie Mackie, *Ethics:Inventing Right and Wrong* (1977),pp.172-180.

⑤ 此处,在法律理论家之间爆发了一场关于权利的争论:是应以利益还是"康德式"的非工具论为基础? 参见 Hamish Stewart, The Limits of the Harm Principle, (2010) 4 *Criminal Law and Philosophy*, pp.23-26.

⑥ See R. A. Duff, Harms and Wrongs, (2001) 5 *Buffalo Crim. LR* 13, pp.21-26.

⑦ See Claus Roxin, Strafrecht Allgemeiner Teil, Vol. 1 (4th ed., 2006), p.16.

了建议制定刑法禁令的冲动。即使在刑法理论中,法律道德主义最近也有卷土重来之势。[1]来自不同国家的有影响力的学者,比如迈克尔·摩尔(Michael Moore)、安东尼·达夫(Anthony Duff)和京特·雅各布斯(Günther Jakobs),都选择了可以被贴上"法律道德主义"标签的方法,尽管这些方法在细节上存在较大的差异。[2]

有两个学派提出了道德价值应该成为保护对象的观点:一个学派承认直接的、开放的道德主义,另一个学派则披着功能性的外衣。直接的道德主义有两种基本变体:一种变体认为,"真正的道德价值"应该得到保护(无论人类是否欣赏它们);另一种变体认为,传统道德应该得到保护(无论其功能性利益为何)。这两种直接的法律道德主义都面临挑战。这里有认识论上的问题:谁会是那个确认"真正道德"的人?德国哲学家在20世纪初提出的关于本体论意义上的物质价值等级的主张[3]并没有解决这个问题(除非有人认为一些哲学教授有进入价值世界的特权)。第二个挑战涉及作为强制措施理由的道德力量。为什么社会上的大多数人为了少数人对"真正的道德价值"的看法而接受对其施加的限制?如果一项道德规则属于传统道德,在原则上得到认可,甚至可能得到社会各界的遵守,那么,假如对整个集体没有任何好处,为什么还要基于这个道德规则而对少数群体施加刑法禁令呢?

功能性的道德主义是京特·雅各布斯(Günther Jakobs)倡导的论点,它回避了这一异议。雅各布斯(Jakobs)认为,刑法必须保障社会的持续存在(而不是"每一个张三、李四和王五的某些利益")。[4]他的论点表明,对于价值观念和行为标准的广泛共识(甚至是关于"神圣性"的假设,如果它们对于某个共同体的形成史至关重要的话)应该得到保护,因为若无保护便会有害于社会。[5]但是,功能性的道德主义是建立在不确定的经验基础上的。通过言论和越轨行为进行挑衅真的就能危及社会的持续存在吗?这种因果关系不仅难以从经验上进行检验,甚至也不是一个合理的假设,因为它低估了社会在处理和适应明显的滋扰行为时的灵活性。

另一个版本的直接法律道德主义是安东尼·达夫(Anthony Duff)提出的规范性的、非功能性的模式。达夫说,"如果我们认真对待——据之而将自己定义为一个政治共同体的——价值观,并认真对待要求我们作为公民同胞应当相互给予适当尊重与关心的呼声,那

---

[1] 比如可参见 Steven Wall, Enforcing Morality,(2013)7 *Criminal Law and Philosophy*,p.455; Danny Scoccia, In Defense of "Pure" Legal Moralism,(2013)7 *Criminal Law and Philosophy* 513, pp.517-519.

[2] 参见 Michael S. Moore, *Placing Blame*(1997),pp.69-70. Moore 在此认为,用刑法禁止在道德上的错误行为,始终是一个正当理由。至于 Duff 对"法律道德主义的部分辩护",参见 R. A. Duff, *Answering for Crime*(2009),p.84;关于 Jakobs 的立场,参见 Günther Jakobs, Rechtsgüterschutz? Zur Legitimation des Strafrechts(2012),p.28.

[3] Max Scheler, Der Formalismus in der Ethik und die materiale Wertethik(1916); Nicolai Hartmann, Ethik(1926).

[4] Günther Jakobs, Rechtsgüterschutz? Zur Legitimation des Strafrechts(2012),p. 28(not the goods of "Hinz und Kunz").

[5] Günther Jakobs, Rechtsgüterschutz? Zur Legitimation des Strafrechts(2012),pp.29-36. Jakobs 在讨论否认大屠杀的行为时使用了"神圣性"论点,同上,第31页。

么我们将认真对待违反这些价值和要求的行为,并对其进行标记和谴责。"① 由于这里强调了核心公共价值观,此为法律道德主义的狭义版本。然而,在一个关键点上,该版本体现了当代宪法深层结构中对个人权利的强调(同样的论点也适用于雅各布斯对"每一个张三、李四和王五"的漠视)。简而言之,在我们的宪政背景下,法律的功能可以被描述为:对免遭他人侵犯的个人自由领域进行界定。② 当然,我们也可以把认可公共价值观视为一项重要任务,但这项任务可以而且应该分配给公民社会,而不是国家。

5.对于集体利益的保护

这是犯罪化理论的热点之一。那些对当代刑事司法系统过度犯罪化倾向提出警告的人担心的是,在风险管理中,动辄拿共同利益作幌子。③ "集体利益损害论"大行其道,这就蕴藏了几个问题。首先,一些关于"共同利益"(shared interests)或"集体物品"(collective goods)的提法相当模糊。以"公共和平"或"安全"为例:和平与安全听起来挺好的(谁会愿意相反的东西呢?),但人们很难说出公共和平或充分安全的状态实际上意味着什么。其次,集体利益之说直接指向了危险犯领域。至于真正的集体利益,只有当事件达到顶点并成为常态时,才会出现明显的损害。贿赂一名国家官员很难导致政府功能失调,但一系列贿赂行为可能会产生这种效果。"模糊的集体利益"和"危险便已足够"的结合,尤其会导致宽泛的犯罪化。如果有人声称秩序混乱最终导致了严重的暴力犯罪,认为二者存在着深远的因果关系,那么危险犯意义上的一般问题甚至都会被夸大。④ 如果提及集体利益的目的是要求禁止本来被视为纯粹滋扰的行为,那么,关于遥远损害的断言也可能会导致功能外衣下的法律道德主义。因为这些论点打着"预防损害"的旗号,所以批评人士称之为"损害原则的崩溃"(collapse of the harm principle)⑤或者损害原则的"减弱弹性"(debilitating elasticity)⑥。

有人提醒我们说,由于集体利益被一再援引,刑法不断扩张。从这些人对于刑法扩张问题的描述中,我们应该得出什么结论呢?从刑法理论的角度来看,解决问题的办法不应是全盘否定"集体利益"的概念。有些行为可能严重危害至关重要的集体利益,因此,假如动辄放弃刑事规范,我们就无法有效防止此类行为。试想:若不对伪造货币、贿赂官员或逃税行为施以刑事处罚,则会有什么样的后果?的确,在其经典表述中,损害原则并没有回答与纯粹

① R. A. Duff, *Answering for Crime* (2009),p.88.

② See Malcolm Thorburn, Constitutionalism and the Limits of the Criminal Law, in R. A. Duff et al. (eds.),*The Structures of the Criminal Law* (2011),p.85,97-102.

③ See Douglas Husak, *Overcriminalization*:*The Limits of the Criminal Law* (2008),p.61;Andrew Ashworth and Lucia Zedner,*Prevention and Criminalization*:*Justifications and Limits*,(2012) 15 *New Criminal Law Review*,p.542.

④ 关于著名的"破窗"理论,参见 George L. Kelling and James Q. Wilson,Broken Windows,(Mar. 1982) *Atlantic Monthly*.

⑤ 这是 Harcourt 的文章标题。参见 Bernard E. Harcourt, The Collapse of the Harm Principle,(1999) 90 *Journal of Criminal Law & Criminology*.

⑥ See Andrew Ashworth and Lucia Zedner,Prevention and Criminalization:Justifications and Limits,(2012) 15 *New Criminal Law Review*,p.548.

的"损害风险"(risk of harm)有关的具体问题。① 然而,这并不是一个根本性的障碍,而是提醒人们说:"损害他人"的概念还不成熟。

犯罪化理论需要对真实的、明确的和重要的集体利益进行描述。我们应该批判地对待准集体利益。准集体利益只是个人利益的叠加而已,除此之外,没有任何意义。"公共健康"(public health)就是一个例子:"公共健康"的状态包括(经由统计记录的)个人的健康。相反,"廉正公务"(non-corrupt public administration)则是一种不能被归结为公民个人利益的叠加时状态。援引准集体利益可能有助于规避对家长主义立法的担忧(例如,对于吸毒等自损行为的禁止,就是以"公共健康利益"为由得以正当化的)。其次,应该认真思考人们对法律模糊性的担忧。再以"公共和平论"为例进行说明。人们不应该从阳台上开枪,对于这一点很容易达成共识,但此类行为通常直接危及个人的生命,因而应该进行类型化。如果要让"公共和平"具有清晰而又明确的含义,那么我们就应在(侵害个人法益之)危险犯场域外的遥远距离的行为(比如亵渎宗教行为)中援引这一概念。② 此类集体利益值得严格审查,因为它们可能会成为道德主义立法的伪装。

先进的犯罪化理论应该评估集体利益的重要性。如果某个政治共同体是一个宝贵的政治制度(比如一个正常运转的民主政体),那么一个重要的集体利益便是这种共同体的延续。说到正常运转的民主政体,需要注意的是,对于叛国及其相似行为进行犯罪化的最终决定,可能要取决于诸如言论自由之类的"附加限制"(side-constraints)。"重要的集体利益"之定性也适用于其他利益和事物状态,它们对于所有公民都具有高度的功能相关性,而无论他们的个人生活计划为何。所有公民的共存依赖于自然资源(比如清洁空气等)和各种不可或缺的公共服务(比如非恣意且高效的法院系统)。有些集体利益不具有明显的功能性,比如审美性的集体法益(据此可以出台反涂鸦法律)或文化利益。当我们转向这些法益时,事情就变得更加麻烦了。利益越是局限于某个群体、越是特殊,那么其作为重要集体利益的地位就越不可信。

(三)应当禁止何种行为?

1.调和原则(1):最后手段和类似概念

确定值得保护的对象只是第一步。犯罪化理论需要密切关注下一阶段的必要讨论。此处的一个核心问题是:应该预防什么样的行为? 这里需要确定可能的结果(比如对权利的侵犯,或者对于个人或集体利益的损害)与某个"行为"(act)③之间的联系。就保护对象而言,确定足够明确的犯罪构成要件至关重要,该要件的范围既不能太宽也不能太窄。在这个阶段,立法机关需要决定刑法禁令应该在时间层面和行为人层面上扩展到多大程度。时间层

---

① See Bernard E. Harcourt, The Collapse of the Harm Principle, (1999) 90 *Journal of Criminal Law & Criminology*, pp.113-114.

② 引入诽谤宗教和否认纳粹种族灭绝等言论犯罪,通常都是以"保护公共和平"为其正当理由的。参见 Tatjana Hörnle, Grob Anstößiges Verhalten. Strafnormen zum Schutz von Moral, Gefühlen und Tabus (2005), p.282,343.

③ 为本章之目的,"不作为"(omissions)将被省略。

面涉及的问题是:实害结果之预备阶段的犯罪是什么? 行为人层面涉及的问题是:除了主要行为人之外,还应包括哪些人? 这些决定极其重要。 即使从自由主义视角来看,一般预防(防止损害、保护他人权利)的目的会得到认可,但是,惩罚各种帮助犯罪、未遂犯罪、预备犯罪、持有犯罪、入伙犯罪以及其他风险犯罪,均会招致批评。[①] 这里的关键问题是:分界点应设定在哪里?

这种情况下的考量因素通常被冠以"调和信条"(mediating maxims)[②]或者"调和原则"(mediating principles)之名。[③] 常见的其他说法是最后手段原则、辅助性原则、比例原则与"零碎刑法"(fragmentary penal law)论。 这些原则的前提可能大不相同。 它们可能会从(潜在)行为人的角度出发(例如比例原则要求:应当在集体利益的重要性和个人的宗教自由权利之间进行权衡)。 或者,作为共同体的公民有理由限制刑法的适用范围。 这些理由可能是务实的(这是因为执行刑法的成本高昂)。 或者,它们可以是原则性的:鉴于政治共同体的总体形态和气候,人们可能会建议慎用"刑法之利剑"。 作为调和原则而被讨论的概念,能在多大程度上指导立法呢?

有些概念显然是无用的。 在德国的讨论中,刑法应该是"零碎的"这一观点颇受欢迎。[④] 然而,使用"零碎"这一术语并不能为实质性标准提供任何指引。 如果将刑法典中的罪名每隔一个就删除一个,那么这个结果就是零碎的了;即便如此,也不足以说明"零碎"的含义。 当"最后手段"一语出现在关于犯罪化的宪法文本中,就像在德国联邦宪法法院的裁决中所显示的那样,该法院对其进行解释的语句是:"应当慎用刑法"[⑤],或者是"值得科处刑罚之行为必须是以特别严厉的方式危害社会的"[⑥]。 我们有充分的理由选择这种慎重态度,而不是相反的放手立场。 国家机关以这种方式界定刑法的范围,体现出一种令人欣慰的姿态。 然而,从犯罪化理论的角度来看,此类一般性政策表态"在方向上正确",但又等于什么都没说。[⑦] 在文献中,"最后手段"原则有时与"辅助性原则"不分彼此。[⑧] 然而,将这两个术语相

---

① 关于犯罪的分类,参见 Andrew Ashworth and Lucia Zedner, Prevention and Criminalization: Justifications and Limits, (2012) 15 *New Criminal Law Review*, p.544.

② See Joel Feinberg, Harm to Others (1984); Joseph Raz, *The Morality of Freedom* (1986), pp.187-217.

③ See Andrew von Hirsch, Kurt Seelmann, and Wolfgang Wohlers (eds.), *Mediating Principles* (2006).

④ Rainer Zaczyk, Die Notwendigkeit systematischen Strafrechts—Zugleich zum Begriff "fragmentarisches Strafrecht", (2011) 123 ZStW 691.

⑤ "堕胎案"BVerfGE 47.

⑥ "乱伦案"BVerfGE 240.

⑦ 对于最后手段原则的质疑意见,参见 Nils Jareborg, Criminalization as Last Resort (Ultima Ratio), (2004) 2 *Ohio State Journal of Criminal Law*, p.521,534; Douglas Husak, The Criminal Law as Last Resort, (2004), 24 *OJLS*, p.207; Markus D. Dubber, Ultima Ratio as Caveat Dominus: Legal Principles, Police Maxims, and the Critical Analysis of Law (July 3, 2013), available at: <http://ssrn.com/abstract&=2289479>.

⑧ Claus Roxin, Strafrecht Allgemeiner Teil, Vol. 1 (4th ed., 2006), p.45; Winfried Hassemer and Ulfrid Neumann, in Urs Kindhäuser et al. (eds.), Nomos Kommentar zum StGB, Vol. 1 (4th ed., 2013), Vor § 1 n. 72.

提并论也无多大帮助,因为辅助性原则的内容表达了一种侧重性。辅助性,以及表达相同意思的"必要性"一词,二者都指向了刑法与其他法律的比较。若可以通过其他法律手段,并以同样有效的方式防止负面后果,则不应使用刑法。① 从结果主义的角度来看,我们有必要追问的是:行政法或民法能否达到类似的预防效果? 如果是的话,哪种解决方案(对国家、对社会、对经济、对行为人)的成本更低? 然而,纯粹的结果主义方法值得三思。替代性法规几乎永远无法完全阻止行为,它们顶多只能将该行为最小化。但是,尽管采取了其他监管措施,但仍有少数案件发生,我们对此该怎么办? 即使是在极少数情况下,也需要以刑法来谴责严重的不法行为(比如:对于重要权利的侵犯、对于重要集体利益的漠视)。② 这就使得辅助性原则的范围窄于当初设想的范围。援引辅助性原则只应限于情节轻微的犯罪,尤其是在没有实施重大不法行为的情况下无视集体利益的犯罪。但是,即使对于此类案件,如果我们对于预防效率进行比较,也往往会得出这样的结论:除了作为备选方案的刑法规范之外,民事或行政法规要比单独的民事或行政解决方案具有更好的预防效果。③ 因此,我们不应期待辅助性原则成为限制犯罪化的真正有力工具。

德国宪法判例也强调"狭义比例性"(proportionality in the narrow sense),这种比例性要求将法律目的的重要性与对抗理由进行权衡。从积极的角度来看,这应该被理解为一个一般性的政策声明。该声明提醒立法者不要屈从于保护性的完美主义(protective perfectionism),并且强调说:潜在的行为人是权利承担者,刑法禁令严重侵犯自由权利。但是,从一个更为怀疑的角度来看,"权衡"(weighing)的概念可能会被批评为一个过于软性的概念。④ 至于"衡量"这样的关键步骤,并无标准可言。哪一个"项目"(item)在哪一个尺度上会被判断为更有分量,这最终是一个政治决定。将权利视为附加限制的观念是一种备选方案,而这种观念可能比"狭义比例性"更加合适,因为它强调的是:重要的自由权利不仅仅是天平上一个规格不定的砝码。而且,犯罪化理论还应坚持一种关于举证责任的补充规则。有人建议将"存疑有利于自由"(拉丁语 in dubio pro libertate,英语 in doubt pro liberty)作为举证责任的一个规则。⑤ 如果所有先前的考量因素没有导致一个确定的判决(即刑法禁令要么明显符合比例,要么明显不成比例),那么就应适用该规则。在这些情形下,毫无疑问,有了"存疑有利于自由"规则,就不必制定刑法禁令了。

---

① See Joel Feinberg, Harm to Others (1984); Joseph Raz, *The Morality of Freedom* (1986), p.26; "大麻案" BVerfGE 172-173; "乱伦案" BVerfGE 240.

② See Nils Jareborg, Criminalization as Last Resort (Ultima Ratio), (2004) 2 *Ohio State Journal of Criminal Law*, p.521, 534; Douglas Husak, The Criminal Law as Last Resort, (2004), 24 *OJLS*, p.221; Andrew Ashworth and Lucia Zedner, Prevention and Criminalization: Justifications and Limits, (2012) 15 *New Criminal Law Review*, p.552.

③ See Douglas Husak, The Criminal Law as Last Resort, (2004), 24 *OJLS*, pp.226-227.

④ See Shonsheck, *On Criminalization: An Essay in the Philosophy of Criminal Law* (1994).

⑤ Frank Saliger, Was schützt der liberale Rechtsstaat?, in Ludwig Siep et al. (eds.), Von der religiösen zur säkulären Begründung staatlicher Normen (2012), p.209; Winfried Hassemer and Ulfrid Neumann, in Urs Kindhäuser et al. (eds.), Nomos Kommentar zum StGB, Vol. 1 (4th ed., 2013), Vor § 1 n. 74.

现在我们返回到前述问题:调和原则到底有多大用处? 值得注意的是,来自不同法律文化的作者对此作出了不同的回答。很多欧陆文献对于最后手段、辅助性以及狭义比例性等原则的用处表达了颇为乐观的态度,①而英美文献则更倾向于怀疑的态度。② 不同的态度可能反映出了不同的期望。如果有人期待能有一些(既被立法者使用,又确实对刑事立法构成限制的)标准,那么失望之情是不可避免的,因为前述原则中有太多的弹性空间。然而,人们不应该完全否认一般政策声明的重要性,因为它们是对核心规范性条件的提示信息。只要立法机关不将自己与宪法实务界和学术界的环境完全隔离起来,就有望产生一些影响。

2.调和原则(2):归责

另一组重要的考量因素涉及关于归责(attribution)的规范性问题。在什么情况下将结果归责于一个人是公平的? 有人能够以令人满意的方式回答(潜在)行为人的这个问题:"为什么我要负责?"此刻,以上讨论触及了刑法教义学中的核心问题。直接因果(即简短而又简单的事件链条)和主观意图的组合,这是一种标准模式。在此模式中,归责是不存在问题的。然而,刑法禁令超出这一标准模式越多,就越应当重视归责(例如,将"新行为介入说"[novus actus interveniens doctrine]作为不进行结果归责的可能理由)。③ 如果在"集体利益被作为受保护法益"的情形下,单一行为与最终发生的有害结果(例如河流中可被测量的污染、腐败的公务行为、严重减少的税收等)之间没有直接联系,那么公平归责的问题将变得更加复杂。有害的结果往往是累积效应的结果;在这种情况下,有必要回答的一个问题是:为什么可以让一个行为人承担责任? 对这个问题的回答可能会指向吃白食的不公平性。④ 犯罪意图和可罚性也应得到更密切的关注(比如有人认为,就犯罪意图之主观要件而言,应当区别对待"真正的犯罪"和纯粹的"公共福利犯罪")。⑤

---

① 比如可参见 Winfried Hassemer and Ulfrid Neumann, in Urs Kindhäuser et al. (eds.), Nomos Kommentar zum StGB, Vol. 1 (4th ed., 2013), Vor § 1 nn. 69-76.; Kimmo Nuotio, Theories of Criminalization and the Limits of Criminal Law: A Legal Cultural Approach, in R. A. Duff et al. (eds.), *The Boundaries of the Criminal Law* (2010), pp.256-257; Ulfrid Neumann, Das Verhältnismäßigkeitsprinzip als strafbegrenzendes Prinzip, in Andrew von Hirsch et al. (eds.), *Mediating Principles* (2006), p.128, 136; 更为怀疑的论调,参见 Wolfgang Wohlers, Strafrecht als ultima ratio, ibid., p.54&69; Gerhard Seher, Kann Strafrecht "subsidiär" sein?, ibid., pp.70,75-81.

② See Nils Jareborg, Criminalization as Last Resort (Ultima Ratio), (2004) 2 *Ohio State Journal of Criminal Law*, p.521,534; Douglas Husak, The Criminal Law as Last Resort, (2004), 24 *OJLS*,p.207; Markus D. Dubber, Ultima Ratio as Caveat Dominus: Legal Principles, Police Maxims, and the Critical Analysis of Law (July 3, 2013), available at: <http://ssrn.com/abstract&=2289479>.

③ See Alan Brudner, *Punishment and Freedom* (2009), pp.158-165; Carl-Friedrich Stuckenberg, Causation, Chapter 21 in this volume.

④ See Wolfgang Wohlers, Deliktstypen des Präventionsstrafrechts—zur Dogmatik "moderner" Gefährdungsdelikte (2000), pp.318-328.

⑤ See Alan Brudner, *Punishment and Freedom* (2009), pp.173-178.

(四)"可以被处罚"还是"应当被处罚"?

犯罪化理论通常要回答国家是否可以惩罚某种行为的问题,并以此作为其(无论是默示的还是明示的)出发点。在这一领域展开争论的目的通常是要提出这样的主张:把行为犯罪化的某些理由是错误的。从批判性政策审查的视角来看,国家是否可以处罚的问题要优先于国家是否必须处罚的问题。现代立法机关倾向于过度犯罪化(overcriminalization),而不是过轻犯罪化(undercriminalization)。① 然而,从理论家的角度来看,不应先验地排除这样的问题:行为是否必须被刑法禁止? 换言之,国家是否有义务保护公民权利免遭不法行为的侵犯? 这种观点的前提是有争议的,因而必须加以阐述。宪法权利的功能是否应该从防御性功能(相对于国家的权利)拓展到保护性功能? 这里的保护性权利是一种截然不同的权利。② 在这种情况下,"保护"意味着什么,仅仅是预防吗? 抑或,确保不法行为被正确地归类(为刑事不法)也是一种权利吗? 设想以下思想实验:某个国家废除了关于强奸罪的刑法,并引入了详细的预防性的和有效性的(比如,教育性的)规划。还有理由要求刑法规范吗? 保护性权利的被告人采取以下立场:重要的事情不仅包括预防,还包括对某些行为的重要性、对罕见"失误"事件的反应的充分性进行分类。

从思想实验转向当代法律制度的现实,难以找到这样的例子:从各方面考虑,人们可以合理地宣称存在犯罪化的严格责任。如果我们研究现有的刑法典,就会发现它们倾向于全面惩罚侵犯他人权利的行为。在实定刑法中,侵犯他人重要权利的不法行为通常会被认定为犯罪。如果有人在政策辩论中仍然提出"刑法存有漏洞"的论点(例如有人声称国家有义务制定反堕胎的刑法),③那么,此类辩论中的关键点将是对抗性权利(countervailing rights)的存在。在对于"哪些权利应当优先"这个问题存疑时,我们应当适用"存疑有利于自由"的原则。犯罪化的严格责任将会假定对抗性权利的重要性要小得多。在一些相对罕见的情形下,保护性权利可能会被优先考虑。但是,如果有人认真对待"附加限制"和"存疑有利于自由"原则,犯罪化的严格责任几乎永远不会出现。

四、结语

法律理论家不应期望对立法产生重大影响。学界和政界之间的交流充其量是有限的,

---

① See Douglas Husak, *Overcriminalization*: *The Limits of the Criminal Law* (2008), p.3.

② 关于宪法中的讨论,参见 Josef Isensee, Das Grundrecht auf Sicherheit (1983); Gerhard Robbers, Sicherheit als Menschenrecht (1987). 批判性的讨论,参见 Simester and von Hirsch A.P. Simester and Andreas Von Hirsch, *Crimes*, *Harms*, *and Wrong* (2011), pp.134-135. A. P. Simester and Andreas von Hirsch, *Crimes*, *Harms*, *and Wrong* (2011), pp.36-37.

③ 德国联邦宪法法院判定,人类胎儿的生命权是一项保护性权利(参见"堕胎案")。尽管法院承认,这并不意味着在任何情况下都有严格的刑事责任(同上),但这个判决值得批评,因为它没有充分重视妇女的生育自主权。该判决显然并非基于"存疑有利于自由"的原则而作出。

而政治过程中的约束和强迫迥然相异于法律理论家的立场。然而,这不应妨碍我们继续研究全面的犯罪化理论。在传统上,英美国家刑法理论家主要关注"损害原则"(及其反对立场"家长主义和道德主义")的概念,而欧陆国家刑法理论家主要关注"法益"概念。由于以上原因,某些已被忽视的方面特别值得我们更多的关注。而且,我们应当更加认真地对待犯罪化理论与宪法理论的互动,更加认真地对待关于"哪些集体利益可以得到刑法保护"的问题和议题,更加认真地对待调和原则的细节。